모든 것의 마이크로칩

휴대전화의 두뇌에서 AI의 두뇌로

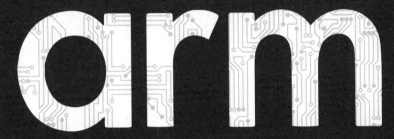

모든 것의 마이크로칩

THE EVERYTHING
BLUEPRINT

제임스 애슈턴 지음
백우진 옮김 | 이진원 감수

생각의힘

어머니와 아버지께, 최고의 시작을 위해

차례

3부 ARM(2017~2021년)

4부 ARM(2022년~)

들어가며

이 책 집필에 나는 뻔뻔할 정도로 욕심을 부렸다. 영국에 기반을 두고 있으면서도 세계 모든 곳에 영향을 미치는 가장 큰 기업의 스토리를 찾았고, 곧바로 마이크로칩(칩 또는 마이크로칩은 이 책에서 반도체와 같은 뜻으로 쓰일 때도 있고, 반도체 중 프로세서 등의 시스템 반도체만을 의미할 때도 있다—옮긴이)을 점찍었다. 그때(2021년)는 반도체 부족 사태가 발생해 이 작은 부품이 뉴스에서 첫머리로 다뤄지기 전이었다.

마이크로칩에는 모든 스토리가 담겨 있다. 첨단 과학과 끈질긴 기업가정신, 치열한 경쟁, 엄청난 재무적 위험과 보상, 소비자를 만족시키고 정치인들을 겁먹게 하는 기술이 있다.

이 스토리를 들려주는 완벽한 방법은 ARM을 통하는 것이다. 영국 기준으로는 젊은 회사인 ARM은 전력 소모가 적고 저렴한 마이크로칩을 설계했고, 그렇게 만들어진 마이크로칩은 수십억 개의 기기에서 작동하면서 십여 개 산업에서 새로운 지평을 여는 데 도움을 줬다.

책을 준비하며 구글 공동창업자 래리 페이지를 취재한 기억을 떠올렸다. 그때 나는 〈선데이 타임스〉의 기자였다. 당시 구글의 주요 서비스는 인터넷 검색이었는데, 페이지는 그 비즈니스를 칫솔 제조에 비유했다. 다음 혁신 거리를 모색하면서 그는 사람들이 매일 활용하는 단순한 무언가를 창조해 그것의 작은 부분을 챙기고자 했다. 검색하는 마우스 클릭을 광고를 통해 매우 효율적으로 현금화한 것처럼.

구글은 매일 검색 수십억 건을 통해 여전히 시장을 장악하고 있다. 이런 편재성ubiquity은 ARM의 특징이기도 하다. ARM 또한 너무도 편리하고 너무나 신뢰할 수 있고 너무 저렴해서 이용자들이 멀리에서 대안을 찾지 않는 무언가를 창조해냈다.

영국은 자국 내에서 성장한 기술 선도 기업을 간절히 원한다. 이런 상황에서 ARM의 존재는 시사하는 바가 크다. 이 회사는 현대 산업의 거인들이며 매우 종종 서로 숙적으로 다투는 애플과 아마존, 삼성, 퀄컴, 알파벳(구글), 화웨이, 알리바바, 메타, 테슬라를 동시에 고객으로 두고 있다.

반도체산업은 점점 더 정치적인 측면에 영향받고 있다. 주요국 정부는 전략적으로 중요한 반도체 공급망의 한 조각을 차지하고자 수십억 달러를 지출한다. 이런 가운데 ARM이 어떻게 1980년대 초 영국 정부의 컴퓨터 역량 육성 사업 중 남은 예산 일부의 도움으로 성공했는지를 이해할 필요가 있다.

ARM은 역설이 지배하는 기술산업에서 자리를 지키고 있다. 이곳에서는 대대적인 소송이 거국적인 협업과 나란히 진행된다. 컴퓨팅 기술이 아무리 논리적이고 체계적이건 간에 성공은 다른 기술을 넘어서고자 하는 거의 종교적인 열정, 마케팅의 마법, 고객과의 추진력, 그리고 운에 달려 있다.

　이 책은 지난 수십 년 동안 진행된 기업들의 적자생존을 탐구한다. IBM이 1980년대 퍼스널 컴퓨터 시장을 거머쥔 상황에서 어떻게 인텔이 진정한 승자가 될 수 있었나? 노키아는 어떻게 1990년대에 에릭슨과 모토롤라를 넘어서 휴대전화 1등 기업이 되었나? 2000년대에 애플과 삼성, 화웨이는 어떻게 그들 모두를 넘어섰나? 아마존은 2010년대에 어떻게 클라우드 컴퓨팅 시장을 장악했나? 그리고 ARM은 어떻게 여러 마이크로칩 설계 회사들을 제치고 눈부신 성공을 일궈낼 수 있었나? 거의 모든 단계마다 브랜드 뒤 기기에 묻혀 어려운 작업을 수행하는 이 작은 부품에는 '왜?'라는 질문에 대한 답이 있다.

　나는 ARM 스토리를 세 파트로 구성했다. 1부는 핵심 기술의 기원과 그 기술을 상업화한 회사, 휴대전화 혁명에서 수행한 결정적인 역할을 소개한다. 2부는 먼저 ARM이 어떻게 가지를 뻗어 '멍청한' 휴대전화가 스마트폰으로 도약했는지를 살펴본다. 이어 성공 이후 맞닥뜨린 반도체 거인 인텔과의 버거운 경쟁과 일본 투자회사 소프트뱅크로부터의 거부할 수 없는 제안을 소개한다. 3부는 저전력 센서와 고성능 데이터센터의 신시장을 형성하고, 널리 보급되어 사용되기 때문에 발생하는 위험을 피해가는 과정을 다룬다.

　책 전체에 걸쳐 ARM이 애플과 장기간에 걸쳐 유지해온 관계가 다루어진다. 공동창업자 잡스가 11년 동안 애플을 떠났을 때 시작된 애플과의 거래는 ARM이 자리를 잡고 큰 상업적 성공을 거두고 소프트뱅크가 인수하도록 움직이게 하는 데 기여했다. 아울러 애플이 재무적인 안정을 되찾고 잡스의 지휘 아래 컴퓨터 회사에서 스마트폰 회사 그리고 기술 선도기업으로 변신하는 데에도 기여했다.

반도체산업은 범위가 넓다. 그래서 몇몇 장은 ARM에서 벗어나 다음 질문에 대한 답이 주는 맥락을 제공한다. 미국에서 처음 만들어진 칩의 생산 중심이 어떻게 해서 그리 빠르게 아시아로 이동했나? 중국은 왜 칩을 자급하려고 하며 미국은 왜 그 시도를 막으려고 하나? 여러 나라들이 칩을 직접 만들기 위해 어떤 노력을 기울이고 있나?

이 산업의 생태계에서 불가결한 단역으로 두 기업이 있다. 이들은 ARM의 역할을 설명하는 데에도 도움이 된다. 세계에서 가장 복잡한 반도체 칩을 대만 회사 TSMCTaiwan Semiconductor Manufacturing Company가 만든다. 이 회사가 공급하지 않을 경우 미국과 중국 모두 곤경에 빠진다. 복잡한 칩 제조공정 중 에칭은 ASML의 장비를 활용해 이뤄진다. 이 네덜란드 회사는 지난 수십 년 동안 미국과 일본의 경쟁사들을 물리치고 논란의 여지가 없는 시장 선도기업이 되었다. 두 기업 모두 미국과 중국 사이에 벌어지고 있는 치열한 반도체 패권 다툼의 중심에 서 있다.

이 이야기를 글로 옮기는 동안 나는 복잡한 설계를 들여다보고 점점 더 많은 정보를 좁은 공간에 새겨넣어야 하는 칩 업체가 된 기분이 들었다. 이 책은 주로 복합적인 역사와 지리를 서술했다. 과학에 대해서는 존중하되 현혹되지는 않았다. 기술은 충분한 정도로만, 과도해서 서사를 늦추지 않게끔 서술했다. 또한 반도체가 가능하게 한 현실의 경이로움을 외면하지 않는 데 신경을 썼다.

무엇보다, 전자electrons의 급류와 마법 같은 기계 너머 나는 반도체가 사람들의 이야기임을 알게 되었다. 우리는 인공지능의 밀물이 점점 차오르는 시대에 살고 있고, 컴퓨터가 여러 인간 활동을 대체하는 상황에 처해 있다. 그럼에도 불구하고 혁신의 핵심은 인간이 신뢰와 존경과 종종 우정으로 추구하는 활동으로 남아 있다. 다음 기술 약진의 뒤에 있는 아이디어들은 지난 약진에서처럼 유동적일 것이다. 즉 공유된 것일 수도 있고 훔친 것일 수도 있으며, 동료나 경쟁자들에 의해 개선될 것이다. 이는 그 아이디어를 누가 어디에서 채용하는지와 무관한 특성이다.

불가능하다는 말을 들으려고 하지 않는 사람들은 전 세계가 혜택을 보는 놀라운 기술 진보에 줄기차게 동력을 제공한다. ARM과 그 너머에 있는 그들은 그런 지속적인 활동에 제약을 받아서는 안 된다.

제임스 애슈턴
2023년 1월

1장

마이크로칩은 어떻게 모든 것과 모든 곳을 장악하게 되었나

■ 실리콘 방패

2022년 8월 2일 밤 10시 45분을 갓 지난 시각. 보잉 C-40C 제트기(737의 군용기 버전―옮긴이)가 대만 수도 타이베이의 쑹산공항 활주로에 착륙했다.

이 미국 공군 비행기는 일곱 시간 전 말레이시아 쿠알라룸푸르에서 이륙한 뒤 직항로 대신 우회 항로를 택했다. 그리고 말레이시아 동쪽 인도네시아 보르네오섬 상공을 비행하다가 북쪽으로 기수를 돌려 필리핀의 동쪽 가장자리를 돌았다.

쿠알라룸푸르를 떠난 이후 줄곧 세계인의 눈이 이 비행기를 지켜봤다. 항공기 항로 추적 웹사이트인 플라이트레이더24를 통해서였다. 누적 약 290만 명이 항적을 주시해, C-40C는 역사상 가장 지속적으로 주목받은 비행기 중 하나로 기록되었다. 당시 이 사이트 접속자 중 대다수는 왜 조종사가 남중국해 상공의 가장 합당한 직항로를 피하기로 했는지를 정확하게 알고 있었다.

비행기에서 나온 이는 나이 지긋한 여성으로 밝은 분홍색 바지 정장 차림에 마스크를 쓰고 있었다. 그는 트랩의 양쪽 난간을 잡고 조심스럽게 활주로로 내려왔다. 미국 연방하원의회 의장이자 미국의 권력 서열 2인자인 낸시 펠로시였다. 펠로시를 맞이한 이는 대만 외교장관 조셉 우와 대만 주재 미국 대사 격인 샌드라 우드커크 Sandra Oudkirk였다(미국은 1979년 중국과 수교하면서 대만과 단교했다. 미국의 대만 대사관 역할은 미국재대만협회AIT가 수행하고, 우드커크는 AIT의 사무처장이었다―옮긴이).

의미 가득한 방문이었다. 앞서 홍콩의 항생지수는 2.5% 하락했고, 중국의 상하이종합지수는 2.3% 떨어졌으며, 미국의 10년 만기 재무부 채권 수익률은 4개월 중 최저를 찍었다.

펠로시는 지난 25년간 대만을 방문한 미국 인사 중 최고위급이었다. 중국은 대만을 자국 영토로 여겨왔고 '하나의 중국' 정책에 따라 중국 정부는 오직 하나라는 베이징의 입장을 감안하여 미국은 대만과 공식 외교관계를 맺지 않았다. 다만 비공식적으로 접촉하고 '전략적인 모호성'을 유지하면서 대만에 무기를 제공했고 비상시 지원을 암묵적으로 약속했다.

그러나 상황은 악화되고 있었다. 중국 시진핑 주석은 앞서 조 바이든 미국 대통령과 통화하면서 "'대만과의 통일'이 반드시 이루어져야 한다"면서 미국은 선을 넘지 말라고 경고했다. 시 주석은

"불장난을 하면 불로 멸망한다"고도 말했다. 펠로시 의장이 대만을 방문한다고 알려진 예정일을 며칠 앞두고 중국은 자국과 대만 사이의 비공식적 국경으로 여겨지는 대만해협 인근에 군함과 전투기를 결집시켰고 육상에서는 탱크를 이동시켰다.

순방 중이던 펠로시 의장은 위축되지 않았다. 그는 "여기 대만과 세계 전역에서 민주주의를 지킨다"는 미국의 결의는 "강고하다"고 선언했다.[1]

정치적인 긴장이 전부는 아니었다. 막대한 경제적인 리스크도 걸려 있었다. 여러 해에 걸친 중국의 지역 내 군사력 증강에 유일하게 견줄 수 있을 정도로, 21세기 가장 값진 상품인 반도체 생산에서 대만이 갖는 중요성은 점점 더 커지고 있었다.

과거에는 지정학적인 갈등이 자원이 풍부한 땅이나 종교적인 이데올로기의 추구에서 비롯되었다. 그러나 디지털 시대에는 작은 실리콘 조각이 궁극적인 목표가 되었다. 반도체는 스마트폰과 자동차, 치명적이었던 코로나19 팬데믹 이후 더 중요해진 의료기기는 물론이고 첨단 무기도 작동시킨다.

미국 메릴랜드주보다 약간 넓고 영국 웨일즈의 두 배가 안 되는 섬나라인 대만이 두 세대가 채 안 되는 기간에 세계 최상급 성능의 칩을 공급하는 비중이 92%로 커졌다. 최상급 성능이란 회로선폭 10nm(나노미터) 이하 제조 공정으로 정의된다.[2] 회로선폭은 칩에 밀집된 트랜지스터 사이의 공간을 가리키고(FinFET 공정이 사용된 14~16나노미터 이후부터는 선폭이 트랜지스터 사이 공간과 동일한 의미가 아니게 되었다—옮긴이), 10나노미터는 인간 DNA 가닥의 약 4배 굵기에 해당한다. 그 나머지는 한국이 공급한다. 수십 년 전 이 산업을 만들어낸 미국도, 미국으로부터 벗어나 자급하려고 하는 중국도 대만의 생산 없이는 버티지 못한다. 대만의 반도체가 두 나라의 공장이 만들고 소비자와 기업이 믿고 구매하는 제품을 완성한다.

맞선 두 상대방은 긴밀하게 엮여 있다. 중국이 세계 칩 생산의 60%를 구매하고 그 칩을 넣은 완제품 중 약 절반이 수출되며 수출의 상당 부분이 미국으로 향한다는 사실이 이를 보여준다. 이처럼 뒤얽힌 글로벌 공급망은 앞서 관계가 좋던 시절에 형성되었다.

이런 배경에서 펠로시가 왜 차이잉원 대만 총통과 오찬을 하는 자리에 반도체 제조 회사 TSMC의 회장인 마크 리우와 이 회사를 상징하는 창업자 모리스 창이 참석했는지를 이해할 수 있다.

———

TSMC는 세계 최대의 반도체 위탁생산 업체로, 고객이 주문한 사양에 따라 반도체를 생산한다. 반도체를 설계하지는 않는다. TSMC는 2021년에 반도체 1만 2,302개 품목을 191개 기술로 제조해 535개 고객사에 납품했다. TSMC의 최대 고객사는 애플로 알려져 있다. 애플이 구매해 아이폰과 아이패드, 시계 등 제조에 쓰는 칩은 TSMC 생산량의 약 4분의 1로 추정된다. 하지만 TSMC의 고객 목록에는 내로라하는 기술업체들이 망라되어 있다. 퀄컴, 엔비디아, NXP, AMD, 인텔 등이다. 이들이 TSMC로부터 공급받은 칩은 자동차나 게임 콘솔 등에도 들어간다. TSMC는 미국 군사장비, 예컨대 F-35 전투기와 재블린 미사일 등에 필요한 칩도 생산한다.

과거에는 TSMC의 전략적 중요성이 '실리콘 방패' 역할을 충분히 수행함으로써, 미국의 지원을 유지하고 중국의 공격으로부터 대만을 지켜줄 것으로 여겨졌다. 이제는 군사 전문가들의 확신이 그리 확고하지 않다. 미국과 중국의 전쟁은 엄청난 파괴를 야기하고 세계 질서 재편으로 이어질 것이다. 대만 반도체 공장들이 폐쇄될 경우에는 세계경제가 심각한 손상을 입을 것이다. 불씨가 내재된 현 상황에서는 두 결과가 모두 초래될 수 있다.

팹fabs이라고 불리는 TSMC 공장 중 대다수는 전쟁이 발발할 경우 형성될 주요 전선에 자리 잡고 있다. 즉, TSMC 공장들은 중국에 면한 대만 서해안의 신주新竹과학단지에 밀집해 있는데, 이 해안은 중국군의 상륙이 예상되는 곳을 가리키는 '붉은 해변' 중 하나다.

중국이 대만을 점령할 경우 팹이 온전하지 않을 수 있다. 설령 온전한 경우에도 생산라인을 가동하는 일은 스위치를 올리는 것처럼 간단하지 않다. 대만 전문가들은 물론이고, 세계 전역의 협력회사들에서 일하는 엔지니어 수천 명의 지원이 필요하다. 그들은 대만 엔지니어들과 원격으로, 종종 증강현실을 통해 소통한다. 리우 TSMC 회장은 중국의 침공은 "세계의 규칙 기반 질서를 파괴"하고 자신들의 공장을 '운영 불가능'하게 만들 것이라고 경고했다.[3] 가능성은 희박하지만 중국이 그런 난관을 극복하고 공장을 가동한다고 해도 칩은 글로벌 공급망에서 이내 차단될 것이다.

"어떻게 해결할 수 있을까?" 이렇게 물은 리우 회장은 "아주 간단하다. 대만을 안전하게 지키면 된다"고 답했다. 이어 "그렇게 하지 않는다면 수천억 달러를 아마도 10년이나 15년 (또는 그 이상) 동안 치러야 현 지점으로 돌아올 수 있다"고 덧붙였다.

펠로시 방문 1년 전, 반도체산업 애널리스트 말콤 펜Malcolm Penn은 시장조사 업체인 퓨처호라이즌스의 브리핑에서 중국 침공의 재앙적인 충격을 이렇게 예상했다. "반도체 재고가 빠르게 소진되고 모든 곳의 장비 생산라인은 몇 주 이내에, 심지어 며칠 이내에 멎을 것이다." "세계 무역과 경제에 대한 즉각적인 충격의 강도는 2008년 리만브러더스 파산이나 2020년 코로나19 봉쇄보다 클 것이다."[4]

■ 21세기 편자 못

2021년 11월 추수감사절 이른 아침. 미국 샌디에이고 머피캐년로드에 있는 게임스톱GameStop 앞의 대기줄이 멀리 주차장까지 이어졌다. 추수감사절이어서 소매점은 대부분 휴무에 들어갔지만, 이 상점은 문을 열 이유가 충분했다.

줄 앞쪽의 졸랜드 하퍼는 아침 여섯 시부터 기다리고 있다고 말했다. 녹색 비니와 검은 티셔츠 차림에 코걸이를 한 하퍼는 지역 CBS 뉴스 채널에 "기다릴 준비를 했다"면서 "간식도 챙겼고 우산도 있고 간이의자도 가져왔다"고 웃으며 말했다.[5]

하퍼와 그 뒤에 늘어선 사람들이 이 맑고 쌀쌀한 날에 나와서 기다리는 이유는 단지 하나였다. 이 게임스톱에 소니 플레이스테이션5 콘솔이 24대 입고되었다는 소문 때문이었다. 플레이스테이션 5는 지난해 추수감사절에 출고된 이후 꼭 장만해야 하지만 너무나 확보하기 어려운 아이템으로 유명했다.

온라인 주문과 배송이 주는 즉각적인 만족에 익숙한 소비자들이었지만, 이 게임기를 뒤쫓는 데에는 시간과 노력을 아끼지 않았다. 오프라인 매장에 들르지 않던 많은 소비자들이 매장 앞에 줄지어 늘어섰다. 배송을 추적하는 트위터 계정 PS5StockAlerts을 100만 명이 팔로우했다. 일본 도쿄의 평온하던 백화점은 이 물건을 입수하려고 몰려든 쇼핑객들로 아수라장이 되었고, 질서를 잡기 위해 경찰이 출동해야 했다.

이 같은 소동을 초래한 원인은 선뜻 이해되지 않았지만 마이크로칩 때문이었다. 세계적인 마이크로칩 공급 부족이 전 세계 생산 라인과 물류창고의 흐름을 망쳐놓았다. 마이크로칩은 상상 가능한 많은 전자기기는 물론이고 게임 콘솔에서도 불가결한 부품이기 때문이다. 많은 경우 단가가 1달러도 채 안 되는 핵심 칩 단 하나만 없어도 수천 달러나 되는 제품을 만들어 팔 수 없다.

지난 10년간 제품에 들어가는 칩의 수가 늘었고, 동시에 전자기기 수요도 꾸준히 증가했다. 특히 코로나19로 인해 오랫동안 집에서 지내게 된 소비자들이 업무와 여가를 위해 전자기기 신제품을 찾으면서 수요가 급증했다. 그런 가운데 공급에 차질이 빚어졌다. 팬데믹 기간에 칩 공장에 조업 중단 조치가 내려졌기 때문이었다. 특히 노동 집약적인 조립 및 시험 공정, 이른바 생산 '뒷 공정'의 조업이 중단되었다.

문제는 확산되었다. 2021년 1월과 10월 사이에 마이크로칩의 리드타임, 즉 반도체 주문에서 인도까지의 기간이 14주에서 22주로 길어졌다고 서스큐한나Susquehanna 파이낸셜 그룹이 분석했다. 몇몇 전문 부품의 리드타임은 더 길어졌다.[6]

이런 대란은 반도체 공급이 전략적으로 중요함을 일깨워줬다. 또 이 산업이 몇몇 주요 기업에 크게 의존하고 이 시스템이 여유가 별로 없이 빠듯하게 작동하며, 신규 진입에 막대한 비용이 요구됨을 깨닫게 했다. 이전까지 오랫동안 레이더 아래에서 비행하던 칩 업체와 설계회사, 장비업체들이 대중의 눈에 노출되었다. 이는 1970년대 오일쇼크로 석유산업의 상황과 관행이 대중의 주목을 받게 된 과정과 동일했다. 펠로시 의장의 대만 방문에는 여러 동기가 있었지만, 그중 하나로 하퍼 같은 미국 소비자들이 다시 줄을 서지 않게끔 한다는 것도 있었다.

소니는 2021년 7월 플레이스테이션5 판매량이 1,000만 대를 돌파했다며 자축했다. 이는 이전 모델 플레이스테이션4의 실적을 몇 주 단축한 기록이었다. 만약 이 일본 전자제품 대기업이 수요에 따라 공급할 수 있었다면 판매량이 훨씬 더 늘어났을 터였다.

"전 세계에 걸쳐 우리 산업과 다른 산업들에 영향을 미치는 고유한 도전에 계속 직면하는데, 재고 물량 수준을 높이는 일이 최우선이다." 소니 인터랙티브 엔터테인먼트의 CEO 짐 라이언Jim Ryan은 이같이 말했다.[7] 소니는 2022년 3월까지 플레이스테이션5를 1,930만 대 판매했다. 목표로 잡은 판매량 2,160만 대에 230만 대 못 미쳤다.

———

한편 자동차산업은 차량 판매가 둔화되리라는 예상에 따라 칩 주문을 줄였다가 수요가 늘자 부랴부랴 증산에 나섰다. 그러나 반도체 공장들에는 다른 산업으로부터의 주문이 이미 밀려 있었고, 자동차산업은 칩 부족에 허덕였다. 차량 한 대에는 칩이 약 3,000개 들어가, 브레이킹 시스템부터 엔터테인먼트 기기까지 모든 것의 가동을 돕는다. 세계적인 자동차 회사들은 교대근무를 줄이고 휴무를 늘려야 했다. 아우디와 람보르기니, 시트, 스코다 등 브랜드를 거느린 폴크스바겐은 조달한 칩을 마진이 많이 남는 차량에 먼저 배정했지만, 이사회 의장 헤르베르트 디에스Herbert Diess에게는 거의 위안이 되지 않았다. 디에스 의장은 폴크스바겐이 "위기 상황"이라고 말했다.[8]

컨설팅회사 알릭스파트너스AlixPartners는 2021년 9월 반도체 부족으로 인한 세계 차량 생산 감소량이 770만 대에 달하고 매출 감소액은 2,100억 달러에 이를 것이라고 예상했다. 앞서 5월에 내놓은 390만 대 감소와 1,100억 달러에 비해 약 두 배 규모였다.[9] 중고차 값이 치솟았다.

자동차산업의 칩 의존도는 높아지기만 한다. 전자부품이 자동차 제조원가에서 차지하는 비중은 2000년 18%였는데, 2030년이면 45%로 커지리라고 딜로이트 보고서는 전망했다. 같은 기간 전자부품 내 반도체 기반 요소의 비용은 4배로 늘어 600달러가 될 것으로 예상했다.[10]

반도체 부족에 대응해 기업과 산업, 국가들은 물량 확보에 적극 나섰다. 보유량을 비축하면서 필요한 수량보다 더 주문했다. 틈새에 있지만 중요한 산업은 공개적으로 칩 공급을 호소했다. 네덜란드 전자기기 제조업체 필립스의 프란스 반 후텐 CEO는 2022년 6월 이렇게 요청했다. "의료기술산업에는 반도체가 긴급하게 필요합니다. 우리 산업의 수요는 전체 반도체 공급 중 단 1%입니다. 현재의 의료기기 제조 수요를 충족할 정도로 반도체를 우선 배정해주기를 요청합니다."[11]

———

위기가 이어지자 관심이 현재의 칩 활용에서 미래의 공급 안정성으로 옮겨갔다. 특히 인공지능AI을 구동하는 고성능 칩에 관심이 집중되었다. 요구받은 과제를 단순 수행하는 대신, 데이터 흐름을 처리하면서 사람보다 빨리 결정을 내릴 수 있는 AI를 구동하는 칩이다.

미래학자 레이 커즈와일은 2005년 책 《특이점이 온다》에서 컴퓨터의 역량이 인간의 두뇌를 뛰어넘는 특이점이 2045년 무렵에 온다고 예측했다. 그 이후 전문가들은 특이점 도래 시기가 훨씬 더 앞당겨질 수 있다고 예측했는데, 그 계기는 2016년 3월 알파고 컴퓨터 프로그램이 바둑의 세계 최고수 이세돌을 꺾은 대국 등이 제공했다.

특이점이 언제 오든, AI는 우리 생활의 모든 측면을 혁명적으로 바꿔놓을 것이다. 전쟁도 그 대상이다. 주요 국가들이 AI에 신경을 곤두세우는 까닭이다. "미국은 AI 시대에 방어하거나 경쟁할 준비가 되지 않았다." 미국 양당이 구성한 'AI에 대한 국가안보위원회'가 작성해 2021년 3월 미국 의회에 제출한 보고서의 진단이다.

이 보고서는 AI가 다른 어떤 단일 혁신보다 판도를 바꾸는 특성이 있음에 주목했다. AI가 구현할 미래를 함축적으로 전하기 위해 보고서는 위대한 발명가 토마스 에디슨이 전기의 잠재력에 대해 한 말을 인용했다. "가장 유망한 영역이다. 세계의 생활을 재조직할 비밀을 간직하고 있다."

보고서는 미국은 세계에서 가장 고도화된 칩을 더 이상 생산하지 않기 때문에 취약한 상황에 처해 있다면서 다음과 같이 우려했다. "우리는 현재 상황이 얼마나 위태로운지를 과장하고자 하지는 않는다. 그러나 첨단 칩의 대부분이 우리의 중요한 전략적 경쟁자로부터 불과 110마일 바다 건너에 있는 단일 공장에서 생산된다는 사실을 고려할 때, 우리는 공급망 회복력과 안보의 의미를 다시 평가해야만 한다."[12]

———

바이든 대통령은 취임한 지 한 달 뒤인 2021년 2월 24일 속담을 인용해 컴퓨터 칩을 "21세기 편자 못horseshoe nail"이라고 비유했다. 바이든 대통령은 "편자 못이 없으면 편자가 사라진다"고 운을 뗀 뒤 (속담은 '편자가 없으면 말도 없어진다' 등으로 이어진다—옮긴이) "전투를 못해서 왕국을 잃었는데, 모든 것은 편자 못이 없는 데서 비롯되었다"고 말했다. 작은 행동이나 요소가 예기치 못한 엄청난 결과를 초래한다는 점을 강조한 것이다.

이 발언의 메시지는 분명했다. 조그만 마이크로칩이 현대 지식경제의 기초라는 것이다. 반도체 부족이 2년간 이어지면서 여러 산업이 입은 매출 손실이 5,000억 달러에 달한다고 한 애널리스트는 분석했다.[13] 반도체는 돈을 벌어들이는 힘으로, 그리고 점점 더 정치적인 힘으로 바뀌었다. 마이크로칩의 요람이었던 미국은 여전히 세계 마이크로칩 매출의 절반 정도를 차지한다. 그러나 1990년 37%였던 생산 비중은 최근에는 12%로 크게 줄었다.[14]

"공급망 위기가 닥친 다음에야 수습하려고 하는 전철에서 탈피해야 합니다." 바이든 대통령은 우표보다 작은 칩을 들고 말했다. "우리는 최우선적으로 공급망 위기의 재발을 차단할 필요가 있습니다." 그는 반도체 등 4개 품목의 글로벌 공급망을 100일 동안 검토하고 "우리의 공급망을 모든 단계에서 강화"하는 장기 방안을 검토하라고 지시했다.[15]

동일한 기술을 바이든 대통령의 전임자들 중 한 명인 로널드 레이건이 32년 전에 화두로 삼았다. 1989년 6월 퇴임 후의 첫 해외 연설에서였다. 중국이 학생들이 주도한 베이징 천안문 광장 시위를 짓밟은 직후였다. 이후 11월에는 베를린 장벽이 무너졌다. 런던의 장엄한 고딕 건축물인 퀼드홀에서 그는 이렇게 말했다. "정보는 현대의 산소입니다. 정보는 가시철조망이 세워진 장벽에 스며듭니다. 전기가 통하는 국경을 넘어서 퍼집니다. 전체주의라는 골리앗은 마이크로칩이라는 다윗에 의해 쓰러질 것입니다."[16]

안타깝게도 역사는 그렇게 전개되지 않았다. 새로운 냉전이 형성되고 있었다. 그 핵심에는 마이크로칩 공급이 있다.

■ 산업의 쌀

인쇄기는 교육했고, 전구는 밤을 밝혔고, 쟁기는 식량과 지상의 풍경을 바꾸었으며, 자동차는 지평선을 확장했다. 마이크로칩은 이들 모두를 능가하는 인류 역사상 가장 놀라운 발명이 될 수 있다.

불 피우기와 필기, 바퀴, 나침반 등 인류가 생존하고 배우는 방식을 바꾼 오래된 혁신들 속에서 마이크로칩은 당당히 제 위상을 드러내고 있다. '멍청한' 아이템을 '똑똑하게' 바꾸는 이 작은 소자는 그 영향력을 사회 조직 전반으로 넓히고 있다. 현대 사회의 개인은 단순한 작업도 기본적인 컴퓨터의 지원을 받아야 마칠 수 있다.

칩은 모든 곳에서 조용히 일한다. 공급 부족 사태를 겪었던 2021년에도 1조 1억 5,000만 개 칩이 제조·판매되어 컴퓨터와 스마트폰, TV, 자동차, 냉장고, 송유관, 보안 시스템, 데이터센터, 심박 조절기, 반려동물, 장난감, 칫솔, 핵미사일 등에 들어갔다.[17] 이 한 해 동안 추가된 반도체는 세계 인구로 나누어 일인당 125개나 된다. 기존에 장착된 수 조 개는 제외한 수치다.

반도체인 실리콘 조각에 집적회로가 만들어진 1950년대 말 이후 이 소형 기계는 현대 생활의 어디에나 존재하게 되었다. 마이크로칩 또는 다른 이름으로 반도체, 집적회로, 시스템온칩systems-on-a-chip, SOC, 마이크로프로세서, 마이크로컨트롤러라고 불리는 이 소자는 연결과 창조를 가능하게 함으로써 인간의 노력이 더 멀리, 더 빠르게, 더 잘 수행되도록 돕는다.

크기가 줄어들고 가격은 떨어지면서 기회가 확장되었다. 반도체산업은 소형화와 고성능화에 끈질기게 매진했다. 이는 전 세계 정치인들이 자국민들에게 더 빠르고 더 영리하고 더 효율적으로 일하지 않으면 더 재빠른 경제에 뒤쳐져 도태될 것이라고 촉구하면서 촉발된 '글로벌 경쟁' 그 자체였다. 마이크로칩은 진보를 가능하게 하는 생명과도 같은 품목이었다. 세계 굴지의 반도체 제조업체인 삼성전자의 윤종용 부회장이 즐겨 쓴, 반도체는 '산업의 쌀'이라는 비유가 놀랍지 않은 까닭이다.

반도체 덕분에 인터넷이 무소부재하게 보급되었다. 칩이 내장된 기기의 소셜미디어 소프트웨어는 기술 억만장자를 포함해 전례 없는 부를 창출하였다. 수십 년 동안 반도체는 생산성 향상을 지속적으로 촉진해왔다. 오늘날 반도체는 연간 5,500억 달러에 이르는 산업으로서 제조와 전자상거래, 물류에 걸쳐 수익 창출을 돕는다. 사실 모든 산업 분야가 반도체를 핵심으로 하는 기술에 의해 변신해왔다.

마이크로칩 중 약 30%가 퍼스널 컴퓨터에 들어가고, 20%는 스마트폰에, 10%는 데이터센터와 차량에, 나머지는 산업과 군사용으로 쓰인다. 산업용 마이크로칩의 예를 들면 작은 센서는 사물인 터넷IoT에 내장되고, IoT는 '멍청한' 아이템들을 '똘똘한' 커뮤니케이션 네트워크로 연결한다. 수많은 IoT는 모니터링하고 제어하면서 세계의 데이터가 2년마다 적어도 두 배 늘어나는 데 크게 기여하고 있다.

마이크로칩은 이전의 발명을 확장하거나 낡은 것으로 만들었다. 예를 들면 수집된 콘텐츠의 정리, 도시 가로등 제어, 수확량 증대, 내연기관의 퇴장과 자동차의 바퀴 달린 컴퓨터로의 변모 등이 있다. 마이크로칩의 연산 능력은 인간은 이해하지 못할 정도의 업무를 처리한다. 예컨대 질병을 퇴치하기 위해 생명의 암호를 해독하고 인류의 우주 정복을 돕는다. 물론 비트코인 채굴 같은 덜 중요한 일들도 한다.

뿐만 아니다. 전자기기를 가정이나 사무실, 전원으로부터 해방시킨 모바일 혁명의 동력을 마이크로칩이 제공한다. 대다수 소비자의 첫 휴대전화를 뒷받침한 이동통신 기술은 2세대2G 또는 3세대3G였다. 그에 비해 5세대5G 이동통신은 지속적인 광대역 통신을 제공함으로써 가입자들이 고해상도 비디오 게임을 하고 혼합현실Mixed Reality을 즐기도록 한다. 지연이 거의 없이 눈 깜박할 사이에 반응이 이뤄지면서 로봇 수술과 자율주행이 신뢰를 받게 되었고, 핵심 사회기반 시설도 커뮤니케이션 네트워크를 통해 운영될 수 있게 되었다.

반도체가 만드는 이런 흐름은 다시 반도체산업을 키우고 있다. 즉, 네트워크가 더욱 강력해지면서 더 많은 기기가 연결되고, 기기가 더 강력해지면서 더 고성능 칩을 포함하게 된다. 마이크로칩은 발명된 이래 줄곧 번영으로 가는 여권이라고 여겨졌다. 주요국 정부는 이 고부가가치 전략 산업 육성에 열을 올렸고, 부모들은 최신 퍼스널 컴퓨터로 자녀 교육을 향상시키고자 했다.

반대로 마이크로칩은 부정적인 눈길도 받는다. 디스토피아 소설에서 생각을 통제하거나 빅브러더의 감시를 실행하는 등 인권을 침해하는 기술의 상징으로 다뤄진다.

이런 관점은 현실로도 스며들었다. 코로나19 백신 프로그램과 함께 음모론이 번졌다. 백신 프로그램은 구실이고, 그 아래에는 사람들의 일상을 추적하고자 하는 음모가 있다는 주장이었다. 한 설문조사가 미국 성인 1,500명에게 미국 정부가 백신을 활용해 사람들에게 마이크로칩을 심으려고 하는지를 물었더니 20%가 분명히 그렇다 또는 아마도 사실일 것이라고 답변했다.[18]

논란의 여지가 없는 사실은 60년 넘게 칩이 가격과 처리능력 모두에서 지속적으로 향상되었다는 것이다. 이를테면 칩은 기술 진화의 메트로놈이다. 또한 칩 공급과 칩을 효율적으로 제조하는 데 필요한 노하우는 오늘날 세계 금 보유량이나 석유 매장량보다 더 큰 가치를 갖게 되었다. 반도체를 둘러싼 경제 전쟁이 이미 진행 중이고, 정밀 무기의 핵심 요소라는 점에서 반도체는 군비 증강에서도 쓰이고 있다.

반도체를 통한 발전에는 비용이 든다. 새로 반도체 공장을 건설하는 데에는 200억 달러가 소요된다. 막대한 자본이다.

뿐만 아니다. 반도체는 에너지도 많이 쓴다. 하버드 대학교 연구의 예측에 따르면 정보 및 컴퓨팅 기술이 2030년이면 글로벌 에너지 수요의 20%를 차지하고, 그 대부분은 하드웨어, 특히 마이크로칩 제조에 들어간다.[19] 모바일 기기 제조로 인한 이산화탄소 발생량 중 3분의 1은 그 속에 들어간 반도체를 생산하는 데에서 나온다. 대형 반도체 공장은 매일 1,000만 갤런에 이르는 물을 냉각과 세정에 투입한다. 반도체의 환경 발자국을 줄이는 과제는 지구상 모든 산업의 수요를 충족하는 비즈니스만큼 중요해졌다.

■ 영역 좁히기

런던 지하철의 복잡한 터널이나 베이징 같은 대도시의 도로망을 떠올려보라. 그 이미지를 수십억 분의 1로 축소해 육안에는 안 보일 정도로 작게 줄이는 작업을 상상해보라.

이 상상은 마이크로칩이 얼마나 세밀한지 감을 잡는 데는 나쁘지 않다. 다만 최신형 칩은 도로망처럼 단순하지 않다. 아무리 작은 칩이라도 맥박 뛰듯 가동되는 고층 타워 블록으로 구성된다. 각 칩은 수십억 개의 트랜지스터를 포함하는데, 이는 작은 스위치로 전자 흐름을 초당 수십억 번 열었다 닫았다 하면서 계산을 수행해 자신이 내장된 제품을 제어하거나 문제를 해결한다. 더 많은 트랜지스터를 집적해 칩이 더 많은 일을 더 빨리 수행하게끔 하기 위해 회로를 적층형으로 가공하는데, 많게는 150층으로도 만든다.

현대 컴퓨팅의 구성요소인 트랜지스터는 실리콘 잉곳을 잘라낸 웨이퍼에 집적된다. 실리콘은 완벽한 '반도체'로, 도체인 금속과 부도체인 비금속의 중간 특성을 지닌다. 도체 특성은 인이나 붕소 같은 다른 물질을 섞는 정도에 따라 달라진다.

엄지손톱보다 작은 칩의 세부 구조는 3나노미터까지 축소되었다. 단백질 분자 하나보다 작다. 적혈구 폭보다도 작고, 바이러스 평균 크기의 4분의 1밖에 안 된다. 경쟁력을 갖기 위해서는 이를 더 축소해야 한다. 칩 하나에 트랜지스터를 더 넣으면 동일한 전력에 더 많은 연산을 할 수 있다.

인텔은 2021년 8월 숨이 멎을 정도로 놀라운 도약을 발표했다. 트랜지스터 1,000억 개를 포함한 마이크로칩을 최초로 개발했다는 소식이었다. "사실 이 제품을 칩이라고 부르는 게 정확한지 확신이 서지 않을 정도"라고 수석엔지니어 마수마 바이왈라Masooma Bhaiwala가 말했다. 폰테베키오Ponte Vecchio로 명명된 이 제품은 고도의 AI 과제를 수행하도록 만들어졌다. "타일이라고 불리는 칩 집합체가 고대역으로 연결되어 단일한 실리콘처럼 작동한다."[20]

숨가쁘게 질주하는 반도체산업에서 이 소식에 멈춰 서서 곰곰 생각하는 사람은 드물었다. 아니나 다를까, 7개월 뒤 인텔은 애플에 역전당했다. 애플은 맥스튜디오 데스크탑용으로 개발한 M1 울트라 칩에 1,140억 개 트랜지스터를 집적했노라고 자랑했다.

애플이 선두 자리를 오래 지킬 공산은 작다. 반도체 장비 제조업체 ASML은 2030년까지 로직 칩 하나에 트랜지스터를 3,000억 개 이상 집적한다는 계획에 따라 장비를 개발하고 있다. ASML의 레이저 장비는 초소형 전자공학의 한계를 넘어서는 데 핵심적인 역할을 한다. 인텔은 동일한 일정에 1조 개 트랜지스터를 염두에 두고 있다. 한편 미국 AI 회사 세레브라스 시스템즈Cerebras Systems는 이미 실리콘 웨이퍼 하나에 트랜지스터를 2조 6,000만 개 집적했다. 일반 칩은 실리콘 웨이퍼 한 장으로부터 직사각형 모양으로 수백 개 만들어지는데 세레브라스는 웨이퍼 한 장에 거대한 칩 하나를 담았다.

엔지니어와 고객 모두의 주 관심사는 이들 칩이 무엇을 할 수 있는가에 있지, 숫자를 자랑하는 데 있지 않다. 기술 발전에 따라 과거에 방 크기였던 컴퓨터가 휴대 가능하게 줄어들었다. '만능 기기' 아이폰의 정보처리 능력은 1969년 아폴로 11호를 달에 보내 착륙시킨 컴퓨터의 10만 배에 이른다. 아이폰에는 전화기, 카메라, 계산기, 게임기 등 여러 기기가 한데 융합되어 있다. 기술이 비전을 충족시키고자 발전해온 성과다.

————

마이크로칩을 만드는 작업은 글로벌하게 이루어진다. 실리콘의 원료인 모래는 예를 들어 노스캐롤라이나주에 있는 쿼츠 코퍼레이션Quartz Corporation의 스프루스 파인 공장에서 채취된다. 모래는 노르웨이 북부 드래그Drag에 보내져서 정제된다. 고부가가치의 가벼운 상품에 거리는 방해가 되지 않음을 보여주는 사례다. 그 다음 모래는 전문 소재업체가 있는 일본 등으로 보내진다. 소재업체는 모래를 표면에 무지개 색을 머금은 실리콘 웨이퍼로 가공한다.

주로 아시아에 있는 거대한 공장 또는 팹에서는 로봇 팔이 웨이퍼를 소리 없이 이 공정에서 저 공정으로 옮겨준다. 공정은 천장에서 늘어뜨려진 컨베이어벨트를 타고 이어진다. 웨이퍼는 3개월 남짓 기간에 약 3,000개 공정을 거치는데, 그동안 공장 건물을 떠나지 않은 채 1,600킬로미터 넘게 이동한다. 공장은 클린룸 환경에서 가동된다. 클린룸의 먼지는 병원 수술실의 1,000분의 1에 불과하다. 이 조건을 유지하기 위해 정화된 공기가 공급되고 직원들은 머리부터 발끝까지 감싸는 흰 방진복을 입는다.

반도체산업은 막대한 투자를 필요로 한다. TSMC는 대만 남부 타이난에 팹18을 짓는 데 거의 200억 달러를 들였다. 이 공장의 바닥 면적은 95만 제곱미터로 축구장 133개를 합친 만큼 넓다. 이 공장은 2020년부터 가동되었다.

웨이퍼는 표면에 감광물질이 도포된 뒤 포토마스크를 통과한 빛에 반복해서 노출된다. 이 공정은 노광이라고 불린다. 포토마스크는 반도체의 미세회로를 형상화한 유리기판을 가리킨다. 포토마스크 자체만 제조에 수백만 달러가 든다. 그 다음에는 빛을 받지 않은 곳이 화학적으로 제거되는 식각 공정이 진행된다. 이를 통해 점차 칩에 층층의 복잡한 세부가 나타난다. 이 공정은 미술의 스텐실 기법과 비슷하다. 클린룸에는 노란 빛이 비추어진다. 웨이퍼에 빛을 비추는 공정에 영향을 줄 수 있는 짧은 파장의 빛을 노란 빛이 걸러내도록 하기 위해서다.

세정과 연마까지 마친 웨이퍼에서 레이저가 직사각형의 칩을 잘라내면, 각 칩이 조립되고 테스트된다. 그후 고객에게 넘겨져 소비자가 구매할 제품을 생산하는 데 투입된다.

복잡다단한 제조 공정의 앞 단계에는 그에 대응하는 설계 과정이 있다. 칩 개발에는 몇 년도 걸릴 수 있고 엔지니어 수천 명과 수백만 달러가 투입된다. 건물 건축과 마찬가지로 설계자와 평면도가 있고 기능적으로 비용과 속도를 고려해야 한다. 엄청난 투자가 소요되는 만큼, 값비싼 실수를 피하려면 먼저 많은 상황을 시뮬레이션 해봐야 한다.

1960년대에 기업들마다 여러 작업을 수행하면서 탄생했던 산업이 이제는 여러 전문 업체로 분화되었다. 더 나은 공정의 추구와 막대한 비용이라는 현실로 인해 설계, 제조, 제조 장비, 패키징 등으로 분야가 나누어졌고 분야마다 한두 개의 업체가 시장을 지배하게 되었다. 시간이 갈수록 더 많은 그리고 더 뛰어난 성능의 칩에 대한 수요가 커지면서 점점 소수의 기업만이 그 요건을 충족시킬 수 있게 되었는데, 소수의 기업이 수십 년에 걸쳐 한 가지 측면만을 완벽히 구현하는 데 집중했기 때문이다.

이에 비추어 볼 때 TSMC에 집중된 정치적 관심은 놀랄 일도 아니고, TSMC만의 일도 아니다. 최첨단 칩 생산에서 현재 대체 불가한 장비가 극자외선EUV 노광장비인데, 이를 생산하는 유일한 회사가 바로 ASML이다. 작은 버스 크기인 이 장비는 한 대가 1억 6,000만 유로에 팔린다. 개발에는 20년이 걸렸다.

다른 강자들도 있는데, 그중에는 지식재산 분야 기업이 있다. 바로 이 책의 핵심 스토리를 제공한 회사다. 미국의 마이크로칩 거인들과 아시아의 제조 강자들 사이의 중간지점, 그러니까 이 산업의 가장 중요한 받침점에 그 업체가 있다. 시작한 곳은 영국의 대학 도시인 케임브리지이다. 전통적인 의미에서 이 회사는 아무것도 만들지 않는다. 레이저 장비도 널찍한 공간도 없다. 그러나 매년 조용히 시장 점유율을 키워왔다. 이 업체는 자기네 아이디어가 모든 것을 공급한다고 여긴다.

값진 지침서

오늘날 간단히 ARM이 된 Advanced RISC Machines는 귀에 익은 이름과는 거리가 멀다. 그러나 ARM의 칩 설계는 1990년 설립된 이후 전 세계 수십억 군데 가정과 직장, 차량에 스며들었다.

칩이 복잡해지면서 칩 업체들은 생산을 외부 업체들에게 넘겼고, 마찬가지로 설계 과정에서도 외부로부터 아이디어를 사들이기 시작했다. 비용과 복잡성이 계단식으로 올라감에 따라 외부의 지식재산 보유자들은 미리 준비된 솔루션을 제공함으로써 또 다른 지름길을 제시했다. ARM은 25년 전 시작된 휴대전화 혁명에 동력을 제공하면서 도약한 주요 수혜자였다.

ARM은 칩 설계를 위한 '명령어 세트 아키텍처Instruction Set Architecture, ISA'라는 귀중한 지침서를 보유하고 있다. ISA는 칩의 두뇌에 해당하는 중앙처리장치CPU가 어떻게 소프트웨어에 의해 제어되는지와 관련이 있다(ISA는 마이크로프로세서가 실행할 수 있는 기계어 명령어의 집합을 가리킨다─옮긴이). ISA는 오늘날 휴대전화와 자동차, 랩톱 컴퓨터, 데이터센터, 산업용 센서 등에 쓰이는 마이크로프로세서 모두에 들어간다.

ISA는 이를테면 디지털 시대의 십계명으로, 컴퓨터 개발자들이 더 효율적으로 코드를 짤 수 있도록 하는 예측가능성을 제공한다. ISA는 해당 기계가 무엇을 할지를 정의한다. 어떻게 그 일을 수행할지는 정의하지 않는다. 소프트웨어가 쓰이는 곳이면 어디든지 ARM 기반 프로세서는 동일한 방식으로 명령을 수행한다.

ARM의 사용은 늘어났지만 ARM의 ISA는 늘어나지 않았다.

ARM의 ISA는 수천 개 명령 또는 규칙으로 이루어져 있지만, 40억 개 인코딩(32비트 머신의 경우 $2^{32}=4\times10^9$개가 가능하다—옮긴이)을 지원할 수 있다. 디지털 라이프를 그렇게나 근저에서 구현하는 것인데도, ISA 관련 자료는 놀랍게도 여전히 종이 책자로 이용할 수 있다. ARM의 ARM(아키텍처 매뉴얼Architecture Reference Manual, ARM)은 1만 페이지가 넘는 분량에 걸쳐 ISA를 어떻게 활용할지, 문제를 어떻게 해결할지를 안내한다. 여기에 쓰인 언어는 인기 있는 컴퓨터 프로그래밍 언어 중 하나인 C와 매우 흡사해 보인다.

ISA는 살아 있는 문서이다. 업데이트는 분기마다 케임브리지의 40명으로 구성된 팀이 맡는다. 이들은 새로운 기능, 예컨대 머신러닝에서 요구되는 더 주요한 곱셈을 가능하게 하는 기능을 추가하고, 보안 기능을 더 부가하며, 고객의 문제를 해소하고 결함을 해결한다. 대대적인 개편은 대개 10년에 한 번 수행되는데, 가장 최근에는 2021년에 이뤄졌다.

ARM의 영역은 칩 산업을 구분하여 설명할 수 있다. 매년 팔리는 1조 개 넘는 칩 중 대다수는 ARM이 설계하는 유형의 프로세서를 필요로 하지 않는다. 개략적으로 말하면 정보를 저장하는 것을 목적으로 하는 메모리 칩은 더 단순하고 보다 쉽게 상품화될commodified 수 있다. 대부분의 아날로그 칩과 광학 칩, 기계mechanical 칩 또한 ARM의 영역 밖에 있다. ARM이 활동하는 영역은 칩이 정보를 처리하는 전자기기의 두뇌에 해당하는 로직 반도체이다. 로직 반도체에는 통신 칩은 물론이고 마이크로컨트롤러도 포함된다.

라이선싱 조건에 따라 다른데, ARM의 설계를 규격품으로 구매한 개발자들은 호환성은 유지하는 가운데 일부를 손질하거나 대폭 수정할 수 있다. ARM은 고객이 자신들의 설계를 활용할 수 있도록 지원한다. 예를 들어 고객사가 만든 코드가 제대로 작동하는지 점검할 수 있는 테스트 세트인 컴플라이언스 키트를 제공하고, 인도 방갈로르의 엔지니어 약 100명이 이 키트를 활용한 테스팅 과정을 감독한다.

ARM의 성공 요인 중 하나는 용량이 가장 큰 칩이 언제나 해당 작업에 최상의 칩은 아니라는 사실을 바탕으로 한다. 성능은 실리콘 투입량은 물론이고 소비 전력 대비 성능―소비 전력은 칩 가동이 정점에 이를 때와 칩이 놀고 있을 때, 두 상황에서 측정된다―으로도 평가되어야 한다. 실리콘이나 전력이나 모두 비용과 직결되기 때문이다.

마이크로칩 산업은 이러한 변수에 맞춰 발전해왔고, ARM의 저전력 저비용 설계가 인기를 끈 이유도 이들 변수와 관련이 있다. 무어의 법칙, 즉 칩 하나에 집적되는 트랜지스터의 수가 2년마다 두 배로 늘어난다는 예측도 같은 맥락에서 이해할 수 있다. 이에 대해서는 다음에 상세하게 설명한다.

ARM은 거인들과 나란히 걸으면서 성공했다. 영국 시장조사 회사 퓨처호라이즌에 따르면 애플과 구글, 아마존을 포함한 거대 기술회사들은 지난 10년간 자신들의 칩을 설계함으로써 인텔 같은 중간 업체middlemen가 반도체산업 매출의 가장 큰 몫을 차지하는 상황에서 탈출해왔다. 중간 업체가 챙긴 매출은 실리콘 평방 센티미터당 450달러였다. 그에 비해 TSMC 같은 파운드리가 받는 단가는 4달러에 불과했다. ARM 같은 지식재산 제공자가 받는 단가는 고

작 10센트에 그친다(저자의 주장과 달리 최신 공정의 칩을 만들 때 ARM IP 비용이 꽤 비싸다고 한다―옮긴이).[21]

변변치 않은 금액처럼 들린다. 사실이다. ARM의 설계는 상대적으로 싸지만 자주 쓰인다. ARM의 설계는 2021년에는 무려 292억 차례 쓰였고, 이는 오랫동안 마이크로칩 산업의 리더로 여겨진 인텔의 약 60배에 이른다. ARM의 설계를 채용한 컴퓨터 하드웨어는 지난 6년간 두 배로 증가했고, 이는 어떤 PC 타입이나 어떤 스마트폰보다 더 많이, 지구상에서 가장 널리 채용된 것이다.

ARM 설계의 쓰임은 여전히 증가하고 있다. 어지간한 나라의 인구보다 많은 소프트웨어 엔지니어 약 1,300만 명이 ARM 호환 코드를 만든다. 모바일 혁명의 주역인 ARM은 5G와 인공지능이 확산되며 더 많은 이득을 얻을 수 있다. 칩이 더 똑똑해져 우리 삶의 더 큰 부분을 안내하고 가끔은 지배하면서 점점 더 많은 소프트웨어를 실행할수록 ARM의 기술이 내장되어 있을 가능성이 커진다.

이 설계와 이들 관습은 급속도로 '모든 것'의 청사진, 즉 세상을 정복한 현대 컴퓨팅과 통신의 글로벌 기술 표준이 되었다.

ARM이 어떻게 여기에 이르게 되었는지는 놀라운 이야기다. 그러나 ARM이 기회를 포착하기 전, 반도체 제조가 아시아로 옮겨가기 전으로 거슬러 올라가 오로지 미국에 뿌리를 둔 이 산업의 기원을 이해할 필요가 있다.

2장

어떤 역사: 기묘한 커플의 시작

■ **세계가 기다린다**

무선엔지니어협회Institute of Radio Engineers, IRE의 창립 49주년 총회를 앞둔 1961년 3월 초. 잡지 〈일렉트로닉스〉 3월 10일자는 관련 기사와 광고로 두꺼워져 316페이지나 됐다. 미국 산업계에서 널리 읽힌 이 잡지에 따르면 뉴욕 월도프 아스토리아 호텔과 인근 콜리세움 컨퍼런스 센터에서 열리는 총회에 엔지니어가 7만 명 넘게 참석해 미래 비전을 공유할 예정이었다.

나흘 동안 참석자들은 센트럴파크를 끼고 자리 잡은 두 행사장을 오가며 강연을 들을 참이었다. 강연자 중에는 멀리 노르웨이와 일본, 베네수엘라에서 온 전문가도 있었다. 연구보고서가 265건 제

출되었고, 전시되는 품목은 850개 이상이었다.[1]

한 홍보물은 전시회 소식을 다음과 같이 숨가쁘게 전했다. "콜리세움에 마련된 광대한 전시장 4곳에서 여러분은 무선전자 분야의 최신 제품과 시스템, 기기, 부품을 관람할 수 있습니다. 예컨대 레이더와 복합 항공운항 제어, 우주 통신을 비롯해 무선공학의 모든 영역이 한 곳도 빠짐없이 망라되어 있습니다."[2]

전쟁 기간에 허리를 졸라맸던 서구가 1950년대에 꿈을 꾸었다면 1960년대에는 새로운 현실이 동트고 있었다. ARM이 설립되기 약 30년 전이었다. 냉전 상황에서 두 진영은 우주를 놓고 경쟁했다. 예를 들어 미국과 소련은 위성 기술에서 상대를 능가하고자 했다. 모바일 기기와 스마트 네트워크, 인공지능은 여전히 과학소설 속 꿈이었지만, 소득 수준 향상과 번지르르한 마케팅 캠페인에 따라 각 가정은 최신형 TV와 백색가전 제품들을 갖춰놓았다.

존 F. 케네디 미국 대통령의 1961년 1월 취임식이 최초로 컬러 TV로 방송되었다. 그의 전임자 드와이트 아이젠하워는 1952년 대선에서 압도적인 우세로 당선되었는데, 그 결과는 투표 종료 직후 여론조사가 정확히 예측한 그대로였다. 여론조사는 유니버설 오토매틱 컴퓨터(유니백UNIVAC)가 CBS TV로부터 발주 받아 수행한 것이었다. TV에 비추어진 회색에 무게가 7톤이 넘는 거대한 기기는 대다수 대중이 처음 본 컴퓨터였다.

신기술에 매료된 정치 지도자들과 소비자들은 가능성을 무제한으로 상상하기 시작했다. 그러나 도약을 가로막는 기술적인 제약이 있었다. 가능성을 실현하기 위해 일하는 엔지니어들은 이를 정확히 인식했다.

더 정교한 기능을 구현하려면 기기에 정교한 회로를 더 많이 넣어야 했다. 그러나 연구실에서 꿈꾸는 기능은 생산라인에서는 구현될 수 없었다. 왜냐하면 제조하기에 너무 복잡하고 비용과 시간이 많이 요구되었기 때문이다. 전자 신호를 증폭하거나 연결/차단하는 각 트랜지스터는 연속순환 회로를 구성하려면 다른 부품 수천 개에 연결되어야 했다. 가능한 유일한 방법은 각 요소 간 전선 연결을 수작업으로 하는 것이었다.

"이 일은 거의 전적으로 여자에게 맡겨졌다. 그런 복잡하고 오래 걸리는 작업에 남자 손은 너무 크고 굼뜨고 단가가 높았다"고 작가 T. R. 레이드Reid가 전했다.[3] 당시 성차별은 이 분야에서도 끔찍했다. 전시에는 여자들이 프로그램을 짰지만, 이후 한 세대가 지나도록 여성에게는 기술직이나 관리직이 거의 주어지지 않았다. 생산라인 여공들은 확대경 뒤에서 납땜인두와 핀셋을 쥐고 작업했다. 실수가 발생할 수밖에 없었다.

"어느 정도 시일이 지나 이제 전자공학자들은 온갖 종류의 정보를 디지털로 처리하고 전달하는 작업을 통해 시각·촉각·지각 역량을 어떻게 대폭 확장할 수 있는지를 '원칙적으로는' 알게 되었다." 벨 연구소Bell Lab의 잭 모튼 상무가 1958년에 쓴 글이다. 이 연구소는 전화를 발명한 알렉산더 그레이엄 벨에 의해 설립되었다. 모튼 부사장은 "그러나 모든 기능이 이른바 '숫자의 횡포'로 인해 억눌려 있다"고 표현했다. "복합적인 디지털 특성상 그런 시스템은 수백, 수천, 때로는 수만 개 전자 장치를 요구한다."[4]

그런 횡포는 1961년에도 이어졌다. 월도프 아스토리아에 모인 엔지니어 군단은 그 횡포를 전복하겠다는 결의에 차 있었다. 〈일렉트로닉스〉는 북적대는 전시회 중 빠뜨리면 안 될 대목을 알려주는 가이드로 적극 나섰다. 이 잡지는 참석자들에게 새롭고 흥미로울 것으로 판단한 기술을 모아 특집기사를 편집했다. 레이저 레이더와 로그-주기 안테나, 조정 가능한 터널-다이오드 증폭기 등이었다. 그러나 특집기사에서 놓친 혁신 중 하나가 이후 게임체인저임이 확인되었다.

그 혁신은 최초로 상용화된 집적회로IC, 즉 필요한 모든 요소를 실리콘 하나에 모아놓은 전자부품이었다. 출시한 회사는 페어차일드 반도체Fairchild Semiconductor였다. 이 논리회로의 의미를 간략히 설명하면, 과학자들이 성가신 배선 문제를 해결했다는 것이었다. 마이크로칩이 시장에 선보인 것이다.

이 회사는 브로셔에 "새로운 종류 중 첫 제품을 선언한다"고 밝혔다. 제품 이름은 '논리회로 플립-플롭Flip-Flop'이었다. 이는 비트 하나를 저장하는 기본적인 전자 회로로, 1이나 0 상태를 오가는 기능을 가졌다. 페어차일드는 "디지털 기능 블록의 로직회로 종류 중 최초의 제품"이라고 홍보했다. 곧 다른 집적회로 다섯 개를 출시할 예정이며 이들 제품은 "디지털 컴퓨터나 제어 시스템의 로직 부분을 효율적으로 완성하기에 충분할 것"이라고 예고했다.[5] 참고로 당시 '플롭flop'이라는 단어가 활용됐다는 사실이 흥미롭다. 플롭은 초당 부동소수점연산floating operation per second의 줄임말로, 매우 큰 혹은 매우 작은 숫자를 처리하는 데 필요한 연산의 성능을 나타내는 지표로 쓰인다.

그러나 페어차일드가 불러일으킨 흥분은 판매로 연결되지 않았다. 가격이 하나에 120달러로 매겨졌다. 일일이 손으로 연결된 회로보다 더 비쌌다. 물론 전자산업에서 난제를 해결하는 혁신이 선보였으나 성공으로 평가받지 못하는 현상은 이후에도 재연될 판이었다.

고객의 주목 외에 페어차일드는 경쟁에도 신경을 써야 했다. 사실 최초의 IC는 같은 행사에서 2년 전에 선보였다. 출품한 회사는 이 산업의 강자 텍사스 인스트루먼트TI였고 이름은 '솔리드 회로solid circuit'였다. 이제 IC 이전 상황과 두 주역을 살펴보자.

■ 겸손한 킬비

마이크로칩의 아버지들은 기묘한 커플이다. 한 명은 내성적이고 다른 한 명은 외향적이다. 두 사람이 속한 회사들이 벌인 약 십 년에 걸친 특허 전쟁은 공동 특허와 교차 라이선스 합의로 이어졌다. 비록 헨리 포드나 토머스 에디슨 같은 발명가의 명성은 얻지 못했지만, 로버트 노이스Robert Noyce와 잭 킬비Jack Kilby는 자동차나 전구보다 훨씬 더 광범위한 영향을 미칠 발명을 주도한 공로로 늘 함께 기려지고 있다.

킬비는 장신에 조용하고 겸손하고 다독가이며 빅밴드의 음악을 즐겼고, 혼자 일하는 유형이었다. 그보다 네 살 어린 노이스는 킬비와 거의 정반대로, 함께 일하기를 좋아하는 카리스마 있는 리더 타입이었다. 무척 활동적이어서 나중에는 자가용 비행기를 직접 조종하고 다녔으며, 스카이다이빙과 수중 다이빙, 요트를 즐겼다. 또한 언론을 상대로 반도체 업계를 대변하는 역할을 근사하게 해내기도 했다.

킬비는 부친 덕분에 소년기에 무선통신에 빠졌고 전자공학에 관심을 갖게 되었다. 킬비의 부친은 캔자스에서 전력회사를 경영했는데, 어느 겨울 눈보라가 캔자스를 덮쳐서 전선과 전화선이 끊기자 이웃에서 무전기를 빌려와 거래처 등과 연락하면서 그 상황에 대처했다. 호기심 많던 소년 킬비는 머지않아 직접 장비를 만들어 밤에 사람들과 무선통신을 할 수 있었다.

명문 MIT에 지원한 킬비는 수학에서 점수가 모자라 낙방하자 부모의 모교인 일리노이 대학교에서 전기공학을 공부했다. 첫 직장은 위스콘신주 밀워키 소재 전자부품 제조업체였다. 그 회사는 라디오, 텔레비전, 보청기 부품을 만들었다. 그는 낮에는 비용과 신뢰도라는 두 가지 원칙을 마음에 새기며 일하고, 밤에는 야간대학원에서 전기공학 석사 학위를 위해 공부했다. 그는 문제 해결사였다. 자신이 몸담은 산업이 발전하려면 크기가 중요하다는 점을 그는 간파했다.

그는 1958년 TI로 직장을 옮겼고, 부인과 함께 텍사스주 댈러스로 이주했다. 그는 "전자 부품 소형화에 거의 전념하도록 한다는 조건에 동의한 회사는 TI가 유일했고, 그 조건이 크게 주효했다"고 회고했다.[6]

TI는 원래 지구물리학 연구 기업으로 음파를 활용해 석유가 매장된 곳을 찾아주는 서비스를 제공했다. 킬비가 입사하기 전 TI는 사업 방향을 바꾸고 인력을 충원하는 중이었다. 수완 좋은 사장 패트릭 해거티Patrick Haggerty는 과학자들을 채용해 대량 생산할 수 있는 저렴한 트랜지스터를 개발하도록 했다. 또 휴대용 라디오를 출시해 성공을 거뒀다. 휴대용 라디오는 전자제품 수요를 수백만 소비자로 넓혔다. 이제 해거티는 더 큰 도전을 염두에 두고 있었다. 숫자의 횡포를 해결하는 과제였다.

———

퍼즐은 10여 년 전에 또 다른 발명품인 트랜지스터가 나오면서 그 모습을 드러냈다. 트랜지스터는 진공관을 밀어내고 전자산업의 잠재력을 새로이 제시했다. 진공 유리관에 2개 이상의 전극을 넣어 전자가 전극 사이를 이동하게 함으로써 작동한 진공관은 20세기의 전반기 동안 활용되었다. 유니백 컴퓨터에는 진공관이 5,000개 들어갔고, 유니백보다 이전 모델로 세계 최초의 대형 전자식 디지털 컴퓨터인 에니악ENIAC은 진공관 1만 8,000개를 썼다. 두 컴퓨터의 작업은 당시 대중을 놀라게 했지만, 이를 가능하게 한 진공관들은 쉽게 과열되고 깨지기 쉽고 거대했다.

트랜지스터는 1947년 뉴저지 소재 벨 연구소에서 개발되었다. 주역은 물리학자 윌리엄 쇼클리William Shockley가 이끈 팀이었다. 다만 팀에서 누가 무슨 역할을 했는지를 놓고 논란이 있었고 이는 쇼클리가 벨 연구소를 떠나는 계기가 되기도 했다. 여하간 트랜지스터는 놀라운 과학적 진보였다. 진공관이 밀려났고 '고체 상태' 반도체가 등장해 기기를 통제하기 시작했다.

벨 연구소는 당시 독점 기업이던 미국 전화회사 AT&T의 연구소였다. 정부의 격려에 고무된 AT&T는 트랜지스터 보급에 속도를 내기 위해 소문을 내기로 했다. 그래서 1951년 9월 심포지엄을 열어 참석한 과학자와 엔지니어 300명에게 트랜지스터의 잠재력을 설명했다. 그들은 흥분한 상태로 행사장을 떠났지만 트랜지스터 제조법은 모르는 상태였다. 라이선스를 사려면 2만 5,000달러를 내야 했다. 다음 해 4월 2차 행사가 열렸다. 거기서 공유된 정보는《트랜 지스터 기술》이라는 제목의 두 권짜리 책으로 만들어졌다. 이 책은 곧 '마더 벨의 요리책Mother Bell's Cookbook'이라는 별명을 얻었다(처 음에는 벨 전화회사, 이후 AT&T가 주도하며 북미 대부분의 지역에 100년 가까이 독점적 전화서비스를 제공했던 통신기업의 체계를 벨 시스템Bell System이라고 부 르며, 그 애칭이 마더 벨이다―옮긴이).

실리콘 한 조각에 담기는 작은 부품들처럼, 트랜지스터의 발명 도 부분들의 합이었다. 영리한 사람들―대부분 남자들―이 토대 를 닦으면 그 위에서 다음 혁신이 이루어졌다.

쇼클리는 존 바딘John Bardeen과 월터 브래튼Walter Brattain의 연 구로부터 도움을 받았고, 두 사람과 노벨 물리학상을 공동 수상했 다. 세 사람 모두 미국으로 이주한 오스트리아-헝가리 출신 물리학 자 줄리어스 릴리엔펠트Julius Lilienfeld에게 경의를 표해야 한다. 그는 1925년 전계효과 트랜지스터의 개념을 제안했다. 다만 작동하는 모 델을 만들지는 못했고, 이후에도 많은 과학자들이 실패했다.

쇼클리는 적소適所에 있었다. 벨 연구소에는 4,000명의 과학자 와 엔지니어가 있었다. 1925년에 신설된 이 연구소는 최고의 연구 기관이 되어 영화와 전파 천문학, 태양 전지, 계산기, 암호학 분야에 서 큰 발전을 이루어냈다. 가장 뛰어난 두뇌들이 벨 연구소의 최신 발명품인 트랜지스터를 발전시키는 데에는 그리 오랜 시간이 걸리 지 않았다.

1952년, 2차 대전 당시 영국 공군과 긴밀히 협력하여 무선 항 법, 레이더, 열추적 미사일용 적외선 탐지기를 개발했던 영국 통신

연구청의 조프리 더머Geoffrey Dummer는 트랜지스터가 나오고 반도체에서 작동하게 됨으로써 "연결 전선 없이 단단한 블록으로 이루어진 전자 장비를 상상할 수 있게 되었다"고 언급했다.[7]

이 상상을 킬비가 구체화했다. 킬비는 TI에 합류한 지 몇 달 만이었다. 그는 갓 입사한 터라 휴가가 없었고 그래서 여름 내내 혼자 연구실에 남아서 생각에 잠겼다. 방해받지 않는 가운데 그는 회로의 모든 부품을 동일한 재료로 만들어서 동일한 베이스에 통합할 수 있을지 궁리했다. 그렇게 하면 일일이 전선으로 연결하는 대신 인쇄하여 연결할 수 있고 더 많은 부품을 넣을 공간을 확보할 수 있었다.

킬비는 1959년 초 회색 반도체 준금속인 게르마늄의 작은 조각을 사용해 종이 클립 절반 크기인 최초의 데모 칩을 만들었다. 그가 구형 트랜지스터와 콘덴서(커패시터), 저항을 사용했기 때문에 일부는 반도체 평면 위로 튀어나와 있었고, 몇 군데를 금선으로 일일이 연결해야 했다. 지저분했지만 시작이었다(킬비는 집적회로를 발명한 공로로 2000년에 노벨 물리학상을 수상했다―옮긴이).

■ 모험적인 노이스

로버트 노이스는 1956년 1월 어느 날 수화기를 들었을 때, 전화를 건 사람이 윌리엄 쇼클리였음을 알게 되었다. 아이오와 태생의 젊은 물리학자에게 전혀 뜻밖의 그 통화는 짜릿한 경험이었다. 그는 "마치 전화를 받아 신과 대화하는 것 같았다"고 말했다. 용건은 캘리포니아로 와서 면접을 보라는 것이었다. "그는 반도체 전자 공학에서 가장 중요한 사람이었습니다. 그 일자리를 얻는다면 빅 리그에서 뛰게 될 것이 분명했습니다."[8]

쇼클리는 소개가 필요없는 사람이었다. 획기적인 연구로 유명 해진 이후 그는 트랜지스터 상용화에 열중했고, 자신이 새로 만든 회사에 합류할 유망한 젊은 인재를 찾고 있었다. 그러던 차에 야심 많은 노이스가 얼마 전 발표한 연구 논문이 쇼클리의 눈에 띄었던 것이다.

목사의 아들로 태어난 노이스는 어린 시절 미국 중서부 콘벨트 Corn Belt의 광활한 대지에서 무선 조종 비행기를 만들어 날리고 돼 지를 서리하며 놀았고 직접 만든 글라이더를 붙들고 헛간 지붕에서 뛰어내리기도 했다. 그는 사물이 어떻게 작동하는지 이해하고자 하 는 열망을 품고 인근 그리넬 대학에 진학해 물리학 및 수학 학위를 받고, 이어 MIT에서 물리학 박사 학위를 취득했다. 그곳에서 그는 신속한 두뇌회전으로 '빠른rapid 로버트'라는 별명을 얻었다. 노이스 는 영화배우 같은 외모로도 돋보였다.

쇼클리는 적절한 타이밍에 전화를 걸었다. 학업을 마친 노이스 는 필라델피아의 전자회사 필코Philco에서 연구 엔지니어로 몇 년을 보냈다. 그러는 동안 회사 생활에 좌절했고 변화를 찾아 나설 준비 를 하고 있었다.

쇼클리 반도체연구소는 캘리포니아 팔로알토에 자리 잡았다. 쇼클리가 벨 연구소가 있는 뉴저지 대신 어머니 가까이에서 일하고 자 했기 때문이었다(쇼클리는 팔로알토에서 성장했다─옮긴이). 그가 성장 하던 때와 달리 캘리포니아는 전시에 번창한 라디오 회사들의 허브로 변신한 상태였다. 이 산업은 서부 해안의 대학들에서 꾸준히 인력을 공급받았다.

교수들이 전임으로 근무하는 동부의 하버드나 예일에 비해 스탠퍼드와, 그로부터 북쪽으로 60여 킬로미터 떨어져 샌프란시스코만의 다른 쪽에 자리 잡은 버클리는 규정에 덜 얽매였다. 이런 문화의 기원은 프레더릭 터먼Frederick Terman이 스탠퍼드 공과대학의 학장이 된 때에서 찾을 수 있다. MIT에서 전기공학 박사 학위를 받은 뒤 진공관과 회로를 연구하던 그는 2차 대전 후 스탠퍼드 공과대학에 부임했다.

터먼은 교수들이 일주일에 하루나 이틀은 다른 일을 할 수 있게끔 풀어주었다.[9] 그는 자본주의 정신에 따라 아이디어의 사회화와 사업화, 창업을 장려했고, 리스크를 감수하도록 권장했다. 새로운 회사들이 종종 스탠퍼드 캠퍼스에 만들어졌다. 대학에 인접한 스탠퍼드 산업단지의 초기 입주자 중에는 과거 터먼의 학생이었던 윌리엄 휴렛과 데이비드 팩커드도 있었다. 이들은 터먼의 격려를 받으며 첫 제품인 오디오 계측기를 만들어 월트디즈니에 납품했다. 스탠퍼드 산업단지의 명칭은 이후 스탠퍼드 연구단지로 바뀌었다.

휴렛팩커드는 실리콘밸리의 중추가 되었다. 실리콘밸리라는 명칭은 1971년에 한 언론인이 명명한 이후부터 사용되긴 했지만, 이러한 타이틀을 얻게 된 데에는 쇼클리가 이 지역에 인재를 유치한 것이 핵심적인 역할을 했다.

이들 중 한 명인 노이스는 면접 몇 시간 전에 회사와 가까운 곳에 방을 얻고 보증금을 치렀을 정도로 새 일자리를 얻게 될 것으로 확신했다.[10] 실제로도 그는 채용되었지만, 그곳에서의 생활은 오래

가지 못했다.

쇼클리가 모아놓은 스무 명 정도의 영리한 젊은이들은 그해 보스가 노벨 물리학상을 수상하자 환호에 빠졌다. 그러나 열기가 가시기도 전에 쇼클리가 폭군 같다는 사실이 명확해졌다. 쇼클리는 그들을 배려하지 않았을 뿐 아니라 그들이 제품 개발에 기여한 공로도 인정하지 않았다. 초기에 채용된 사람들 중 일곱 명이 그만두기로 결심했다. 주동자가 필요했던 그들은 막 매니저로 승진한 노이스에게 행동을 같이 하자고 제안했고, 노이스도 동의했다. 화가 난 쇼클리는 '8인의 배신자들'이라며 그들을 비난했다. 그들은 1957년 9월 사표를 제출했고 이후 반도체산업의 유명 인사가 된다.

"당시에는 우리 행동이 미칠 영향을 깨닫지 못했다"고 여덟 명 중 하나인 제이 래스트Jay Last가 밝혔다. 그는 "쇼클리가 편집광적이었다는 사실에 감사한다"며 "그렇지 않았다면 그 밑에 계속 머물렀을 것"이라고 말했다.[11] 쇼클리의 학문적 성취에 대해서는 논란이 없었지만 이후의 행보로 빛이 바래게 된다. 그는 우생학에 빠져 지능이 낮은 사람은 불임 수술을 받게끔 지원해야 한다고 주장했다.

———

이탈자 팀은 함께 일한다는 조건으로 새 직장을 찾고 있었다. 그러던 그들에게 진취적인 투자중개인인 아서 락Arthur Rock이 새로운 아이디어를 제시했다. 그들이 직접 회사를 차리면서 투자자를 찾아보라는 것이었다. 락은 여덟 명 중 한 명의 가족을 통해 소개받은 사람이었다. 이탈자들은 결국 셔먼 페어차일드Sherman Fairchild와 연결되었다. 페어차일드가 없었다면 그들은 각자 갈 길을 가거나 TI로 이직했으리라고 락은 말했다.[12]

페어차일드는 투자에 느긋했다. 투자한 사업 모두가 성공하지 않아도 된다는 태도로 위험한 사업에도 돈을 댔다. 그럴 만했다. 유일한 상속인인 그에게 큰 재산을 물려준 부친은 IBM의 초대 회장을 지냈다. 당시 IBM은 펀치 카드에 기록하는 장비를 판매했다. 페어차일드는 와인과 식도락을 즐기면서 투자했다. 페어차일드 사업 분야 중 하나는 전시에 미국 공군이 활용한 항공 카메라였다. 페어차일드 카메라&인스트루먼트는 1957년 말 이 여덟 명에게 150만 달러를 투자했다. 이렇게 페어차일드 반도체가 태어났다.

여기까지는 쉬웠다. 문제는 활용할 수 있는 기성 기술이 없다는 사실이었다. 팔로알토에 위치한 1,300제곱미터 규모의 설비에서 페어차일드는 실리콘 웨이퍼를 자체 제작했고, 확산로를 직접 만들었다. 확산diffusion이란 웨이퍼에 특정 불순물을 넣고 고온에서 처리해 반도체의 전기적 속성을 변화시키는 공정이다. 다행히 노이스의 활약 덕분에 얼마 되지 않아 첫 계약을 이끌어냈다. 작은 스타트업으로서는 현실적으로 기대하기 어려운 성과였다.

페어차일드의 기술적 도약은 1958년에 시작되었다. 스위스 엔지니어로 여덟 명 중 하나인 진 호에르니Jean Hoerni는 미국 정부의 미니트맨Minuteman 탄도미사일에 공급할 트랜지스터의 공정을 개선하는 일을 하고 있었다. 그는 이산화규소 절연막으로 트랜지스터를 감싸 보호하자고 제안했다. 그럼으로써 신뢰도를 향상시키고 오염 민감도를 낮추고 대량으로 생산할 수 있다고 주장했다. 이는 나중에 '평면 소자 공정'이라고 불리게 된다. 노이스는 한 걸음 더 나아가, 전도성 금속 패턴을 위에 추가함으로써 트랜지스터를 배선할 필요가 없게 했다.

무선엔지니어협회의 1961년 총회에서 집적회로에 대한 관심은 폭발적이었지만, 이것이 바로 매출로 이어지지는 않았다. 사실 페어차일드 내부에서조차 인기 있고 돈이 되는 트랜지스터에 집중하고 집적회로는 아예 중단하자는 의견도 나왔다. 창업자들 사이에 긴장이 고조되는 가운데 호에르니는 회사를 그만두고 집적회로 회사 아멜코를 설립했다. 이는 같은 유산을 공유하는 많은 '페어칠드런Fairchildren' 중 첫째였다.

미국 정부가 이 기술의 구세주였다. 1966년에 생산에 들어간 2세대 미니트맨은 집적회로를 대량으로 사용한 최초의 제품이었다. 이 미사일은 1세대 미사일보다 더 먼 거리에서 더 정밀하게 목표물을 타격할 수 있었고, 냉전 시기이던 당시 바로 실전에 배치되었다.

이런 가운데 존 F. 케네디 대통령은 우주 경쟁에서 소련을 꼭 능가하고자 했다. 소련이 1957년 세계 최초로 인공위성 스푸트니크를 성공적으로 발사하자 미국 항공우주국NASA과 국방부는 대응에 나서면서 가격에 상관없이 집적회로를 대량 조달했다. 당시 미국 국내총생산GDP의 2%가 연구개발에 투입되었다. 처리 능력이 대폭 향상된 이 작고 가벼운 집적회로는 아폴로 유도컴퓨터AGC에 탑재되었고, 아폴로 우주선 프로젝트가 1969년 달 착륙에 성공하는 데 밑거름이 되었다.

정부 지원은 거기서 그치지 않았다. 1977년 조사에 따르면 미국 정부는 마이크로칩의 첫 16년 동안 자국 전자산업의 연구개발 자금 중 절반 가까이를 댔다. 정부는 1964년까지 모든 판매를 책임졌고, 이후에도 주요 구매자 역할을 이어갔다.[13]

———

당시까지도 집적회로의 잠재력은 예상하기 어려웠다. 향후 어떻게 발전할지 알 수 있다고 생각한 한 사람이 바로 고든 무어 Gordon Moore였다. 8인의 배신자 중 한 명인 무어는 페어차일드의 연구개발 책임자이던 때 〈일렉트로닉스〉 매거진의 요청으로 글을 썼다. 주제는 향후 10년간 이 산업에서 일어날 일을 예측하는 것이었다. 1965년 4월 19일자에 실린 '집적회로에 더 많은 부품을 채워넣기'라는 제목의 글은 이후 '무어의 법칙'으로 알려지는 예측을 담고 있었다. 반도체의 상대 가격이 하락하는 가운데 정보처리 능력은 기하급수적으로 향상되리라는 것이었다.

무어는 이전 몇 년 동안 관찰한 추세를 바탕으로 향후 10년간 마이크로칩에 집적될 트랜지스터와 저항기, 콘덴서 등 부품 수가 매년 두 배로 증가하리라고 예상했다. 페어차일드가 1965년 몇몇 고객에 공급하려고 준비하던 칩에는 64개 부품이 들어 있었다. 무어는 그 수가 1975년이면 6만 5,000개에 이를 것으로 전망한 것이다. 그는 "그런 대규모 회로가 웨이퍼 하나에 만들어질 수 있다고 믿는다"고 썼다. 게다가 집적회로의 최종 시장에는 '가정용 컴퓨터'와 '자동차 자동 제어' '휴대용 개인 커뮤니케이션 기기' 등이 포함되리라고 봤다.[14]

1975년 즈음 무어는 소형화의 갈 길이 아직 멀다고 생각했다. 그는 향후 10년 동안 2년마다 집적되는 부품의 수가 두 배씩 늘어날 것으로 예측했는데, 실제로는 전혀 법칙이 아니었던 자신의 잣대가 그렇게 오래 동안 생명력을 갖고 과학자들의 목표가 되리라고는 예상하지 못했다.

무어는 몇 년 후 '무어의 법칙은 산업의 발전을 기록하는 것이 아니라 발전을 추동하는 것이 되었다'고 회고했다.[15] 무어의 이름은 그의 동료인 쇼맨 노이스Noyce the showman보다 업계에 더 크게 더 오래 남을 것이었다.

사실 차분한 무어는 노이스와는 정반대 스타일로, 겉으로만 치장하지 않고 세부적인 부분까지 신경을 썼다. 5대째 캘리포니아 토박이로 태어난 그는 UC 버클리에서 화학을 전공하고, 칼텍에서 화학 및 물리학 박사 학위를 받았다. 그는 여가 시간에는 일할 때처럼 생각을 많이 하는 취미인 낚시를 했다. 무어는 신중하고 사려 깊은 방식으로 일한 덕분에 페어차일드 내부에 그를 따르는 직원들이 많았다. 노이스가 한 번 더 배를 갈아타려고 했을 때 반드시 끌어들일 인물로 무어를 꼽은 까닭이다.

■ 새로운 시대

초기 전자계산기는 소비자가전이 전투를 치를 무대로 부상했다. 트랜지스터만 들어간 최초의 계산기는 IBM이 1954년에 출시한 608이었다. 대형 캐비닛 몇 개를 채운 이 계산기는 가격이 8만 3,000달러였다.[16] 이후 출시된 제품은 크기가 줄어들면서 가격도 떨어졌다. 정보처리 능력이 향상되고 기업들이 규모의 경제 덕을 볼 수 있기 때문이었다. 이전에는 소비자가 필요성도 느끼지 못했던 계산기가 필수 제품이 되면서 경쟁자가 앞다퉈 뛰어들었고 이윤이 점점 줄어들었다.

고전하는 신규 업체 중 일본의 비지콤Busicom이 있었다. 곤경을 타계하는 동시에 도약을 모색하던 비지콤은 노이스에게 도움을 청했다. 노이스는 (페어차일드에서 실리콘 기반의) 집적회로를 개발한 업적으로 일본 엔지니어들의 존경을 받고 있었다.

마침 노이스는 그런 일을 찾고 있던 참이었다. 당시 그는 페어차일드 반도체에서 편치 않았고 모회사(페어차일드 카메라&인스트루먼트)가 반도체 사업으로 번 돈을 연구개발에 충분히 재투자하지 않는다고 생각했다.

회사에 사직서를 내면서 그는 다음과 같이 썼다. "나는 단순히 반도체를 만드는 회사에서는 일하지 않을 것입니다. 그보다는 아무도 만들지 않은 제품이나 기술을 개발하고자 하는 작은 회사를 찾아보려고 합니다. 독립성(그리고 작은 규모)을 유지하기 위해 휴식 후 새 회사를 창업할 수도 있습니다."[17]

노이스와 무어는 1968년 7월 18일 새 회사를 차렸다. 처음에는 회사명을 NM 일렉트로닉스라고 했다가 노이스가 "섹시하게 들린다"고 한 인텔Intel로 바꿨다. 'integrated electronics'를 합성한 이름이었다. 둘을 따라 앤디 그로브Andy Grove가 페어차일드로부터 합류했다. 무어 아래에서 R&D 업무를 하던 젊은 물리학자였다. 이번에도 아서 락이 투자자를 모집했다. 그는 인텔의 회장Chairman이 되었고, "인텔이 성공하리라고 확신했고 그런 확신은 어느 회사에 대해서도 품은 적이 없었다"고 회고했다.[18]

새 회사는 논리회로보다 메모리 칩을 선호했다. 메모리가 논리회로보다 설계가 쉽기 때문이었다. 그러나 몇 년의 어려운 시절을 거쳐 인텔은 일감이 있는 곳으로 움직였다. 비지콤은 외부와 통신하는 메모리, 논리 및 입출력의 핵심 기능을 결합하여 차세대 계산기용으로 설계한 십여 개의 전용 칩을 만들어달라고 요청했다. 이 프로젝트를 이끈 테드 호프Ted Hoff는 한 걸음 더 나아가 비지콤의 요구사항을 4개의 칩으로 압축했는데, 그중 하나가 계산기의 중앙처리장치CPU의 논리회로가 포함된 칩이었다. CPU 아키텍처는 이탈리아 출신으로 페어차일드를 거쳐 인텔에 새로 합류한 페데리코 패긴Federico Faggin이 다듬고 설계했다.

한 칩에 구현한 CPU ─ 곧 마이크로프로세서로 불리게 되는 ─는 대단한 혁신이었다. 고객의 요구에 맞춰 논리회로를 만드는 번거로움을 벗어나 대량 생산할 수 있는 범용 칩을 만들고 특정 작업은 소프트웨어 프로그램으로 수행하도록 한다는 아이디어가 그 뒤에 있었다. 비지콤의 경우 특정 작업은 수치 계산이었다.

이는 획기적인 도약이었지만, 칩이 만들어지는 동안 탁상용 계산기 시장 상황이 나빠졌다. 비지콤은 계약 조건 변경을 요구했고, 노이스는 계산기 이외의 모든 용도에 칩을 사용할 권리를 확보한 뒤 비지콤에서 받은 개발비 6만 달러를 돌려주었다. 비지콤은 결국 1974년에 파산했지만 인텔은 그동안 뭔가를 하고 있었다.

1971년 11월, '집적된 전자제품integrated electronics의 새 시대를 알림'이라는 광고가 〈일렉트로닉스 뉴스〉에 실린다. 개당 60달러인 4004(세계 최초의 CPU ─ 옮긴이)는 '프로그래밍 할 수 있는 컴퓨터가 들어 있는 칩'이었다.[19] 그렇게 역사는 시작되었다.

1부

ARM
(1985~2000년)

3장
작은 도토리로부터
미래의 디자인까지

■ 희극적인 대치

1984년 크리스마스를 앞둔 마지막 금요일. 연구·및 대학 도시인 케임브리지의 직장인과 대학 교수들은 흥청거리는 연휴로 접어들고 있었다. 그런 가운데 클라이브 싱클레어 경Sir Clive Sinclair은 중심가에 위치한 펍 배런오브비프에서 신문을 말아쥐고 사람들 사이를 헤쳐 걸어갔다.

대머리에 연한 적갈색 턱수염을 기르고 안경을 낀 전자업계 사업가 싱클레어는 얼굴이 널리 알려진 인물이었다. 정기적으로 TV에 출연했고 자신의 회사 광고에도 직접 출연한 덕분이었다. 그리고 그는 열을 내고 있었다.

그는 자신의 분노를 유발한, 펍 안 반대편의 상대를 보았다. 그의 직원이었다가 맞수가 된, 직설적이고 열정적인 크리스 커리Chris Curry였다. 짙은 색 구레나룻을 풍성하게 기른 그는 언제나처럼 정장 차림이었다. 두 사람은 함께 일하며 온갖 전자기기, 예컨대 증폭기와 계산기, 휴대용 라디오, 소형 TV, 시계 등을 만들었지만, 이제는 급속하게 성장하는 가정용 컴퓨터를 둘러싸고 경쟁하고 있었다.

클라이브 경의 분노를 촉발한 것은 커리가 전국 일간지에 실은 광고였다. 그 광고는 싱클레어 리서치의 ZX스펙트럼 컴퓨터가 신뢰할 수 있는지 의문이라고 주장하며, 소비자가 크리스마스 이후 반품하는 상황을 원하지 않는다면 에이콘 일렉트론Acorn Electron이나 BBC마이크로를 우선적으로 고려하라고 넌지시 조언했다. 대안으로 제시된 두 컴퓨터 모두 커리가 클라이브 경을 떠나 공동 창업한 벤처회사인 에이콘 컴퓨터에서 만들었다.

클라이브 경의 얼굴이 붉으락푸르락했다. 그는 취객들이 구경하는 가운데 욕설을 내뱉으면서 말아쥔 신문으로 커리를 마구 때렸다. "그는 극도로 공격적이었고 무례했고 내게 욕을 퍼부었다." 커리는 당시에 대해 이렇게 말했다고 한 기사는 전했다. "그를 진정시키려고 했지만 소용이 없었다."[1]

코믹한 대치였지만 그 이면에는 몹시도 심각한 경쟁이 있었다. 커리는 수백만 파운드를 들인 광고에서 표면적으로는 자신의 가장 큰 경쟁자로 자유분방한 스티브 잡스의 미국 컴퓨터회사 애플을 지목했으나, 실제로는 싱클레어를 때리고 있었다. 이는 판매를 늘리기 위한 필사적인 시도였다. 두 회사는 마케팅에 가진 전부를 쏟아부었다. 둘 다 1984년 크리스마스 시즌에 가정용 컴퓨터가 날

개 돋친 듯 팔리리라고 예상했기 때문이었다. 이 예상은 빗나갔다.

커리는 인근 와인바로 피했지만 클라이브 경이 쫓아왔다. 두 사람 모두 다음 해는 더 어려운 상황이 닥칠 것임을 알고 있었다. 공급이 홍수를 이루는 가운데 가격이 폭락하고 있었다. 컴퓨터 시장의 주축을 열렬한 애호가들에서 평범한 사람들로 바꿔놓기 위해 애써온 그들의 리더십이 무너지고 있었다.

놀라운 호황에 이어진 불황이었다. 호황은 3년 전 독특한 개입으로 형성되었다.

■ 컴퓨터 프로그램

1982년 1월 11일 오후 3시가 조금 지난 시각. 영국의 TV 시청자들은 먼 미래를 잠시 둘러보는 느낌을 받았다. BBC2 채널에서 내보낸 '컴퓨터 프로그램' 시리즈의 첫 에피소드는 옷장 크기의 당당한 슈퍼컴퓨터 크레이-1이 초당 5,000만 개 명령어를 처리해 열흘치 유럽 일기예보를 내놓는 모습을 전했다. 일반인에게 덜 추상적인 짧은 사례도 방송되었다. 과자가게를 오랫동안 운영해온 필리스가 얼리 어답터 같지 않아 보이는데도 영업 후 자신의 가정용 컴퓨터에 입고 정보를 열심히 입력하는 장면이었다.

"내가 이미 아는 한 가지가 있습니다. 컴퓨터 혁명이 내일 일어나리라고 생각하지 마십시오. 컴퓨터 혁명은 지금 진행 중입니다." 이 프로그램의 진행자로 친절한 대학 교수 분위기의 크리스 설Chris Serle이 갈색 재킷과 넥타이 차림으로 이렇게 선언했다.[2]

10회로 구성된 시리즈의 목적은 궁금해 하는 대중을 위해 이 신기술을 둘러싼 신비주의를 벗겨내는 데 그치지 않았다. 이 시리즈는 영국의 가정과 학교, 소상공인들 사이에 컴퓨터 도입을 장려한다는, 정부가 지원한 야심찬 계획의 초석이었다.

　　이 컴퓨터 리터러시 프로젝트CLP는 BBC에서 성인 자기개발 콘텐츠를 제작하는 '평생교육 텔레비전 부서'에 뿌리를 두었다. 이 주제로 이미 몇몇 다큐멘터리가 방송되었지만, 경영진은 할 일이 더 있다고 생각했다. BBC는 몇몇 정부기관의 자문을 거쳐 두 명의 기자 데이비드 앨런과 로버트 앨버리를 네덜란드, 독일, 스웨덴, 노르웨이, 일본, 미국 등 해외로 보내 취재하게 했다. 경비는 영국의 고용·훈련을 담당하는 인력서비스위원회the Manpower Services Commission가 댔다. 그 결과 3부작 '실리콘 팩터'가 제작·방송되었다. 아울러 깔끔하게 타이핑된 50페이지 분량의 보고서 '마이크로일렉트로닉스'를 1979년 12월에 발표하고 이듬해 여름 영국 하원의원 전원에게 배포하였다.

　　앨런과 앨버리는 비디오디스크와 음성 합성, 전자우편, 공장자동화 등을 아울러 보여주면서 세계 전역에 걸쳐 "새로운 기술이 어떻게 적용되는지를 포괄적으로 제시했다"고 설명했다. 보고서는 "멀티미디어를 활용한 교육이라는 유망 분야를 정의하는 작업을 도움"으로써 영국이 컴퓨팅의 발전에 어떻게 대응해야 하는지를 다루었다.[3] 이는 최신 과학 발전에 직면한 선진국이 어떻게 국민들이 번영할 수 있는 역량을 갖추도록 이끌 수 있는가라는, 수십 년 동안 이어져 온 과제였다.

———

물론 영국이 이 도전에 처해 씨름한 것은 이번이 처음이 아니다. 노동당 정치인으로 나중에 두 차례 총리로도 활동한 해럴드 윌슨Harold Wilson이 야당 시절이던 1963년 한 '백열white heat' 연설은 더욱 그랬다.

파이프 담배를 즐기며 대학에서 경제사를 가르쳤던 윌슨은 더 많은 과학자를 양성하고 국가 생산을 늘리는 목표에 힘을 쏟아야 한다고 주장했다. 자동화 같은 대대적인 산업 변화에 등을 돌릴 경우 "유일한 결과는 영국이 정체되고 뒤처져 세계 다른 나라들로부터 받게 될 연민이나 비난일 것"이라고 경고했다.[4]

총리가 된 뒤 윌슨은 자신의 주장을 실행에 옮겼다. 1968년 인터내셔널컴퓨터가 된 3자 합병을 이끌어냈다. 이 합병의 의도는 미국 IBM 같은 주요 컴퓨터 업체의 대항마를 만들어내는 데 있었다.

앞서 언급한 '마이크로일렉트로닉스' 보고서의 주장 중 하나는 새로운 기술이 아이들과 성인 모두에게 민주적으로 보급되어야 한다는 것이었다. "호기심을 가진 혹은 걱정하는 사람들이 신기술의 특성과 효과를 이해할 수 있게끔 도와야 한다." "신비함을 벗겨내야 한다. 블랙박스는 회색 상자가 되어야 한다. 엘리트만 다룰 수 있다고 여겨져서는 안 될 뿐 아니라, 엘리트만 이해할 수 있다고 여겨져서도 안 된다."[5]

1979년 11월, BBC는 '손에 잡히는 마이크로Hands on Micro'라는 가제로 새 컴퓨터 시리즈의 제작에 들어갔다. 프로듀서들은 어떻게 하면 이 프로젝트가 최대 효과를 거둘지에 초점을 맞췄다. 말하자면 프로그램이 폭발적인 반응을 이끌어내고 이를 현실로도 연결하고 싶었다. BBC 설립자 리스 경Lord Reith이 남긴 '알리고 교육

하고 즐겁게 하라'는 위대한 전통에 따라 교육 프로그램에 추가적인 학습 자료를 각급 학교에 딸려 내보내는 일은 드물지 않았다. 하지만 이번에는 이 국영 방송사가 훨씬 더 나아갔다.

당시 시장에는 약 100종의 컴퓨터가 있었지만, BBC는 방송에서 컴퓨터 활용 시범을 자체 컴퓨터로 보여준다는 과감한 결정을 내렸다. 문제는 널리 쓰이지만 공통된 표준이 없는 컴퓨터 프로그래밍 언어 베이직BASIC이었다. BBC가 접촉한 업체들은 단일 표준에 합의하지 못했다고 컴퓨터 리터러시 프로젝트의 에디터가 된 앨런이 회고했다. "그래서 우리는 다른 모든 것보다 더 나은 우리만의 표준이 필요하다고 결정했습니다."6 '컴퓨터 프로그램' 시리즈 중 첫회에서 진행자 설이 카세트 테이프에 담긴 간단한 게임을 BBC마이크로BBC Micro로 실행하게 된 것은 그래서였다.

당시 영국에 전국 TV 채널은 셋밖에 없어서 많은 영국 어린이들이 이 시리즈를 보게 되었다. BBC마이크로를 공급한 에이콘으로서는 더할 나위 없는 황금 같은 기회였다.

■ 케임브리지의 두뇌들

에이콘 컴퓨터는 BBC마이크로에 앞서 이미 '아톰'이라는 컴퓨터로 상당한 성공을 거두었다. 애호가들이 손수 조립할 수 있는 키트로는 120파운드에, 완성품으로는 170파운드에 판매했다. 흰 플라스틱 상자의 뒷면에 새겨진 녹색 글자 'Acorn Computer Cambridge England'는 이 기기의 출생지를 알려줬다.

에이콘의 두 창업자 중 크리스 커리는 이 도시에서 태어나 자랐다. 그는 아톰을 1980년에 출시하고 가정용이라는 점을 강조하여 마케팅했다. 그는 회사의 판매 측면을 담당했고 그의 파트너 헤르만 하우저Hermann Hauser는 주로 기술적인 측면을 맡았다. 하우저는 회사가 성공을 이어가려면 케임브리지 대학의 우수한 인재를 영입해야 한다고 판단했고 그 수단으로 뜻밖의 비밀병기를 찾아냈다. 케임브지리에서 제일 유명한 빵집인 피츠빌리스Fitzbillies' cakes였다.

에이콘이 똑똑한 젊은 학생들과 꾸준히 교류하기 위해 하우저는 그들에게 먹거리를 주는 게 좋겠다고 판단했다. 그는 거의 매일 오후 4시 회사 앞을 지나가는 누구에게나 피츠빌리스의 케이크와 차를 대접했고, 이 소문이 퍼지게 했다. 에이콘은 마켓힐에서 한 골목 아래, 전력회사 이스턴전기 위편에 위치했다. 걸어서 얼마 안 되는 거리에 케임브리지 대학교의 컴퓨터랩이 있었고 랩의 멤버들은 늘상 피치블리스의 끈끈한 첼시 번을 먹으러 나와서 수다를 떨었는데, 종종 저녁까지 겸하는 설계 회의로 이어졌다.

형식에 얽매이지 않는 이런 분위기가 오스트리아 출신 하우저를 케임브리지로 이끌었다. 와인 판매업자인 부친이 영어를 배우라며 열여섯인 그를 이곳에 보냈을 때, 그는 고풍스러운 도로와 학구적인 분위기에 반했다. 장신에 우아한 금발의 하우저는 매년 여름 케임브리지에 돌아왔고 캐번디시 연구소에서 연구보조원으로 일했다. 이 연구소는 거장들의 업적으로 세계적인 명성을 쌓은 케임브리지의 물리학 센터로, 이곳에서 어니스트 러더퍼드Ernest Rutherford(1908년 노벨화학상 수상자—옮긴이)는 방사능을 연구했고 J. J. 톰슨(1906년 노벨물리학상 수상자—옮긴이)은 전자를 발견했다. 빈 대학교에서 물리학을 전공한 뒤 박사 과정을 밟기로 했을 때, 그에게 다른 선택지는 없었다.

커리의 배경은 달랐다. 청소년기에 그는 쓰레기 더미에서 지역록 밴드용 앰프를 만드는 데 쓸 TV 부품을 찾곤 했고, 돈 버는 데더 관심이 있어서 대학에 가지 않았다. 첫 직장은 케임브리지에서가장 이름난 전자회사로 TV와 라디오를 만든 파이Pye였고, 여기서몇 개월간 일했다.

1966년 커리는 싱클레어 래디오닉스에 취직했고, 이후 10년동안 역량을 인정받아 클라이브 싱클레어의 오른팔이 되었다. 저널리스트 출신 발명가 싱클레어는 전력을 다해 일하며 미니멀한 디자인으로 소비자를 놀라게 할 전자제품을 내놓을 수 있었다. 광고가효과를 발휘한다는 조건이 필요하기는 했지만. 싱클레어는 휴대용계산기로 크게 성공한 반면 후속으로 출시한 디지털 손목시계의 판매는 부진했다. 적자가 누적된 싱클레어 래디오닉스는 1976년 일부국유화되어 국가기업위원회NEB의 관리를 받게 되었다.

NEB의 간섭이 과도하다고 여기게 되었을 때, 싱클레어는 커리에게 사이언스 오브 케임브리지Science of Cambridge를 설립하도록 하고 자신은 나중에 합류하기로 마음먹었다. 기본적인 컴퓨터 키트인MK14를 우편 주문을 받아 판매하는 회사였다. 컴퓨터 키트는 회로기판과 키패드, 계산기 디스플레이 등으로 구성되었다. 이름은 부품이 14개라는 데에서 착안했다. 이 사업을 놓고 커리와 싱클레어의의견이 갈렸다. 커리는 MK14를 더 키우고 싶었지만, 싱클레어는달랐다. 그래서 커리는 관심을 두고 있던 마이크로프로세서 쪽에서새로 사업을 하기로 결심하고 평소 알고 지내던 하우저를 파트너로 끌어들였다. 두 사람은 1978년 컨설팅회사 케임브리지 프로세서 유니트CPU를 설립했다. 초기에 이 회사는 상점들이 즐비한 곳 위에 자리 잡은 사이언스 오브 케임브리지와 건물을 같이 썼다.

"매우 부드러운 분리였고 거의 눈에 띄지 않을 정도였다"고 커리는 회고했다. "조금 더 경쟁적으로 된 때는 상당히 뒤였다."[7]

———

CPU사는 인재가 필요했다. 그래서 하우저는 스티브 퍼버Steve Furber의 연구실로 찾아갔다. 케임브리지 공과대학의 도로 건너편이었다.

퍼버는 청소년기 수학 영재로 인정받았고 케임브리지에서 수학을 전공해 석사 학위까지 받은 뒤 롤스로이스의 공기역학연구실에서 근무하고 있었다. 연구실을 이끈 교수는 초음속 여객기 콩코드의 소음을 줄이는 연구 등으로 유명한 숀 파욱스 윌리엄스Shon Ffowcs Williams였다. 퍼버는 취미로 기타를 연주했고 와우와우페달(음향 효과를 내기 위해 기타 앰프에 연결해 페달로 조작하는 장치─옮긴이)과 음색 조절기를 직접 만들기도 했다. 언젠가는 모의비행 소프트웨어를 만들어보려고 그는 직접 제작한 인쇄회로기판을 염화철을 채운 주방 싱크대에 담가 에칭하고 캘리포니아에서 마이크로칩을 주문해 자신의 컴퓨터를 제작했다. 그 컴퓨터는 유체역학 박사 논문을 작성하는 데 쓰였다.

하우저는 비슷한 생각을 가진 컴퓨터 애호가들이 모인 케임브리지대학 프로세서그룹CUPG에서 퍼버를 발견하고 그를 영입하고자 했다. 깔끔한 전자제품을 만드는 것은 그저 그의 취미였다. 퍼버는 "하우저는 나한테 관심이 있었지만, 나는 땜질에 관심이 있었을 뿐"이라고 말했다. 돈은 오가지 않는 상태로, 퍼버는 하우저가 필요한 전자제품을 설계하고 하우저는 퍼버의 취미생활에 필요한 부품들을 공급했다.

CPU사의 첫 프로젝트는 과일 기계(과일 그림이 나오는 도박용 슬롯머신—옮긴이)에 들어가는 컨트롤러를 만드는 일이었는데, MK14의 성공 탓에 인연을 맺었던 웨일즈의 고객이 발주한 건이었다. CUPG의 또 다른 멤버인 로저 윌슨Roger Wilson—트랜스젠더였던 그는 후에 성전환을 통해 소피가 된다—도 MK14를 통해 연결된 개발자였다. 윌슨은 굉장히 지적이고 손재주가 좋았는데, 노스요크셔의 외딴 지역에서 가족용 자동차와 보트, 가구를 직접 만드는 교사 부모 밑에서 자랐다. "대학에 입학할 때 오디오를 갖고 싶어서 아무것도 없는 상태에서 직접 만들었고, 디지털시계도 그렇게 만들었다"고 말한 윌슨은 휴일에 소에게 여물을 주는 전자장치를 만들기도 했다.[8]

학부생 윌슨은 호크Hawk를 비롯해 무더기로 아이디어를 쏟아냈다. 호크는 곧바로 '에이콘 시스템1'으로 제작되어 1979년 3월 출시되었는데, 회로기판 한 쌍에 탑재된 엔지니어와 랩 연구원용 컴퓨터 키트였다(CPU사는 에이콘 컴퓨터라는 회사를 별도로 만들었다—옮긴이). 에이콘Acorn이라는 사명社名은 두 가지를 염두에 둔 선택이었다. 첫째는 성장이었고, 둘째는 다른 컴퓨터 회사 애플보다 전화번호부에 먼저 기재된다는 이유에서였다. 윌슨의 졸업식 날 하우저는 윌슨의 부모를 모시고 강변의 그랜트체스터에서 크림티를 대접하며 윌슨을 채용하겠다는 뜻을 전했다. 그 자리에서 그들은 연봉 1,200파운드 등 윌슨의 근무 조건에 합의했다.[9]

에이콘 시스템1의 후속 버전들은 디스플레이와 메모리, 플로피 디스크 드라이브 등을 개선했다. 하지만 커리는 회사가 다른 방향으로 가기를 원했다. 그의 에이콘 아톰은 3세대 에이콘 시스템을 기반으로 만들어졌고, 사이언스 오브 케임브리지(곧 싱클레어 리서치가 되는)의 싱클레어가 1980년 1월 출시한 싱클레어 ZX80에 대응한 제품으로 간주되었다. 프린트된 키보드를 갖춘 기성품 싱클레어 ZX80은 단돈 100파운드였다. 두 컴퓨터는 미국에서 수입된 컴퓨터보다 낮은 수준의 서로 다른 가격대에서 안정적으로 판매되고 있었다.

———

BBC 컴퓨터 계획의 소문을 들었을 때 커리는 에이콘의 차세대 컴퓨터 프로톤을 제안하려고 했다. 그러나 알고 보니 BBC는 이미 뉴베리 래보러토리라는 회사에 뉴브레인NewBrain으로 명명한 자체 컴퓨터의 개발을 발주한 상태였다. 공교롭게도 이 회사는 싱클레어 래디오닉스의 프로젝트에서 시작된 이력이 있었다.

싱클레어 래디오닉스처럼 정부 관리 대상이던 뉴베리는 BBC로서는 상업적인 대기업에 비해 깔끔한 해법이었다. 그런데 뉴베리가 납기를 지키지 못할 것이 분명해지자 BBC는 싱클레어 리서치와 에이콘을 포함해 몇몇 회사를 대상으로 컴퓨터 공급사를 새로 선정한다는 공고를 냈다. 커리는 공고에서 제시한 컴퓨터의 사양을 맞추기로 했다. "우리는 그와 관련해 타르트처럼 정말 유연했다"고 회고했다. "우리는 BBC가 원하는 대로 맞추었지만 클라이브는 그러지 않았다."[10]

에이콘에서는 프로톤 기반으로 만들면 될 것으로 생각했다. 한쪽에서는 엔지니어들이 작고 저렴한 컴퓨터를 원했고, 다른 쪽에서는 전문직들이 크고 값비싼 워크스테이션이 필요하다고 요구하던 상황에서 마이크로프로세서 두 개를 장착한 프로톤은 양쪽의 요구를 절충할 수 있었다. 했다. 덕분에 프로톤에는 BBC의 까다로운 사양을 충족할 여지가 있었다. 에이콘에게 남은 일은 그런 컴퓨터를 빨리 만들어내는 것이었다.

하우저가 꾀를 내 윌슨과 퍼버의 경쟁심을 자극했다. 하우저는 1981년 2월의 한 일요일 저녁에 두 사람을 각각 불러서, 다른 한 사람(윌슨에게는 퍼버, 퍼버에게는 윌슨)이 BBC에게 보여줄 프로톤 기반 시제품을 다음 금요일까지 만들어낼 수 있다고 했다고 들려줬다. 둘은 처음에는 터무니없어 하더니 어깨를 으쓱이곤 닷새간 마라톤 개발에 돌입했다. 둘은 함께 작업했다. 동료들과 작업을 스케치하고 부품을 조달하고 전선을 연결하며 밤을 지새웠다. 윌슨은 예리한 기억력을 지녔지만 예민한 측면도 있었다. 퍼버는 그와의 파트너십에 대해 "우리의 공동 작업은 아주 생산적이었다"면서 "언제나 매끄럽게 진행되지는 않았지만 생산적인 긴장이 아마도 도움이 되었다"고 들려줬다.

평가단이 방문할 오전 10시 몇 시간 전에야 시제품에 전원이 공급되었다. 잘못 연결된 것으로 보이는 전선을 떼어내자는 하우저의 말대로 실행한 덕분이었다. 윌슨은 에이콘의 운영체제를 BBC용 베이직 컴퓨터 언어에 맞추기 시작했다. 아직 채 3년이 되지 않은 이 회사의 운명이 바뀌는 순간이었다(BBC는 1981년 2월 에이콘과 공급 계약을 체결했다—옮긴이).

ARM의 탄생과 발전에는 여러 전환점이 있었다. 그러나 커리가 프레젠테이션을 완벽하게 해내지 않았다면, 하우저가 윌슨과 퍼버를 부추겨 며칠간 강행군하도록 하지 않았다면, 에이콘이 공급한 BBC마이크로는 없었을 것이다. BBC마이크로의 성공이 없었다면 오늘날 ARM도 존재할 수 없었을 것이다.

■ 퍼스널 컴퓨터의 여명

퍼스널 컴퓨터는 오래 전부터 구상되어 왔다. 〈뉴욕타임스〉는 1962년 11월 3일자에 '포켓 컴퓨터가 쇼핑 리스트를 바꿀 수 있다'는 제목의 기사를 게재했다. 이 기사는 미국 산업공학회Institute of Industrial Engineeers가 주최한 최근 행사에서 존 모클리John Mauchly가 내놓은 예측을 전했다. 모클리는 물리학자로, 1946년에 최초의 전자식 컴퓨터 ENIAC을 공동 개발했다. 에니악은 프로그램 가능한 범용 컴퓨터였고 처음에는 미국 육군이 적의 탄도미사일 등의 궤도를 추적하거나 예측할 수 있는 계산을 제공했다. 모클리는 "평균적인 소년이나 소녀가 퍼스널 컴퓨터를 마스터할 수 없다고 생각할 이유가 없다"고 말했다.[11]

그런 기계장치가 장차 무엇을 할 수 있으며 얼마나 작아질지는 많은 사람들의 관심을 끈 주제였다. 에니악은 펜실베이니아 대학교 컴퓨터과학과 건물의 지하를 다 차지할 정도로 컸고, 포켓 사이즈와는 거리가 멀었다.

1970년대 엔지니어들은 메인프레임 컴퓨터를 데스크탑에 올려놓을 정도로 줄이는 과제에 매달렸다. 오늘날 통념이 된 퍼스널 컴퓨터의 기본형 — 그래픽을 제공하는 일인당 한 대의 단말기와 그

화면의 파일과 프로그램을 나타내는 심볼 및 그 심볼들 사이에서 움직이는 마우스라고 알려진 기기로 이루어진—은 1970년대 중반에 제록스의 팔로알토연구센터PARC에서 처음 선보였다.

그러나 이후 5년 정도 동안 제품이 쏟아져나올 수 있었던 것은 디자인 미학이 아니라 마이크로칩의 성능과 가격 덕분이었다. 업체들은 소매점의 진열대에서 그리고 화려한 잡지 광고를 통해 자신의 제품을 차별화하려 시도했지만, 당시 시장에서 판매되던 가정용 컴퓨터의 대부분은 동일한 두뇌에 의존하고 있었다.

에이콘, 애플, 아타리Ataris, 코모도어Commodores와 닌텐도의 최초 게임기, BBC마이크로, 심지어 하우저와 커리의 첫 일감이었던 과일 기계 도박기까지 모두가 미국 회사 MOS테크놀로지가 만든 6502 마이크로칩을 장착했다. 그리고 이 칩의 출시 역시 업계의 위대한 전통 그대로 불만과 이탈에서 비롯된 것이었다.

테드 호프와 페데리코 페이긴의 첫 마이크로프로세서는 당시의 틀을 깬 범용 칩 4004로 핀볼 기계, 신호등 제어기, 은행 창구 단말기 등에 사용되었다. 하지만 계산기뿐 아니라 퍼스널 컴퓨터에 상업적으로 활용된 최초의 칩은 인텔이 1972년 4월 출시한 8비트 8008이었다. 그런데 인텔은 마이크로프로세서보다 메모리칩 판매에 더 집중하고 있었기에 아직 경쟁의 여지가 많이 있었다.

1928년 시카고에서 갤빈 형제가 시작한 모토롤라는 자동차 무전기, 군용 통신장비를 개발하고 NASA의 달 탐사선 아폴로에도 공급하며 전자산업의 선두에 있었다. 1974년에는 6800 칩을 개발하여 금전등록기와 아케이드 게임용에 판매했다.

척 페들Chuck Peddle은 모토롤라 6800을 개발한 수석 엔지니어 중 한 명으로, 뿔테 안경에 백발인 머리가 벗겨지고 있어 전문가처럼 보였다. 종종 포드 같은 대형 거래처 사람들 앞에서 칩의 기능을 설명하곤 했는데, 그들은 페들의 설명 하나 하나에 깊은 인상을 받았지만 대량 할인을 적용한 후에도 개당 300달러라는 가격에는 부담을 느꼈다.

"참석한 고객사 직원들은 똑똑한 친구들이었는데, 설명회 때마다 그들 중 누군가가 말하곤 했다. '그 가격대에서는 안 되겠다'는 반응이었다." 페들이 들려줬다.[12] 고객들은 페들에게 더 저렴한 칩을 가져오라고 요구했다. 그들은 개당 25달러 선을 제시했다. 그는 해결해보기로 결심했다.

모토롤라는 가격을 자기들 뜻대로 정하고 싶어 했고, 그래서 페들에게 저가의 솔루션을 포기하라고 지시했다. 그는 눈에 뻔히 보이는 개선을 꺼리는 회사에 좌절하는 동시에 시장의 틈새를 발견했다. 그는 동료 일곱 명과 함께 배를 박차고 나왔다. 그들 중 절반 가량은 6800 설계 팀에서 나왔다. 모토롤라가 이 칩을 막 출시하려던 시점이었기에 개발 주역들의 퇴사는 부적절한 일이었다. 그러나 이 산업에서는 익숙한 일이었다.

이들은 MOS테크놀로지에 합류했다. 이 회사는 필라델피아 북서쪽의 작은 도시 밸리포지에 자리 잡고 있었고, 생산은 인근의 노리스타운 소재 공장에서 했다. MOS는 새로운 상품이 필요한 상황이었다. 당시 텍사스인스트루먼트의 계산기와 아타리의 아케이드 탁구 게임 퐁에 칩을 공급했는데, 계산기 시장이 위축되고 있었기 때문이다. 밸리포지는 미국 독립전쟁에서 조지 워싱턴의 부대가 영국에게 반격에 나선 곳으로 유명하다. 페들은 다른 혁명을 도모할 시점이 무르익었다고 판단했다.

그는 저렴하고 소비자가전에서 산업 기계까지 널리 이용될 수 있는 칩을 원했다. "금전등록기와 비행기의 지능형 장비를 비롯해 모든 곳에 들어가야 했다"고 그는 회고했다.[13] 페들은 "컴퓨터가 되고자 했던 것은 결코, 절대로 아니었다"고 털어놓았다.[14]

페들 팀이 처음 시도한 6501 칩은 법적인 이유 때문에 판매되지 않았다. 그러나 6502는 법적인 검토를 통과해 출시되었다. 페들 팀은 '파이프라이닝'이라는 개념을 도입했다. 마치 컨베이어벨트 곳곳에 각 작업자가 붙어서 일하는 것과 같은 방식으로 칩의 데이터 처리 속도를 올린다는 개념이었다.

가장 큰 변화는 포토마스크에서 일어났다. 그들은 포토마스크 불량이 발생할 때마다 새로 제작하는 대신 포토마스크를 고치는 시스템을 개발했다. 그 결과 전에는 6502 칩의 약 70%가 불량이었는데 이후에는 70%가 적합 판정을 받았고, 가격을 대폭 인하할 수 있었다.[15] 칩의 기능성이 중요하긴 했지만 수율이 결정적이었다.

처음에는 이 혁신이 오히려 문제가 되었다. 이 칩이 1975년 6월 샌프란시스코에서 열린 서부전자전시회Wescon에 개당 20달러에 출품되자 잠재 고객들은 사기라는 반응을 보였다. 이런 불신은 모토롤라와 인텔이 MOS에 대응해 처음에 150달러로 매겼던 차세대 칩 8080 가격을 크게 떨어뜨릴 때까지 이어졌다.

주최측은 MOS가 전시장에서는 칩을 판매하지 못하게 했다. 그래서 페들은 전시장 코너를 돌아 있는 호텔에 객실을 잡았다. 칩을 유리병에 담아놓고 엔지니어들을 불러들였다. 부인 셜리가 그들을 맞이하고 돈을 받았다. 기다리는 줄에는 젊은 컴퓨터 설계자 스티브 워즈니악이 있었다. 그가 다음해 내놓은 애플 I 에는 6502가 들어 있었다.

■ 애플의 종자

자신의 절친이 가져온 물건을 본 스티브 잡스는 무언가가 있다고 확신했다.

잡스와 워즈니악은 1971년에 만났다. 학년은 4년 차이가 났지만, 장난과 전자라는 공통분모로 연결되었다. 둘의 스타일은 양 극단에 있었다. 잡스는 카리스마가 강하고 건방졌고 가끔 동양 종교를 기웃거렸다. 워즈니악은 수줍음을 타는 타입이었다. 부친은 항공우주회사 록히드의 로켓과학자였다.

둘 다 대학을 중퇴했다. 잡스는 아타리에서 기술자로 일했고 워즈니악은 휴렛팩커드에서 계산기를 설계했다. 두 청년은 홈브루 컴퓨터 클럽Homebrew Computer Club이라는 컴퓨터 동호회에서 활동했다. 이 동호회에서 컴퓨터 마니아들은 최신 전자업계 동향과 관련해 아이디어를 주고받았다.

1975년 3월, 캘리포니아 멘로파크의 차고에서 이뤄진 홈브루 컴퓨터 클럽의 첫 모임에 참석한 워즈니악은 새로 출시된 알테어 8800에 열광했다. 서버에 연결되지 않은 독립형 컴퓨터를 직접 만들겠다는 열망에 사로잡힌 그는 이 컴퓨터에 들어 있는 마이크로프로세서의 기술 사양이 적힌 종이를 집에 가져갔다. 그 CPU는 인텔 8080이었는데, 값이 "내 월세보다 비쌌다". 또 개인이 소량 구매하기 어려웠다.[16] 모토롤라의 6800이 HP 직원에게는 40달러에 할인 판매되었기에, 워즈니악에게 최선의 선택이었다. 그 상황에서 새 마이크로프로세서가 서부전자전시회에 출품된다는 소식이 들렸다. 바로 모토롤라 6800보다 더 저렴한 MOS테크놀로지의 6502였다.

잡스는 워즈니악에게 아이디어 공유는 그만두고 직접 만들어 팔라며 격려했다(앞서 워즈니악은 6502를 탑재한 컴퓨터를 대량 생산하자고 HP에 건의했지만, 이 아이디어는 채택되지 않았다—옮긴이). 애플 I 은 1976년 3월에 개발되었다. 초기 주문 물량은 팔로알토 소재 잡스 부모 집의 차고에서 조립되었다. 그들이 정한 회사 이름은 애플 컴퓨터였다. 잡스는 가끔 과일만 먹는 식습관이 있었는데, 그때는 오레곤의 사과 과수원 공동체에서 갓 돌아온 뒤였다. 나중에 에이콘이 전화번호부에서 애플보다 앞에 나왔듯이 잡스가 고른 회사 이름은 그의 이전 고용주 아타리를 앞지를 것이었다. "재미있고, 활기차고, 무섭지 않게 들렸다"고 잡스는 말했다.[17]

애플 II 가 곧 뒤이었다. 1977년은 영화 〈스타워즈〉가 미래를 둘러싼 흥분을 불러일으킨 해였다. 애플 II 는 코모도어의 PET 및 탠디의 TRS-80과 함께 삼위일체를 이루었다. 두 제품과 마찬가지로 애플 II 는 소비자를 염두에 두고 컬러 그래픽을 구현했고 게임 몇 개를 제공했다.

"식탁을 치우세요." 초기 광고는 이렇게 조언했다. "컬러TV를 가져오고 새 애플 II 에 전원을 연결하세요. 그 다음에는 표준 카세트 레코더/플레이어를 아무거나 연결하세요. 오늘 저녁, 퍼스널 컴퓨터의 신세계를 발견하실 준비가 되었습니다."[18] 사용자들은 "아름답고 변화무쌍한 디자인을 창조하는 프로그램을 짤 수 있고, 가계

살림과 소득세, 요리법, 레코드 목록 등의 데이터를 정리하고 저장할 수 있습니다."

애플 II 출시를 뒷받침하는 투자는 마이크 마큘라Mike Markkula가 했다. 인텔 마케터 출신으로 작지만 강단 있는 몸집의 마큘라는 잡스가 사업계획을 발전시키는 데 도움을 줬다. 전설적인 벤처캐피탈리스트 아서 락도 투자했다. 약 20년 전 페어차일드에서 여덟 명의 배신자를 셔먼 페어차일드의 자금과 연결한 인물이었다. 마큘라는 워즈니악이 인텔 이사진을 대상으로 제시한 퍼스널 컴퓨터의 장점에 크게 공감했고, 락은 마큘라의 영향을 받았다. 애플 II는 본체가 흰 플라스틱으로 매끈하게 제작되었는데, 락은 이 외관이 통하리라고 판단했다. 그래서 미국 전자제품 대기업 텔레다인Teledyne의 회장 헨리 싱글턴Henry Singleton을 셋째 투자자로 영입했다.[19]

그들의 믿음은 보상을 받았다. 애플 II 판매는 1977년 2,500대에서 1981년 21만 대로 급증했다. 이는 스프레드시트 소프트웨어인 비지칼크VisiCalc가 기업에서 인기를 끈 덕분이었다. 이제 퍼스널 컴퓨터는 미국에서 새롭고 주요한 상품 범주로 자리 잡게 되었다.[20]

———

애플 II의 성공으로 잡스는 돈과 함께 골치도 얻었다. 성장 동력을 1980년대로 이어가려면 애플은 새로운 무언가가 있어야 했다. 파트너 워즈니악보다 리더 잡스와 밀접한 관련이 있는 무언가라면 더 좋았다. 물론 워즈니악은 주목받지 않고 일하는 데 만족했지만.

잡스의 지인들은 제록스의 PARC에서 이뤄진 발전에 관심을 가져보라고 건의했다. PARC는 혁신의 산실이었는데, 복사기가 주 소득원이던 제록스는 PARC의 혁신을 사업화하지 않고 있었다.

PARC의 연구자들은 퍼스널 컴퓨터 시제품 알토를 만들었다. 그래픽 인터페이스와 대상을 지정해 클릭하는 마우스, 도큐먼트와 폴더로 깔끔하게 정리된 정보 등이 특징이었다. 알토의 판매 잠재력을 알아차리지 못한 채 제록스는 이 워크스테이션을 자사 직원들과 일부 미국 정부 파트너들에게만 제한적으로 제공했다.

기업 고객 위주의 사업을 하던 제록스의 임원들은 최선의 방법은 소비자 시장을 가장 잘 아는 누군가와 제휴하는 것이라고 결론 내렸다. 그 대상이 애플이었다. 두 회사는 제록스가 상장을 1년 앞둔 애플의 주식을 매입해주고 그 대신 PARC의 비밀을 애플에 제공하기로 합의했다.

잡스와 일행이 방문하기로 한 1979년 12월. 제록스 내부에서는 기술 시연을 경계하는 분위기가 있었다. 그러나 알토를 보여주던 엔지니어 중 한 명인 래리 테슬러Larry Tesler는 교감이 이루어짐을 느꼈다. "제록스 경영진에게서 들은 것보다 더 좋은 질문을 애플 경영진에게서 받았다"고 그는 말했다. "그들이 컴퓨터를 실제로 이해함이 분명했다."[21]

스탠퍼드 대학교에서 컴퓨터공학을 전공한 테슬러는 1973년에 PARC에 합류했다. 그는 프로그래밍 언어 스몰토크와 집시 워드프로세서를 개발했다. 그가 만든 가장 유명한 혁신은 문서 내용 중 일부를 자르고 복사해 붙이는 기능이었다. 그의 강한 신조는 퍼스널 컴퓨터는 장차 컴퓨터공학을 공부한 적이 없는 사람들 수백만 명도 이용할 수 있게끔 만들어져야 한다는 것이었다. 그러나 PARC 연구원들 중 다수는 교양 없어 보이는 취미용 컴퓨터의 잠재력을 깔봤다.

제록스가 매입한 애플 주가는 인상적일 정도로 올랐지만, 애플이 이 제휴를 통해 더 큰 이득을 보았다. PARC 기술을 매입하거나 라이선스하는 논의가 진척되지도 않고 궁극적으로 두 회사 간 협력이 거의 이루어지지 않았지만, 잡스는 두 가지를 취했다. 회사에 복귀한 그는 자체 그래픽 인터페이스를 만들라는 지시를 내렸다. 테슬러가 동료들과 함께 1980년 7월에 애플로 왔다. 그의 직관적이고 이용자 친화적인 접근이 애플의 향후 컴퓨터 모델에 반영될 참이었다. 또 수천 마일 떨어진 영국 케임브리지에서는 일군의 엔지니어들이 테슬러를 강력한 우방으로 여기게 될 참이었다.

■ 호황과 불황

컴퓨터 엔지니어들이 거의 락스타가 된 듯했다. 스티브 퍼버—아마추어 뮤지션이었다—가 동료 로저 윌슨 및 크리스 터너와 함께 들어선 행사장에는 열기가 넘쳤다. 런던 중심가, 행사는 워털루다리와 가까운 곳에 위치한 사보이플레이스의 전기공학연구원 Institution of Electrical Engineering 강연장에서 열렸다. 수용 인원은 수백 명이었는데 참석자가 그보다 세 배나 몰려들었다. 멀리 버밍험에서 온 사람도 있었다. BBC마이크로가 대형 히트 상품이 되겠다고 퍼버는 생각했다.

"세미나를 두 번 더 하기로 했고, 요구에 부응해 영국과 아일랜드에서 더 많이 열기로 했다." 퍼버가 에이콘에 입사한 지 얼마 되지 않은 때였다. 그는 행사 전년도인 1981년 10월 합류했다.[22]

TV 프로그램에 딸린 기기로 시작된 BBC마이크로는 금세 문화 현상으로 퍼져나갔다. 프로젝트를 시작하면서 BBC는 컴퓨터 판매 대수를 1만 2,000대로 예상했다. 그러나 에이콘을 공급자로 계약한 뒤 두 개의 BBC마이크로 모델에 대한 주문이 이미 1981년 12월에 그 수준에 도달했다. 가격은 각각 235파운드와 335파운드였다.[23]

언론매체들이 가정용 컴퓨터가 부자의 여권이라는 식으로 폭넓게 다루면서 관심에 불을 더 지폈다. BBC의 시리즈 방송 시작일이 1982년 1월로 미뤄졌다. 뉴브레인이 납기를 대지 못하게 되어서 선정된 에이콘도 생산에 더 시일이 필요했기 때문이다. 스크린 디스플레이를 제어하는 마이크로칩에서도 문제가 발생해 공급에 더 차질이 빚어졌다. 영국 회사 페란티가 생산한 이른바 ULA uncommitted logic arrasys가 가열되지 않았다. 에이콘 사람들이 달라붙어 6주 동안 씨름한 끝에 그 문제를 해결했다. 결국 '컴퓨터 프로그램' 시리즈가 전파를 타기 시작했을 때 BBC마이크로를 배달받은 시청자는 얼마 되지 않았다. BBC는 에이콘의 컴퓨터 공급 가격 인상도 승인해야 했다. 해외에서 조달하는 부품 중 일부의 단가가 치솟았기 때문이다.

정부 지원은 여기서 그치지 않았다. 영국 산업부가 50% 정부 보조금을 지급할 대상으로 선정한 컴퓨터에 BBC마이크로가 다른 컴퓨터 1종과 함께 선정되었다. 정부의 목표는 1982년 말까지 모든 중등학교에 컴퓨터를 보급한다는 것이었다. 영국 정부는 1982년을 '정보기술의 해'로 정했고 그 정책을 책임진 케네스 베이커 정보기술부 장관은 BBC마이크로 출시를 열심히 참관했다. 교사들은 수업 계획에 BBC마이크로를 서둘러 반영했고 학부모들은 TV에서 보았고 교실에서 다뤄지기 시작한 컴퓨터를 자녀에게 마련해주었다.

마가렛 대처 영국 총리는 "컴퓨터는 학생 진도에 따라 무한한 인내심을 발휘해 가르치는 각 학생의 개인 교사"라고 말했다. 1981년 4월 6일 학교 교육에서 BBC마이크로를 활용하는 계획에 대한 연설에서였다. "아이들에게 큰 재미를 주는 동시에 진정한 교육적 가치를 발휘할 것입니다."[24]

에이콘은 1982년 1월 1,000대를 만들었고 2월에는 2,500대, 3월에는 5,000대를 생산했다. 10월에는 지연된 공급을 막 따라잡게 되었는데, 정부가 할인 대상을 초등학교로 확대하겠다고 발표했다. 그해 크리스마스까지 약 6만 7,000대가 보급되었다.[25] 산업부는 크리스 커리에게 속도를 내라고 재촉했다.

클라이브 싱클레어도 ZX스펙트럼 공급 문제에 시달리고 있었다. 이 모델은 BBC 물량을 따지 못한 데 대한 싱클레어의 강력한 응수였다. 그는 저가 전략으로 나왔다. 고무 키보드를 갖춘 두 모델을 각각 175파운드와 125파운드에 팔았다. ZX스펙트럼은 BBC마이크로보다 훨씬 잘 팔렸다. 여기에 대응해 에이콘은 저가형 컴퓨터 에이콘 일렉트론을 1983년 8월에 출시했다.

에이콘 주식은 다음 달 USMUnlisted Securities Market에 상장되었다(USM은 런던증권거래소 산하에 소기업을 대상으로 1980년부터 1996년까지 운영되었다—옮긴이). 상장 주간사는 유서 깊은 증권회사 카제노브Cazenove가 맡았다. 대처 정부의 민영화 중 여러 건을 담당한 카제노브의 사업 규모에 비추면 에이콘의 상장은 맥주 한 잔 수준이었다. 하지만 시가총액 1억 3,500만 파운드는 에이콘으로서는 엄청난 성장이었다. 에이콘의 이익은 1979년 3,000파운드에서 860만 파운드로 증가했다. 헤르만 하우저와 크리스 커리의 보유 주식 평가액은 각각 6,400만 파운드와 5,100만 파운드였다. 두 사람이 에이콘의 전신인 CPU에 투자한 금액은 각각 50파운드였다. 둘은 에이콘에도 같은 금액을 투자했다.

새 투자자들은 에이콘의 또다른 폭발적 성장을 기대했다. 그러나 생산 환경이 훨씬 복잡해졌다. 공급망이 글로벌하게 형성된 것이다. 메모리 칩이 약 1년 전에 발주되어야 했는데, 그래야 웨일즈와 홍콩에서 운영하는 조립 라인에서 부품을 제때 받을 수 있었다. 또 에이콘은 주요 판매 경로를 우편 주문에서 중심가 소매점으로 변경했고, 그러면서 판매팀이 확대되었다. 1983년 크리스마스 시즌에 에이콘 일렉트론은 주문을 소화하지 못했다. 커리는 다음 해에는 공급 부족을 되풀이하지 않겠다고 결심했다.

가정용 컴퓨터는 이제 화려해졌다. 에이콘은 포뮬러3F3 선수 데이비드 헌트를 후원했다(포뮬러 경주에는 F1―10기통 이하 3,000cc―과 F2―8기통 이하 3,000cc 이하―및 F3―4기통 2000cc이하―가 있다―옮긴이). 데이비드는 1976년 F1 세계 챔피언에 오른 바람둥이 형 제임스에는 미치지 못했지만 홍보에 도움이 되었다. 데이비드의 세계 각지 경주 일정에 따라 여객기 일등석과 최고급 호텔 객실을 제공하는 데 돈이 들어갔다.

사무실도 더 넓은 곳으로 옮겨 케임브리지시 외곽 체리힌튼 구역의 풀번로드에 자리 잡았다. 입구 위에서 녹색 에이콘 로고가 사람들을 맞이했다. 홍보 영상은 사옥 안에서 벌어지는 부산한 회사 일상을 보여줬다. 신규로 출범시킨 많은 프로젝트를 수용할 연구개발 건물이 사옥 뒤에 지어지고 있었다. "에이콘에 필요한 추가 공간을 만들기 위해 시공사들은 빠듯한 공기에 맞춰 작업했다."[26]

에이콘은 야심만만했는데, 도가 지나쳤다. 미국으로 확장한다는 계획을 추진하다가 600만 파운드 손실을 입었고, 결국 중단했다. 게다가 학교 컴퓨터 보조금 프로그램이 종료되었다. 미국에서 에이콘을 곤경에 빠뜨린 애플은 영국 교육시장에서 큰 몫을 챙기려고 하고 있었다. 에이콘이 닮은꼴이라고 비유되던 그 애플이었다.

1984년 크리스마스 시즌. 가격이 크게 떨어졌고 재고는 변화가 없었다. BBC 프로젝트 덕분에 영국의 가정용 컴퓨터 보급률은 세계 최고 수준으로 높아진 뒤였다. 게다가 컴퓨터가 주로 게임 기기로 간주되면서 소비자들의 관심이 다른 곳으로 이동했다. 클라이브 경과 커리가 배런오브비프에서 충돌했을 때, 사람들이 크리스마스 아침에 풀어보고 싶어하는 필수 전자 장난감의 자리는 CD 플레이어가 빠르게 차지하고 있었다.

———

에이콘 컴퓨터 주식은 1985년 2월 6일 거래가 정지되었다. 그보다 한참 전에 런던의 금융지구인 시티 오브 런던과 금융 전문 언론매체들은 피 냄새를 맡았다. 〈선데이타임스〉는 '에이콘의 별이 기울다'는 머릿기사를 실었다. 1월 13일자의 이 기사에 따르면 소매업체들이 에이콘의 마이크로와 일렉트론 재고를 손실을 보더라도 처분하려고 헐값에 내놓았다고 보도했다. 에이콘의 재무 자문을 맡은 금융회사 라자드브러더스조차 "두 기종의 판매가 실망스럽고 에이콘이 곤경에 처해 있다"고 인정했다고 인용되었다. 회사는 크리스마스 시즌에 20만 대를 판매했다고 주장했지만, 또 다른 25만 대가 케임브리지에서 3마일 떨어진 창고에 쌓여 있었다.

〈선데이타임스〉는 2월 10일자 기사에서 에이콘이 금융 지원을 확보하기 위해 새 재무 자문사 클로스브러더스와 협의하고 있다고 전했다. 기존 자문사 라자드브러더스와의 계약은 해지되었고, 불과 17개월 전에 에이콘을 주식시장으로 인도한 카제노브도 물러났다. 하우저와 커리는 "협상 스타일이 거친 고집센 인물들"이며, 그들의 최고 자산은 "계약을 놓고 흥정하는 능력"이라고 보도되었다. 특히 커리는 "외롭고 고립된 인물이 되었다"고 이 신문은 전했다.[27]

2월 20일 이른 아침, 이탈리아의 컴퓨터 회사인 올리베티 Olivetti가 1,200만 파운드를 들여 에이콘 지분 49%를 확보하는 계약이 이루어졌다. 이로써 빚을 갚을 현금이 유입되었다. 에이콘의 초기 성공에 기여한 마케터 커리는 앞서 출판업에 진출했고 재빨리 회사를 떠나 스마트카드와 리더를 제조하는 제너럴 인포메이션 시스템을 설립했다.

한편 그의 이전 고용주이자 스파링 파트너였던 클라이브 경은 그해 1월 싱클레어 C5라는 또다른 혁신을 세상에 내놓았다. 시속 15마일로 가는 전기차였다. 이 사업은 웃음거리가 되고 700만 파운드 손실을 낸 뒤 10월 법정관리에 들어갔다. 싱클레어의 컴퓨터 업체도 4월에 경쟁사 암스트래드Amstrad로 단돈 500만 파운드에 넘어갔다. 클라이브 경은 펍에서의 싸움은 "그리 격렬하지 않았다"며 "그(커리)는 꽤 체면을 잃었지만 우리는 곧 화해했다"고 나중에 말했다.[28]

하우저는 올리베티 체제에서 연구소들을 총괄하는 역할을 맡기로 했다. 실사가 빠르게 진행되는 동안 그는 현재 자신의 엔지니어들이 작업 중인 매우 유망한 신규 프로젝트를 언급했다. 그러나 이탈리아 경영진이 자기네가 사들인 회사의 전모를 이해하게 된 것은 몇 달 뒤의 일이었다.

■ 돈도 없고, 사람도 없고

앞서 1984년 여름, 에이콘의 주요 엔지니어들은 기술 이사 존 호튼John Horton으로부터 편지를 받았다. 에이콘은 정보 유출이 심하기로 유명했다. 구성원들은 종종 회사 기밀을 경쟁사에 흘렸다. 그러나 에이콘은 철저하게 보안을 유지해야 할 무언가를 추진하고 있었다. '프로젝트 A'였다.

"만약 이 정보는 물론이고 심지어 '프로젝트 A'의 존재조차 회사 외부에 알려지면 안 된다는 점을 명심해야 합니다. 그렇게 될 경우 회사는 치명적인 충격을 받게 됩니다." 호튼은 단호하게 당부했다. "따라서 '프로젝트 A'의 존재나 내용을 회사 외부 어느 누구에게도, 회사 내에서도 '프로젝트 A' 팀 구성원이 아닌 어느 누구에게도 얘기하지 않겠다는 데 서면으로 동의해주기 바랍니다."[29]

싱클레어 리서치와 이전투구하는 동안 에이콘은 미래를 궁리하고 있었다. 많은 경쟁자들 속에서 살아남으려면 더 나은 성과를 내는 마이크로프로세서가 필요했다. 과거 성공에 크게 기여한 8비트 6502 칩에서 다른 칩으로 갈아타야 했다.

케임브리지에서 전기공학 석사를 마치고 입사한 튜더 브라운 Tudor Brown에게 시중에 출시된 모토롤라와 인텔, 내셔널세미컨덕터의 16비트 프로세서를 비교 평가하라는 임무가 주어졌다. 여러 선택지 중 하나만 남았다. 인텔의 16비트 80286 칩을 라이선스 계약을 통해 개조하는 것이었다. 이 칩은 특히 기업용 데스크탑 시장을 휩쓸고 있던 IBM PC의 네 번째 버전을 위해 1982년에 출시되었다. 인텔은 라이선스 계약 제안을 거절했고, 이는 운명적인 결정이 되었다.

————

이제 어떻게 할지를 놓고 토론이 벌어졌다. 로저 윌슨과 스티브 퍼버의 관심이 책상 위 논문들에 이끌렸다. 케임브리지에서 컴퓨터공학을 가르치면서 에이콘 임원을 겸하고 있던 마당발 앤디 호퍼Andy Hopper가 준 자료들이었다.

호퍼는 데이비드 패터슨David Patterson UC 버클리 컴퓨터과학과 교수의 1981년 프로젝트의 세부 내용을 입수했다. 하나의 칩에 고성능 CPU를 만들겠다는 이 프로젝트의 이름은 RISCreduced instruction set computer('리스크'로 읽는다—옮긴이)였다. 패터슨이 자신에게 박사 학위를 받고 벨 연구소에서 일하는 데이비드 디첼David Ditzel과 함께 1년 전 쓴 논문의 제목은 '명령어 세트를 줄인 컴퓨터에 대하여'였다.

마이크로프로세서는 개발된 지 10년이 채 안 되었지만 그동안 너무 복잡해졌고, 이런 양상을 걱정하는 엔지니어들이 있었다. 명령어 위에 명령어가 쌓여만 갔고, 결코 줄어들지 않았다. 이렇게 하면 새 칩이 기존 칩들과 호환성이 있다는 장점은 있지만, 속도가 느려지고 다루기 어렵게 될 위험이 컸다.

동시에 마이크로프로세서는 거의 종교적인 수준의 열정을 불러일으키고 있었다. 예컨대 개발자들은 에이콘에 내장된 MOS 6502 칩과 싱클레어의 Z80 칩 중 어느 쪽이 더 뛰어난지를 놓고 논쟁을 벌이곤 했다. 그러나 RISC 대 CISCcomplex instruction set computer(인텔의 아키텍처가 CISC였다—옮긴이)를 둘러싼 찬반 논의는 완전히 새로운 차원에서 진행되었다.

　　RISC의 원형은 IBM 연구원 존 코크John Cocke가 개발했다. 1975년 그의 팀은 전화교환기의 마이크로컨트롤러를 설계하고 있었다. 교환기 프로젝트는 취소되었지만 그들은 명령어 세트를 줄이는 작업을 상당히 진척시킨 뒤였다. IBM은 그들의 연구를 범용 칩 설계에 활용하기로 했고, 그 결실로 801 칩이 나왔다. 이 숫자는 코크 연구팀이 일하던 IBM 건물 동 번호에서 유래했다. IBM 801은 당시 어떤 칩보다 10배 빠르다는 소문이 돌았다. 이를 들은 다른 엔지니어들이 확인에 나섰다. 디첼은 "RISC에 발을 들여놓지 않을 경우 IBM이 산업을 독차지할 판이었다"고 들려줬다.[30]

　　그러나 RISC의 진정한 발명가는 위스콘신 태생 '슈퍼컴퓨터의 아버지'인 세이무어 크레이Seymour Cray였다. 크레이의 모델은 RISC라는 명칭을 쓰지 않았을 뿐, 코크와 비슷한 아키텍처를 활용했다. 패터슨 교수의 맞수 격인 존 헤네시John Hennessy 스탠퍼드 대학교 교수 또한 RISC를 MIPSmicroprocessor without interlocked pipeline stages라는 더 명확한 이름 아래 연구하고 있었다.

　　RISC의 옹호자들은 칩은 대부분의 시간(동작 시간 중 80%) 동안 명령어들 중 통상 20%만 사용한다는 사실을 고려할 때, 나머지 명령어를 들어내고 자주 쓰이는 명령어에 집중하는 편이 낫다고 주장했다. RISC는 모든 것을 간단한 명령으로 잘게 쪼개기 때문에 무척 빠르고 전력을 덜 소모한다. 그에 비해 CISC 칩은 복잡한 명령을 처리하느라 시간이 더 걸리고 전력도 더 잡아먹는다(CISC는 명령어의 종류가 많고 가변적이다. 프로그램 실행에 필요한 명령어의 수는 적지만 길이가 다양하기 때문에 느리고, 전력 소모가 크고, 비싸다. RISC는 명령어가 간단하고 종류도 적고 규격화되어 있어서 빠르고 전력소모가 적고, 저렴하다. 대표적인 RISC 아키텍처로 ARM, MIPS, 썬 마이크로시스템즈의 SPARC 등이 있다—옮긴이).

패터슨과 디첼은 컴퓨팅 성능의 또 다른 도약으로 여겨진 32비트 아키텍처를 연구하고 있었다. 이들은 논문에서 복잡성complexity이 커질수록 비용 대비 성능이 좋아진다는 당시 지배적인 통념에 의문을 던졌다. 당시에는 마케팅 자료에서도 복잡한 명령어 세트가 더 뛰어난 컴퓨터의 증거로 활용되곤 했었다. "설계자들architects은 자기네 자리를 지키려면 새롭고 나은 디자인을 내부 경영진에게 세일즈해야 한다"고 논문은 설명했다. "복잡한 명령어 세트의 설계가 먹히도록 하기 위해, 실제의 비용 대비 성능과 무관한데도 명령어의 개수와 그것들의 '파워'가 종종 활용되었다."

이들은 '상향 호환성upward compatibility'도 비판했다. 이는 새롭고 더 복잡한 특징이 추가됨에 따라 설계가 향상된다는 개념이었다. "새로운 설계는 성공을 거둔 경쟁 제품에 들어 있는 명령어를 전부 포함하는 경향이 있다. 아마 설계자와 고객들은 '좋은' 명령어 세트가 무엇인지 실체를 파악하지 못하기 때문이지 싶다."

논문은 결론을 이렇게 제시했다. "우리는 각 트랜지스터가 짧아도 다음 10년 동안 가치를 유지한다고 생각한다. 설계가 복잡해지는 추세가 컴퓨터 향상의 한 경로일지 몰라도, 이 논문은 다른 길을 제안한다. 축소된 명령어 세트 컴퓨터the Reduced Instruction Set Computer다.[31]

모두 동의하지는 않았다. "회의적인 반응이 무척 많았다"고

디첼은 회고해다. 그러나 월슨과 퍼버는 흥미를 느꼈다.[32] 그들은 에이콘을 먹여살렸던 6502 칩에 여전히 생명이 있는지도 알아보고 싶었다.

———

척 페들의 칩이 초기에 인기를 끌었지만, 그의 MOS테크놀로지가 독립을 이어갈 정도의 힘은 되지 못했다. 6502 칩이 촉매로 기여한 가정용 컴퓨터 붐이 일어나기도 전인 1976년, 코모도어가 이 회사를 인수했다. 코모도어는 MOS 계산기의 초기 고객사 중 하나였다.

한편 휴대용 라디오를 초기에 출시해 재미를 봤던 본 텍사스인스트루먼트는 다시 계산기 시장의 선두 업체가 되려 하고 있었다. TI는 코모도어를 포함한 다른 계산기 회사들과 마찬가지로 MOS 칩을 사용했는데, 코모도어의 제조 원가에도 못 미치는 가격에 제품을 출시했다. 가뜩이나 어려웠던 계산기 시장은 더 취약해졌다.[33]

코모도어는 이에 대응해 재빨리 가정용 컴퓨터로 진출했다. 당시 코모도어는 에이콘을 포함한 (가정용 컴퓨터 업체) 누구에게나 6502 칩의 라이선스를 판매하고 있었다. 하지만 자금이 빠듯해진 코모도어에게 후속 칩 개발은 우선순위에서 밀렸다.

빌 멘시Bill Mensch는 모토롤라 때 페들의 팀에서 일한 레이아웃 엔지니어였다. 그는 MOS에서 퇴사해 고향인 애리조나주 메사로 돌아갔다. 그곳에서 6502 칩을 더 개선한다는 목표 아래 웨스턴 디자인 센터WDC를 차렸다.

1983년 10월 멘시를 방문한 월슨과 퍼버는 압도되었다. 6502는 종착지에 다다르지 않았을 뿐더러, 여러 젊은이들이 교외

단층집에서 WDC와 같은 작업을 하고 있다는 사실을 알게 되었다. "만일 그들이 프로세서를 만들 수 있다면 우리도 당연히 할 수 있다는 가능성을 확신하게 되었다"고 윌슨은 말했다.[34]

헤르만 하우저가 지원하는 가운데 1983년 10월 '에이콘 RISC 머신ARM' 프로젝트가 탄생했다. 그 암호명이 바로 '프로젝트 A'였다. 윌슨과 퍼버의 목표는 원대했다. 16비트가 아니라 BBC마이크로보다 성능이 열 배 뛰어난 32비트 프로세서를 설계하여 같은 가격에 공급함으로써 시장의 모든 칩을 넘어서고자 했다.

그것은 큰 도약을 필요로 했다. 에이콘의 팀은 고작 BBC마이크로의 일부만 설계해봤을 뿐, 프로세서 전체는 경험이 없었다. 그들은 주로 학술적인 관심을 끌었던 모델을 상업적인 세계로 확장할수 있을지 시도해 보기로 했다. 단순하고 저렴한 비용으로 작업했던 것은 하우저가 제공한 조건, 즉 돈도 사람도 없다는 점 덕분이었다. 하우저는 "내 가장 큰 기여는 일을 저지른다는 것이었다"고 간명하게 말했다.

다른 RISC 프로젝트들은 고성능 기업용 워크스테이션을 만드는 데 고정된 반면, 윌슨과 퍼버는 무언가 단순한 시도가 흥미로우리라고 생각했다. 그들은 이런 구호를 만들었다. "다중mass을 위한 MIPS". 여기서 MIPS란 '초당 백만 명령어millions of instructions per second'의 약어였다. 이 구호에 담긴 취지는 가능한 한 많은 사람들이 저렴한 컴퓨팅 파워를 얻을 수 있어야 한다는 것이었다.

1985년 4월 26일, 에이콘의 제조협력사인 캘리포니아 산호세 소재 VLSI테크놀로지로부터 첫 번째 ARM 마이크로칩 ARM1이 도착했다. 새 칩은 바로 BBC 베이직을 구동했다. 컴퓨터가 원주율을 정확하게 계산해내자 샴페인 코르크가 터뜨려졌다. 프로젝트 A를 가리고 있던 비밀의 장막을 걷어낼 채비가 끝났다. 퍼버는 한 저널리스트에게 연락해 새 프로세서 이야기를 들려줬다. 그러나 그는 믿지 않았다.

ARM1에는 트랜지스터가 2만 5,000개 있었다. 최신 모토롤라 칩의 10분의 1 정도였다. 그런데 퍼버의 테스트 결과 성능이 더 뛰어났다. 또 참조 모델reference model이 베이직 808행으로 작성되었을 정도로 간단했다(참조 모델은 아키텍처를 간단하게 표현·설명하기 위해, 특히 시스템 요소 간 상호관계에 대한 분석 및 이해를 용이하게 하기 위해 설계된 모델을 가리킨다—옮긴이). 더 훌륭하게도, 인접한 부품에서 전력을 당겨쓰기는커녕 전력을 거의 소모하지 않는 듯 작동했다. 퍼버가 연결한 전류계가 0을 나타냈다. 디자인은 비용 절감에 맞추어졌고, 예컨대 다른 프로세서가 활용한 값비싼 세라믹 대신 저렴한 플라스틱이 패키징에 쓰였다. BBC마이크로보다 성능이 10배가 아니라 25배 뛰어났다.

성공은 결정적인 시기에 왔다. 8월 13일, 에이콘 주식의 거래가 재개되었다. 올리베티와의 재무 재조정 패키지가 철저히 검토되는 7개월 동안 거래가 중단되었었다. 올리베티는 에이콘 지분을 최초의 49%에서 80%로 늘렸다.

퍼버는 마침내 자신을 신뢰하는 매체를 찾았다. 월간 〈에이콘 이용자〉 1985년 10월호는 '에이콘이 초고속 칩으로 세계를 제패하다'는 기사를 게재했다. "최초로 측정된 에이콘 칩의 성능은 분명히 올리베티를 고무해 에이콘과 함께하도록 한 요인이었다. 칩 성공 소식은 재무 재조정 협상이 결정적인 국면에 이르렀을 때 도착했다."[35]

두 번째 버전 ARM2는 1987년 에이콘 아르키메데스 컴퓨터에 장착되었다. 이 조합은 에이콘에 상당한 성공을 안겨주었다. 그러나 머지않아 ARM은 데스크탑에서 완전히 벗어나게 된다.

■ 미래를 향해하다

펩시콜라 사장 존 스컬리John Sculley는 자신을 영입하려는 애플의 여러 차례에 걸친 제안에 응하지 않았다. 그러나 스티브 잡스가 던진 불멸의 대사에는 저항하지 못했다. "남은 인생을 설탕물이나 팔면서 지내려고 하나요? 아니면 세상을 바꿀 기회를 원하나요?" 크게 성공한 경영자 스컬리는 16세 아래인 잡스와 함께 맨해튼 고층건물 펜트하우스의 발코니에서 밖을 내다보고 있었다. 1983년 3월이었다.

리더십과 책임감, 마케팅 감각을 갖춘 스컬리는 다음 달 애플 CEO로 취임했다. 잡스는 회장을 맡았다. 그러나 두 사람의 공존은 2년 남짓밖에 지속되지 못했다. 스컬리는 실적이 부진한 매킨토시 사업에서 잡스를 배제하려 했고, 이사회는 스컬리의 손을 들어주었다.

매킨토시 컴퓨터는 잡스의 자부심이자 기쁨으로, 1984년 슈퍼볼 때 방영된, 조지 오웰의 작품을 연상시키는 고액 광고와 화려하게 출시되었다(빅브라더 IBM으로부터 지배당하는 민중들을 영웅 매킨토시가 등장해 해방시켜준다는 내러티브를 담았고, 광고 자체가 큰 반향이 있었다—옮긴이).

잡스는 제록스를 방문해 얻은 정보에서 영감을 받아 1년 전에 데스크톱 PC 리사를 출시했는데, 매킨토시는 이미 개발 과정에서 리사보다 잡스의 많은 관심을 받았다. 매킨토시는 초기에 반짝했지만, 곧 IBM 기반 제품들이 장악하고 있던 시장에서 판매가 부진에 빠지기 시작했다. 사실 영국에서 에이콘과 싱클레어가 몹시 고전하던 1984년 크리스마스 시즌을 애플이 버틸 수 있었던 것은 애플Ⅱ 덕분이었다. 애플 내부에는 여전히 이 구형 컴퓨터를 중요시하는 사람들이 많았고, 맥이 미래라고 믿던 사람들과 갈등이 빚어졌다.

스컬리와 잡스는 두터운 우정을 쌓았다고 밝혔지만, 두 인물의 조합은 혼란스러운 문화 충돌로 귀결되었다. 스컬리는 탁월한 마케팅 능력을 발휘해 명성을 얻었다. 블라인드 콜라 테스트인 펩시 챌린지 광고가 그의 작품이었고, 펩시 마케팅의 주춧돌이 되었다. 그는 겸손했고 사려 깊었으며 잡스에게 너무 많은 권한을 양보했다. 그에 비해 잡스는 무례하게 굴기 일쑤였지만 추종자들로부터 강한 충성을 불러일으켰다. 잡스는 스컬리에 대해 "일을 빨리 익히지 못했다"며, 애플의 상품을 받아들이지 않는다고 비판했다. "스컬리가 승진시키고자 한 사람들은 대개 멍청이였다."[36]

———

1985년 9월 잡스가 사임한 뒤 스컬리는 애플의 매출을 복구하고자 했다. 아울러 1986년에 장기적인 관점에서 최첨단 아이디어를 발굴하고 육성하기 위해 선행기술그룹Advanced Technology Group, ATG을 만들었다. 환멸에 빠진 워즈니악이 떠났고, 선지자 잡스도 사라졌다. ATG는 '애플연구소'처럼 보였는데, 잡스가 경영책임에서 벗어난 상태로 애플에 남기로 했다면 그가 운영했을 법한(매출로 연결될지 여부가 막연한—옮긴이) 개발 조직이었다. 잡스 일행이 제록스를 '습격'했던 6년 전에 영입되어 압력이 있을 때도 용감하고 냉정하다는 평판을 받으며 임원이 된 래리 테슬러가 곧 ATG를 맡게 되었다.

스컬리는 한편 또 다른 제록스 PARC 출신 앨런 케이Alan Kay의 영향을 받았다. 1984년에 케이는 컴퓨팅 혁신가들을 확보한다는 취지에서 만든 제도인 애플 펠로우가 되었다. 앞서 1960년대에 케이는 다이너북DynaBook이라는 기기를 구상했었다. 결국 만들지는 못했는데, 키보드와 터치스크린, 스타일러스 펜을 갖춘 이 컴퓨터는 어린이를 대상으로 했고, 노트북처럼 휴대하다가 무선으로 더 큰 컴퓨터에 연결할 수 있었다. 수염을 기른 케이는 1972년 노트에 이렇게 적었다. "개인용, 휴대용 정보처리 기기의 출현. 수천 개의 트랜지스터와 맞먹는 칩 하나 또는 많으면 두 개로 구동."[37]

'휴대할 수 있고 강력하며 어디에든 쓸 수 있는'이라는 친숙한 꿈을 이루기 위한 경쟁은 이미 진행 중이었다. 잡스는 케이와 대화하다가 다이너북 아이디어에 열광했었고, 에니악 공동개발자 존 모클리도 비슷한 야심을 밝힌 바 있었다. 다이너북은 제록스의 알토 시제품에 영향을 미쳤고, 스컬리가 1987년에 쓴 '펩시에서 애플로, 모험과 아이디어와 미래로의 여정'이라는 부제가 붙은 자서전《오디세이》에도 등장한다.

스컬리는 이렇게 썼다. "우리가 21세기 초에는 갖게 될 미래 세대 매킨토시는 지식 내비게이터라고 불리는 놀랍고 환상적인 기기가 될 것이다. 세상을 발견하는 도구로서 이 기기는 인쇄기만큼 파급이 클 것이다."[38]

지식 내비게이터의 외양은 중요하지 않다고 스컬리는 덧붙였다. "사실 다음 십년 내에 오늘날 가장 강력한 퍼스널 컴퓨터 중 대부분은 보이지 않게 될 것이다. 즉 기계의 모터처럼 휴대용 계산기 크기로 컴퓨터에 내장될 것이다." 그는 "애플 II의 칩은 이미 충분히 작아서 귀걸이로 할 수 있을 정도"라고 덧붙였다.

스컬리는 몇 달 뒤 어느 기조연설에서도 지식 내비게이터 구상을 꺼냈다. 관련 영상을 보면 대학 교수들이 태블릿 같은 기기로 다양한 작업을 수행한다. 그런 구상이 이미 애플 내에서 스컬리의 독려와 함께 추진되고 있었다.

스티브 사코만Steve Sakoman은 휴렛팩커드 출신으로 1984년 애플에 합류했다. HP에서 그는 선구적이지만 비싼 랩톱 HP 포터블을 개발했었다. 2세대 매킨토시 작업 이후 사코만이 회사를 떠나지 않게 하기 위해 제품개발 담당 임원 장-루이 가세Jean-Louis Gassée는 그가 원했던 펜 기반 모바일 컴퓨팅 기기를 설계하는 일을 맡겼다. 사코만은 그 기기를 뉴턴이라고 명명했다. 떨어지는 과일에서 영감을 받아 중력 이론을 만든 뉴턴은 애플의 최초 로고(사과나무 아래 뉴턴이 앉아 있는 이미지—옮긴이)에 나오기도 한다.

그러나 가세와 사코만은 스컬리와의 의견 불일치로 퇴사했다. 이후 테슬러가 1990년 초에 뉴턴 프로젝트를 이끌기 시작했다. "내가 그 프로젝트를 구해 무언가를, 그들이 하던 것보다 약간 더 실용적인 무언가를 만들 수 있을지 알아보려고 했다."[39]

뉴턴은 통제할 수 없는 수준이었다. 테슬러는 지난 3년간 개발한 결과물이 너무 크고 비싸고 비실용적이라는 것을 알게 되었다. 테슬러는 "뉴턴 팀에게 6,000달러가 넘던 당초 목표 가격을 4,000달러로, 그 다음에는 2,000달러나 그 아래로 낮추라고 지시했다."[40]

재료비가 그렇게 높았던 원인 중 일부는 마이크로프로세서를 세 개 쓰는 데 있었다. 기존 칩으로는 뉴턴을 구동하지 못함을 알게 된 사코만은 AT&T를 찾아갔다. 그곳에서는 패터슨의 예전 박사과정 학생이자 RISC 공동 연구자인 데이비드 디첼이 C언어 축소명령어 세트 프로세서CRISP 설계를 실험하고 있었다.

AT&T는 대규모로 칩 개발 부서를 운영했는데, 1984년 AT&T가 독점규제법에 따라 분사되기 전까지는 내부 용도로만 칩을 만들었었다. 이제는 외부 세계에도 칩을 공급하기 위해 움직이고 있었다.

애플은 CRISP의 저전력 버전 칩을 개발하는 비용을 AT&T에 대기로 했다. 대신 일정 기간 독점 사용권을 갖기로 했다. 새 칩은 호빗이라고 불렸다. 애플은 이 프로젝트에 약 500만 달러를 쏟아부었지만 "호빗은 버그가 많았고 우리 목적에 부적합했으며 가격이 너무 높았다"고 테슬러는 평가했다.[41] 뉴턴의 소프트웨어 전체를 구동하기에 호빗 하나의 성능은 너무 떨어졌다. AT&T는 호빗의 결함을 수정하는 데 수백만 달러를 요구했다. 테슬러는 다른 대안을 찾아나섰다.

———

소프트웨어 엔지니어인 폴 가바리니Paul Gavarini는 1985년 11월, 클라이브 싱클레어 경의 컴퓨터에 Z80 칩을 공급하던 회사 질록Zilog에서 일하다 애플의 ATG에 합류했다. 밀라노의 올리베티를 방문한 그는 올리베티의 자회사가 된 영국의 에이콘 컴퓨터에서 개발하고 있다는 흥미로운 칩에 대해 듣게 되었다. 그는 애플을 위한 새로운 물건을 만들겠다는 일념으로 1986년 초 ARM 칩 몇 개를 호주머니에 넣고 회사로 돌아왔다.

RISC는 여전히 모두를 만족시키지는 못하고 있었다. 가바리니의 동료 톰 피타드Tom Pittard는 1년 전 MIPS 컴퓨터 시스템의 한 팀을 초청해 설명을 들었다. MIPS는 존 헤네시 스탠퍼드대 교수가 개발한 RISC의 명칭이자 회사명이었다. 설명을 들은 애플 사람들 중 아무도 MIPS를 업무에 연계해보지 않았다.

ARM은 MIPS에 비해서는 더 운이 좋았다. 몇 차례 실험 후 가바리니와 피타드는 1986년에 ARM2를 장착해 마이크로소프트의 윈도 및 애플Ⅱ와 매킨토시 코드 모두—애플의 두 측면을 효과적으로 통합하면서—를 구동하는 컴퓨터를 만들었다. 뫼비우스라고 불린 이 프로젝트는 가능성이 있었지만 회사의 내부 기류를 넘어서기 어려웠다. 당시 애플 내부에서는 애플Ⅱ와 매킨토시 조직 사이의 골이 깊었다. 두 조직이 입주한 건물 사이가 비무장지대DMZ라고 불릴 지경이었다.

스컬리를 포함한 애플 경영진에게 가바리니가 자신의 컴퓨터를 다른 두 대와 함께 보여주면서 문제가 심각해졌다. 가바리니는 매킨토시의 두 번째 버전보다 뫼비우스가 네 배 빨랐다고 회고했다. 하지만 애플이 리사와 매킨토시용으로 쓰고 있었던 "모토롤라 칩을 모두가 선호했다"고 말했다. 다른 칩으로 바꾸는 것을 "그들은 듣고 싶어하지 않았다."

뫼비우스 프로젝트는 중단되고, 가바리니는 ARM 칩 작업을 중단하지 않으면 해고하겠다는 내용으로 가세가 서명한 편지를 받았다. 프로젝트는 상자에 담겨 피타드의 사무실 바닥에 던져진다.

얼마 후 테슬러가 전화를 걸어 칩의 성능 데이터를 요구했다. 피타드는 자신이 파악한 내용을 브리핑하면서 ARM 칩 하나를 테이블 위에 내놓았다. 그리고 테슬러가 관심을 보였다.

■ 사막에서의 대화

말콤 버드Malcolm Bird는 원래 노동자의 생산성을 높임으로써 영국의 전쟁 수행 능력을 돕기 위해 만들어진 유명한 회사인 PA컨설팅에서 몇 년간 엔지니어링 회사들을 대상으로 컴퓨터를 활용한 디자인과 제조 기법을 자문하였다. 그러다가 기업에 들어가 자신의 아이디어를 직접 실행해보고 싶어졌다. 그래서 1989년 말에 테크니컬 디렉터로 입사한 곳이 에이콘 컴퓨터였다. 그는 입사 초기에 다양한 프로젝트를 구상했다. 그중 하나는 ARM을 활용한 제품 개발이었고, 다른 프로젝트는 ARM에 투자할 누군가를 찾는 일이었다.

후자를 위해 그는 세계 곳곳을 누비고 다녔다. 만날 사람들의 목록은 올리베티 임원으로서 에이콘 회장을 겸임한 엘세리노 피올Elserino Piol이 넘겨줬다. 피올은 정기적으로 에이콘이 위치한 체리힌튼으로 출장 와서 시가 연기를 내뿜으며 프로젝트 진척 상황을 챙겼다. 에이콘과 올리베티 모두 ARM이 유망하다고 느꼈지만 가능성을 실현하기 위해 투자할 자금이 부족했다.

RISC 프로세서 시장을 장악하려는 경쟁에서 많은 돈이 스탠퍼드의 헤네시 교수 팀이 세운 MIPS 컴퓨터 시스템즈로 몰렸다. MIPS는 승승장구하고 있었다. 미국의 DECDigital Equipment Corporation과 실리콘 그래픽스에 설계를 판매했고, 1989년 12월에는 증시에 상장했다. 나아가 더 야심차게도 자체 칩을 기반으로 컴퓨터를 만들어 팔겠다는 계획에 착수했다. 한편 패터슨이 컨설턴 트로 일한 썬 마이크로시스템즈Sun Microsystems에서는 확장형 프로 세서 아키텍처Scalable Processor Architecture, SPARC가 버클리의 원조 RISC 설계 개선에 성과를 내고 있었다.

ARM을 만든 원래 목적인 에이콘 아르키메데스는 1987년 6월 출시 이후 호평을 받고 있었다. 그러나 6502 칩처럼 도태되지 않기 위해서는 계속 기술을 발전시켜야 했다.

업계는 ARM에 호기심을 갖고 있었지만, 전성기가 지난 것으 로 보이는 케임브리지의 중견기업이 보유한 기술을 지원하려는 곳 은 없었다. 특히 버드는 유럽의 칩 업체인 프랑스-이탈리아의 SGS-톰슨과 네덜란드의 필립스조차 가까이에서 성장한 ARM에 관여하 려는 비전이나 확신을 보이지 않는 데에 놀랐다.

에이콘은 애플이 ARM에 어느 정도 관심을 가졌다는 사실을 알고 있었다. VLSI(1999년 필립스에 인수되었고, 지금은 필립스에서 스핀오프 된 NXP에 속해 있다—옮긴이)는 에이콘의 제조협력사이면서 ARM 라 이선스를 보유했는데. 애플이 ARM을 평가하기 위해 VLSI로부 터 개발 시스템을 구매하고 있었기 때문이다. 애플은 구매와 동시 에 극도의 보안 속에 기술적인 질문도 해왔다. 애플이 고성능 저전 력 칩을 필요로 하는 기기를 개발 중이라는 사실을 에이콘이 알게 되었을 때쯤까지도, 애플과의 미팅을 잡으려고 분투하던 버드는 그 프로젝트가 폐기되었거나 애플이 대안을 찾았을 거라고 짐작하고 있었다.

1990년 2월 어느 날 늦은 밤 뉴마켓로드의 한적한 에이콘 사무 실에서 버드는 하나의 생각에 꽂혀 있었다. 'ARM 칩을 팔거나 투자 파트너를 찾을 수 없다면, 구원의 기회를 엿보면서 어떻게 이 프로젝트를 마무리하는 것이 최선일까.' "개발에 필요한 자금을 우리가 계속 스스로 조달할 수 없다는 점은 분명했습니다"라면서 버드는 계속 말했다. "경쟁자들에게 뒤처지지 않기 위해서는 오히려 개발 속도를 높여야 하는 상황이었습니다."

그러던 중 전화가 울렸고, 모든 것이 뒤바뀌었다.

———

버드는 수화기를 들었다. 에이콘 공동 창업자 헤르만 하우저가 미국에서 건 전화였다. 마당발인 그는 기술 컨퍼런스에 참석했다가 애플에서 온 도움이 될 만한 사람과 마주쳤다고 말했다.

에스터 다이슨Esther Dyson(이론물리학자 프리먼 다이슨의 딸―옮긴이)의 행사는 미국 컴퓨터 산업에서는 반드시 참석해야 하는 이벤트였다. 영향력 있는 뉴스레터 〈릴리스 1.0〉이 매년 개최하는 퍼스널 컴퓨팅 포럼은 곧 최고의 하이테크 컨퍼런스가 되었고, 혁신적인 기술이 출품되고 거래가 이루어지곤 했다. 다이슨은 이 매체의 엘프와도 같은 에디터였다. "다이슨은 세상의 사고를 형성할 수 있는 기존의 모든 지적 가능성을 한데 모은 상품이 컴퓨터라고 생각했다"고 존 스컬리는 묘사했다.[42]

그해 1월, 애리조나 투산 외곽의 사막 언덕에 자리 잡은 화려한 웨스틴 라 팔로마 리조트에는 400명이 넘는 유명 인사들이 모여 미래를 논하고 자신의 프로젝트를 소개했다. 스티브 잡스도 있었는데, 그는 자신의 포스트 애플 프로젝트인 9,995달러짜리 NeXT 컴퓨터가 최근 출시되어 잘 팔리는 매킨토시에 비해 판매가 저조하다며 한탄했다. 그 옆에서는 하우저가 애플의 래리 테슬러를 대상으로 일방적으로 말하고 있었다.

하우저는 여전히 에이콘의 디렉터로서 ARM의 재원 삭감을 막기 위해 최선을 다했다. 하지만 올리베티의 연구소들을 이끄는 역할을 내려놓으면서 자기 돈 100만 파운드를 투자해 시작한 스타트업 액티브 북 컴퍼니Active Book Company, ABC에 시간 대부분을 쓰고 있었다. ABC는 ARM 설계를 활용해 책 모양 컴퓨터의 시제품을 만들었고, 하우저는 관심을 보이는 사람 누구에게나 그 시제품을 보여주었다.

테슬러는 전에 톰 피타드를 불러 ARM의 성능을 검토해본 적이 있다. 그 이후 테슬러는 이 칩이 개선되는 과정을 주시해왔다. 그러나 관계를 더 진척시키기에는 제약이 있었다. ARM이 애플 경쟁사 중 하나에 묶여 있다는 점도 그중 하나였다. 그러나 그는 실망스러운 호빗 칩 대신 뉴턴에 들어갈 대안을 아직 찾지 못한 상태였다. 포럼에서 테슬러를 마주친 하우저는 한 번 더 시도할 가치가 있다고 생각했다. 그는 테슬러에게 "ARM을 채택하기에는 너무 늦었나요"라고 물었다. "그렇게 되도록 하려면 무엇이 필요한가요?"

기회를 감지한 하우저는 버드에게 그 대화를 전하고 테슬러의 연락처를 알려줬다. 버드는 즉각 움직였다. 버드는 대화하면서 테슬러의 가장 큰 걱정거리를 해소해주었다. 즉, 에이콘은 ARM을 독립회사로 분리할 용의가 있다고 밝혔다.

테슬러는 그 말에 마음이 움직였다. 강도 높은 활동의 시기가 시작되었다.

4장
헛간에 자리 잡은
13인

■ 시골의 어떤 곳

이스트케임브리지셔의 조용한 마을 스와프햄 불벡Swaffham Bullbeck은 길버트와 설리번(희극 오페라를 공동 창작한 극작가 W. S. 길버트와 작곡가 아서 설리번—옮긴이)의 작품을 1982년에 처음으로 무대에 올렸다. 지역 주민들은 빅토리아 시대 극작가와 작곡가가 공동 작업하여 엄청나게 흥행한 작품들 중 초기작인 단막 코믹 오페라 '배심원 재판Trial by Jury'을 공연하기로 했다.[1]

공연은 '롱반Long Barn'이라는 이름의 건물에서 6월에 열렸다. 주로 칠면조 사육장으로 쓰인 이 건물이 한가한 때였다. 건물주 데이비드 레이너는 칠면조를 많게는 연간 2만 5,000두 사육했다. 크리

스마스가 다가오면 동네 젊은이들은 칠면조 털 뽑는 작업으로 손쉽게 용돈을 벌었다.[2]

레이너와 부인 브렌다는 1962년 아이들과 이곳으로 이사 온 이후 지역사회에서 유명인사가 되었다. 이 마을의 긴 역사는 이름에 새겨져 있다. 스와프햄은 6세기 독일 남서부에서 이 지역으로 이주한 스와비안 부족에서, 불벡은 프랑스계 볼레벡 가문이 1150년경 이곳에 수녀원을 세운 데서 유래한 이름이다.

레이너 부부는 마을 남쪽 끝에 위치한 낡은 버그홀을 매입하여 리노베이션했다. 해자로 둘러싸인 이 15세기 영주의 저택은 2등급(영국은 역사적 건물을 3개의 등급으로 분류한다—옮긴이) 건물이었다. 다른 농부들처럼 레이너도 살아남기 위해 기업가 정신을 발휘해야 했다. 그는 2,500에이커(약 10제곱킬로미터) 면적을 활용한 소와 양 사육을 수익성이 낮아 포기했다. 대신 그는 1968년에 사들인 케임브리지 남쪽의 스콧스데일센터를 원예용품 종합매장으로 키우는 데 힘을 쏟았다.

그러는 사이 새로운 규제로 인해 칠면조 사육도 접었다. 농장에서는 밀과 보리, 유채, 콩 등 작물만 경작했다. 그 결과 농장의 롱반과 하비스반Harvey's Barn을 비롯해 오래된 헛간 4개 동이 거의 놀게 되었다.

레이너는 1980년대 말 헛간들을 사무용 건물로 개조해 새로운 수익을 만들어내기로 했다. 마을 달력의 한 축을 담당하던 공연도 더 이상 열리지 않게 되었고, 칠면조와 함께 사료 포대도 사라졌다. 하비스반—이 이름의 유래는 세월이 지나며 잊혀졌다—은 허가를 받아야 해서 목재 골조를 그대로 유지한 채로 개조했다. 임대에 관심을 가진 사람이 나타나 계약 조건도 합의했지만 거래가 성사되지 않았고, 1991년 초에 이 건물은 비어 있었다.

모든 회사는 어딘가에서 시작한다. 아이디어가 제품이 되고 투자자의 자금과 인력이 투입되어 전략이 구체화되는 순간이 바로 그 시작이다. 애플 창업자들은 캘리포니아 로스알토스에 있는 잡스 부모의 차고에서 컴퓨터 조립을 시작했다. 잡스와 워즈니악은 아마도 한 세대 전 데이비드 팩커드와 빌 휴렛의 사례로부터 아이디어를 얻었을 수도 있다. 팩커드가 팔로알토에 위치한 자기 차고에 휴렛을 맞이함으로써 실리콘밸리 전설의 한 챕터가 열리게 된 일 말이다.

소택지沼澤地를 내려다보는 하비스반은 케임브지리시에서 약 13킬로미터 떨어져 가까웠다. 초가에 목재 골조의 건물은 과거로 돌아가는 느낌을 주었다. 그러나 이곳에 입주하기로 결정한 13인은 과거에 거주한다는 느낌보다 미래를 만들어나가야 한다는 임무를 더 걱정했다. 헛간 건물은 저렴하게 활용 가능했고 건물과 이에 딸린 부지를 필요로 했던 그들에게는 특히 영국적인 해법으로 여겨졌다. 사실 그 건물의 고풍스러움은 그들에게 도움이 되었다.

1991년 3월. 스와프햄 불벡의 거주자 명단에 새 이름이 추가되었다. 어드밴스드 리스크 머신즈Advanced RISC Machines Ltd.

■ 새로운 후원자와 사업계획

1990년 2월 말 말콤 버드가 애플로부터 고무적인 얘기를 들었다고 해서 ARM의 미래가 보장된 것은 아니었다. 에이콘 내에서 ARM을 맡은 선행개발팀은 그들의 임원들과 올리베티의 경영진들이 한동안 투자자나 인수자를 절실하게 찾았다는 사실을 알고 있었다. 버드는 그런 그들의 기대를 높여놓고 싶지 않았다. 그러나 그는 애플의 래리 테슬러의 관심을 기술로 전환하려면 서둘러야 했다. 왜냐하면 주요 연구원의 엉덩이가 들썩거리고 있었기 때문이다.

ARM 칩이 처음 생산된 지 거의 5년이 지났다. 반도체 세계에서는 한 생애가 지난 격이었다. 선행개발팀은 RISC 프로세서 경쟁자인 MIPS 컴퓨터 시스템의 인상적인 발전을 부러운 눈으로 지켜봤다. 튜더 브라운은 "우리 중 몇몇은 지겨워졌다"고 말했다. "우리가 만들어낸 이 대단한 기술은 어디로도 뻗어나가지 못했다. 그런 방향 부재로 인해 우리는 무척 낙담했다."

선행개발팀의 멤버들은 서로 끈끈한 관계로 엮여 있어서 만약 그들 중 어느 한 명이 나갈 경우 다른 멤버들도 흔들릴 판이었다. 절박한 심정으로 다른 일자리를 알아보기 시작하는 사람들이 생겼고, ARM 프로젝트의 붕괴는 현실적인 가능성이 되었다. 이 팀의 멤버 마이크 뮬러Mike Muller는 "우리 기술이 벽장으로 들어가고 우리 모두 각자 길을 갈 수도 있었다"고 들려줬다.[3]

앞서 1989년 4월에 유망했던 영국 마이크로칩 회사 인모스Inmos가 프랑스-이탈리아 그룹 SGS-톰슨에 팔렸다. 1978년 이 벤처기업이 영국 정부의 국가기업위원회National Enterprise Board로부터 5,000만 파운드를 지원받았을 때만 해도 인모스가 영국 산업에 촉발시킬 발전에 대한 기대가 컸었다. 인모스의 유망주는 32비트 '트랜스퓨터'로, '병렬parallel' 처리를 지원함으로써 CPU의 성능 향상을 가로막던 병목을 극복했다. '병렬' 처리는 처리 용량을 높이기 위해 다른 프로세서들과 연결될 수 있음은 물론이고 한 번에 하나 이상의 명령어를 처리할 수 있다는 의미였다.

브리스톨에서 설계된 인모스의 트랜스퓨터 칩은 유명한 건축가 리처드 로저스Richard Rogers가 디자인한 사우스웨일스 뉴포트의 공장에서 만들어졌다. 트랜스퓨터는 초기 화상전화기와 레이저 프린터, NASA의 지상 관제시스템 등에 들어가면서 영국의 성공 스토리로 칭송받았다. 그러나 인모스에게는 그들의 제품이 대량으로 생산되는 소비자 용도보다 과학적인 응용에 더 적합하다는 의구심이 계속 따라다녔다.

1984년 영국의 대기업(Thorn EMI)으로 인수된 후, 인모스에 투자하려는 수요는 계속 늘어났다. 이때부터 인모스는 영국 기술기업이 외국인 소유로 넘어가는 익숙한 경로를 따르게 된다. 확인하기 어려운 한 이야기에 따르면, 인모스 매각은 당혹스러운 방향으로 흘러갔다. SGS-톰슨의 카리스마 넘치는 이탈리아인 CEO 파스칼레 피스토리오Pasquale Pistorio는 인수 당일 브리스톨 북쪽 산업단지 아즈텍 웨스트에서 새 직원들에게 인텔을 인수하게 돼서 얼마나 기쁜지 모르겠다고 말했다고 한다.

왜 영국은 자체 마이크로칩 산업을 유지하지 못하는지 절망이 가득한 가운데, 인모스는 일단 트랜스퓨터 성능을 개선하는 데 투자할 자금을 확보했다. 피스토리오는 차분할 수 있었던 언론 성명에서는 "SGS-톰슨의 자금과 마케팅 역량을 모두 투입해 인모스의 트랜스퓨터를 세계 표준으로 만들겠다"고 말했다.[4]

그의 계획 중 일부는 아날로그 사운드와 이미지를 변조하는 디지털 시그널 프로세서DSP의 개발이었다. DSP는 이동통신의 핵심 부품이 될 것이었다. 이 프로젝트를 위해 SGS는 회사 차원의 지원을 갈망하고 있던 ARM 팀의 몇 명을 스카우트하려고 했다.

게임이 끝났다는 분위기는 1990년 4월에 ARM 아키텍처 공동 설계자인 스티브 퍼버가 퇴사한다고 밝히면서 더 가중되었다. 퍼버는 맨체스터 대학교의 컴퓨터공학 교수로 간다고 했다. 당시 불과 37세 나이에 비추어 그의 교수로의 이직은 뜻밖이었다. 그러나 퍼버는 ARM의 개발이 경쟁사에 비해 뒤처지고 있다는 사실에 화가 났고, 자신이 성장한 곳 근처에서 새로운 무언가를 시도해보고 싶었다.

퇴사할 때 퍼버는 애플이 ARM에 관심을 보였다는 사실을 몰랐다. ARM 칩 디자인의 사업계획을 짜는 노력도 포기한 뒤였다. 그는 "비용을 회수하려면 수백만 대를 팔아야 했는데, 그건 우리의 현실적인 기대치를 훨씬 넘어서는 수준이었다"고 말했다.

———

퍼버를 붙잡기엔 너무 늦었지만, 버드는 어떻게든 다른 직원들을 설득하면서 애플과 함께 일을 진행시켰다. 1990년 5월 이후 그는 에이콘 이사회의 전폭적인 지원을 받으며 애플과의 합의를 도출하기 위해 캘리포니아주 쿠퍼티노의 애플 본사를 정기적으로 방문했다.

한번은 키가 작은 남자 한 명이 회의실로 느긋하게 들어오더니 구석에 자리 잡고 몇 분 동안 한마디도 하지 않은 채 회의를 경청했다. 나중에 버드는 그 사람이 애플 CEO 존 스컬리임을 알게 되었다. 애플은 자기네가 ARM 디자인을 구체적으로 무엇에 활용하고

자 하는지에 대해 막연한 태도를 유지했다. 다만 그 프로젝트가 최고경영자에게까지 보고되었다는 점은 분명했다.

애플은 회사 간의 논의와 동시에 ARM 엔지니어들의 신뢰도를 평가하고자 했다. 뮬러는 "그들은 그들의 문제가 무엇인지, 그들이 무엇을 바꾸고 싶어하는지, 그리고 그 방법을 우리가 알고 있는지 알고 싶어 했다"고 말했다.[5]

애플은 곧바로 ARM을 인수할 수 있었지만, 양쪽 모두 상대가 더 많은 통제권을 갖기를 원하지 않았기 때문에 조인트벤처를 만드는 방안이 빠르게 유력해졌다. 애플의 테슬러는 애플 지분이 절반 아래가 되기를 원했다. 보고 의무가 간단해지기 때문이었다. 그는 신설 법인에 150만 파운드를 출자해 43% 지분을 갖기로 합의했다.

에이콘도 동일한 지분을 취득했는데, 대가는 자금이 아니라 지식재산권과 조인트벤처에 투입할 인력이었다. VLSI 테크놀로지가 25만 파운드와 자신들의 소프트웨어 툴 활용의 대가로 나머지 지분을 받았다. 애플은 '에이콘 RISC 머신즈'의 '에이콘'을 'Advanced'로 대체해야 한다고 주장했다. 경쟁사로 여겨지는 업체와 너무 긴밀하게 거래한다고 비쳐지기를 원하지 않는다는 이유에서였다.

11월에 이 투자 안건이 애플 이사회에 올려졌다. 버드는 이 영국 스타트업을 지원하는 게 좋은 아이디어라는 점을 이사들이 확신할 수 있도록 설득하기 위해 그 자리에 나갔다. 회의 테이블에는 영리한 투자로 명성을 쌓은 주요 인사들이 모여 있었다. 그중에는 1970년대 애플을 출범시킨 트리오도 여전히 앉아 있었다. 이사회 의장이자 애플 회장은 인텔 마케터로 출발해 한 동안 애플의 CEO

를 역임한 마이크 마큘라였다. 그 옆에는 벤처캐피탈리스트 아서 락과 텔레다인의 헨리 싱글턴이 앉아 있었다.

그다지 크지 않은 금액의 투자였고 투자에 반대하는 사람도 없었지만, 막판까지도 최종 결정이 나지 않았다. 테슬러는 치밀하게도 스핀오프가 무산될 경우를 대비해 두 개의 프로세서 옵션을 남겨두고 있었다.

협상이 막바지에 이르렀을 때 VLSI는 지분율 조정을 시도했으나 테슬러는 전혀 양보하려 하지 않았다. 테슬러는 VLSI 임원 클리프 로Cliff Roe에게 원안대로 하지 않으면 애플은 발을 빼겠다며 수화기를 쾅 소리가 나게 내리쳐 놓았다. 아직 수화기를 들고 있던 버드가 로에게 "이 거래 전체를 죽이고 싶은가?"하고 물었다. 바로 로가 물러났고 버드는 테슬러에게 이를 알렸다. 테슬러는 이사들에게 일급비밀로 추진하고 있는 제품인 뉴턴에 ARM 설계를 기반으로 한 프로세서를 활용할 것이라는 점을 확인해주었다.

감격의 순간이었다. 광범위한 RISC 개발자들 사이에서 ARM은 세계 최대의 칩 회사인 AT&T보다 선호도 높았다. 1983년이래 AT&T는 ARM의 모회사인 올리베티의 지분 25%를 보유했지만, 이는 그저 상처에 소금을 바르는 격이었다.

테슬러는 "이유를 뚜렷하게 설명하진 못하지만 나는 ARM에 매혹되었다"고 말했다. "ARM의 명령어 세트는 독특하고 우아하다"면서 "RISC다우면서 동시에 RISC스럽지 않았다"고 설명했다.[6]

ARM은 매우 편리했다. 애플한테는 선택지가 많지 않았는데, 왜냐하면 당시 대량 생산 업체가 아닌 데다 검증되지 않은 범주에서 실험하고 있었기 때문이다. 테슬러는 이렇게 덧붙였다. "우리는 어떤 업체와 협업하든 맞춤형custom version을 원했다. 대기업과 함께 할 수는 없었는데, 대기업은 애플에 맞춤형을 제공하려 하지 않았기 때문이다. 우리는 가장 작은 시장이었다."[7]

그리고 ARM은 저렴했다. 독립 법인으로 만들기 위해 투자한 150만 파운드(250만 달러)는 "AT&T였다면 지불했을 금액보다 적었다"고 테슬러는 인정했다.[8]

맨체스터의 대학에 부임하고 얼마가 지난 후 스티브 퍼버는 AT&T에서 세미나를 하기 위해 뉴저지로 갔다. 그는 "그들은 벽에 애플 포스터를 붙여 놓고 다트판으로 쓰고 있었다"라고 회상했다.

아마도 VLSI를 제외하고는 모두가 원하는 것을 얻었다. 애플은 AT&T를 대체할 대안이 필요했고, 에이콘은 자체적으로는 감당할 수 없는 유망 기술 개발을 위한 안정적인 재원 확보가 필요했으며, ARM은 독립을 얻었다. 당시로서는 알 수 없었지만 에이콘과 ARM의 운명이 극명하게 갈리는 순간이었다.

하지만 분위기가 마냥 좋지는 않았다. 방학 때 에이콘에서 일을 시작해 〈에이콘 일렉트론 사용자 매뉴얼〉을 함께 만들었고, ARM에 합류하는 것으로 결정된 존 빅스John Biggs는 "사람들은 영광스러운 기업의 출발이라고 생각했지만 우리는 천덕꾸러기 취급을 받는다고 느꼈다"고 말했다. "에이콘은 허리띠를 졸라매고 있었고 칩 설계는 감당할 수 없는 사치였다."

———

부드러운 말투에 듬직한 제이미 어카트Jamie Urquhart가 새 벤처의 책임자로 임명되었다. 그는 선행개발팀에서 VLSI가 제공한 칩 설계 소프트웨어를 구동할 수 있는 아폴로 컴퓨터를 같이 쓴 세 명의 설계 책임자 중 하나였다. 오랫동안 어카트는 새벽 5시에 출근해서 RISC 회로 설계 작업을 하고 정오가 되면 아폴로를 동료한테 넘겼다. 아폴로가 할 수 있는 일은 제한적이었다. 선행개발팀의 엔지니어들은 그들이 작업한 칩 설계를 검토하기 위해서는 뮌헨에 있는 VLSI 사무실까지 가야 했다.

어카트는 에이콘으로부터 ARM의 지식재산을 떼어내고, 팀을 12명으로 추렸다. 그들 중 다수는 자원했는데, 특히 소프트웨어 설계와 시스템 설계 분야에서 그랬다. 어카트는 이 숫자를 이 벤처를 성공으로 이끄는 데 필요한 최소한의 인원이라고 판단했다.

분사가 확정된 후 새 ARM 팀은 풀번로드의 에이콘 본사 뒤에 연구개발 부서가 쓰고 있던 실버 빌딩 맨 위 층에 자리를 잡았다. 에이콘의 누구도 변화를 알아채지 못했지만, 눈부심을 줄이기 위해 특수 코팅이 된 유리창을 아래층에서 가져가는 것을 보고서는 감을 잡게 되었다. 마지막 순간에 소피 윌슨Sophie Wilson이 합류하지 않고 에이콘에 남기로 했다.

애플, 에이콘, VLSI가 합작 투자한 회사는 스타일심 유한회사 Styletheme Limited라는 이름으로 1990년 10월 16일 설립되었다. 사명은 영국의 기업등록소Companies House에서 사들인 것이었다. 회사는 11월 22일에 사명을 '어드밴스드 RISC 머신즈 홀딩스 유한회사'로 변경했다.

그 다음 주인 11월 27일, 낙관에 찬 보도자료가 회사 설립을 알리면서 애플과 에이콘을 넘어 사업을 확장하겠다고 밝혔다. 목표는 '성장하는 저비용·저전력·고성능 32비트 RISC 컴퓨터 칩 시장 공략'으로 잡았다. 전략 중에는 "개인용·휴대용 컴퓨터와 전화기, 소비자가전 및 자동화 전자기기에 내장된 제어장치에 공급"한다는 내용이 포함되었다.

보도자료는 ARM 기반 칩은 누적 출하량이 13만 개로 "시장을 선도하는 프로세서 중 하나"로 자리 잡았으며, VLSI와 일본의 산요전자가 라이선싱하고 있다고 밝혔다. 칩 중 일부는 에이콘의 제품에 사용되었었고, VLSI도 몇 가지 임베디드 컨트롤러를 설계했다. 세 번째 버전인 ARM3 칩은 초당 2,000만 개의 명령어를 처리할 수 있었다. 테슬러는 "새로운 제품과 표준이 필요하다"고 말했고, 에이콘의 콧수염 기른 스코틀랜드인 매니징 디렉터 샘 와우초프Sam Wauchope는 "공격적인 제품 로드맵을 추구하겠다"고 말했다.

그들이 고안한 설계의 세부사항이 냉정하게 경제성에 의해 결정된 것처럼, 어떻게 판매할지도 마찬가지로 결정되었다. 에이콘은 VLSI가 만들 수 있도록 아주 상세한 수준까지 설계하면서도, 칩을 직접 제조하려고 하지도 않았고 실제 그럴 자금 여력도 없었다. 문제는 이 설계를 어떻게 다르게 적용하고 누가 그 설계를 사주냐는 데 있었다.

조인트벤처의 출범은 영국 기술산업이라는 특정 분야에서는 큰 뉴스였지만, 그 외부에서는 다른 뉴스에 밀렸다. 그날 영국은 마거릿 대처의 뒤를 이을 총리 선거에서 존 메이저가 승리했다는 정치 뉴스의 열기로 가득했다.

ARM이 독립 회사로서 맞이한 둘째 날, 자국의 하드웨어를 옹호하고 영국 학교에 엄청난 숫자의 컴퓨터를 보급하게 함으로써 에이콘으로 하여금 새로운 칩 디자인을 개발할 수 있는 약간의 여지를 가능케 해주었던 대처는 버킹엄 궁으로 가서 여왕에게 사임 의

사를 표명했다. 영국 정부는 물론 ARM의 엔지니어 12인에게도 새 날이 밝았다. 이제 그들을 이끌 누군가가 필요했다.

■ 세일즈맨 입장

1990년 12월 중순의 안개 낀 저녁, 허트포드셔의 발독 인근에 있는 작은 마을 애슈웰. 이곳의 16세기 펍 로즈앤크라운에 한 무리의 남자들이 들어왔다. 안개로 인해 가시거리가 짧아지는 바람에 케임브리지로부터 이곳까지의 운전은 위험했고 더뎠다. 그들이 술을 사서 자리를 잡을 때 그들과 만나기로 한 사람이 자기는 기다리기를 싫어한다는 것을 분명히 했다. 그는 "4분이나 늦으셨군요"라고 쏘아붙인 뒤, "5분이었다면 나가버렸을 것"이라고 말했다.

서로 알아가는 미팅이 그렇듯, 동료들 중 몇몇의 눈쌀을 찌푸리게 하는 험난한 출발이었다. 하기사 이 만남은 사교적인 것도 아니었고 투자를 받기 위한 것도 아니었다. 여기 있는 남자는 ARM을 구성한 엔지니어 무리를 이끌지 말지를 심사하고 있었다.

로빈 삭스비Robin Saxby는 참을성 없고 열정적이고 자신감이 넘치고 머리는 부스스하고 무뚝뚝하며 인맥을 과장해 과시하는 타입이었다. 회색을 띤 파란 눈에 한쪽 이마를 칙칙한 갈색 머리칼로 덮은 그는 떠도는 세일즈맨이었다. 그리고 그는 오래 지속되는 관계를 만드는 재주가 있었다.

맥주를 마시면서 ARM 팀은 자신들이 몇 분 늦은 것에 삭스비가 속내보다 과장해서 신경질적으로 말했음을 알아챘다. 그런 표리 부동은 그의 여러 특징 중 하나였다. 새 학급을 맡은 교사처럼 그는 분위기를 처음부터 휘어잡고자 했다. 그리고 지각을 언급함으로써 케임브리지 기술 인력들이 너무 오만해서 약속 시간을 지키고 고객 니즈를 맞추는 일이 얼마나 중요한지를 간과할까 하는 걱정을 전달한 것이었다. 하지만 엔지니어들은 삭스비가 자리를 박차고 나갈까 봐 걱정할 필요가 없었다. 그렇게 하기에는 삭스비의 관심이 너무 컸다.

ARM은 독립했고 잠재력이 있는 칩 설계를 보유했지만 리더가 없었다. CEO를 찾는 일은 말콤 버드와 래리 테슬러에게 맡겨졌고, 이들은 헤드헌팅 회사 하이드릭&스트러글스에 추천을 의뢰했다.

삭스비가 곧 1순위로 올라왔다. 미국 회사 모토롤라의 베테랑으로서 그는 반도체 시장을 속속들이 알고 있었으며, 새로운 제품을 어떻게 홍보해야 하는지도 잘 알고 있었다. 반도체 시장의 고객은 영리했지만 솜씨 좋은 세일즈맨의 언변에 넘어가기도 했다. 고객이 용도를 이해하지 못하거나 실험해보기를 꺼리는 바람에 신제품이 실패하는 사례가 종종 발생했다.

————

삭스비는 1947년에 태어나 체스터필드에서 자랐고, 일찍부터 전자제품에 빠져들었다. 여덟 살 때 전자 키트를 가지고 놀았고 열세 살 때에는 공장 경비원이던 아버지가 펍에서 이웃들과 술을 마시다가 받아온 라디오와 TV를 수리해주곤 했다.

1960년대에 리버풀 대학교 재학 중에는 로큰롤 밴드용 앰프를 만들고, 기숙사에서 댄스 행사를 기획하기도 했다. 학부 마지막 해에는 컬러텔레비전의 출현을 주제로 논문을 썼는데, 정작 BBC의 입사 제안은 거절했다. "나는 재미를 원했고, 큰 조직보다 작고 날렵한 조직에서 더 재미있게 지낼 수 있다"고 이유를 댔다.[9]

그는 소비자가전 회사 랭크부시머피에 처음 입사해, 단지 50개 트랜지스터로 된 집적회로를 활용한 컬러TV 수상기를 설계했다. 이후 잠시 다른 전자회사 파이를 거쳐 모토롤라로 옮겼다. 모토롤라는 더 높은 연봉과 함께 회사 차량—검은 내장재를 쓴 흰색 코티나—을 제시해 삭스비의 마음을 샀다.

모토롤라는 그가 아는 어느 영국 회사보다 진취적이었다. 그는 설계에서 영업으로 부서를 옮겼다. 엔지니어 출신 세일즈맨으로서 고객에게 제품의 기술적인 특징을 설명하는 일을 맡았다. 이후 다루는 제품을 가전에서 컴퓨터로 바꿨다. 성공은 고객이 원하는 대로 응해 기술을 그들의 니즈에 맞춰 조정하는 데에서 온다는 원리를 터득했다. 그는 그런 수완이 뛰어났고 그만큼 야심도 대단했다.

승진하려면 모토롤라의 해외 사업장으로 가야 했는데, 그는 가족과 함께 해외로 옮기고 싶지 않았다. 또 무언가를 운영해보고 싶은 욕심도 들었다. 그래서 차고 문garage door 회사 헨더슨의 보안 부문 책임자로 옮겼다. 그러나 새로 만나게 된 경영자와 의견 차이가 빚어져 금방 나왔다.

삭스비는 "나는 근본적으로 낙관적"이라면서 "모든 문제는 위장된 기회이다. 시도하지 않으면 배울 수도 없다"고 말하곤 했다.

다음 회사는 유러피안 실리콘 스트럭처스ES2였다. 설계를 실리콘 웨이퍼에 인쇄하는 기존의 포토마스크를 더 저렴하고 손쉬운 'e-빔' 기술로 대체한다는 목표 아래 설립된 벤처기업이었다.

유럽의 대표적인 대기업인 올리베티와 필립스, 영국항공우주, 사브, 텔레포니카 등이 1억 달러를 ES2에 출자했다. 유럽공동체EC가 1992년에 국경을 허물기로 한 가운데 ES2는 유럽 각국 대표 기업들의 협업을 시험해보는 시도로 여겨졌다. 삭스비도 유럽에서 성장한 스타트업이 미국 기업들에 맞설 수 있다는 가능성에 흥분했다. 그러나 기술적인 성과가 나오지 않았고 자금은 빨리 소진되고 있었다.

삭스비가 상충되는 목표와 자존심, 과도한 지출로 인해 어려움에 봉착한 ES2 미국 지사에서 고군분투하고 있을 때 헨드릭&스트러글스에서 연락이 왔다. 흥미로운 제안이었다.

———

삭스비는 처음에는 강하게 끌리지 않았다. 올리베티가 관여한다는 점이 걸렸고, 자신의 현재 상황과 비슷해질지 모른다는 느낌을 받았다. 그러나 애플이 그의 귀를 쫑긋하게 했다. 특히 에이콘과 애플의 라이선싱 모델이 전에 그가 작성한 사업계획서와 비슷했다. 그는 모토롤라에서 일할 때 마이크로프로세서 조직을 분사해 폭넓은 고객한테 설계 서비스를 제공한다는 구상을 정리하여 보고한 적이 있었다. 이번이 그 구상을 실행할 기회가 될 수 있었다. 게다가 ARM은 빈 도화지여서 그는 경영 측면의 아이디어들도 실행해볼 수 있었다.

당시 반도체는 작은 산업이었고, 삭스비는 에이콘을 잘 알았다. 만약 그가 더 출중한 세일즈맨이었다면 ARM 칩 시스템은 없었을 터였다. ARM CEO 자리는 물론이고.

모토롤라 재직 시절 삭스비의 근거지는 런던 북부 웸블비였다. 그의 주특기 중 하나는 잠재 고객과 함께 멀게는 글래스고까지 날아가 그 도시 남쪽 이스트킬브라이드 소재 마이크로칩 공장을 보여주는 일이었다. 그는 힘이 넘치고 열정적이었으며, 말할 때는 팔을 저으며 메시지를 강조했다. 공장에 투자가 성사된 이후라면 그 성과를 자랑하고 제품의 특징을 상세하게 강조한 뒤 늘 술을 곁들인 만찬을 벌였다.

한번은 헤르만 하우저와 크리스 커리를 스코틀랜드(글래스고)에 초청했다. 차기 에이콘 컴퓨터에 모토롤라의 68000 칩을 공급할 요량이었다. 돌아오는 동안에도 삭스비는 권유를 이어갔다. 커리는 여객기 뒤편으로 자리를 옮겼고, 하우저는 삭스비 면전에서 잠든 척했다.

그들은 전부터 비즈니스로 연결된 사이였다. 삭스비는 에이콘의 전신인 CPU사에 칩을 공급했었다. 이후 에이콘이 BBC로부터 회사 명운이 걸린 컴퓨터 공급 건을 수주하러 나섰을 때, 삭스비는 에이콘을 지원하는 편지를 써주었다. 삭스비가 간접적으로나마 ARM 탄생을 도운 셈이다.

삭스비는 하우저와는 업무를 떠나서도 친하게 지냈다. 삭스비, 하우저, 하우저의 여자 친구 파멜리는 스키 여행을 함께 다녔다. 삭스비는 종종 나중에 하우저의 부인이 되는 파멜리와 함께 슬로프를 내려왔다. 오스트리아 출신에 스키를 잘 타는 하우저가 거침없이 내려올 때, 뉴질랜드 출신과 영국 출신은 자기네 페이스를 유지하면서 나란히 탄 것이다.

이런 관계를 고려할 때 삭스비가 ARM의 기회에 대해 하우저와 상의하지 않았다는 점은 이상하다. ARM에서 일할 가능성을 놓고 그는 투자회사 어드벤트인터내셔널의 존 베릴슨John Berylson을 비롯해 여러 친구 및 예전 동료들과 의논했었다.

별들이 줄을 맞추는 듯했다. 1990년 12월 5일, 삭스비는 에이콘의 버드, 애플의 테슬러와 처음 만났다. 에이콘의 뉴마켓로드 본사에서였다. 대화가 무르익었고 세 사람은 저녁 식사를 함께 하러 건물을 나왔다. 주차된 삭스비의 차는 사브 9000이었다. 버드 및 테슬러와 같은 차종이었다. "잘 들어맞을 게 분명하군요"라고 버드는 농담을 던졌다.

기술의 잠재력 외에 사람들에 대해서도 삭스비를 설득해야 했다. 헨더슨에서 실패한 경험이 있는 만큼 삭스비는 ARM의 초기 멤버들과 일할 수 있을지 알아봐야 했다. 그는 창업 멤버 중 연장자인 두 사람, 제이미 어카트와 튜더 브라운을 먼저 만났다. 테슬러가 케임브리지로부터 두 사람을 히드로공항에 데려와서 삭스비에게 소개했다. 세 사람을 남겨두고 테슬러는 미국행 콩코드에 탑승하러 자리를 떴다.

에이콘과 애플 모두 만족했고 삭스비에게 자리를 제안했다. 그러나 이를 수락하기 전에 삭스비는 함께 부대낄 멤버들이 자신을 받아들일지도 알고 싶어했다. ES2에서 비용 통제가 중요함을 배운 그는 또 멤버 12인이 스타트업의 비용 준칙을 이해하는지 확인하고자 했다.

───

만나는 장소를 로즈앤크라운으로 정한 것은 그곳이 케임브리지의 에이콘 본사와 삭스비의 집이 있는 버크셔주 메이든헤드의 중간 지점에 있어서였다. 삭스비는 교사인 부인 패티 및 두 아이와 함께 메이든헤드에 거주했다. 출장을 많이 다니는 비즈니스맨답게 삭스비는 휴대전화기가 있었다. 그러나 ARM 팀원은 한 명도 휴대전화기가 없었고, 그래서 조금 늦겠다는 연락을 삭스비에게 할 수 없었다.

분위기는 화기애애하게 흘러갔다. 술을 다 마신 뒤 삭스비는 팀 멤버들에게 과제를 하나 주었다. ARM이 성공할 수 있을지에 대한 그들의 의견을 듣고 싶었던 삭스비는 어카트 주도로 ARM의 스왓strengths, weaknesses, opportunities and threats, SWOT 분석을 제출하라고 했다.

삭스비는 멤버들이 자신을 만장일치로 받아들인 만큼, 다음에 만날 때에는 그 분석을 놓고 논의해보자고 말했다. 삭스비는 공식적으로는 이듬해인 1991년 2월 18일에 ARM 대표이사 사장으로 취임했다. 그러나 실제로는 ES2 퇴사 절차를 마무리하면서 바로 합류했다. 무언가에서 가능성을 보면 바로 몰입하는 그다운 행보였다.

■ 가혹한 현실

출범을 알리는 1990년 11월의 의기양양했던 보도자료와 달리 그 직후 작성된 내부 자료에는 들뜬 분위기가 사라져 있었다. 12월 18일 오전 10시 에이콘의 체리힌튼 회의실. ARM 엔지니어들이 모여들었다. 한 시간에 걸쳐 그들은 삭스비가 주문한 SWOT 분석을 토의했다.

그 결과 작성된 한 페이지 자료는 긍정과 부정 사이에 조심스럽게 균형을 잡았다. 너무 부정적이지도, 너무 자신만만하지도 않았다. 상대적으로 안전한 에이콘에서 뛰쳐나온 12인으로서는 현실을 마주하는 순간이었다.

우상단 구석에 손글씨로 '보안'이라고 적힌 'ARM LTD SWOT' 제하의 문서는 강점으로 기본적인 기술과 팀원들의 역량을 들었다. "유연하다, 신속하다, 역동적이다, 성공적이다(아직까지), 열정적이다, 시스템 경험이 풍부하다.' 약점으로는 상업적인 출발점이 취약하고 자원이 제한적이며 써드파티 지원에 의존한다는 점 등이 꼽혔다.

물론 문서는 새로운 기술 분야와 지리적 측면에서 많은 기회가 있다는 점을 강조했다. 12인은 이 기회가 이후 수십 년 동안 얼마나 거대하게 펼쳐질지 예상할 길이 없었을 것이다. 그러나 '휴대용 portable'(문서에서는 휴대전화를 가장 가깝게 언급)이나 '임베디드 제어'(기본적으로 퍼스널 컴퓨터의 세계를 넘어선 마이크로칩의 활용)와 함께 당면한 위협은 더 명확했다. ARM은 고객이 하나뿐이었고, 당장 매출을 높일 방도가 없었으며 강력한 경쟁자가 있었다. 무엇보다 '특허'라는 단어 옆에 비스듬히 대문자로 적힌 '하나도 없음'이라는 손글씨가 가장 눈에 띄었다.

삭스비는 이 SWOT 분석을 검토하기 전에 이런 실정을 이미 파악하고 있었다. 에이콘이 육성한 아이디어와 애플의 약간의 자금은 ARM을 설립하기에 충분했다. ARM 프로세서는 더 큰 칩 시스템에—여러 개 중 하나의 요소로—적합할 가능성이 컸기 때문에, 다른 회사에 설계 라이선스를 주고 ARM 설계를 담고 있는 모든 기기로부터 로열티 수입을 올리는 것이 명백한 길이었다. 하지만 삭스비는 투자자들이 염두에 두고 있던 이 사업계획에서 벗어나고 싶었다. "그는 그것을 쓰레기통에 버렸다"고 어드벤트의 존 베릴슨이 말했다.

ARM이 생존하려면 에이콘과 애플이 구상한 라이선싱·로열티 모델보다 더 멀리 더 빠르게 갈 필요가 있다고 삭스비는 판단했다. 삭스비의 목표 중 저전력 ARM 칩을 세계 표준으로 만든다는 것이 가장 중요했다. 더 큰 영국 회사들도 적당한 목표를 내걸었던 데 비하면 비범하게도 야심찬 목표였다. 그는 또 인텔이 장악한 PC 영역에서 인텔과 다투기보다는 PC를 제외한 모든 영역을 겨냥하고자 했다. 임베디드 기기(범용인 PC 등과 달리 게임, 통신, 이미지 처리 등 특별한 목적을 가진 기기―옮긴이)에 활용되도록 하기 위해서는 폭넓게 통하는 장점을 지닌 표준 제품들을 개발하고, 여러 범주와 지역의 고객을 찾아나서야 한다고 생각했다. 이는 그가 모토롤라에서 익힌 전략이었다.

삭스비의 생각은 시의적절했다. 과감했지만 뒤처진 끝에 다른 기업에 인수되고 만 인모스의 사례와 넉넉한 현금을 확보해야 했던 당시 상황에서 마이크로칩 산업의 많은 기업들은 자신들의 전략을 다시 생각하게 되었다. 당시에는 금리가 물가와 함께 치솟았고, 미국은 저축대부조합 사태로 야기된 위기가 불황으로 이어졌다(미국 저축대부조합은 1988~1989년 부실 대출로 인해 대거 파산했다. 이를 수습하는 과정에서 미국 경제는 둔화되었고 급기야 1991년에는 마이너스 성장률을 기록했다―옮긴이).

자본 집약적인 이 산업에서 모든 것을 다 할 수는 없음을 업체들은 깨닫게 되었다. TSMC 같은 파운드리 업체는 대안적인 생산 방안을 제시하기 시작했다. 칩 설계용 소프트웨어, 설계를 실리콘 웨이퍼에 식각하는 장비 등도 전문 업체들의 영역이 되고 있었다.

요컨대 반도체 업체들은 비용과 복잡성이 증가하는 데에 압박을 받았다. 이런 압박은 설계에도 가해졌다. 즉, 업체들은 최종 제품의 차별화에는 별로 영향을 주지 않는 설계의 기본 구성요소를 유지하고 관리하는 데 부담을 느끼고 있었다.

이에 표준화된 회로 설계cell libraries를 분리하려는 시도들이 이루어지고 있었다. ARM의 생산 파트너인 VLSI는 1991년 3월 칩 설계 부문을 분사해 100% 자회사 컴패스 디자인 오토메이션을 만들었고, 나중에 결국 ARM에 인수되는 아티잔 컴포넌트가 설립되었다.

이들 설계 회사의 유일한 목적은 아이디어를 기록해 보관하다가 제조 방법이 바뀌면 프로세스를 업데이트하는 데 있었다. 그리고 소위 '물리적인' 지식재산권—메모리와 같은 특정 프로세스를 다루는 사전 설계된 블록들—을 자신의 설계와 통합하고자 하는 업체들에게 라이선싱했다.

전자업계에서 라이선싱은 새롭지 않았다. 앞서 일본 가전업체들은 1950년대와 1960년대에 미국에서 라이선스를 받아 트랜지스터 라디오를 생산했다. 반도체산업은 편리함과 제휴, 전문화라는 새로운 국면에서 라이선스를 필요로 하고 있었다. 대규모 제조업체들은 로열티 지불을 꺼리지 않았다. 직접 개발하는 데 들어갈 수백만 달러에 비하면 로열티는 소액이었다. 물리적인 칩이 그러듯, 아이디어가 지구를 가로질러 이동했다. 국경을 넘는 반도체는 국가 간 분쟁의 대상이 되었지만 아이디어는 정치 지도자들의 간섭을 받지 않았다. 아마도 이때가 아무것도 생산하지 않는 회사가 차이를 만들 수 있게 된 순간이었을 것이다.

―――――

기회를 거론하기 전에 삭스비는 우선 투자자들을 만족시켜야 했다. ARM은 계약상 새로운 부동소수점 가속기FPA 칩을 만들어 에이콘에 공급해야 했다. FPA 칩은 에이콘이 공략하려고 하는 하이엔드 워크스테이션의 성능을 향상시키기 위해 필요했다. 애플은 뉴턴이 될 휴대용 기기에 들어갈 ARM600 칩을 요구했다. 애플은 연락 담당 엔지니어로 앨런 바움Allen Baum을 케임브리지시에 보냈다. 바움은 애플 공동 창업자 스티브 워즈니악을 홈브루 컴퓨터 클럽의 첫 모임에 데려간 엔지니어였다. 두 프로젝트 모두 ARM 매출에 도움이 되지 않았다. 특화된 두 칩에 대한 외부의 수요는 거의 없었다. 몇몇 컨설팅 프로젝트가 있었지만 금액은 미미했다.

에이콘과 애플은 각각 향후 ARM에서 칩을 얼마나 구입할 것이며 그 금액은 어느 정도 될지 예상치를 제공했지만, 삭스비는 한 순간도 그 수치에 의미를 두지 않았다. 그는 자신이 두 투자사를 넘어서 고객을 찾아야 함을 알고 있었다. 그의 계산에 따르면 ARM이 RISC 방식에 기반을 둔 설계 표준을 만들어내면서 시장의 리더가 되려면 2000년에는 무려 2억 개의 칩이 팔릴 정도로까지 발전해야 했다.[10]

동시에 살아남으려면 비용을 낮게 묶어두어야 했다. 초기 사업 계획에 따르면 영업과 마케팅 전문가들을 채용하고 머지않아 추가로 자금을 조달해야 했다. 삭스비는 두 계획을 모두 폐기한 뒤 영업은 제이미 어카트에게, 마케팅은 마이크 뮬러에게 맡겼다. 아울러 튜더 브라운은 엔지니어링 디렉터로 임명했다. 연장자 트리오에게 주요 보직을 준 것이다. ARM 프로세서의 고유한 특성은 이런 검약에서 태어났다. 해외 고객을 발굴하는 일에도 여유는 전혀 없었다. 출장이 잦았지만, 경비는 빠듯했고 비행 일정은 빡빡했다.

본사를 원래 헛간이던 건물로 정한 것도 비용 때문이었다. 말콤 버드는 원래 케임브리지시 북쪽에 인접한 히스턴의 벤처산업단지 비전파크에 ARM을 입주시키려고 했다. 그러나 삭스비는 그 비용을 감당하지 못한다며 더 저렴한 대안을 찾아달라고 요구했다.

이 일은 에이콘의 데이비드 로우델David Lowdell에게 주어졌다. 그는 ARM이 자리 잡는 과정을 행정적으로 지원한 숨은 공신이었다. 경비 절감은 하비스반 낙점에서 끝나지 않았다. 삭스비는 좋은 목재 책상들을 플라스틱 재질 제품 가격에 구매하는 아이디어를 발휘했다. 가구 회사한테 18세기 건물을 개조한 사무실에 배치한 가구 사진을 촬영해 판매용 카탈로그에 싣도록 허용해주겠다는 조건을 제시했다. 이사회실의 맞춤형 테이블은 동전 던지기로 얻었다. 팀원들은 각자 네트워크를 깔았다.

도토리 모양으로 깎인 계단 난간 끝 장식이 회사의 뿌리를 떠올리게 하면서 눈길을 끌었다. 삭스비는 200년 넘은 기둥 바로 아래 있는 다락에 자리를 잡았다. 그 아래 엔지니어들의 책상은 주 기둥을 둘러싸고 배치되었다. 전에는 그 자리에 농기구 등이 높게 쌓여 있었다.[11] 미국이나 일본에서 온 방문객들은 ARM 사무실의 독특함에 빠져, 케임브리지에서 떨어진 곳까지 왔다는 사실에 개의치 않았다. ARM은* 처음 만든 회사 브로셔에 오는 길을 이렇게 안내했

다. "블랙호스 여관에서 우회전한 뒤 교회를 지나면 오른편에 ARM
이 있습니다."[12] 세계 굴지의 대규모 기술회사들의 마음을 사로잡아
야 하는 작은 회사한테 이곳은 이상할 정도로 목가적인 장소였다.
가까운 들에서는 직원 바비큐 파티가 열리곤 했다.

고객이 없는 상태에서 중요한 업무는 고객을 찾아 세계를 뒤
지는 일이었다. 최적의 시기는 아니었다. 반도체 시장은 1980년대
메모리 칩 덤핑으로 인한 침체에서 벗어나 반등했지만, 전자산업에
서 핵심 역할을 하는 일본이 과잉 투자에 따른 거품이 꺼지며 침체
에 빠져들었다. ARM 팀은 전에 에이콘에서 일할 때보다 더 부지런
하게 움직여야 했다. 에이콘 때에는 적어도 자사 컴퓨터라는 태생
적인 수요처가 있었다.

삭스비는 본사 입주 직후 발행된 1991년 늦은 봄 호 사보에
"우리는 골리앗에 맞선 다윗들에 불과하지만, 작더라도 충분히 창
의적이면 승리할 수 있다"고 말했다. 사보는 그를 '돌아다니는 로빈
Roamin' Robin'이라고 지칭했다. 모토롤라 시절 세계 전역을 누빈 경
력을 전하는 표현이었다. 그는 여전히 세계를 더 보고 싶어했다. 한
때 삭스비는 코미디 극단 몬티 파이턴의 멤버였다가 여행 방송인으
로 변신한 마이클 페일린처럼 되고 싶다고 말했다. 그러나 지금 그
에게는 할 일이 있었다.

―――――

삭스비의 세일즈 기법은 이미 전설적이었다. 그는 모토롤라 시
절 알게 된 지 두 달 된 고객의 결혼식에 초대된 적도 있었다. 그런
친화력을 ARM의 미래를 위해서도 활용했다. 한 일본 비즈니스맨
이 몬티 파이턴의 팬이라는 얘기를 듣고 도쿄에서 회의 장소를 호

텔 복도로 옮겼다. 그는 몬티 파이턴의 '웃기는 발걸음' 행진을 재연해 분위기를 끌어올렸다.[13]

한번은 1년에 여러 차례 일본을 오간 끝에 영국에서 샤프반도체와 계약을 성사시켰다. 그는 방문 중인 샤프 사장을 런던 근교 비콘스필드에 있는 중식당 차이나디너에 초대했다. 우연히 부인 패티와 장모가 그 식당에 있었는데, 그는 축하 자리에 두 사람을 합석시켰다. 독특하고 거침이 없었지만 결과는 매우 효과적이었다.

샤프 이전에 ARM이 첫 계약을 추진했던 업체는 플레시Plessey였다. 삭스비는 VLSI 외에 다른 업체에서 ARM의 설계를 제조할 수 있다는 검증proof of concept을 필요로 했고, 애플은 뉴턴용 칩의 두 번째 공급업체를 찾고 있었다.

플레시는 그 조건을 충족시켰다. 유서 깊은 이 전자·방위·통신 업체는 영국 최고의 칩 제조업체로, 에이콘에 칩을 공급하던 페란티Ferranti 일부를 인수했지만 세계적인 기준으로는 여전히 큰 규모는 아니었다. 사업장이 멀지 않은 플라이머스와 스윈든에 있어 문제 발생 시 ARM 엔지니어들이 곧바로 대응하기에도 유리했다.

거래 조건이 합의되었고, ARM은 계약서 서명 전에 벌써 설계를 넘겼다. 삭스비는 전에 모토롤라에서 함께 일한 적 있는 플레시의 더그 던Doug Dunn을 믿었다. 그는 이스트킬브라이드의 공장을 운영하기도 했다.

그러나 1991년 여름, 삭스비는 나쁜 소식을 전하는 전화를 받았다. 플레시는 몇 년 전 GEC에 인수되었는데, 던은 이 대기업 그룹의 주주들이 거래를 깐깐히 들여다보고 있어서 서명이 지연되겠다고 전했다(GEC는 영국의 거대 기업으로 미국의 GE와는 다른 회사이다. 방산업체인 BAE, 통신회사 마르코니 등의 모태이다—옮긴이). 그는 단조로운 요크셔 모음 발음으로 참을성 있게 설명했다. 그래서 대금 지급도 연기된다고 말했다.

던은 GEC의 전설적인 사업가 와인스톡 경Lord Weinstock의 관리자 80명 중 한 명이었다. 80은 와인스톡 경의 런던 파크레인 근처 어두운 사무실 책상 위 거대한 전화기의 버튼마다 연결된 관리자의 수였다. 와인스톡은 영국 재계의 거물로 조선에서부터 체중계에 이르기까지 끝없는 야망을 실현해왔다. 현금을 잔뜩 쌓아놓고도 투자에는 신중했다. 그는 자신이 힘들여 쌓아올린 대기업 그룹을 10만 개 리벳으로 조립되어 느슨한 대형으로 비행하는 님로드Nimrod 해상초계기와 비교하기도 했다.

던은 예산을 놓고 실랑이하는 일에는 익숙했다. 투자하지 않는다면 반도체 사업을 유지할 이유가 없다는 점을 와인스톡에게 설득시켰다. ARM 건에서 GEC의 문제는 기술이 아니었다. 던은 "그들은 내장된 RISC 프로세서와 칫솔의 차이도 몰랐다"고 말했다. 그들의 질문은 ARM이 생존할지, 개발을 지속해나갈 재원이 충분한지였다.

사실 아슬아슬한 상황이었다. 창업 멤버 12인은 그해 여름 계약상 인상된 급여를 받아야 했다. 삭스비는 하비스반에서 그들 앞에 서서 현금흐름 상황을 설명해야 했고, 나중에서야 보너스 수표를 지급할 수 있었다. 크리스마스 직전 GEC가 ARM이 위험을 취할 만큼 가치가 있다고 생각한 던의 생각에 동의한 덕분이었다. 1992년 1월 휴가에서 돌아온 팀원들은 추가 지급액을 받았고, ARM은 당분간은 버틸 수 있게 되었다.

ES2에서·흥청망청 새나가던 비용을 경험했던 삭스비는 지출을 조이기로 결심했다. 급여는 동결되었고, 1만 파운드가 넘는 지출에는 약 600단어 내외의 한 페이지에 정당한 사유를 써서 제출하라는 이른바 삭스비 법이 시행되었다.

ARM은 일본투자금융Nippon Investment & Finance에서 65만 파운드를 조달했다. 빈번한 출장으로 회사 인지도가 높아진 덕분이었다. 삭스비는 이 자금은 암담한 비상 시기에만 쓸 돈으로 여겼다. 당장 지출할 곳에는 유럽연합EU이 광범위한 기술 표준을 만들고자 추진하는 사업Open Microprocessor systems Initiative, OMI으로부터 받은 자금을 사용했다.

사람들은 저마다 받아놓은 스톡옵션이 언젠가는 돈이 될 거라고 기대하면서 긴축 경영을 받아들였다.

―――――

팀에는 비극도 발생했다. 앨러스데어 토머스Alasdair Thomas는 스티브 퍼버 아래에서 일한 신중하고 야무진 엔지니어였다. 그가 설계한 ARM3 칩은 당시로서는 혁명적인 진전이었다. 그는 ARM으로 분사할 때 당연히 대상이 되었고, 또 다른 기술적인 진보가 될 ARM7의 수석 설계자로 지명되었다.

동료들이 항상 앨이라고 부른 토머스는 사무실에서 가장 어린 연배였고 종종 보조 역할을 맡았다. 그는 재미있는 사람이었고 동료들을 웃기곤 했다. 튜더 브라운은 생일에 토머스가 우스꽝스러운 목소리로 녹음한 테이프를 선물받았다. 브라운은 "그는 로완 앳킨슨Rowan Atkinson처럼 될 수도 있었을 것"이라고 회고했다. 미스터 빈과 블랙애더Blackadder로 유명한 영국 코믹 배우에 비교한 것이다.

그는 큰 무대에서도 위축되지 않았다. 그런 모습은 캘리포니아에 가서 애플 간부들을 대상으로 마이크 뮬러와 함께 한 프레젠테이션에서 확인할 수 있다. 그 영상은 아직도 유튜브에 있다.

토머스는 직장 밖에 친구가 많지 않았다. 여드름으로 고생했는데, 그로 인해 위축되기도 했다. 1992년 8월 애플 뉴턴과 공급업체들에 대한 관심이 고조되던 때였다. 그는 사무실에서 독일 기자와 ARM이 만들어내는 기술 혁신에 대해 얘기를 나눴다. 다음 날 그는 스스로 목숨을 끊었다.

브라운은 "우리 곁에서 웃던 친구이자 팀의 핵심 멤버이던 친구가 여기 있었습니다"라면서 "우리는 그가 그토록 우울했는지 알아차리지 못했습니다"라고 말했다.

토머스는 동료들에게 미안하다는 쪽지를 남겼다. 하비스반 운구를 거쳐 케임브리지에서 장례가 거행되었다.

5장

노키아의 미친 휴대전화가 표준을 정하다

■ 일본 수수께끼

도쿄에서 1시간 거리의 북쪽에 위치한 나가노현은 항상 휘황찬란한 네온사인으로 가득한 일본 대도시의 완벽한 해독제였다. 산과 농경지, 풍부한 야생동물 사이에서 방문객들은 유명한 5층 탑 모양의 마츠모토성을 둘러보고, 스노우몽키들을 구경하고, 온천에서 휴식을 취할 수 있다.

ARM의 엔지니어 데이브 재거Dave Jaggar는 1994년 1월에 다른 목적으로 나가노로 가고 있었다. 그는 상사인 로빈 삭스비, 마이크 뮬러와 함께 출장 왔다가 스키를 며칠 타고 가기로 했다. 앞서 그들은 나라현을 기점으로 일본의 선도 기업들인 도시바, 도요타, 리코 등과 일주일간의 미팅을 끝낸 뒤였다. 하지만 몸을 실은 신칸센이 북동쪽 나가노로 가는 동안 재거에게는 창밖에 펼쳐지는 녹색 풍광이 눈에 들어오지 않았다.

뉴질랜드 출신 재거는 닌텐도와의 회의에서 제기된 문제를 고민하고 있었다. 이 게임 콘솔 회사는 ARM의 큰 예비 고객이었고. 이미 ARM 라이선스를 활용하는 샤프의 칩을 쓰고 있었다. 이 회사는 닌텐도 엔터테인먼트 시스템과 마리오와 젤다 캐릭터를 수백만 가정에 소개한 휴대용 게임보이로 상당한 성공을 거둔 뒤 64비트 게임 콘솔을 개발하기 시작했다.

샤프는 신기술 도입에 열성적이었고 ARM 설계를 닌텐도의 최신 ROM 카트리지에 활용하고 싶어 했다. ROM 카트리지는 비디오를 저장한 메모리 카드를 가리킨다. 그러나 닌텐도는 난색을 표했는데, ARM의 아키텍처를 시험해봤더니 프로그램 메모리를 너무 활용하더라는 이유에서였다.

공정기술이 줄어들면서 ARM7 칩 설계는 이전 명령어 세트를 반복하는 데에서 한 걸음 더 나아갔다. 빠르고 전력 효율적이며 작다는 점에서 ARM7 칩은 애플을 흥분하게 한 강점을 다 유지하고 있었다. 앞서 애플은 그 강점에 이끌려 뉴턴에 ARM 칩을 채택하기로 하고 ARM을 독립 회사로 출범시킨 바 있다. 예외는 프로그래머들이 '코드 밀도code density'라고 부르는 데에서 빚어졌다(코드 밀도란 특정한 과제를 수행하는 데 필요한 모든 명령어의 전체 크기를 의미한다. 코드 밀도는 명령어 세트를 평가하는 중요한 항목이었다. 왜냐하면 컴퓨터 시대의 초기에는 프로그램 메모리가 고가였기 때문이다. 프로그래머들은 한정된 메모리 안에 넣기 위해 프로그램 크기, 즉 코드 밀도를 줄이는 작업에 많은 시간을 투입했다. '바이트 효율' '코드 효율'이라고도 부른다—옮긴이).

재거는 삭스비와 12명의 엔지니어가 하비스반에 둥지를 튼 지
몇 달 뒤인 1991년 6월에 입사한 이후 2년여 동안 이런 불만을 여
러 차례 들었다. RISC 프로세서는 과제를 소규모 단순 명령들로 세
분함으로써 성능을 향상시킨다. 그러나 CISC 칩에 비해 메모리를
30% 정도 더 쓴다는 점이 아킬레스건이었다(CISC는 명령어가 다양한
반면 RISC는 명령어 종류가 많지 않아 코드가 길어진다—옮긴이).

메모리 추가에는 비용이 들었다. 메모리를 30% 더 늘릴 경우
칩 가격이 20% 올라갔다. 당시에는 이런 추가 비용을 피할 길이 없
었다. ARM이 대체하고자 하는 기존 프로세서의 8비트 및 16비트
코드에 비해 ARM의 프로그램은 50% 더 컸다.

이는 ARM을 멈춰 세울 수도 있는 문제였다. 그러나 단신에 직
설적인 이 뉴질랜드인은 자기 견해를 표출하는 것을 주저하지 않았
다. 재거는 과감하게 ARM 아키텍처를 버리고 다시 시작하자고 제
안했다. 당연하게도, ARM 아키텍처의 잠재력을 수년간 설파해온
삭스비와 동료들은 그런 급격한 전환을 달가워하지 않았다.

그런데 재거가 구상하는 솔루션은 게임 관련 계약을 수주하는
것 이상으로 확장될 여지가 있었다. ARM이 당시 시장이 훨씬 작을
것으로 전망했던 이동통신이 이제 막 놀라운 방식으로 열리기 직전
이었다. 지금까지 휴대폰을 틈새시장에 머물게 했던 핸드셋의 무게,
배터리 수명, 비용 문제를 해결하려면 가장 오래된 칩 업체와 새로
운 고객사, 휴스턴의 뜨거운 열기와 핀란드의 얼어붙은 북쪽을 거
쳐야 하는 여정이 필요했다. 글로벌 설계 표준이 되기 위해 ARM은
여정을 준비해야 했다.

재거는 뉴질랜드 크라이스트처치의 셜리남자고등학교에서 BBC마이크로를 마주쳤고, 금세 반했다. 1987년 말 에이콘 아르키메데스를 접했을 때에는 컴퓨터 기술자로서 학교와 몇몇 군데에서 일하고 있었다.

에이콘 컴퓨터에 이끌린 재거는 그 기기가 어떻게 작동하는지 더 깊이 파고들었다. 크라이스트처치의 캔터베리 대학교에서 석사 학위를 받았고, 논문 제목은 '에이콘 RISC 머신의 성능 연구'였다. 그래서 구직 단계에서 그가 지원할 직장은 한 곳뿐이었다.

재거는 당시 맨체스터 대학교 컴퓨터공학 교수이던 스티브 퍼버에게 연락했다. 퍼버는 재거의 문의를 ARM에 넘겼다. 재거가 케임브리지에 와서 퍼버를 처음 만났을 때 퍼버는 "어떤 측면에서는 자네가 우리보다 그 칩에 대해 더 많이 알 걸세"라고 말했다고 한다. 1991년 6월부터 재거는 ARM에서 일하기 시작했다. 동료들은 그에게 미지근한 영국 맥주를 소개했고, 삭스비는 매일 밤 메이든 헤드에 있는 집으로 퇴근하는 것보다 편하다는 이유로 월요일부터 금요일까지 재거의 아파트에 기거하기도 했다.

재거는 ARM의 의심할 바 없는 강점을 알았다. 동시에 약점을 걱정했다. 팀원들은 역량이 차고 넘쳤으나 컴퓨터 아키텍처 전문성 중 일부가 부족했다. 그에 비해 경쟁사 MIPS 컴퓨터 시스템은 그 전문성을 갖추었다. 재거는 "한편으로는 내가 신들의 발치에서 다리를 꼬고 앉아 있는 듯한 느낌을 받았지만 다른 편에서는 체계적인 훈련이 실제로 부족함을 금세 파악하게 되었다"고 말했다.

그의 논문은 RISC의 단순성과 코드 밀도 문제의 상쇄관계를 다뤘다. 다만 대상은 고성능 워크스테이션이었고 당시 ARM이 추구하던 임베디드 기기는 아니었다. 그런데도 나가노로 가는 길에 생각 하나가 떠올랐다. 이 메모리를 절약하기 위해 기존 32비트 아키텍처를 일부 시간에 한해 버리면 어떨까. 어떤 컴퓨터 코드는 빠르게 작동될 필요가 있는 반면 대부분은 그러지 않아도 되었다. 그는 칩 하나에 두 종류의 명령어 세트를 활용하는 방법을 떠올렸다. 그가 활용한 비유는 일본의 두 가지 표기 방식이었다. 일본은 음을 나타내는 히라가나와 중국에서 받아들인 한자를 섞어서 글을 썼다. 그는 두 방식 사이의 상쇄관계를 알아차렸다.

그 아이디어는 그의 예상보다 일찍 공유되게 된다. 짧은 스키휴식을 마치자마자 재거는 일본의 눈 덮인 봉우리에서 얼음처럼 차가운 핀란드 북부로 향했다. 노키아의 본거지였다.

■ 핀란드의 중요한 전화

1991년 7월 1일. 핀란드 제2도시 탐페레의 카리나 수오니오 Kaarina suonio 부시장이 수화기를 들어 전 핀란드 총리 하리 홀케리 Harri Holkeri에게 전화를 걸었다. 역사적인 통화였다. 대화는 3분간 이어졌고 홀케리는 카폰으로 수오니오 부시장에게 "여름을 잘 보내라"고 말했다. GSM 방식으로 이루어진 첫 이동통신 통화였다(GSM 은 원래는 '그룹 특화 이동통신Groupe Special Mobile'의 약어였다가 나중에 이동통신을 위한 글로벌 시스템Global System for Mobile Communications을 뜻하게 되었다). GSM은 디지털 휴대전화 네트워크의 새로운 유럽 기술 표준

이었다. 헬케리는 수신음이 아주 뚜렷해 "옆 방 사람과" 얘기하는 듯했다고 말했다.[1]

노키아 덕분이었다. 핀란드 최대 기업인 노키아는 9년 전 자사 최초의 '휴대용' 제품 시네이터Senator를 출시한 이후 이동통신 기술에서 큰 진척을 이루고 있었다. 이 휴대전화 단말기는 뚱뚱한 배터리 가방에 연결되었다. 전 세계의 이목을 집중시킨 첫 GSM 통화에 장비를 제공한 노키아는 이를 기반으로 이동통신 사업을 펼치고자 했다.

세계가 퍼스널 컴퓨터와 사랑에 빠진 1980년대, 시장의 몇몇 기업은 이동통신을 위한 실험을 고강도로 진행했다. 비록 세계 최초의 이동통신 통화는 미국 모토롤라 엔지니어들이 성공시켰지만, 이후 주도권은 미국이 아니라 북유럽 국가들이 쥐었다.

노르딕 모바일 전화 서비스Nordic Mobile Telephone Service, NMT는 공통 표준과 450메가헤르츠 주파수 대역을 활용해 인구밀도가 희박한 지역에서 고객들이 서로 통화할 수 있도록 했다. 이 서비스는 1981년 스웨덴과 노르웨이에서 개통되었고, 1982년 핀란드와 덴마크에서도 개시되었다. 공동 작업 경험이 많은 이들 4개 북유럽 국가는 앞서 10년 넘게 아날로그 이동통신 전화 네트워크를 구축했었다(인구밀도가 낮고 땅이 넓은 이들 나라에서는 유선전화를 설치하는 데 드는 비용은 크고 효율은 낮았던 환경이 무선통신의 발전을 유도했다—옮긴이).

이 서비스는 빠르게 시장을 키웠고, 1985년이 되자 가입자가 11만 명으로 늘었다. 1988년 인구 1,000명당 이동전화 대수를 살펴보면, 노르웨이가 33대로 세계에서 가장 많았고, 스웨덴과 아이슬란드가 그 뒤를 바짝 따라붙었다. 당시 휴대전화 단말기 무게는 커다란 배터리 때문에 15킬로그램가량이나 나갔다. 단말기 크기는 점점 줄어들었지만 가격이 올라갔고 소비자층은 한정되었다.[2]

북유럽 국가들과 통신장비 제조업체 노키아와 스웨덴의 에릭슨은 2세대2G 이동통신 표준을 제정했다. 바로 GSM이었다. '2세대'의 가장 큰 변화는 이전까지 아날로그로 주고받던 신호를 디지털로 바꾸었다는 점이었다. 디지털 전환에 따라 데이터 크기가 줄어들고 동일한 통화에 대해 데이터 전송 속도가 빨라졌다. GSM 양해각서MOU는 1987년 코펜하겐에서 서명된다. 이로써 각 업체가 만든 제각각의 시스템들 사이에 경쟁이 벌어지는 대신 대다수 유럽 국가가 단일 표준으로 이동통신 서비스를 제공하게 되었다.

———

요르마 올릴라Jorma Ollila는 노키아에서 1990년 이후 이동전화 부문 사장으로 일했다. 그는 휴대전화의 미래를 남보다 앞서 내다봤다.

핀란드 태생인 그는 고교 시절 리더십을 인정받아 교장 추천으로 웨일스의 기숙형 학교 아틀란틱 칼리지로 진학했다. 이 학교는 미래의 지도자를 육성한다는 목표로 '아웃워드 바운드Outward Bound 운동'(미지의 세상에 대한 도전을 이념으로 내건 교육 운동으로 자연 속에서 자유로운 사고를 할 수 있도록 만든 커리큘럼이 특징이다. 아웃도어라는 용어를 처음 사용했다고 한다—옮긴이)을 벌인 독일 교육학자 쿠르트 한Kurt Hahn에 의해 설립되었다. 졸업 후 헬싱키 대학교에서 정치학 석사, 런던정경대학LSE에서 경제학 석사 학위를 취득했다. 시티뱅크에서 런던 사무소 등을 거친 안경잡이 올릴라는 글로벌한 시각과 어디 출신인지 알기 어려운 억양을 지니고 1985년 노키아에 합류했다.[3]

노키아에 있어서 이동전화는 몇몇 하이테크 사업부문 중 하나였다. 이 회사의 시작은 핀란드 서남부 노키안비르타강 인근에 있던 제재소였다. 인구가 겨우 500만 명인 데다 기업을 하기에 상대적으로 외진 핀란드에서 출발했지만, 노키아는 1987년에 이미 이동전화 시장을 선도하고 있었다. 그러나 늘어난 제조 물량에 제때 대응하지 못하면서 모토롤라에 밀렸고 손실을 보기 시작했다.

신상품이 절실히 필요했던 노키아에게 GSM이 새로운 추동력이 되었다. 홀케리가 그 유명한 전화를 걸고 ARM의 개발팀이 하비스반에 자리를 잡던 바로 그 해에 소련이 무너졌다. 국경 너머의 초강대국 소련은 핀란드 수출의 4분의 1을 차지하던 나라였다. 올릴라는 핀란드 경제가 그 여파로 휘청거리며 실업률이 20%까지 치솟는 상황을 목격했다.

이듬해인 1992년 올릴라는 과감한 행동을 취해야 한다는 미션과 함께 노키아 CEO로 취임했다. 올릴라는 강철 같은 투지로 이동전화 사업에 집중했고, 복합기업이던 노키아에서 타이어와 전선, 텔레비전 등의 사업을 분리했다. 이제 GSM으로 가능해진 규모의 경제를 제대로 활용하려면 적합한 파트너가 필요했다. 그리고 CEO 레벨이 아닌 훨씬 낮은 직급의 직원들을 통해 농담과도 같이 ARM이 노키아에 소개된다.

노키아는 1991년 2월 영국 유일의 휴대전화 제조업체 테크노폰Technophone을 3,400만 파운드에 인수했다. 모토롤라에 이어 확실한 2위 지위를 다지기 위해서였다. 서리주 캠벌리 소재 테크노폰 사람들은 자기네 회사를 인수한 노키아에 영국인 직원이 있다는 사실을 알고 즐거워했다. 잉글랜드 북동부 도시 미들스버러 태생 크레이그 리빙스턴Craig Livingstone이었다. 그는 노키아 본사가 위치한 오울루에서 소프트웨어 엔지니어로 일했는데, 휴대전화 생산을 늘리려고 하는 노키아가 어떤 마이크로프로세서를 쓰면 좋을지 알아보는 중이었다.

리빙스턴을 알게 된 이들 중 에이콘 아르키메데스 열성 팬이 있었다. 그는 리빙스턴의 관심을 반기며 그에게 연락했다. 북유럽 라이프스타일에 대한 기본 지식을 활용한 사내 편지였다. 리빙스턴이 편지를 뜯자 ARM의 첫 고객 브로셔가 나왔는데, 그 뒷면에 하비스반 사진이 있었다. 사진 위 포스트잇에는 "당신이 좋아할 듯해서요. 사우나처럼 보이죠!"라고 적혀 있었다. ARM의 독특한 사무실이 계속해서 배당을 지급하는 셈이었다.

■ 최악의 거래

잭 킬비가 1968년 혁신을 이뤄낸 이후 10년간 텍사스인스트루먼트TI는 집적회로를 잘 팔았다. 집적회로는 미사일과 레이더, 메모리, 계산기, 컴퓨터에 들어갔고 TI는 한동안 세계 최대 반도체 업체 지위를 누렸다. 그러나 1980년대에 이르자 기력을 잃었다.

결과를 알고 비판하는 사람들은 수완 좋은 팻 해거티Pat Haggerty가 제시하고 실행한 비전을 탓한다. 즉, TI가 보유한 부품이 아니라 장비로 돈을 벌겠다는 비전으로 인해 TI가 반도체에서 보유한 강점이 허비되었다고 말한다. TI의 포트폴리오 가운데는 부진한 사업이 너무 많았다. 결정적인 기회였던 PC 마이크로프로세서는 인텔이 차지했다.

TI의 대안은 그래픽이나 스토리지용 전문 칩에 집중하는 것이었다. 제3의 용도는 통신이었다. TI에서 통신은 자신들이 1978년 생산했던 장난감 '스피크&스펠'의 유산이었다. 이 장난감에는 사람 목소리를 수학적인 모델로 처리하는 집적회로가 들어 있었다.

TI는 1982년 소리와 이미지를 아날로그에서 디지털로 변환하는 디지털 시그널 프로세서DSP TM320을 출시했다. 첫 고객은 이를 해저 케이블의 아날로그 중계기에 이 칩을 장착하여 무선 신호의 이동거리를 연장하는 데 사용했다. 이어 IBM 디스크 드라이브에도 공급했다. 하지만 TI는 매출을 크게 늘릴 수 있는 대용량 애플리케이션을 찾아야 했다. TI 내 어떤 직원들은 DSP의 미래가 PC에 있다고 생각했지만, 다른 직원들은 이동통신 시장에, 특히 유럽의 잠재 고객에 눈을 돌렸다.

TI는 항상 글로벌한 시각을 가지고 세계 곳곳의 업체들과 협력해왔다. 그중 하나가 1987년 스웨덴 통신회사 에릭슨과의 제휴였다. 두 회사는 반도체 영역의 전문성과 통신 분야의 지식을 나누기로 했다. 이 합의는 공동개발을 위한 크로스 라이선싱으로 발전했다. 에릭슨은 스웨덴 수도 스톡홀름 북쪽 근교에 위치한 키차에 웨이퍼 공장을 짓고, 엔지니어들을 TI의 달라스에 보내 공정을 배우도록 했다. TI 반도체 부문 사장 월리 라인스Wally Rhines는 에릭슨의 CEO 라스 람퀴스트Lars Ramqvist와 웅장한 수변 오페라하우스에서 저녁을 함께 하면서 자신들의 DSP 설계를 에릭슨의 첫 번째 디지털 휴대전화에 활용하도록 설득해냈다.

인접한 핀란드의 노키아에도 비슷한 애정 공세를 펼쳤다.

1993년 라인스의 후임으로 승진한 TI의 토머스 엔지버스Thomas Engibous와 TI의 유럽 DSP 사업을 총괄했던 프랑스인 질 델파시 Gilles Delfassy가 헬싱키에서 랍스터 만찬을 하며 노키아와의 거래를 튼 것을 축하했다.

델파시의 사무실은 프랑스 니스에 있었다. 30분 거리에 유럽전기통신표준협회European Telecom Standard Institute, ETSI가 있어 편리한 위치였다. 소피아 안티폴리스 기술단지에 자리 잡은 ETSI는 GSM 표준을 개발하고 있었다. 새로운 통신 방식이 서비스하기에 너무 비싸지 않을까 하는 우려가 여전했지만, TI는 해볼 가치가 있다고 생각했다.

TI는 에릭슨 휴대전화에 들어갈 DSP를 설계했지만 채산성을 맞추려면 비용을 더 낮춰야 했다. 에릭슨의 경쟁사 노키아는 더 과감했다.

휴대전화를 구동하는 세 가지 주요 요소는 두뇌에 해당하는 마이크로프로세서와 ASICapplication-specific integrated circuit, DSP였다. TI는 노키아의 1세대 디지털 휴대전화에는 셋 중 하나도 공급하지 못했다. 그러나 2세대 때에는 AT&T를 제치고 DSP를 납품하는 성과를 일궈냈다.

노키아의 3세대 휴대전화 개발에 앞서 두 회사 엔지니어들은 핀란드 숲속으로 들어갔다. 사흘 동안 양사의 이 분야 최고 기술인력 10명이 함께 일하고 식사하고 술 마시고 사우나도 했다. 그들은 이동전화의 미래를 향한 로드맵을 그려서 들고 나왔다.

그들은 디지털 휴대전화 기술이 세상을 장악할 잠재력을 지니고 있음을 감지했다. 그러려면 단말기가 훨씬 작아야 했고 배터리는 한번 충전되면 며칠은 가야 했다. 휴대전화는 그래야만 소비자에게 불가결한 기기가 될 수 있었다. 저전력 소비가 필수적이었다.

노키아는 모토롤라로부터 시장 1위 자리를 되찾기 위해 무엇이 필요한지 모색했다. 판도를 바꿀 수 있는 잠재적인 한 가지 해법은 세 부품의 통합이었다. 마이크로콘트롤러와 ASIC, DSP를 이른바 '베이스밴드 칩' 하나에 통합해 이 칩이 모든 무선통신 기능을 수행하도록 하는 방안이었다. 그 시도는 분명 모험이었고, 무모하다는 반응도 나왔다. 이 프로젝트에 양사 개발 인력이 도합 수백 명 투입되었는데, 그들은 프로젝트 명이 공교롭게도 '미친 전화the MAD phone'라는 데에 아무도 놀라지 않았다. MAD는 마이크로콘트롤러와 ASIC, DSP의 약어였다.

단일 칩 프로젝트의 프로그램 매니저로 임명된 토미 우하리Tommi Uhari는 "우리는 계산을 역으로 했고, 만약 부품 수를 줄이지 않는다면 우리 공장에서 휴대전화를 충분히 만들지 못한다는 결론에 이르렀다"고 들려줬다. 휴대전화가 신뢰할 수 있는 수준으로 수백만 대를 찍어내려면 구성이 단순해야 했다.

TI는 파트너 노키아를 위해 모든 사항을 재검토했다. 2세대 노키아 휴대전화에 마이크로콘트롤러를 납품한 히타치를 배제하기로 했다. 훨씬 더 중요해진 전력 사용량을 고려한 결정이었다. TI는 자신들의 마이크로콘트롤러 설계도 충분하지 않다고 생각했다.

———

크레이그 리빙스턴이 중개하여 시작된 노키아와 ARM 사이의 대화는 우호적으로 발전했다. 그러나 바로 매출로 연결되지는 않았다. 그런 가운데 피트 마고완Pete Magowan이 1992년 ST마이크로일렉트로닉스에서 ARM으로 옮겨왔다. 마고완은 영업 담당자로서 노키아 본사를 정기적으로 방문했다.

노키아 본사가 있는 작은 도시 오울루는 북극권(북위 66°33′ 이북의 지역으로 동지에는 하루 종일 해가 뜨지 않고 하지에는 하루 종일 해가 지지 않는다—옮긴이)에서 약 160킬로미터 거리에 있다. 세계 각지에서 온 엔지니어와 세일즈맨들은 처음에는 이국적인 출장이라고 여긴다. 겨울이라면 해가 짧거나 뜨지 않아 깜깜할 때 도착해서 깜깜할 때 떠난다. 달고 짠 감초사탕과 초콜릿치즈 같은 과자도 특이하다. 방문객들은 광장을 내려다보는 호텔에 묵으면서 목요일 밤이면 디스코 파티에 가기도 한다. 그러나 이내 시들해진다.

노키아도 ARM도 자신들의 칩을 만들어본 적이 없었기 때문에 ARM 설계는 제조업체에 라이선스되어야 했다. TI는 처음에는 탐탁치 않아했다. 이를 단적으로 보여준 일이 있다. 1992년 샌프란시스코 하얏트리전시 호텔에서 열린 마이크로프로세서 포럼에서 ARM의 마이크 뮬러가 ARM 설계의 기술적 강점을 발표했다. ARM 설계 라이선싱을 제안받은 TI 반도체 부문의 라인스 사장은 쏘아붙였다. "우리는 아무것도 만들지 못하는데, 이제 우리가 아무것도 설계하지 못한다는 말인가?" 이런 반응의 바탕에는 TI가 근년에 겪은 시장 입지 축소가 있었다.

그러던 TI가 1993년 5월에 ARM의 라이선스를 받기로 함으로써 영국의 스타트업 ARM에 큰 힘을 실어주었다. TI는 세계 굴지의 반도체 제조업체였고 이 산업의 초기에 뿌리를 내린 업체들 중 하나였다. 그에 비해 ARM은 "매우 영리한 설계로 자신을 알리기 시작했지만 솔직히 시장의 관심을 끌기 위해 고전하고 있었다"고 델파시는 말했다.

그러나 노키아 휴대전화에 ARM 칩을 내장하는 방법은 해결되지 않은 상태였다. 특히 TI와 노키아는 닌텐도가 데이브 제거에게 제기한 바로 그 코드 밀도 문제에 봉착했다. 운 좋게도 1994년 2월 오울루에서 열린 회의에 일본 스키 슬로프에서 돌아온 재거가 참석해 자신이 생각한 해법을 내놓았다. ARM의 32비트 아키텍처 안에 가장 흔한 과제를 수행하는 새로운 16비트 명령어 세트를 추가함으로써 기존 방식에 비해 코드가 훨씬 줄고 메모리 문제가 해결된다는 것이었다.

노키아가 흥미를 보였다는 소식을 들은 재거는 핀란드에서 돌아오는 비행기에서 냅킨에 아이디어의 개요를 메모했고, 이를 더 다듬어서 정리한 결과로 ARM7TDMI가 나왔다. 이는 '추가된 엄지the Thumb add-on'라고 불렸는데, 엄지가 다른 손가락보다 짧은 것처럼 코드 길이가 짧다는 의미에서였다. 추가된 엄지의 프로그램은 70% 작았고 8비트나 16비트 메모리보다 약 50% 빨랐다. 더 낮은 비용과 소비 전력에 더 나은 성능을 실현한다는 뜻이었다. 이는 정확히 ARM이 가장 앞세운 마케팅 포인트였다. 노키아는 GSM 소스 코드를 제공해 새로운 솔루션을 테스트해보고 결과에 깊은 인상을 받았다.

놀랍게도 이 혁신은 케임브리지의 모든 구성원들에게서 호응을 받지는 못했다. 그중 한 명이 스티브 퍼버와 함께 첫 ARM 칩을 만든 소피 윌슨이었다. 그는 막판에 ARM에 승선하지 않았지만 ARM에 컨설팅을 제공하고 있었다. 윌슨은 재거의 상관들에게 1994년 6월 13일 이메일을 보냈다.

그는 추가 부분을 검토한 뒤 "간략하게 말하면 나는 엄지를 좋아하지 않는다"고 밝혔다. "단기적으로는 살아남을 수 있다. 장기적인 ARM 아키텍처의 구성요소로서는 엄청난 재앙이라고 나는 생각한다. 그 방식은 덜 발달한 명령어 세트로의 퇴보인데, 현재 세계의 대다수는 마침내 온전한 32비트 명령어 세트를 향해 가고 있다(심지어 인텔까지도!)."

———

이런 투덜댐도 진전을 가로막지 못했다. 1995년 4월, 15개월의 작업 끝에 '미친 전화' 프로젝트의 시제품이 나왔다. 재거의 아이디어를 구현한 ARM 프로세서가 마침내 휴대전화에 탑재된 것이다. 이후 어느 날 전화회의에서 노키아의 소프트웨어 부서 간부 티모 무카리Timo Mukari가 ARM의 마고완에게 "당신네 프로세서를 많이 출하할 수 있겠다고 본다"고 말했다.

그렇게 되려면 노키아에 칩을 납품하는 TI가 ARM에 지급하는 대가가 일찌감치 정해져야 했다. TI의 델파시는 "우리는 ARM에 '우리 선택에 따라 귀사는 휴대전화 시장을 크게 차지할 수 있다'고 말했다"고 들려줬다. 그래서 "우리는 아주 크게 유리한 조건을 원한다고 했다"고 덧붙였다.

TI는 ARM 설계가 구현된 모든 기기에 대한 로열티를 1센트의 몇 분의 1로 후려쳤다. 또 여러 ARM 코어가 한 칩에 구현되더라도 TI는 단일 로열티를 지급하기로 했다. 게다가 누가 운전석에 앉았는지 강조하듯, 이 조건의 기간을 영구로 정했다.

"애플은 로열티를 가지고 우리에게 빡빡하게 굴었다"고 ARM의 한 전직 임원이 말했다. "그러나 TI 정도로 후려치는 데 성공한 회사는 없었다."

그러나 그렇게 각박한 조건도 문제가 되지 않을 상황이 전개되었다. 노키아 매출이 모든 예상을 넘어서며 급증했다. 1997년에 노키아는 휴대전화 2,100만 대를 판매하며 시장의 21%를 점유했다. 1998년에 물량은 4,100만 대로 거의 두 배 늘었고 주가는 세 배로 뛰었다. 노키아는 모토롤라를 제치고 세계 1위로 올라섰다. 그해 세계 휴대전화 시장은 51% 성장했다.[4]

노키아의 6110 모델은 1997년 12월에 공개되었는데, 통화시간 5시간과 원터치 음성메일 버튼, 35개 연결음을 자랑했다. 소비자 중에는 이 모델을 중독성이 있는 뱀 게임을 처음 탑재한 휴대전화로 기억하는 사람들도 있겠다. ARM으로서는 자신들의 설계를 기반으로 한 프로세서가 내장된 첫 휴대전화였다.

ARM 덕분에 노키아는 자체 칩셋의 새로운 기원을 열 수 있었다. 신제품에 들어간 부품 수가 반으로 줄었고, 전력 소비량은 경쟁 제품을 크게 앞질렀다. 그 결과 배터리 크기가 줄고 무게가 137그램으로 가벼워져, 과거의 벽돌폰이 진정한 포켓 크기로 줄어들 수 있었다.

노키아는 그들이 10년 넘게 지배하게 되는 새로운 카테고리의 기기를 효과적으로 창출해냈다. 집적회로 발명 이후 라디오와 계산기, 노트북 컴퓨터, 휴대용 게임기, 그리고 기업용 시장에서는 무선호출기, PDApersonal digital assistants, 큼지막한 이동전화 단말기가 나왔다. 대중을 위한 휴대용 전자제품—그것 없이는 집을 떠날 수 없는—이라는 오래된 꿈을 실현한 것은 바로 이 기본적이고 가벼운 이동전화였다.

노키아의 성과는 실리콘이 뒷받침하지 않았다면 가능하지 않았다. TI도 수혜자였다. 2000년까지 TI의 매출 중 85%가 DSP 및 이와 함께 작동하는 정보를 변환하고 압축하는 아날로그 칩들에서 나왔다. ARM의 미래도 바뀌었다. ARM7TDMI 설계는 이후 20년이 지나도록 매년 수억 회 이상 판매되었고, 휴대전화와 거리가 먼 기기에도 활용되었다.

닌텐도는 결국 ARM7TDMI 설계를 택했지만 서서히 움직였다. 게임 개발을 써드파티에 의존했기 때문이었다. 그에 비해 노키아는 소프트웨어를 직접 제어했다. 에릭슨도 처음에는 노키아와 동일한 칩을 채택하기를 미뤘다. 휴대전화 시장에서 TI가 PC 시장의 인텔과 같은 독점적 지위를 확보하지 않을까 하는 두려움에서였다. 에릭슨은 나중에 마음을 바꾸었지만 노키아를 따라잡지 못했다. 에릭슨은 2001년에 휴대전화 사업을 소니와의 합작회사에 넘기고 네트워크 장비에 집중하기로 했다.

칩이 더욱 더 복잡해지면서 ARM을 활용하는 가능성이 더 주목받기 시작했다. 칩 업체들은 자체 마이크로프로세서 설계팀이 더 이상 필요하지 않게 되었다. 비싸지 않은 가격에 쉽게 누군가로부터 라이선싱하면 되기 때문이었다. 특히 TI가 ARM을 택하면서 봇물이 터졌다. 삼성전자는 몇 차례 회의만 거쳐 1994년 ARM에 더 유리한 조건의 라이선스 계약에 서명했다.

ARM에 있어서 TI와의 거래는 한편으로는 최악이었지만 다른 편으로는 의심할 여지없이 최선이었다.

6장

ARM이 현금을 벌어들이고, 애플은 지분을 현금화하다

■ 복귀

1997년 1월 스티브 잡스가 복귀했을 때, 그가 공동 창업한 애플은 새로운 아이디어와 추가적인 자금이 절실한 상황이었다.

복귀 이후 잡스는 샌프란시스코에서 열린 맥월드(시장조사 업체 IDC가 개최한 매킨토시 플랫폼 전시회로 2014년까지 열렸다─옮긴이) 행사에 참석한다. 당시 애플의 CEO 길 아멜리오Gil Amelio로부터 소개받은 잡스는 휘황한 조명 아래 선다. 검정 카디건에 흰색 네루 칼라 셔츠, 헐렁한 바지 차림이었다. 그를 신뢰하는 개발자들과 고객들이 행사장을 가득 채우고 있었다. 잡스는 30초간 자신의 임무를 확신에 찬 어조로 명확하게 밝혔다. 그들은 그의 메시지를 적극 받아들였다.

"우리가 시도하고자 하는 일은 고객이 애플한테서만 받을 수 있는, 유의미하고 강력한 솔루션을 제공하는 것입니다. 맞나요?" 그의 말투는 아멜리오의 산만한 기조연설에서 벗어나도록 하는 효과도 주었다. 박수가 터져나오는 가운데 그가 말했다. "그게 우리가 하고자 하는 일입니다. 왜냐하면 우리가 그 일을 어떻게 해낼지 찾아내지 못할 경우 컴퓨터를 구매하는 사람들의 선택지는 많고 우리는 컴퓨터를 충분히 팔지 못하게 되기 때문입니다."[1]

당시 애플은 암담한 상태였다. 1996년 9월까지 한 해 동안 8억 1,600만 달러 적자를 기록했다(애플은 전년 10월부터 9월까지를 한 회계연도로 한다—옮긴이). 매출은 11% 감소해 98억 달러에 그쳤다. 직접적인 원인은 매킨토시 판매 부진이었다. 연간 사업보고서에서 애플은 침체와 관련해 "회사의 전략적 방향과 재무 상황, 미래 전망을 둘러싼 고객들의 우려"를 거론했다. 천덕꾸러기가 된 파워북5300도 있었다. 애플이 IBM 및 모토롤라와 함께 구성한 파워PC 연합의 칩을 장착한 첫 컴퓨터로 1995년 8월 출시되었지만, 배터리 화재와 소프트웨어 안정성 등으로 인해 판매가 신통치 않았다.[2]

전망도 좋지 않았다. 사업보고서는 순매출이 "전년 동기보다 낮은 수준에 머물고 이 추세는 짧아도 1997년 1분기까지 이어질 것"이라고 내다봤다. 주요 비용 삭감 조치가 진행 중이라면서 대출금 상환에 차질이 없게끔 가능한 곳에서 현금을 뽑아내고 있다고 설명했다. 해당 회계연도에는 보유 주식과 데이터센터, 공장 등을 매각해 1억 4,500만 달러를 마련했다고 밝혔다.

이 같은 위기가 잡스 복귀의 배경이었다. 기업회생 전문가 아멜리오는 새 운영체제로 애플에 활력을 불어넣고자 했다. 얼마 전인 1996년 2월 조타수를 잡은 그는 사내 개발의 결과물이 목적에 부합하지 않을 때에는 외부에서 사들여야 한다고 생각했다. 선택지가 비Be와 넥스트NeXT로 압축되었다. 비는 전에 애플의 제품개발 및 마케팅 책임자로서 초기의 뉴턴 프로젝트에 관여하기도 한 장-루이 가세가 창업한 회사였다. 잡스가 애플을 떠나 창업한 넥스트는 워크스테이션을 내놓았으나 호응을 얻지 못한 뒤 하드웨어는 접고 소프트웨어에만 전념하고 있었다.

두 회사 모두 애플을 상대로 투자유치 설명회를 했고, 아멜리오는 애플의 최고과학자chief scientist 래리 테슬러에게서 조언을 구했다. 테슬러는 넥스트를 더 선호했지만 이렇게 말했다. "어떤 회사를 선택하든 당신은 지금 당신 자리를 차지할 누군가를 영입하게 됩니다. 스티브이든 장-루이이든."[3]

정곡을 찌르는 말이었다. 애플이 넥스트 인수에 후하게 4억 2,900만 달러를 치르겠다고 밝힌 지 7개월 만에, 샌프란시스코 맥월드 이후 6개월 만에 아멜리오는 밀려났다. 고문 자격이었지만 잡스는 오래지 않아 자신의 영향력을 애플 조직 내에 확산하고 인사와 전략 등의 주요 결정에 간여했다.

다음 맥월드가 열린 1997년 8월. 비록 잡스는 다음 달에 임시 CEO로 임명되고 2000년 1월이 되어야 애플의 CEO가 되지만 이 행사에서 누가 권력을 쥐고 있는지가 분명해졌다. 보스턴 파크플라자에서 열린 행사에서 연단에 오른 잡스는 자신을 "픽사Pixar의 회장이자 CEO"라면서 애플이 다시 건강해지도록 조치를 취하는 사람들 중 일인이라고 소개했다.[4] 픽사는 그가 공식적으로 경영하는 애니메이션 스튜디오였다.

참석한 애플 지지자들에게 가장 놀라운 대목은 애플이 특허 침해를 둘러싸고 여러 해 동안 싸워온 마이크로소프트의 CEO 빌 게이츠가 등장한 것이었다. 두 경영자는 법적 차이를 해소한 데에서 더 나아가 애플이 매킨토시의 브라우저로 마이크로소프트의 인터넷 익스플로러를 채택하는 데 합의했다고 밝혔다.

단기적으로 더 중요한 합의는 마이크로소프트가 자금에 쪼들리던 애플에 1억 5,000만 달러를 투자하기로 했다는 것이었다. 게이츠는 "우리는 애플을 지원하게 돼 기쁘다"고 말했다. 위성을 통해 행사장에 연결된 그의 모습에 장내에는 환호와 야유가 뒤섞였다. "우리는 애플이 컴퓨터 산업에 엄청나게 기여하고 있다고 생각한다."[5]

잡스는 현금을 어느 정도 확보했지만 더 많은 자금을 필요로 하게 될 것이었다. 이제 그는 애플의 제품 라인업에 관심을 돌려야 했다.

■ 시대를 앞서다

잡스가 무대에 복귀하기 3년여 전인 1993년 8월 2일. 하비스반 선반에 빈 샴페인 병이 하나 더 올려졌다(ARM은 자축할 때 딴 샴페인 병을 줄지어 세워놓았고, 이는 지금까지 이어지는 전통이 되었다—옮긴이). 매우 각별한 성과를 축하하는 자리였다. ARM 팀은 갓 선보인 휴대정보단말기PDA 뉴턴에 축배를 들고 있었다.

같은 시각 미국 보스턴의 심포니홀. 오전 10시 30분(모에샹동 샴페인이 다 따라진 시각)에 애플의 CEO 존 스컬리도 출시 행사를 주재

하고 있었다. 뉴턴은 PDA 대신 메시지패드MessagePad라고 불렸다.

영국에서는 더 많은 술잔이 오갔다. 로빈 삭스비는 스태프 각자에게 스프링뱅크 싱글몰트 위스키를 선물했다. 앞서 뉴턴 출시를 놓고 비아냥댄 한 기자를 떠올리게 하는 이벤트였다. 잡지 〈바이트 Byte〉의 그 기자는 만약 뉴턴이 출하된다면 그 위스키를 한 병 따겠다고 쓴 바 있다.

ARM이 만들어지는 배경이 된 이 기기는 오랜 기다림 끝에 출시되었다. 스컬리는 일찌감치 1992년 1월 '휴대정보단말기'를 만들겠노라고 선언했고 5월에 시제품을 내놓았다. 그러자 정작 애플보다 경쟁사들이 이 새로운 시장에 먼저 진입했다. 스컬리에게 그 이후의 시간은 빌린 것이었다. 그는 이미 두 달 전인 6월에 이사회로부터 퇴진하라는 요구를 받았다. 추락하는 애플의 주가에 이사회가 겁을 먹은 탓이었다. 10월에 스컬리는 회장 직에서도 물러났다.

메시지패드는 가로 11.4센티미터에 세로 18.4센티미터 크기였고 500그램보다 가벼웠다. 가격은 699달러로 높았다. 마이크로프로세서는 ARM의 20메가헤르츠 칩이었다. 이 PDA에 관심이 집중되었지만, 긍정적인 평가는 많지 않았다. 장점으로 내세워진, 메시지와 일정을 정리하고 적외선 연결(근거리 통신 방식의 하나—옮긴이)을 통해 다른 메시지패드와 공유하는 기능이 있었지만, 필기 소프트웨어의 결함으로 인해 빛이 바랬다. 이용자가 플라스틱 스타일러스 펜으로 스크린에 적은 메모는 이상한 내용으로 입력되곤 했다. 메시지패드는 만화 둔스베리 등에서 웃음거리의 소재가 되었다.

애플의 충성고객들은 즉각 구매했고, 첫 10주 동안 5만 대가량 판매되었다. 애플이 매킨토시를 출시했을 때와 대략 비슷한 속도였다. 나쁘다고 할 수는 없었지만 애플한테 필요한 블록버스터에는 크게 미치지 못했다. 뉴턴 운영체제는 샤프와 지멘스, 모토롤라에 라이선스되었다. 그들이 각자 PDA를 만들도록 하기 위해서였다. 그러나 그들도 이 사업으로 중요한 매출 흐름을 만들어내지 못했다.

삭스비는 그러나 뉴턴 메시지패드 출시를 ARM을 마케팅하는 기회로 삼았다. 그는 지역 TV방송 앙글리아와의 인터뷰에서 "설립 때 우리의 비전 중 일부는 ARM 칩이 세계 모두를 위해 활용되게끔 한다는 것이었다"며 "그 비전이 실현되도록 하려면 우리는 돌비 Dolby처럼 친근한 이름이 될 필요가 있다"고 말했다. 미국 회사 돌비는 잡음감소 기술을 소비자가전 회사들에게 라이선스하고 있었다.

"앞으로 5년 뒤에는 세계에서 ARM에 대해 들어본 적 있는 사람들의 비율이 높아지면 좋겠습니다. 만약 그렇게 된다면 다른 일들도 잘 돌아가게 될 겁니다. 우리는 대기업이 되고, 주가가 올라가고, 우리 사무실이 세계 전역에서 운영될 겁니다."[6] 삭스비는 'ARM이 구동합니다ARM powered' 로고 앞에서 이렇게 말했다. 이 문구는 브랜드 인지도를 끌어올리기 위해 만들어졌지만 한동안만 활용되었다. 5년 뒤 ARM은 더 발전했다. 그러나 'ARM이 구동하는' 덕분도, 뉴턴 덕분도 아니었다. 뉴턴은 단종된 뒤였다.

———

1997년 애플에 돌아온 스티브 잡스는 노골적으로 스컬리의 프로젝트를 깎아내렸다. 잡스는 스컬리 후임 길 아멜리오와 통화하면서 손가락을 꼼지락거리며 "신은 우리에게 스타일러스 열 자루를 주었다"고 말했다. 이어 "추가로 개발하지 말자"고 주장했다. 아멜리오는 적극적이지 않았지만 주사위는 던져졌다.[7]

메시지패드는 완전한 실패와는 거리가 멀었다. 특히 업그레이드된 메시지패드2000은 반응이 좋았다. 이 신모델은 가격이 저렴했고 "실제로 사용할 수 있는 유일한 휴대용 컴퓨터"라는 홍보문구로 마케팅되었다. 아울러 관련 이메이트eMate 기기는 1997년 3월 출시된 이후 상당히 잘 팔리고 있었다.

1997년 5월 22일, 애플은 뉴턴 사업부문을 독립적인 자회사로 분사한다고 발표했다. 그 사업부에 속한 170명은 애플의 쿠퍼티노 캠퍼스를 떠나고, 애플은 뉴턴 기술을 계속해서 라이선스 받는다고 했다. 애플의 CFO 프레드 앤더슨Fred Anderson은 뉴턴 투자자를 찾을 수도 있고 기업을 공개할 수도 있다고 말했다. 그는 "뉴턴이 첫해에 크게 성장하고 이익을 내리라고 기대한다"고 말했다.[8]

새 출발처럼 들릴 수도 있었지만 실은 청산을 미뤘을 뿐이었다. 잡스가 애플에서 입지를 강화할수록 뉴턴의 전망은 어두워졌다. 애플이 마이크로소프트의 투자를 확보한 9월, 잡스는 분사된 뉴턴의 경영진한테 새로운 사무실로 옮기지 않아도 된다고 말했다.

뉴턴은 다시 애플의 깃발 아래로 들어왔고, 관련 인력은 이메이트300 모델을 개발하는 데 투입되었다. 그러나 1998년 2월 이 작업은 중단되었다. 잡스는 "회사의 모든 소프트웨어 개발 자원을 매킨토시 운영체제 확장에 집중하기 위해서"라고 말했다.[9]

이는 '그럴 수도 있었는데' 범주로 분류되는 사례이다. 결과론적이지만, 메시지패드는 애플이 더 나은 제품으로 나아가는 데 중요한 발판이 되었다. ARM에서 610 칩 설계를 이끈 튜더 브라운은 "흥미롭게도 뉴턴은 기본적으로 개념상 아이폰이었다"고 말했다. "물론 너무 커서 주머니에 들어가지 않았고 투박했으며 무선통신이 되지도 않았지만 말입니다."

브라운은 2012년에 은퇴하면서 '시대를 17년 앞선'이라는 문구가 새겨진 메시지패드를 선물로 받았다. 하지만 TI 및 노키아와의 사업이 잘 풀리고 있었던 ARM은 모바일 혁명의 열쇠를 쥐고 있다는 사실을 증명하기 위해 그렇게 오래 기다릴 필요가 없었다.

■ 인수 무산

비디오 스크린이 깜박였고 애플의 CFO 프레드 앤더슨이 실물보다 크게 등장했다. 그의 앞에는 케임브리지 회의실에 에이콘 컴퓨터 사람들이 앉아 있었다. 에이콘의 데이비드 리는 좋은 뉴스가 아니라고 직감했다.

1997년 봄이었다. 화상회의는 자주 화제가 되었지만 이런 종류의 가상회의는 여전히 드문 일이었다. 중요한 출장을 앞두고 최종 점검을 하기 위한 것이었다. 에이콘의 팀이 얼마 후 애플의 캘리포니아 쿠퍼티노 본사를 방문할 예정이었다. 7년 전 ARM을 함께 만든 두 회사 간의 비밀 합의를 마무리하기 위해서였다.

애플은 자신들의 ARM 지분을 에이콘에 넘길 가격에 합의했다. 에이콘의 자문사 리만브러더스는 필요한 자금 조달을 주선했다. 항공편 티켓을 예매했고 이제 악수와 서명만 남은 상태였다. 한편 ARM 간부들 중 몇몇은 비밀 합의가 추진 중이라는 정보를 접했다. 그들은 두려운 심경으로 추이에 촉각을 곤두세웠다.

웬걸. 앤더슨은 조심스럽게 설명하기 시작했다. 언제나 잘 매만진 헤어스타일과 반짝이는 흰 치아를 드러내는 그는 안타깝게도 거래가 무산되었다고 말했다. 그러나 상세한 설명은 거절했다. 리는 말문이 막혔다.

이 화상회의는 모회사 에이콘과 자회사 ARM의 관계가 바닥으로 악화된 그해에 일어난 가장 극적인 순간이었다. 갈등의 핵심에는 엇갈린 운명이 있었다. 간단히 말해 ARM은 떠오르고 에이콘은 추락하고 있었다. 리는 두 회사의 관계를 유지하려고 했지만, 자신들의 잠재력을 확인하기 시작한 ARM의 간부들은 완전한 독립을 원했다.

언제나 말쑥하고 체계적이며 유머가 있는 리는 영국 공인회계사로 1981년 올리베티 영국 법인에 입사했다. 몇 년 동안 재무·관리담당 간부로 일한 뒤 1995년에 에이콘을 맡으라는 발령을 받았다. 권위적인 전임자 샘 와우초프Sam Wauchope가 갑자기 떠난 자리를 채우는 인사였다. 와우초프는 에이콘을 모회사 올리베티의 필요를 충족하기 위한 자회사로만 취급했다. 럭비팬으로 막무가내인 그는 남아프리카공화국에서 열린 럭비 월드컵 경기를 보러 몇 주나 자리를 비웠고, 이 사건 때문에 이사회는 그를 더 일찍 내보냈다.

에이콘 경영에 대해 리는 "흥미로운 도전"이라고 표현했다. 이어 "에이콘 사업의 장기 성공을 확실히 하기 위해 새로운 계획을 파악하고 실행하는 노력을 에이콘 팀과 함께 기울이겠다"고 말했다.[10]

그러나 내막을 더 알게 될수록 그의 걱정은 깊어졌을 것 같다. 에이콘은 1995년 세전 손실 1,230만 파운드를 기록했다. 전년도 손실 340만 파운드에 비해 크게 악화된 실적이었다. 신주인수권 발행으로 조달한 1,700만 파운드 중 일부는 은행 부채 상환에 쓰였다.

에이콘의 학교 대상 컴퓨터·서비스 판매는 저조했고 통신사업자들의 디지털 인터랙티브 TV 기술 활용은 더뎠다.

―――――――

희망을 둘 한 곳이 있었다. 실리콘밸리의 흥미로운 인물 래리 엘리슨Larry Ellison이 창업한 데이터베이스 소프트웨어 회사 오라클이었다. 요트 마니아인 그의 트레이드마크는 부푼 갈색 머리카락, 일부러 텁수룩하게 기른 수염, 박스형boxy 수트였다. 윈도95 운영체제가 막 출시되어 큰 화제를 불러일으키고 있던 당시, 엘리슨은 퍼스널 컴퓨터 시장에서 마이크로소프트의 아성을 무너뜨리는 무언가를 만들고 싶었다.

1995년 9월 4일, IDC가 개최한 유럽 IT 포럼에 엘리슨이 연사로 나섰다. 그는 "PC는 우스꽝스러운 기기"라고 선언했다. 전력을 너무 잡아먹고 너무 비싸고 작동하기 어렵고 점점 더 무의미해지고 있다고 설명했다.[11] 그의 비전은 그가 명명한 '네트워크 컴퓨터Network Computer'였고, 그는 1년 내에 NC를 개발하도록 도울 용의가 있다고 밝혔다. 소비자들은 단 500달러에 PC보다 단순한 기기를 구매할 수 있고, NC는 한 가지 목적, 즉 이용자들을 인터넷에 연결하는 데 활용된다고 말했다.

당시로서는 대담하고 흥미로운 아이디어였고, IBM부터 애플까지 이 아이디어를 검토하지 않을 수 없었다. 에이콘으로서도 재도약의 기회가 될 수도 있고 마지막 주사위 굴리기일 수도 있었다.

ARM의 탄생을 기획한 바 있는 말콤 버드가 나섰다. 여전히 에이콘의 대주주이던 올리베티가 지시한 캘리포니아 출장에서 버드는 엘리슨에게 에이콘의 셋톱박스 기술을 성공적으로 소개했다. 양측은 에이콘이 오라클 소프트웨어를 통합한 NC를 설계한다는 데 합의했고, 엘리슨은 케임브리지로 와서 서명했다. 엘리슨이 떠나면서 이렇게 말했다고 버드는 회고했다. "나는 9주 동안 프레젠테이션을 들었고, 그게 무엇이든 당신은 계약을 수주했어요. 네트워크 컴퓨터용 설계를 해주세요."

그러나 1996년 8월 출시된 NC는 대대적인 광고에 부응하지 못했다. ARM750FE를 기반으로 한 프로세서는 NC와 어울리지 않았고 성능이 떨어졌다. 뉴턴처럼 NC는 시대를 앞서 나왔다. 두 사례 모두에서 ARM은 이후 더 큰 기회를 갖게 되지만 절실하게 히트 상품이 필요했던 에이콘으로서는 절망적인 결과였다. NC는 내장된 소프트웨어 대신 웹 애플리케이션을 돌리려고 했다. 그러나 그 아이디어를 뒷받침하기에는 인터넷 접속 속도가 크게 불충분했다.

버드는 "처음부터 주의해야 한다는 말을 들었다"며 "래리는 무언가에 몰두하는 동안에는 강하게 지원해주지만, 관심이 이동하면(늘 그렇게 되는데) 이내 시들해한다는 말이었다"고 말했다. 에이콘의 마지막 주사위는 실패했다.

———

다른 대안이 남지 않은 리는 자신의 계획을 실행해야 했다. 한때 재원의 배수구였던 자회사 ARM은 1995년 세전 이익 330만 파운드를 올리면서 그룹의 보석이 되었다. ARM의 IPO가 논의되고 있었다. 그런 가운데 리는 ARM의 감량 경영을 원했으나 삭스비는 반대로 인력을 충원했다. 리는 애플의 ARM 지분을 사들인 뒤 ARM을 곤경에서 구해내고 덤으로 에이콘도 도울 수 있다고 생각했다.

신생 ARM은 국제적으로나 국내적으로나 모회사 에이콘을 대체하고 있었다. ARM은 더 넓은 공간이 필요해졌고, 1994년 3월 전원 마을 스와프햄 불벡의 하비스반에서 체리힌튼의 풀번로드로 옮겼다. 에이콘의 자리를 넘겨받은 것이었다. 얼마 지나지 않아 그 뒤의 실버빌딩도 차지했다. 에이콘은 여러 곳에 분산된 임직원들을 케임브리지 북쪽 히스턴 산업단지로 불러모았다. 전에 삭스비가 임차료가 너무 비싸다며 입주하지 않은 곳이었다.

리는 에이콘과 ARM을 합병한다는 아이디어에 대해 크리스 로저스Chris Rodgers의 조언을 들었다. 슈로더증권의 펀드매니저이자 에이콘의 주요 주주 중 일인인 로저스는 애플은 ARM의 지분에 대해 통합 법인의 주식을 받으면 된다고 생각했다. 그는 ARM의 가치를 2억 파운드 정도로 추정했다. 로저스는 1996년 12월 삭스비에게 편지를 보내 리의 구상을 전했다. 삭스비는 거절했다.

에이콘과 애플의 경쟁 구도는 오래 전 일이 되었다. 두 회사는 1996년 2월 영국 학교를 대상으로 컴퓨터를 판매하는 조직을 통합해 젬플라Xemplar라는 합작회사를 설립했다. ARM의 냉랭함에도 불구하고 에이콘이 애플의 ARM 지분을 인수한다는 논의가 그해 말 시작되었다.

애플의 관점에서 ARM 사업은 존 스컬리 시대의 유물 중 하나였다. 그러나 그 지분 정리는 1997년 1월 애플에 고문으로 복귀한 스티브 잡스의 염두에는 없었다. 그 작업에 관심을 둔 인물은 앤더슨이었다. 그는 애플의 재무구조를 개선하기 위해 현금이 나올 곳을 찾고 있었고, 그래서 리의 말을 경청했다. 앤더슨은 ARM의 성과에 별로 큰 인상을 받지 않았다. 앤더슨은 ARM을 방문했을 때 "이것보다 더 클 줄 알았다"고 말했다고 전해진다.

그 거래는 왜 깨졌을까? 래리 테슬러를 가리키는 사람들이 있다. 그는 애플의 최고과학자로서 ARM의 이사였고 ARM의 사업을 옹호했으며 삭스비의 멘토였다. 전해지는 설명에 따르면 테슬러가 앤더슨에게 왜 지금 팔아야 하는지 물었다. 이어 앞으로 6개월에서 9개월 더 지분을 보유하고 있다가 ARM이 주식을 상장하면 수익을 더 챙길 수 있다고 설명했다.

테슬러가 옳았다. 또 ARM의 가치는 슈로더가 추정한 2억 파운드를 훨씬 크게 넘어섰다. 애플의 결정을 리가 반기지 않았음은 물론이다. 리가 1996년 세전 손실을 630만 파운드로 줄였지만, 에이콘은 안정적인 미래를 확보하기에는 너무 위험할 정도로 선택지가 없었다.

애플이 지분 정리에 얼마나 근접했었는지를 ARM 사람들 다수는 한참 뒤에야 알게 되었다. 만약 그렇게 되었다면 어떤 일이 벌어졌을까. 누가 떠났을까. ARM의 전략은 어떻게 바뀌었을까. 분명한 점은 7년간 떠나 있다가 다시 에이콘 아래로 돌아왔을 경우 ARM의 경로는 바뀌었으리라는 것이다.

■ 나스닥의 호출

ARM의 글로벌한 야심에 비추어 볼 때, 주식시장 데뷔가 영국으로 한정될 이유는 전혀 없었다. 물론 에이콘 주식이 다년간 거래된 런던증권거래소LSE에 기업을 공개하는 방안이 우선적으로 고려되었다. 그러나 나스닥이 손짓하고 있었다.

뉴욕에 자리 잡은 나스닥은 고속 성장하는 기술주의 본거지로 성장했다. ARM은 자금을 조달할 필요는 없었지만 잠재 고객으로부터 인정받을 수 있는 적합성을 더 키우고자 했다. 한편 월스트리트가 요구하는 분기별 보고를 감당할 수 있음을 보여주려고 했다.

조너선 브룩스Jonathan Brooks는 "LSE 상장은 영연방대회 참가 같았고, 나스닥 상장은 올림픽 출전 같았다"고 들려줬다. 1995년 3월 재무 담당 임원이 된 브룩스는 "주요 기술주 시장에 등록해 이 산업의 헤비급 기업들과 나란히 서고 싶었다"고 말했다. 한껏 높게 평가된 기업가치가 나스닥에서는 덜 깎이리라는 계산도 작용했다.

브룩스는 입사하기 전부터 ARM을 속속들이 알고 있었다. 삭스비와의 오래된 우정 덕분이었다. 두 가족은 모두 메이든헤드에 거주했고 잘 어울렸다. 삭스비의 부인 패티는 브룩스의 막내아들을 가르쳤고 두 가족은 휴가를 함께 갔다. 삭스비가 1991년 ARM으로 와달라는 제안을 받아들이기 전, 브룩스는 5개년 사업계획 작성을 도와주었다. 대가는 카레 대접이었다. 1992년 코르시카섬에서 휴가를 함께 보낼 때, 삭스비는 애플 뉴턴의 시제품을 브룩스에게 보여주기도 했다.

브룩스가 아코르 호텔 그룹에서 일하러 프랑스로 갔을 때에도 두 사람은 연락하고 지냈다. ARM에 자리가 날 수 있다고 삭스비가 알려주었을 때 브룩스는 돌아올 때라고 생각했다.

합류하자마자 IPO 준비 작업이 시작되었다. ARM은 창업 주주들과의 관계를 느슨하게 풀고자 했다. 첫 수순으로 회계법인을 교체했다. 에이콘에 이어 ARM에도 회계감사 서비스를 제공해온 법인이었다.

실적이 항상 야망을 뒷받침했던 것은 아니었다. 임베디드 칩에서 복잡한 소프트웨어를 실행하는 것은 여전히 틈새 비즈니스로 여겨졌다. ARM은 1995년에는 6월이 될 때까지 새로운 라이선스 계약을 한 건도 하지 못했고 매출은 부진했다. 1996년에는 고객 수가 늘었지만, 이번에는 다른 문제가 빚어졌다. 개별 라이선스 상대방한테 ARM이 자동적으로 경쟁력에 도움을 준다는 점을 설명하기가 어려워진 것이다. 삭스비는 ARM은 그들에게 자기네 이익을 위해 개발할 수단을 제공한다는 점을 설득했다.

브룩스는 매출이 늘 것으로 예상하고 잠재적 투자자들에게 ARM의 라이선스 대가 및 로열티의 합계가 분기마다 예측 가능하게 성장으로 이어질 수 있다는 점을 잘 보여줄 수 있는 모델을 고안했다. 로열티 수입 증가세는 완만했지만, 삭스비는 라이선스 대가를 올려서 벌충했다(라이선스 대가fee는 계약과 함께 한 번 지급받고, 라이선스 로열티는 칩이 생산된 이후 일정 기간마다 계속해서 받는다—옮긴이).

브룩스는 영국 투자은행을 대상으로 상장 주간사를 물색했다. 그러자 래리 테슬러가 월스트리트의 주요 투자은행에서 찾아보라고 조언했다. 1996년 말 모건스탠리가 주간사로 선정되었다.

———

기술주에 대한 투자 열기가 달아오르고 있었다. 1997년 5월, 당시에는 단지 인터넷서점이던 아마존닷컴이 주식시장에 데뷔했다. ARM에 더 유의미한 기업공개의 주인공은 아마존보다 덜 알려진 미국 회사 램버스Rambus였다. 램버스 주식은 아마존보다 하루 앞서 상장되었다. 칩 사이 커뮤니케이션을 향상시키는 기술을 보유한 램버스는 ARM과 비슷하게 라이선싱 기반의 사업을 하고 있었다. 램버스의 주가는 상장 당일 두 배 이상으로 솟구쳤다.

외부 여건은 긍정적이었지만 내부 이슈가 발목을 잡았다. 모건 스탠리는 에이콘 산하로 되돌아가지 말라고 강하게 조언했다. 에이콘은 1997년 4월 마지못해 ARM의 상장 준비를 승인했지만, 데이비드 리는 ARM을 에이콘 아래로 돌려놓겠다는 욕심이 여전했다. 그의 뒤에는 고든 오웬Gordon Owen 에이콘 회장이 있었다. 앞서 영국의 통신회사 케이블&와이어리스(여러 회사들이 엮여 인수합병, 분사, 상장하는 복잡한 과정을 거쳤다—옮긴이)에서 37년간 재직한 오웬한테는 이사회 공방이 생소하지 않았다.

1997년 7월 23일 ARM 이사회에 제출한 자료를 통해 모건스탠리의 디렌 샤Dhiren Shah는 이렇게 요약했다. "ARM 상장에 대해 수개월 동안 뚜렷한 의견을 제시하지 않은 만큼, 이제 에이콘은 ARM 상장의 가치를 인식하며 ARM과 에이콘이 합병될 필요가 없음을 인정했다."

그러나 얼마 후 에이콘 이사회는 놀라운 방식으로 제동을 걸었다. 그해 여름 어느 토요일 아침, ARM의 임원들은 각자 집에서 오토바이로 배달된 편지를 받았다. 에이콘의 법률 대리를 맡은 런던의 로펌(애셔스트 모리스 크리스프)이 보낸 서류는 그들에게 수탁자의 의무를 상기시킨 뒤 IPO 계획이 취소되었다고 통보했고, 이 사안에 대해 공개적으로 아무 발언도 하지 말라고 명시했다.

감정적인 시간이었고 배신이라고 보는 사람들도 있었다. ARM의 제이미 어카트는 "그 편지의 충격은 불신이었다"고 말했다. "왜 말로 하지 않았나?" 에이콘 임원들은 답하지 않았다.

이 소동으로 인해 1997년 10월 미국 증권당국에 상장 의향서를 제출한다는 계획이 틀어졌다. 다만 상장 차질에도 삭스비가 우려한 핵심 인력의 이탈은 발생하지 않았다. 그들에게 부여한 스톡옵션이 몇 년 전 행사된 덕분이었다.

———

그해 가을 에이콘 재무 임원으로 스탠 볼랜드Stan Boland가 임명되었다. 다부진 체구의 볼랜드는 직전에 ICL 컴퓨터그룹에서 일했고, 래리 엘리슨이 런던 행사에서 새 네트워크 컴퓨터를 들어올리며 영국에서 설계된 것이라고 말하는 데 고무되어 에이콘으로 이직했다. 그가 에이콘에서 근무를 막 시작했을 때 오라클과의 NC 계약이 종료되었다.

에이콘의 엔지니어들은 매우 유능했지만 조직화되지 않은 채 일하고 있었다. 프로젝트 중 일부는 돈을 벌어들였지만, 일부는 매출을 올리지 못했다. 다양한 볼거리가 있는 창고 같았다. 볼랜드는 금세 ARM은 에이콘과 전혀 다르다는 결론을 내렸다. "ARM은 세계적인 대기업들과 협업했고 어마어마한 잠재력을 보유했다. 그런 회사를 살짝 손상이 간 영국 회사를 고치기 위해 거기에 통합하려는 시도는 전적으로 퇴행적"이라고 생각했다. 두 회사의 냉전이 서로에게 해가 된다고 여긴 볼랜드는 중재에 나섰다.

ARM의 기업공개 추진이 재개되었을 때, 오랜 파트너쉽이 크게 보상받으리라는 점이 분명해졌다. 마침 ARM6110 칩으로 구동되는 노키아 휴대전화가 1997년 12월에 출시되었다. 최적의 타이밍이었다.

투자은행들은 ARM의 기업공개를 더 달굴 재료를 원했다. 그래서 삭스비는 요르마 올릴라 CEO에게 실제 응용을 보여주는 용도로 노키아 휴대전화 사진을 투자설명서에 활용하게 해달라고 요청했다. 투자자 로드쇼에서 단말기는 불쏘시개 역할을 톡톡히 했다. 특히 미국에서 효과가 컸는데, 이동통신에서 유럽이 미국보다 저만치 앞서갔기 때문이었다. 애플의 뉴턴이 1998년 2월 단종되었다는 사실은 문제되지 않았다.

투자설명서는 110페이지 분량이었고, 성장 곡선이 두드러졌다. 매출은 1995년 970만 파운드였다가 1996년 1,670만 파운드로, 1997년 2,660만 파운드로 증가했다. 순이익은 같은 기간에 각각 190만 파운드와 260만 파운드, 340만 파운드를 기록했다. ARM은 "고객사와의 네트워크를 강하게 형성함으로써 우리의 아키텍처를 시장 선도적이며 대량으로 내장되는 RISC 프로세서에 정착시키고 있다"고 설명했다.

당연히 ARM의 변호사들은 위험 요인도 기재했다. 분기 실적은 예측하기 어려운데, 왜냐하면 신규 라이선스 계약이 체결되고 로열티가 들어오는 시기가 일정하지 않기 때문이라고 경고했다. ARM이 제휴한 반도체 회사들이 "서로 다툴 경우 ARM 아키텍처의 공격적인 마케팅에 차질이 빚어질 수 있다"는 가능성도 거론했다. 또한 매출이 여전히 심하게 편중되었는데, 1997년 매출의 9.7%가 최대 고객으로부터 나왔다. 당시 ARM은 RISC 마이크로프로세서 시장에서 가장 크지도 않았다. ARM의 물량은 MIPS와 히타치보다 뒤처졌다. ARM 뒤에도 경쟁자가 많았다.

비록 ARM이 미국을 염두에 두고 기업공개를 준비했지만, 모건스탠리는 영국 투자자의 관심을 확인해주었다. 거슬러 올라가면 런던의 증권사 호아레 고베트Hoare Govett의 두 세일즈맨 리 모턴Lee

Morton과 앤드루 몽크Andrew Monk가 에이콘에 다년간 관심을 기울였고 초기에 ARM을 널리 알린 바 있다. 모건스탠리는 영국에 상장해도 수요가 충분하리라고 확신했다.

당시 이중 상장이 유행이었기 때문에, ARM 이사회는 대서양 양안에서 동시 상장을 추진했다. 영국에서 경영한다는 점을 고려해 런던을 주요 상장처로 결정했다. 브룩스팀은 나스닥이 요구한 문서에 서문 30페이지를 추가해 영국 투자설명서를 작성했다. ARM은 투자자 수요를 바탕으로 자본을 조달하려고 뛰어다니는 일군의 기술 회사 중 하나였다. ARM의 사업모델은 타사에 비해 이해하기 어려웠지만, 이 회사 주주들은 후하게 보상받게 된다.

■ 백만장자들

1998년 4월 17일 금요일, ARM은 580만 미국예탁증권American Depository Receipt, ADR을 뉴욕 나스닥에, 328만 보통주를 런던증권거래소에 상장했다. 이는 전체 지분 중 4분의 1 정도였다. 이날 하루 나스닥에서 ARM 주가는 46% 급등해 종가 42.50달러를 기록했다. 런던증권거래소 주가는 575펜스에서 820펜스로 43% 뛰었다. 임직원을 포함해 누구도 내다보지 못한 강세였다. 임직원의 지분은 10%였다. ARM은 상장 첫 날 시가총액 10억 달러 기업이 되었다.[12] 스티브 잡스가 삭스비에게 축하 전화를 걸어 30초간 통화했다.

주가는 계속 올랐고 언론은 이 스토리에 매혹되었다. ARM 칩 디자인이 가진 잠재력이 관심 대상의 한 축이었고, ARM이 만들어낸 부가 다른 축이었다. BBC의 지역 뉴스 프로그램 '룩이스트Look East'는 '소택지에서 만들어진 재산'이라는 제목의 기사에서 ARM에 백만장자가 33명 있다고 보도했다. 삭스비의 보유 주식은 3,600만 파운드로 평가되었다.

"돈을 그렇게 많이 벌었으니 우리 모두 은퇴할 수 있겠다고 생각할 수 있습니다. 그러나 실은 반대입니다." 영상 속 삭스비는 이제 빈 하비스반을 둘러보며 이렇게 말했다.[13] 리버풀FC 팬인 삭스비가 설명했다. "우리는 프리미어리그에 갓 진입한 것과 비슷합니다. 스포트라이트가 우리한테 집중되고 있고, 할 일이 있습니다."

———

다들 사는 가운데 애플은 팔았다. 주주들은 상장 전 배당으로 모두 500만 파운드를 받았다. 애플은 지분 43% 중 18.9%를 상장시켜 추가로 2,400만 달러를 쥐었다. 이후 1998년 10월 주식을 더 매각해 3,750만 달러를 확보했다. 그해 크리스마스 직전 제출한 연간 사업보고서(10-K)에서 애플은 "ARM의 경영이나 운영 방침에 대해 더 이상 유의미한 영향력이 없다"고 밝혔다.

애플과 에이콘을 대표하는 이사회 멤버 자리는 각각 둘이다가 상장 이후 하나씩으로 줄었다. 1999년 1월 15일 애플의 재무 임원 게리 위플러Gary Wipfler가 ARM 이사회에서 물러났다. 이후 애플은 이사 자리를 더 이상 원하지 않는다고 ARM에 통보했다. 한편 애플에서 퇴사하면서 ARM에서도 떠났던 래리 테슬러는 앞서 1998년 3월에 다시 이사회에 돌아왔다. 그는 2004년까지 재임한다.

애플은 계속해서 주식을 팔았다. 1999년 회계연도에는 주식 매각으로 2,450만 달러를 현금화했다. 2000년부터 2002년까지 각각

3,720만 달러, 1,760만 달러, 210만 달러를 벌어들였다. 마지막으로 남은 주식을 2003년 29만 5,000달러에 팔았다.

잡스가 사업을 장악하기 시작한 1997년 가을, 애플의 현금 보유액은 14억 달러로 줄어든 상태였다. 애플 회사채 신용등급은 가장 낮게는 정크본드 수준으로까지 떨어졌다. S&P는 10월에 그 등급을 더 내렸다.

매출은 1997년 9월 마감한 회계연도에 전년 동기보다 28% 감소했다. PC시장 점유율에서 밀린 데다 PC 가격도 떨어진 결과였다. 손실 10억 달러를 기록했다. 애플은 사업보고서에서 "현재 진행 중인 비용 삭감이 순매출 감소를 상쇄할 만큼 충분할지 확신하지 못한다"고 내다봤다. 라이벌인 PC업계의 거물 마이클 델Michael Dell은 "문을 닫고 남은 돈을 주주에게 돌려주라"고 충고했다.

애플이 1998년 이후 6년간 ARM 지분을 정리하는 동안, 현금 보유액은 46억 달러로 늘었다. 그 대부분은 영업 실적이 빠르게 좋아진 덕분이었다. 새롭고 혁신적인 제품을 출시하면서 애플은 다시 성장했다. 아이팟은 2003 회계연도에 93만 9,000대 팔리면서 매킨토시 판매 감소를 벌충했다.

여담이지만, ARM이 1999년 봄에 발표한 연례 보고서에서 ARM과 애플의 거래가 드러났다. "ARM은 애플컴퓨터(영국)의 모회사인 애플컴퓨터와 1998년 12월 31일까지 1만 5,000파운드 상당의 소프트웨어 및 관련 유지보수 서비스를 제공하기로 계약한다"는 내용이었다. 계약 금액은 전년도에는 동일했고 1996년의 6만 2,000파운드에 비해서는 크게 줄어든 수준이었다. 게다가 ARM은 소프트웨어 서비스 대가로 애플에 5,000파운드를 지급했다. 이 대목을 보고 두 회사가 향후 수십 년 동안, 아무런 지분 관계도 없이, 수백만 파운드 규모로 사업을 함께하리라고 짐작하기란 어려웠다.

몇 년 뒤인 2010년 6월 1일. 잡스가 한 컨퍼런스의 연단에서 기자들과 인터뷰했다. 그는 복귀 후 여러 달 동안 애플이 얼마나 위태로운 상태였는지 밝혔다. "애플은 파산에서 약 90일 정도 떨어져 있었어요." 트레이드마크인 검정 터틀넥 차림에 붉은 가죽 회전의자를 천천히 돌리며 잡스가 말했다. "돌아갔을 때 초기에는 내가 생각한 것보다 상황이 훨씬 더 나빴죠."[14]

이 2010년 인터뷰는 달콤하고도 썼다. 애플이 시가총액에서 마이크로소프트를 제치고 세계 최대 기술회사로 등극한 지 며칠 뒤였다. 그러나 둥근 무테안경 너머 잡스의 얼굴은 전보다 눈에 띄게 야윈 상태였다. 잡스는 쇠잔해지고 있었다. 이후 16개월 뒤에 그는 췌장암과의 싸움에서 패배하게 된다.

애플이 숙적을 넘어선 데에는 1997년에 애플을 벼랑에서 구해낸 바로 그 마이크로소프트의 1,500만 달러 주입이 도움을 준 측면이 있다고 나는 생각한다. 특히 ARM 지분 매각으로 꾸준히 유입된 도합 8억 3,800만 달러가 애플의 회생에 주요 역할을 했음이 분명하다. ARM에 투자하던 당시 애플을 이끌었던 존 스컬리는 몇 년 뒤 ARM 지분 매각 대금 덕분에 애플이 "문을 계속 열 수 있었다"고 말했다.[15] 만약 애플이 1997년에 지분을 넘기라는 에이콘의 제안을 받았다면 회수 금액 규모가 훨씬 줄었을 것이었다. 애플이 ARM에 출자한 금액이 250만 달러였다는 데 비추어 대단한 성과였다.

투자받은 ARM이 설계한 칩을 장착해 애플이 만든 기기는 결국 실패했다. 2020년 2월 타계한 테슬러는 생전에 그때를 다룬 책에 대한 논평에서 "저자는 영웅과 악당을 좋아한다"고 썼다. 그는 자신의 웹사이트에서 "그러나 우리는 뉴턴 프로젝트 때 좋은 결정도 많이 내렸고 엄청난 실수도 많이 했다"고 회고했다.[16]

테슬러가 컴퓨터 역사박물관과의 2017년 인터뷰에서 내린 다음 결론은 반박하기 어렵다. "뉴턴 프로젝트 중 가장 성공한 부분은 ARM이었습니다. 우리는 뉴턴에서 입은 손실보다 더 많은 돈을 ARM 주식에서 회수했으니까요."[17]

■ 부흥과 몰락

에이콘이 ARM의 IPO로 받은 영향은 애플과 크게 다르지 않았다. 처음에 에이콘이 받은 주식매각 대금은 1,600만 파운드였다. 에이콘은 그 자금을 "부채를 줄이고 핵심 사업 개발을 지원하는 데 쓰겠다"고 밝혔다.[18] 그러나 데이비드 리가 걱정한 대로 IPO를 전후해 부작용이 빚어졌다.

ARM 상장을 둘러싼 흥분이 대단했고, 일부 투자자는 ARM의 대안으로 에이콘 주식을 사들였다. ARM 상장의 효과에 미리 노출된다는 계산에서였다. ARM이 상장된 다음에는 에이콘의 시가총액보다 에이콘 보유 ARM 지분의 평가액이 더 커졌다. 이는 런던의 금융가가 두 회사의 앞날을 어떻게 내다보는지를 대변했다.

ARM을 되찾기 위해 그렇게 애쓰던 에이콘은 한참 전에 전략을 바꾸어, ARM이 이전 모회사인 자신을 구조하라고 설득하는 데 힘을 쏟았다. 한 ARM 임원은 에이콘의 상대방이 한 미팅에서 이렇게 말했다고 회고했다. "우리는 바지가 내려진 상태로 여기 서 있는데, 테이블 가운데 버터가 한 통 있는 격이에요."

1999년 4월 28일, ARM의 기업공개 이후 1년 남짓 지난 시점이었다. 에이콘은 회사를 해체한다고 발표했다. 에이콘은 코모도어나 아타리 등 1980년대의 PC 업체들보다 오래 버텼지만, 5년 내리 지속된 영업손실에는 더 버틸 재간이 없었다.

주주들에게는 에이콘이 보유한 ARM 지분 24%가 배분되었다. 에이콘은 8,000만 파운드 세금을 부담하지 않은 채 모건스탠리에 인수되었다. TV 셋톱박스 사업부문은 경쟁사 페이스마이크로 Pace Micro로 20만 파운드에 넘어갔다. 이 회사는 에이콘의 케임브리지시 본사 사옥도 사들였다. 애플은 앞서 에이콘의 젬플러 지분을 300만 파운드에 인수했고 젬플러의 RISC 운영체제는 라이선스를 공개했다.

대단원에 이르는 과정에서 리더십의 변화가 불가피했다. 특히 1998년 6월 4일 케임브리지의 유니버시티 암스 호텔에서 소란한 이사회가 열렸다. 데이비드 리가 CEO 자리에서 내려왔다. 이사회 기록에 따르면 재무 담당 임원 볼랜드는 이사진과 경영진은 '두 층으로 갈린 진흙'으로서 회사 발전을 가로막고 있다고 말했다. 볼랜드가 새 CEO가 되어 회사 청산을 주도했다. 에이콘의 PC 사업부문을 폐쇄하는 결정에 대해 그는 충성심이 강한 개발자들로부터 분노에 찬 편지를 여러 통 받았다. 그중에는 야구 방망이로 때려주겠다는 협박 내용도 있었다.

―――――

대조적인 현실은 고통스러웠다. 상장 첫해 ARM 주가는 세 배 이상으로 솟구쳤다. 휴대전화 보급에 힘입어 ARM 설계에 기반한 기기의 판매 수량이 1998년 5,100만 대에서 1999년 1억 7,500만 대로 급증했고, 같은 기간 세전 이익이 940만 파운드에서 1,800만 파운드로 불어났다.[19]

1999년 12월에는 FTSE 100 지수에 편입되었다. 영국의 최고로 값진 100대 상장회사 클럽에 입회한 것이다. 물론 시가총액이 60억 파운드로 하늘 높이 형성된 동력은 기술주 거품이었고 거품은 곧 빠지게 되었지만, 투자자들이 왜 ARM에 흥분했는지는 쉽게 알 수 있었다.

삭스비는 10년 전 ARM이 임베디드 RISC의 세계 표준이 되는 기회를 잡으려면 2000년에 2억 대의 기기를 움직여야 한다고 계산했다. 그해 판매된 ARM 설계는 3억 6,700만 건이었다. 휴대전화 붐 덕분이었다.[20] 최초에 연합을 결성한 노키아를 넘어 ARM 설계는 모든 휴대전화의 3분의 2에 탑재되었다. 12월에 달콤한 순간이 찾아왔는데, 왕좌에서 밀려난 삭스비의 전 고용주 모토롤라도 이를 악물고 ARM 프로세서 아키텍처를 라이선스한 것이다.

비록 사업 중 대부분은 해외에서 수주되었지만, ARM은 영국이 보유한 회사라는 점에서 영국 내에서 유명해졌다. 2000년 6월 21일 이 회사의 신축 본사 건물인 ARM1의 준공 행사에 스티븐 바이어스 통상산업부 장관이 참석했다. ARM1은 에이콘이 15년 전 첫 마이크로프로세서 ARM1을 설계해낸 건물 뒤에 세워졌다.

그해 여름, ARM 임직원 중 거의 3분의 1이 백만장자가 되었다. 이 회사 인사 담당 임원 빌 파슨스Bill Parsons는 "행정 보조 업무를 하는 직원도 몇 번이나 백만장자가 되었다"라고 말했다. 그는

3년 근무한 대졸자의 보유 주식 평가액이 50만 파운드가 될 수 있다고 추산했다.[21] 그와 대조적으로 원조 ARM 설계의 창조자였지만 ARM 설립 전에 퇴사한 스티브 퍼버는 스톡옵션의 혜택을 누리지 못했다. 회사는 대신 퍼버에게 많지 않은 금액이나마 보상해주었다.

에이콘의 베테랑들은 자신들의 기여가 ARM 스토리에서 종종 지워졌다며 씁쓸해한다. 결국 마이크로칩 아키텍처 프로젝트를 구상하고 키워낸 것도, 수백만 파운드를 투자한 것도, 후속 자금을 제공하면서 주요 고객이 될 기업을 찾아낸 것도, 12명의 핵심 기술진을 제공한 것도 에이콘이었다는 것이다. 그리고 그 전 단계로 BBC마이크로와 에이콘 일렉트론 모델이 150만 대 공급되면서 BBC 베이직 언어로 배운 프로그래머가 한 세대 생겨났으며, 그 흐름이 수십 년이 지난 오늘날에도 활기찬 영국 소프트웨어 산업으로 직결되었다는 것이다.

에이콘의 잠재력을 떠올리게 하는 또 다른 마지막 이야기가 있다. 에이콘의 잔해에서 볼랜드는 벤처캐피털 자금 소액을 조달했고, 모건스탠리로부터 반도체 부품 설계 인력 30명을 넘겨받았다. 이들은 '엘리멘트14'로 명명되었다. 핵심에는 계속 에이콘을 지킨 소피 윌슨이 개발한 새로운 마이크로프로세서가 있었다. 암호명은 ALARM이었는데, A Long ARM을 의미했다. 새 칩은 광대역 인터넷 접속을 구동하는 데 쓰일 수 있었고, 파이어패스FirePath로 개명되었다.

볼랜드는 마지막 시도로 엘리멘트14를 놓고 ARM과 협상을 벌였다. 구체적인 내용에 대한 기억은 엇갈린다. 볼랜드가 100만 파운드에 매각하겠다고 제안했다고 하는 사람도 있고 ARM에 투자하라고 제안했다는 사람도 있다. ARM은 거절했다. 과거로부터 벗어나려고 오랫동안 씨름해왔고 아직도 앙금이 남은 상태였다. 얼마 후 2000년 10월, 미국 칩 대기업 브로드컴이 엘리멘트14에 대해 5억 9,400만 달러 상당의 주식을 지급했다.

눈길을 끄는 결과다. 그러나 만약 엘리멘트14가 자문사 도이치방크의 조언을 무시하고 인수에 늘 적극적인 인텔이 내놓은 비슷한 금액의 현금 제안을 받아들였다면 결과가 더 좋았을 것이 분명했다. 브로드컴 주가는 곧 곤두박질쳤다. 마이크로칩 산업의 끝모를 비상과 가차 없는 추락을 떠올리게 하는 사례였다.

7장
세계로: 어떻게 아시아가 현대 마이크로칩 산업을 만들었나

■ 견고한 토대

1999년 9월 21일 새벽. 진도 7.6의 지진이 대만을 뒤흔들었다. 대만 섬 중앙의 인근 지점을 진앙지로 한 지진은 전방위로 퍼졌다. 도로가 잘렸고 산사태로 개천 흐름이 바뀌었으며 사찰이 무너졌다. 수도 타이베이는 불길에 휩싸였고 건물이 무너졌다.[1] 강진으로 약 2,400명이 사망했고 이재민 약 10만 명이 발생했다. 전력과 상수도, 전화가 끊겼다. 이후에도 여진이 여러 달에 걸쳐 8,000번이나 발생했다. 이날 지진의 진도는 대만 역사상 최악을 기록한 1935년 강진에 이어 두 번째로 셌다.

진앙으로부터 북서쪽으로 약 100킬로미터 거리에 있는 신주과학단지는 상대적으로 피해가 적었다. 면적 약 6제곱킬로미터인 이 곳에는 300개 가까운 기업과 연구소가 입주해 있었다. 분야는 첨단 기술인 마이크로칩, 광전자공학, 통신, 생명공학 등이었다. 주요 입 주사인 TSMC는 이곳에 다섯 개 공장을 가지고 있었는데, 공장 바 닥이 흔들렸고 전기가 나가 어둠에 휩싸였다.

샤오완창 부총통과의 통화 덕분에 전기는 사흘 만에 다시 들어 왔다.[2] 국가적인 재난에 대한 정부의 대응을 둘러싸고 비판이 고조 되는 가운데 복구 작업이 섬 전역에서 진행되었다. 일주일이 조금 지나자 TSMC의 가동률은 생산능력의 95%까지 회복되었다. 자가 발전소가 빠른 정상화에 도움이 되었다. 신주과학단지를 방문한 사 람들은 직전 혼란의 증거를 거의 찾을 수 없었다.

TSMC가 재가동될 수 있도록 복구하는 작업이 얼마나 신속하 게 이루어졌는지를 보면 이 회사가 대만에 얼마나 중요한지를 알 수 있다. TSMC는 숙련 일자리 창출과 수출 주도 등 측면에서 대만 경제의 최고 공신이었고, 글로벌 마이크로칩 산업에서도 핵심적인 역할을 하는 회사였다. 그래서 퀄컴과 브로드컴, 모토롤라 같은 미 국의 주요 칩 회사들도 1만여 킬로미터 떨어진 대만의 상황을 촉각 을 곤두세우고 주시했다.

점유율 0에서 출발한 TSMC는 12년이 지난 당시 세계 마이크 로칩 산업 총생산액의 5%를 차지했다. 이 회사는 설계는 하지 않고 다른 기업이 설계한 칩의 생산만 했다. 팹으로 불리는 방대한 반도 체 제조 공장에서는 로봇 팔이 웨이퍼를 소리 없이 이 공정에서 저 공정으로 옮겨준다. 공정은 천장에서 늘어뜨려진 컨베이어벨트를 따라 진행된다. 팹에서 생산된 수백만 개 칩들은 세계 전역으로 수출되어 휴대전화와 게임 콘솔, 랩톱 컴퓨터 등에 설치된다.

TSMC는 파운드리 업계 최초의 회사로 성공을 일구었지만, 자신만의 힘으로 이룬 것은 아니었다. 또 다른 대만 기업인 UMC United Microelectronics Corp는 파운드리 사업에 집중하기 위해 설계 부문을 매각한 지 얼마 되지 않았으며, 규모 면에서 TSMC를 바짝 뒤쫓는 2위 업체였다. UMC 공장도 같은 단지에 자리 잡고 있었다. 이렇다 보니 매일 500메가와트 전력을 사용하는 신주과학단지는 대만 전력망에서 최우선적으로 고려될 수밖에 없었다.

대부분의 마이크로칩 회사들은 자신들이 설계한 칩의 대부분을 자신들의 파운드리에서 만들었고, 최신 설계 칩은 더더욱 그랬다. 그러나 칩 산업의 비용과 복잡성이 커짐에 따라 1960년대부터 이어져온 수직 통합 모델에서 떨어져나가는 부분이 생기기 시작했다. 가장자리에 있던 구형 반도체의 생산이 파운드리로 넘겨졌다. 파운드리들은 미로 같은 사양을 면밀하게 맞추고 대량으로 생산하는 능력으로 신뢰를 쌓았고, 위탁생산은 매력적인 선택지가 되었다.

자연재해가 잦은 섬에 생명과도 같은 일을 맡기다니 현명하지 않았다고 생각하기엔 너무 늦었다. 업계 리더들은 대만 외에 지리적인 대안이 있었음을 알고 있었다. 대만 면적은 캘리포니아의 10분의 1도 안 된다. 인구는 약 2,200만 명이다. 그러나 TSMC가 효율을 극한으로 끌어올리면서 대안이 될 수 있는 회사와의 거리를 빠르게 넓혀나갔다.

———

지진 후 석 달이 채 지나지 않은 1999년 12월 15일, TSMC는 동력을 잃지 않았음을 과시했다. 신주과학단지에 새 공장을 착공하는 기공식을 개최했다. 세계 최초로 직경이 300밀리미터(12인치)인 실리콘 웨이퍼를 가공하기 위한 공장이었다.

웨이퍼 크기 확대는 반도체산업에서 커다란 개선을 의미했다. 그전까지 공정에 투입된 실리콘 웨이퍼의 표준 직경은 200밀리미터(8인치)였다. 12인치 웨이퍼는 가공이 더 어렵고 비용이 더 많이 들었다. 반면 면적이 8인치에 비해 두 배 이상이어서 칩도 두 배 이상 생산 가능했고, 더 정밀한 설계와 더 높은 수율로 가는 바탕이 되리라고 기대되었다. 웨이퍼당 매출은 세 배로 늘고 이윤율도 높아질 것으로 예상되었다.

1997년에는 아시아 외환위기가 이 지역을 뒤흔들었다. 통화 가치가 급락했고 신뢰가 무너졌으며 그 결과 30년간 지속된 경제성장이 멈춰 섰다. 그러다 1999년 말에 이르자 마이크로칩 수요가 탄력 있게 회복되었다. 노키아의 성공을 뒤따르는 소형 휴대전화 신제품과 TV 셋톱박스가 시장을 이끈 덕분이었다.

반도체산업에는 늘 호황과 불황이 번갈아 들었다. 그래서 투자의 적기適期 포착이 사업 성공을 좌우했다. 300밀리미터 웨이퍼를 투입한 생산은 메모리 칩을 대량 생산하기에 이상적이었지만, 오랫동안 실행되지 않은 채 논의만 되던 실정이었다.

1990년대 말의 불황기에는 칩 업체가 아니라 파운드리가 투자를 이끌었다는 점에서 이색적이었다. 전에는 칩 업체들이 경쟁 우위를 확보하기 위해 새 공장을 지었었다. 그러나 반도체 설비 투자에 막대한 금액이 들어가게 되자 여러 업체가 공장 없이 외부 파운드리에 물량을 맡기는 '팹리스'로 옮겨탔다. TSMC를 비롯한 파운드리들은 이런 움직임에 따르면서 더 적극적으로 변화를 주도했다.

앞서 소개한 TSMC의 공장 착공 외에 UMC도 투자에 나섰다. 이 듬해인 2000년에 반도체산업이 30% 성장한다는 전망이 나왔고, 그들은 낙관적이었다.

TSMC가 선두에서 업계를 이끌었다. 1999년 매출과 이익 모두 기존 실적을 경신했다. 지진 때문에 일주일 조업하지 못했는데도 달성한 성과였다. 매출은 전년보다 46% 많은 731억 신타이완달러(현재 환율 환산 25억 미국 달러), 이익은 246억 신타이완달러(8억 2,500만 미국 달러)였다. 주주들에게 반가운 소식이었다. TSMC는 1997년 대만 기업 중 최초로 뉴욕증권거래소에 상장되기도 했었다.

공장 기공식에서 쩡판청曾繁城 부회장은 포부를 밝혔다. "우리 회사는 신기술 개발과 생산력 확장을 헌신적으로 추구하고, 그럼으로써 경쟁사들 사이의 장벽을 강화하는 가운데 세계 고객들에 최선의 헌신적인 파운드리 서비스를 제공해 선두를 지킬 것입니다."[3]

새 공장은 TSMC의 여덟 번째 팹이었다. 이 회사는 200밀리미터 팹 다섯 곳과 150밀리미터 팹 두 곳을 가동하고 있었다. 새 팹을 추가하는 투자는 저렴하지 않았다. 보상도 빠르지 않았다. 건설비용으로 20억 달러 넘게 책정되었는데, 이는 10년 전의 다섯 배 수준이었다. 새 공장은 2002년에야 생산을 시작할 예정이었다.

공장 건물은 1년이면 다 지어지지만 이후 내부에 기술 장비를 설치해야 한다. 2001년에는 거대한 클린룸과 정밀 장비가 설치되어 테스트를 거칠 예정이었다. 완전 가동되면 새 팹은 매달 300밀리미터 웨이퍼를 2만 5,000장 가공해 수백만 개의 칩을 생산할 계획이었다. 정확한 칩 개수는 '다이die'라고도 하는 칩(웨이퍼가 잘려서diced 칩이 만들어진다고 해서 이 같은 이름이 붙었다)의 크기와 나노미터로 측정하는 공정 노드(제조 공정에서 반도체 칩에 생성할 수 있는 가장 작은 형상의 크기를 가리킨다─옮긴이), 회로의 복잡도에 따라 달라진다.

————

새 천년이 밝아오자 TSMC는 신공장 건설에 속도를 내기로 결정한다. 수요가 엄청나게 늘어나 연간 50% 증산으로는 충분하지 않게 되었기 때문이다. 1월 초 이 회사는 대만 3위 파운드리 업체 WSMC와 전자회사 에이서Acer와의 합작회사를 인수했다. 그럼으로써 생산 용량이 전년도의 두 배 가까이 늘어났고, 불안해하는 고객들에게 미래에 충분히 투자하고 있다는 점을 설득할 수 있었다.

국가적으로도 대만으로서는 큰 변화의 시기였다. 2000년 3월 국민당의 55년 연속 집권을 깨고 천수이벤 전 타이베이 시장이 대만 대통령으로 당선되었다. 조심스럽게 표현했지만 그는 대만의 독립을 지지했고, 이는 이 나라를 늘 자기네 영토로 간주한 중국을 자극했다.

같은 달 30일, TSMC의 다른 행사가 대만 남부 타이난에서 개최되었다. 이번에는 타이난 과학산업단지TSIP에 지어진 새 공장의 준공식이었다. TSIP는 신주과학단지가 포화 단계에 이르자 대만 정부가 새로 조성한 곳이었다. 여기에는 대만 북부와 남부의 격차를 좁힌다는 뜻도 담겼다. 축하 공연으로 중국 전통의 용춤이 펼쳐졌다. TSMC 공장은 이 단지의 첫 파운드리였다. 공장의 특징 중 하나는 지진을 완충하는 지반 공사였다. 기반암에 철골이 깊숙이 박혔고 완충 장치가 내장되었다.

이 설비는 당시 세계에서 가장 큰 팹이었다. 클린룸 하나만 해도 1만 7,600제곱미터로 미식축구 경기장 넷을 합한 정도의 크기였다. 작업 공간은 확장되는데, 그곳에서 생산되는 제품은 줄어든다는 점이 눈에 띄었다. 당초 타이난 공장은 250나노미터의 칩을 생산할 계획이었는데, 시간이 감에 따라 100나노미터 칩을 생산하는 것으로 방향을 바꾼다. 100나노미터는 종이 두께의 1,000분의 1에 해당한다.[4]

일반인의 입을 떡 벌어지게 하는 규모였다. 그러나 TSMC는 더 늘리겠다는 의지를 분명히 했다. 일련의 투자를 통해 TSMC는 리더의 위치를 더 확실히 하고 설계와 생산의 분리를 더 가속화할 것이었다. 한편 그런 대대적인 투자에 수반되는 위험은 세계 전역에 있는 폭 넓은 고객들 사이로 분산될 수 있다는 것이 TSMC의 논리였다.

장비 제조업체들 사이에 200밀리미터 공정보다 300밀리미터 공정에 집중해야 한다는 광범위한 공감대가 형성된 것도 큰 도움이 되었다. 제조 경쟁력을 유지하려면 막대한 투자가 소요되는 상황에 직면한 칩 업체들은 팹리스로의 전환을 가속화했다.

많이 알려지지 않은 한 가지 에피소드가 있다. IBM이 자신들의 130나노미터 공정 기술을 라이선스 받으라고 제안했으나, TSMC가 거절했다는 사실이다. 장기적인 관점에서 TSMC는 자체 기술개발을 더 선호했다. 다른 회사가 과거 필요에 따라 개발한 기술을 복제하기보다는 자체 기술을 확보해 가장 작고 강력하며 신뢰할 수 있는 칩을 저렴하게 만드는 길을 택했다.

아시아는 오랜 기간에 걸쳐 서구 소비자들이 구매하는 제품을 생산하는 세계의 공장 역할을 수행해왔다. 이제 그 제품 목록에 40년 전 미국의 혁신을 상징하는 마이크로칩을 포함했다. TSMC

같은 회사가 더 치고 나갈수록 미국과 중국은 대만의 궤도로 끌려들었고, 긴장이 뒤따랐다.

■ 세계가 기울다

페어차일드는 1961년 무선엔지니어협회IRE의 연례 총회에서 최초의 상용 집적회로인 마이크로로직 플립-플롭을 공개한 지 2년 뒤인 1963년, 미지의 세계로 또 발을 디딜 준비를 하고 있었다. 국방·우주산업은 마이크로칩의 초기 산업화를 지원했다. 마이크로칩 산업이 공략할 다른 시장은 소비자가전이었다. 페어차일드가 텔레비전과 라디오로 성공하려면 트랜지스터 가격을 낮추고 생산 물량을 늘려야 했다.

이 회사는 메인주 포틀랜드에 공장을 세웠지만 카리스마 충만한 리더 로버트 노이스는 더 멀리서 생산한다는 구상을 품었다. 그는 앞서 개인적으로 트랜지스터를 만드는 홍콩의 작은 공장에 투자하기도 했었다.

이 영국 식민지는 오랫동안 섬유산업의 주요 중심지로 명성을 쌓았고, 이제 소비자가전 제품의 생산을 늘리고 있었다. 한편 미국 기업들은 수요 증가에 대응해 마이크로칩 생산라인 자동화를 모색했다. 즉, 칩을 어떻게 만들지 뿐 아니라 50밀리미터(2인치) 실리콘 웨이퍼를 조립라인에서 옮기는 방법을 궁리했다.

노이스는 생산의 해외이전 전략이 자동화와 동일한 효과를 낼 수 있다고 생각했다. 페어차일드에서 홍콩 공장을 설립하고 운영한 찰스 스포크Charles Sporck는 "노이스가 홍콩의 엔지니어 인력 자원과 임금 격차에 대해 알고 있었다"고 들려줬다.[5]

1963년 페어차일드는 홍콩 주룽반도의 항입가에 부지를 확보했다. 길 건너편에는 대형 의류공장이 있었다. 미국의 이 첫 해외 반도체 조립공장을 모르고 지나치기는 어려웠다. 홍콩으로 오는 여객기의 승객들도 전면에 커다란 'F' 로고가 표시된, 주룽반도를 내려다보는 건물을 확인할 수 있을 정도였다.

페어차일드는 미국에서 실리콘 웨이퍼를 만들고 테스트한 뒤 홍콩에 보냈고, 그곳에서 칩이 조립되고 테스트된 후 판매되었다. 상당량은 미국으로 되돌아갔다. 그해 말까지 라디오 트랜지스터 수백만 개가 홍콩에서 완성되었다. 스포크는 "홍콩은 탁월한 선택이었다"고 말했다. "품질이 뛰어났는데, 그 요인은 우리가 엔지니어들을 현장 감독으로 배치한 것이라고 생각합니다."[6]

마이크로칩 공급사슬의 국제화는 조립에서 시작되있다. 조립은 반도체 공정 중 후공정으로 구분된다. 전공정은 웨이퍼 위에 회로를 새겨 칩을 만들고 후공정은 웨이퍼의 칩을 하나하나 잘라내 패키징하고 테스트한다. 후공정을 마친 칩은 고객에게 판매되어 기기에 내장된다. 후공정 중 일부를 설명하면, '본딩bonding'은 극도로 가느다란 금 와이어 등으로 칩을 외부와 전기적으로 연결하는 작업이다. '몰딩'은 칩을 먼지와 습기로부터 보호하기 위해 레진 등 소재로 덮는 공정이다. 조립은 성가시고 돈이 많이 들며 노동 집약적이다.

칩이 작고 가볍고 고부가가치여서, 전공정과 후공정이 각각 수천 킬로미터 떨어진 곳에서 이루어졌다. 미국립경제연구소NBER의 논문에서 워튼계량경제예측협회Wharton Econometric Forecasting

Association의 윌리엄 파이넌William Finan은 1973년 반도체 조립 비용은 싱가포르가 개당 1.45달러였고 미국은 3달러였다고 밝혔다(싱가포르도 영국 식민지였는데, 반도체산업에서 입지를 다지는 중이었다). 파이넌은 조립 작업이 어렵지 않다고 설명했다. 그는 수작업 중 가장 평범한 유형이라면서 "조립 작업자는 대개 하루 만에 기본 기술을 배우고 두 주 이내에 꽤 능숙해진다"고 전했다.[7]

머지않아 더 많은 업무가 홍콩으로 옮겨졌다. 그러면서 페어차일드의 홍콩 공장이 회사 내에서 담당하는 역할도 커졌다.[8] 모두 6,000명이 3교대로 24시간 근무했다. 이 지역의 고객은 홍콩 공장이 대응했다. 노이스와 함께 쇼클리를 벗어나 페어차일드 반도체에 합류한 고든 무어는 한 인터뷰에서 "불량 칩은 지역 내 장난감 공장에 팔렸고 예컨대 테디베어의 눈으로 쓰였다"고 들려줬다. 그는 "아마 거기에서 이윤이 나왔지 싶다"고 농담했다.[9]

계산이 맞아떨어졌고 홍콩 사람들의 부지런함은 인상적이었다. 그러나 반도체 대기업들 사이에서 홍콩의 유용성은 오래 가지 않았다. 스탠퍼드 대학교의 역사학자 레슬리 벌린Leslie Berlin에 따르면 처음에 페어차일드가 홍콩 노동자에게 준 일당이 1달러였는데 이는 같은 일을 하는 미국 노동자의 시급에도 못 미쳤다. 그러나 더 많은 서구 기업들이 오면서 일당은 2달러 가까이로 올랐고, 홍콩의 경쟁력이 떨어졌다. 그러는 가운데 동아시아 지역들이 일자리를 끌어오기 위해 인센티브를 도입했다. 페어차일드는 1966년 한국에 일당 80센트의 조건으로 공장을 열었다.[10]

칩 업체들은 멕시코와 엘살바도르에서도 공장을 가동해봤으나, 사회적인 불안 때문에 곧 관심을 줄였다. 그에 비해 아시아, 특히 동아시아는 정치적으로 매우 안정적이었다.

해외 이전을 통해 반도체는 하루 종일 중단 없이 만들어지게 되었다. 한 통계에 따르면 1971년 미국 반도체산업은 자국 내에서 7만 5,000명을, 해외에서는 8만 5,000명을 고용했다.[11]

———

미국 기업들이 가격 경쟁력을 위해 홍콩 같은 저가 생산지를 찾아나선 배경은 아시아의 다른 나라가 제공했다. 일본이었다. 일본은 소비자가전에서 빠르게 치고 나갔다. 1959년을 기준으로 일본 업체들은 미국 트랜지스터 라디오 시장의 50%를 차지했다.

최초의 휴대용 전자기기였던 트랜지스터 라디오를 일본은 적극적으로 마케팅했다. 1960년 크리스마스 시즌에 미국 잡지에 게재한 광고에서 소니는 라디오를 이렇게 홍보했다. "진정하고 멋진 음질을 만들어내기 위해 숙련된 기술이 적용되었고, 최고의 내구성과 콤팩트함을 갖추고 있습니다."[12] 일본 업체들의 홍보대행사들이 고민하지 않아도 된 세부 사항이 있었다. 바로 주요 일본 생산자들인 히타치, 미쓰비시, 소니 등이 미국 마이크로칩 특허를 라이선스해 출발했다는 사실이었다.

라이선스는 오랫동안 미국 기업이 일본에서 돈을 버는 유일한 방법이었다. 일본의 까다로운 수입 장벽 때문이었다. 미국과 일본의 협력은 드물었고, 희소한 사례가 TI가 1968년 소니와 함께 세운 합작회사 정도였다.

일본 경제는 선진국 반열에 올라섰고 일본 소비자의 전자제품 수요도 컸지만, 대부분의 경우 미국 제조업체들은 구경만 할 뿐이었다. 반면 제조 효율이 좋은 일본 업체들은 미국 시장에 봇물처럼 밀고 들어와 가격을 떨어뜨렸다.

단순한 트랜지스터에 비해 집적회로는 만들기가 더 복잡했다. 이에 따라 다이에 투입되는 비용이 인건비보다 많아졌고, 이런 배경에서 반도체 생산라인의 자동화가 더 중요해졌다. TI는 반도체 공정 자동화 장비에 전념하는 사업부문을 운영했다. 그 성과 중 하나가 1972년 개발한 애버커스Abacus II였다. 이 장비는 미세한 금선을 칩에 자동으로 부착했다. 그러나 일본 기술자들은 동일한 장비를 활용해 더 나은 결과를 보여줬다. 결국 미국 업체들은 장비를 통해 가격 경쟁력을 확보하는 데에도 실패했다.

미국은 일본에 계속해서 압력을 넣었고, 일본은 1970년대 중반에 수입 통제를 해제한다. 그러나 일본은 자국 산업의 우위를 놓치지 않으려 했다. 일본 통상산업성과 업계는 1976년과 1979년 사이에 자국 기업들의 협력을 독려하며 초대규모집적회로Very Large Scale Integration, VLSI라는 우산 아래 연구개발을 공동으로 진행했다. 이 기간에 1,000건이 넘는 특허가 확보되었고 전문 지식이 빠르게 축적되었다. 일본은 메모리 칩의 주요 공급자가 될 준비를 마친 가운데 1980년대를 맞이했다.

———

반도체산업을 주시하는 나라들이 있었다. 그들은 아직 초기 단계인 첨단 기술산업의 빠른 전개를 주시하며, 그 변화에 뛰어들고 싶어 했다.

미국 시장의 구매력은 종종 자국 제조업체들에게 불리하게 작용했다. 생산을 아시아로 이전하게 하는 힘이 되었기 때문이다. 한국도 대상국이 되었다. 예를 들어 한국의 전자레인지는 1980년까지만 해도 미국 시장에서 입지가 거의 없다시피 했다. 그러던 중 저렴한 제품을 찾고 있던 한 미국 백화점이 한국 업체에 연락했다. 다른 사례는 제너럴일렉트릭GE이 제공했다. 일본 업체와의 힘겨운 경쟁을 버티다 못한 GE는 전자레인지 생산을 중단하고 한국의 삼성전자에 자사 브랜드로 생산을 위탁하기로 결정했다.[13]

삼성전자는 1969년 설립되어 흑백 TV와 냉장고 등을 생산했다. 이 회사는 삼성그룹의 '촉수' 중 하나였다. 삼성그룹은 '재벌'이라고 불린 가족 경영 복합기업이었는데, 재벌이 다각도로 사업 영역을 넓히는 양상은 '문어발'이라고 불렸다.

부유한 지주 집안에서 태어난 이병철 회장은 1938년에 삼성상회를 창업해 잡화 판매와 운수 사업을 벌였다. 이후 건설, 제당, 섬유, 보험, 등으로 확장했다. 신규 사업 진출의 취지 중 하나는 수입대체였다. 더 큰 목적은 나라가 자랑할 만한 기업 제국 건설이었다.

삼성은 1974년 한국반도체를 인수하면서 반도체산업에 발을 들여놓았다. 반도체는 전자산업과 잘 어울리는 분야였다. 삼성의 전자제품은 세탁기와 통신장비, 비디오 레코더, 카메라, 디스크 드라이브, 휴대전화 등을 아우르게 된다.

이 회장은 1982년에 반도체에 도전할지 크게 고민하게 된다. 보스턴대학교에서 명예박사 학위를 받기 위해 미국을 방문한 그는 반도체 생산라인을 둘러보았다. IBM과 GE, 휴렛팩커드 등을 살펴본 그는 큰 기술 격차를 뚜렷하게 인식하게 되었다. 반도체를 그만둘까도 생각했지만 결국 반도체에 집중하기로 결심한다.[14]

1983년 2월 8일 새벽 도쿄 오쿠라 호텔 객실. 이병철 회장이 홍진기 중앙일보 발행인에게 전화를 걸어 삼성 계열 일간지 중앙일보에 훗날 '도쿄 선언'이라고 불리게 된 선언문을 게재하라고 말한다. "우리나라는 인구가 많고 좁은 국토의 4분의 3이 산지로 덮여 있는 데다 석유, 우라늄 같은 필요한 천연자원 역시 거의 없는 형편이다." 선언문은 이렇게 시작한다. '우리는 왜 반도체 사업을 해야 하는가'라는 제목의 선언문은 한국은 "저가품의 대량수출 정책으로 고도성장을 해왔다"면서 그 동력으로 "근면하고 성실한 인적자원이 풍부"함을 들었다. 그러나 무역 보호주의로 인해 이 전략은 한계에 봉착했다면서 타개책으로 반도체산업을 "우리 민족 특유의 강인한 정신력과 창조성을 바탕으로 추진하고자 한다"고 천명했다.

강인함을 더 담금질하기 위해 삼성 엔지니어 100명은 60킬로미터 넘는 거리를 밤낮 없이 행군했다. 반도체시장 공략을 준비하는 훈련 중 하나였다. 경쟁사들은 막대한 투자가 필요하기 때문에 삼성의 성공 가능성이 희박하다고 봤다. 이 회장은 부가가치 사슬에 빨리 올라타기 위해 서둘렀다. 일례로 도쿄의 칩 엔지니어들을 몰래 토요일에 초청해 삼성 인력을 훈련하게 한 뒤 일요일에 보내기도 했다.

시야를 넓히면 네 마리 아시아 호랑이, 즉 대만과 한국, 싱가포르, 홍콩에서 비슷한 양상이 나타났다. 네 호랑이는 서구를 따라잡기 위해 맹렬한 기세로 반도체산업을 육성했다. 소비자가전보다 윗단계의 반도체산업은 아주 복잡한 반면 고부가가치여서 대망을 품을 만한 대상이었기 때문이다. 이들 국가의 반도체 열망은 미국의 반도체 수입 수요를 통해서만 충족될 수 있었다. 네 호랑이와 미국 사이의 교역은 과거 미국의 원조자금과 반대 방향으로 흘렀다.

나중에는 민주주의의 발전이라는 정치적인 자본도 필요하게 되지만, 당장에는 경제적인 이득이 명백했다. 1960년과 1985년 사이에 일본과 네 호랑이의 일인당 실질소득은 4배 이상으로 불어났다. 세계은행은 1993년의 보고서 '동아시아의 기적'에서 이들 국가의 성공과 생활수준 향상의 요인을 이렇게 분석했다. "물적·인적 자본의 탁월한 축적", 그 자본을 "매우 생산적인 투자"에 배분하는 능력, "기술을 습득하고 그 기술에 통달하는 역량". 이 조합은 이후에도 계속 성과를 낸다.

당시 세계은행 총재 루이스 프레스턴Lewis Preston은 보고서의 서문에 "이런 점에서 동아시아 경제의 성공은 전혀 '기적적'이지 않았다"고 썼다. "이들 국가는 이처럼 성공에 핵심적인 요인들을 다른 나라들 대다수보다 잘 실행했다."[15]

———

아시아 국가들의 약진은 미국과의 갈등으로 치달았다. 전쟁은 1980년대 메모리 칩 시장에서 벌어졌다. 디램DRAM 칩은 마이크로프로세서가 작동하는 데 필요한 데이터나 프로그래밍 코드를 각 셀에 저장한다. 이 메모리 칩은 표준화되었고 대량으로 생산되었다. 일본 업체들이 저비용 고수율 생산으로 수혜자가 되었다.

자국에서 생산되는 물량만으로는 수요를 충분히 채우지 못하던 미국은 처음에는 2선 공급처의 등장을 반겼다. 그러나 1980년대 초 경기 침체기에도 일본의 공급은 줄지 않았다. 미국 회사들은 반칙이라며 목청을 높였다. 자기네는 일본에 팔지 못하는 반면 일본 경쟁자들은 시장을 더 차지하려고 저가 공세를 펴면서 자신들을 몰아내고 있다고 주장했다.

미국 업체들은 사업 포트폴리오 측면에서도 불리했다. NEC와 히타치, 후지쯔 등 일본 업체들에 칩은 매출의 일부였고 다른 사업 부문들이 불황에 따른 부진을 완충해주었다. 반면 인텔과 AMD에 있어서 칩은 거의 전부였다.

반도체 매입자인 미국 기업들도 도움이 되지 않았다. 휴렛팩커드의 딕 앤더슨 부사장은 내키지는 않았다면서도 일본 칩을 지지하는 발언을 했다. 그는 1980년 2월 워싱턴 DC에서 열린 산업포럼에서 새 컴퓨터 라인이 16K D램, 즉 정보를 1만 6,000비트 저장하는 메모리를 미국에서 충분히 조달하지 못하게 되었을 때 어쩔 수 없이 일본에 의존해야 했다고 밝혔다. 그는 곧 일본 칩이 HP 공장 검사도 더 빨리 통과했고 속도도 더 빨랐으며 오류도 적었다고 말했다. 수입 반도체가 미국 칩을 훨씬 능가했다.[16]

더 넓고 긴 맥락에서 보면, 시장 주도권과 공급 안정성을 둘러싼 충돌은 이후 수십 년간 이어진다. 미국 칩 제조업체들은 전자를, 수요처들은 후자를 중시했다. 미국 정부가 일본 무선호출기와 전화기 수입에 반덤핑관세를 부과한 조치는 모토롤라의 청원에 따라 전자에 힘을 실어준 것이었다.

차세대 메모리 칩인 64K D램에 이르자 일본이 세계 시장의 80%를 차지했다. 이후 256K D램, 〈뉴욕타임스〉가 1982년에 '우표보다 작지만 이 신문의 한 면에 실린 단어 전부를 저장할 수 있다'고 설명한 이 칩에 이르러서는 미국 업체들이 패배를 인정했다.[17]

미국은 일본과 1986년 반도체 무역 합의를 이루어낸다. 일본은 미국 시장 수출에 한도를 두고 미국 기업의 일본 판매를 더 용이하게 하겠다고 합의했다. 미국 업체들은 한숨 돌리게 되었다. 그러나 합의가 효과를 충분히 내는 데에는 컴퓨터와 텔레비전을 포함한

3억 달러 규모 제품에 대한 100% 수입관세와 로널드 레이건 대통령의 단호한 조치가 필요했다.

대다수 미국 D램 업체한테 이 조치는 너무 때늦은 것이었다. 인텔은 1985년 10월 11일 마침내 수건을 던졌다. 인텔은 14년 만에 처음으로 분기 적자를 냈다며 D램 사업에서 철수하겠다고 밝혔다. 미국에 메모리 제조업체는 아이다호의 마이크론테크놀로지 하나만 남게 되었다. 억만장자 감자 농부 존 심플롯John Simplot과 그의 고객사인 햄버거 체인 맥도널드가 투자한 회사였다.

앞서 인텔은 그 선택을 놓고 1년 넘게 저울질했다. 앤디 그로브 Andy Grove의 회고록 《편집광만이 살아남는다》는 '전략적 변곡점'이라는 개념과 기업을 짓누르는 외부 요인을 주로 서술한다. 그로브는 자신과 당시 인텔 회장 고든 무어가 행동하기로 결정한 순간을 들려준다. 그로브의 생각은 새로 선임된 CEO가 과감한 결정을 내려 회사를 메모리 칩으로부터 구해내면 되겠다는 데 이르렀다. 그는 무어에게 말했다. "당신과 내가 문 밖으로 나갔다가 돌아와 직접 그렇게 하면 어떤가?"[18]

––––––

과거에 아시아 시장을 공략하려고 열을 올리던 미국이 이제 아시아 국가들로부터 배우는 데 힘을 쏟았다. 미국은 약 10년 뒤 일본의 VLSI 프로젝트를 본받아 '반도체 제조 기술Semiconductor Manufacturing Technology, Sematech' 컨소시엄을 조직했다. 정부가 지원하는 이 컨소시엄은 칩 업체와 장비 회사, 학계가 연구를 공유하도록 하기 위해 만들어졌다.

내셔널세미컨덕터의 찰스 스포크는 "카메라산업과 TV산업 등에서 발생한 일이 반도체에서 동일하게 반복되어서는 안 된다"고 말했다. 페어차일드 출신의 스포크는 국방부를 비롯해 관련 기관에 마이크로칩의 중요성을 설명하고 다녔다. 그는 "반도체가 없다면 우리는 낙후된다"고 경고했다.[19]

세마테크는 신망 있고 널리 존경받는 리더가 필요했다. 로버트 노이스가 적임자였다. 그는 20여 년 전 미국 제조업의 첫 해외이전을 주도한 바 있고, 당시 인텔을 이끌고 있었다. 노이스는 자리를 수락하면서 한 인터뷰에서 "이 나라는 이 개념에 헌신하기로 했다"고 말했다. "나라에서 나를 필요로 할 때 개인적인 일로 따르지 않는다면 미국인의 나에 대한 신뢰를 저버리는 일이라고 느꼈습니다."[20]

그러나 미국이 넘어서고자 했던 국가는 반도체산업 리더의 자리를 지키지 못했다. 일본의 세계 반도체시장 점유율은 미국 수출이 제한되면서 1988년에 정점을 찍고 내려왔다.[21] 당시 TI를 이끈 월리 라인스Wally Rhines는 "일본은 발명이 아니라 최적화에 능하다"고 평했다. "우리가 새로운 아키텍처와 새로운 설계 혁신을 찾는 동안 그들은 뒤처졌다."

장기 승자이자 필수적인 거래 상대방이 된 것은 (일본을 제외한) 동아시아 국가들이었다. 동아시아 국가의 정부는 투자를 북돋우기 위해 할 수 있는 모든 조치를 취했다. 즉, 인플레이션을 억제했고 통화가치를 낮췄으며, 기반시설에 대규모로 투자했다.

몇몇 후발 업체들은 '리버스 엔지니어링'(다른 기업을 베끼는 행위에 대한 완곡 표현)에 능했다. 그들은 칩을 경쟁사의 것과 동일한 설계 레이아웃으로 생산했다. 그런 행위는 미국이 1984년 반도체칩보호법Semiconductor Chip Protection Act을 통과시킨 뒤에야 불법으로 금지

되었다.

———

삼성 창업자 이병철 회장이 폐암으로 타계한 1987년, 삼성전자는 100만 비트의 정보를 저장하는 1메가 D램을 생산하기 시작했다. 자체 기술로 256K D램을 개발한 지 불과 1년 반 지난 때였다. 삼성전자의 기술은 미국 업체 마이크론으로부터 64K D램 기술을 라이선스 받은 1983년 이후 지수적으로 발전했다. 다른 업체들은 삼성전자의 라이선스 요청을 거절했었다.

삼성전자는 정책자금 대출을 포함해 정부 지원을 받았다. 그러나 과단성도 돋보였는데, 그 사례가 일본 업체들이 망설일 때 IBM의 조언에 따라 더 큰 200밀리미터 실리콘 웨이퍼를 택한 것이다. 이 결단의 부수 효과로 삼성전자는 200밀리미터 웨이퍼에 맞는 새 장비를 저렴하게 공급받았고 새 장비는 생산성 향상에 도움을 주었다. 삼성전자는 1993년 자체 연구개발 조직을 설립했고, 세계 D램 시장의 리더로 등극했다.

전에 일본 경쟁자를 대상으로 취한 조치와 비슷하게 마이크론은 1992년 미국업계를 대표해 삼성전자에 대해 반덤핑 청원을 제기했다. 마이크론은 한국이 D램을 미국에 공정한 가격보다 낮게 수출하고 있다고 주장했다. 반덤핑 조치가 취해졌지만 삼성은 나중에 혐의를 벗었다.

다른 메모리 기술이 등장했을 때에도 삼성전자는 리더 자리에 신속하게 오르는 역량을 거듭 보여주었다. 낸드NAND 플래시 메모리는 일본 도시바가 개발한 기술이었다. D램은 전원이 꺼지면 저장된 정보가 사라지는 데 비해 플래시 메모리는 전원이 끊겨도 저장된 정보를 보존하는 장점이 있다. 플래시 메모리는 노어NOR형과 낸드형으로 구분된다. 도시바는 인텔에 밀리겠다는 걱정에 낸드 플래시 메모리 설계의 라이선스를 삼성전자에 제공했다. 삼성전자는 1994년에 이 메모리를 처음 출시했고 10년이 지나지 않아 1위 업체가 되었다.

기본적인 조립 작업과 단순한 기술 라이선싱으로 시작한 업체들이 한 세대가 조금 지나자 핵심 부품에서 시장 리더로 변신했다. 전적으로 미국의 것이었던 산업의 상당 부분을 아시아 제조업체들이 신속한 추격과 리버스 엔지니어링, 능숙한 생산을 통해 '훔쳤다'는 주장에는 논란의 여지가 있다. 다른 설명은 미국 소비자와 월스트리트 주주들이 조장한 결과 미국 반도체 시장의 큰 부분이 그들에게 내주어졌다는 것이다.

어쨌거나 글로벌 경쟁이 마이크로칩과 관련 전자시장에 몰아쳤다. 미국은 여전히 이 산업에 두뇌를 제공했지만, 동아시아는 제조하는 근력을 적용해 복잡한 공급사슬 중 불가결하고 흔들지 못할 고리를 확보했다. 특히 한 섬나라가 특유한 기여를 만들어나갔다.

■ 나쁜 정도가 가장 덜한 선택

잭 킬비가 1958년 TI에 입사한 지 몇 달 뒤 다른 직원이 댈러스 본사에 등장했다. 진지하고 집중하는 성격의 그가 마이크로칩에 미친 영향은 킬비의 기여와 마찬가지로 오래 지속된다. 그의 영향은 반도체산업이 무엇을 이룩했는지보다는 반도체산업이 어떻게,

특히 어디에서 발전했는지와 관련이 있었다.

모리스 창(중국명 장충모張忠謀)은 중국 상하이 인근 닝보寧波에서 1931년에 태어났다. 부친은 공직자 출신 은행원이었다. 어릴 때 그의 집은 중일전쟁의 전화를 피해 여러 도시를 옮겨다녔다.

그는 미국 보스턴에 거주하던 숙부의 도움을 일부 받아 1949년 하버드 대학교에 입학한다. 소설가였던 장래 희망을 엔지니어로 바꾸는데, 중국인 직업으로 후자가 더 존중받는다고 생각해서였다. 그는 MIT로 옮겨 공부하다 박사학위 자격시험에서 떨어진 뒤 취업으로 방향을 바꾼다. 1955년 입사한 첫 직장은 실바니아 Sylvania Electric Products로, 제2차 세계대전 때는 진공관을 대량 생산했고 당시에는 게르마늄 트랜지스터를 만들었다. 그에게 주어진 첫 임무는 트랜지스터 신뢰도 향상이었다. 그는 윌리엄 쇼클리의 논문 '반도체의 전자 및 정공과 트랜지스터 전자공학에 대한 응용'을 읽고 직접 트랜지스터를 설계하기도 한다. 그러나 실바니아의 마케팅 역량이 미흡한 데 실망해 3년 만에 TI로 이직한다.

댈러스에서 그는 빠르게 관리자로 승진한다. 주요 고객인 IBM한테 공급하는 트랜지스터 생산라인의 수율을 높인 공로를 인정받았다. 공정 중 여러 단계마다 온도와 압력에 변화를 줌으로써 사실상 0이었던 수율은 25%로 높아졌다. 그는 "일시에 우리는 비즈니스를 하게 되었다"며 "전에는 그저 불량품을 만들어내고 있었다"고 말했다.[22]

그는 마케팅 기법에도 변화를 일으켰다. 신상품 가격을 조기에 인하함으로써 시장 점유율을 높였고, 이 방식은 업계의 관행이 되었다. 성과를 인정받아 고속 승진해 CEO보다 두 단계 아래 직급에서 반도체 부문을 이끌게 되었다. 그는 일을 꼼꼼히 챙기기로 유명했다. 그가 공장을 챙겨볼 때면, 현장 사람들은 왕족 방문에 버금가게 준비했다.

그는 탄탄한 경력을 쌓아가며 꿈을 키웠다. 비록 전략적인 군수 공급회사인 TI가 외국인에게 경영을 맡길 가능성은 낮았지만, 언젠가는 CEO가 되겠다는 목표를 잡았다. 그런데 TI가 1970년대 말에 사업의 중심을 반도체에서 계산기와 디지털시계, 가정용 컴퓨터로 옮기기로 하면서 그의 궤도가 틀어지게 된다. 회사는 그에게 소비자가전 경영을 맡겼지만 그는 미스캐스팅이라고 생각했다.

그는 "소비자가전은 고객이 전혀 다르고 시장도 그렇다"고 말했다. "그 사업에서 앞서가려면 해야 하는 일도 달라요. 반도체에서는 기술과 비용뿐이었어요. 소비자가전에서는 기술이 돕지만 소비자에게 주는 매력이라는 요인이 있어요. 모호한 변수죠."[23]

재임 기간에 '스피크&스펠Speak&Spell' 같은 히트 상품도 나왔다. 세계 최초로 단일 칩 음성 합성기를 활용한 말하는 전자 장난감이었다. 하지만 실적은 점점 더 나빠졌다. 회사의 주목을 받지 못하게 되었다고 느낀 그는 1983년에 사직했다.

곧바로 뉴욕의 다른 칩 제조회사 제너럴인스트루먼트에 사장 겸 최고운영책임자COO로 영입되었다. 이 회사는 사업 방식이 그와 어울리지 않아 1년 만에 그만두었다. 한가해진 그에게 대만의 리궈팅李國鼎 무임소장관이 전화했다. 리 장관은 그에게 대만 공업기술연구원Industrial Technology Research Institute, ITRI의 원장 직을 제안했다. 수십 년 동안 미국에서 공부하고 활동한 그에게는 난데없는 제안이었다.

모리스 창은 TI에서 일할 때 대만에 조립·테스트 공장을 지은 경험이 있었다. 리 장관과도 친분이 있었다. 리 장관은 ITRI가 미국 벨 연구소처럼 첨단 기술을 개발함으로써 명성을 날리면 좋겠다는 비전을 품고 있었다. 전에 재무장관으로 재직한 그는 큰 그림을 좋아했고, ITRI 비전도 그렇게 그려진 것이었다. 그는 케임브리지 대학교의 어니스트 러더퍼드 아래에서 방사성 물질을 공부한 뒤 초전도체를 연구했다. 물리학을 접고 중국에 귀국한 뒤에는 정치와 경제 분야에서 활동하다 1948년 중국공산당을 피해 대만으로 왔다. 그는 "전쟁이 내 삶에 심대한 영향을 미쳤다"면서 "연구를 포기한 것을 후회한 적은 전혀 없다"고 말했다.[24]

대만은 1970년대에 농업 이외의 산업으로 더 알려지게 되었다. 예를 들어 제너럴인스트루먼트는 초기에 이곳에 진출해 공장을 짓고 TV 부품을 제조했다. 반도체는 아니었다. 대만은 ITRI를 통해 반도체 기술을 도입한 경험이 있다. ITRI와 미국의 RCA는 1975년 라이선스 계약을 체결했고, 그 내용에는 대만 엔지니어 연수도 포함되어 있었다. 이와 관련해 ITRI 보고서는 "가장 값진 성과는 ITRI 연수생들이 들여온 암묵지였다"고 자평했다.[25] (이는 모리스 창의 평가와 상반된다. 창은 RCA는 반도체산업에서 앞선 업체가 아니었고, ITRI에 넘긴 기술은 한 세대 뒤처진 종류였으며, 1975년 라이선싱 계약 이후 대만이 그 기술을 활용해 생산하기 시작한 1980년이 되면 해당 기술은 더 밀려난 상태였다고 말했다 —옮긴이).

리 장관은 연구개발에 대규모로 투자하는 기업에 세제 혜택을 제공했다. 과학과 공학, 컴퓨터 교육, 해외 인재 영입 등을 위한 지원이었다. 모리스 창처럼 중국 출신으로 해외에서 역량을 쌓은 인재도 주요 영입 대상이었다.

그는 실리콘밸리 형성에 기여한 스탠퍼드 공대의 프레더릭 터먼 학장의 조언을 들었다. 대만이 실리콘밸리의 성공을 모방하기 위한 방안으로 1980년에 신주과학단지를 2제곱킬로미터 면적으로 조성했다. 초기 입주사에는 세금 면제와 저렴한 자금 대출, 토지 가격 인하 등의 혜택을 제공했다. 〈재팬 타임스〉는 신주가 "면밀한 계획을 기초로 내린 결의와 자신의 상징"이라고 평했다. 이어 대만의 목적은 "자국의 산업 및 무역 구조를 일본이나 미국 같은 선진 공업국 수준으로 끌어올리는 것"이라고 설명했다.[26] 신주과학단지 인근에 대만 국립칭화대학교와 국립치아오퉁交通대학교가 있어 인재를 공급할 수 있었다.

대만 안팎의 변화는 우호적이지만은 않았다. 중국이 1978년에 경제를 개방하면서 투자 대상으로서 대만의 매력이 시들해졌다. 1980년대에는 대만 통화가치와 임금이 오르면서 대만 기업들도 더 나은 조건을 찾아 해외로 나가기 시작했다.

대만은 기어를 한 단 높이고자 했다. 생산 품목을 컴퓨터와 모니터에서 그 안의 부품으로 심화하고자 했다. 이런 맥락에서 모리스 창에게 ITRI 원장 자리가 제안되었다. 모리스 창을 끌어들이기 위해 대만의 순윈쉬안孫運璿 행정원장(총리)이 나섰다. 엔지니어 출신인 순 행정원장은 모리스 창에게 큰 목표를 제시했다. 창은 순 행정원장이 "역량을 발휘해 (미국의) 연구 결과를 기술이전 하여 대만 기업이 경제적으로 실익을 얻을 수 있기를 원한다"고 말했다고 회고했다.[27] (모리스 창은 '연구'보다는 '응용'에 중심을 둔 순 행정원장의 주문이 자신을 움직였다고 회고했다. 순 행정원장은 ITRI 인사권자로서 모리스 창을 원장으로 임명했다—옮긴이).

모리스 창이 대만에 오자 리 장관은 목표를 구체화했다. 사업화에 초점을 맞춘 연구에 그치지 말라면서 경쟁력 있는 반도체 기업을 양성하기를 원한다고 밝혔다. 그는 며칠 말미를 주고 창에게 사업계획서를 작성해보라고 요청했다. 아울러 자금이 얼마나 필요한지도 알려달라고 말했다.

———

그는 시장을 조사하는 동시에 대만의 강점과 약점을 평가했다. TI에 재직하는 동안 숨가쁘게 변화하는 반도체산업을 경험했다. 대만이 발전을 원한다면 TI와 인텔, AMD 같은 오래 전에 자리 잡은 대기업들과 싸워야 했다. 그러나 대만 기업들은 연구개발, 회로 설계, 판매·마케팅 등 분야에서 절망적일 정도로 뒤처져 있었다. 아무도 대만을 기다려주지 않았다.

대만의 유일한 강점은 제조 역량이었다. 창은 제조를 "나쁜 정도가 가장 덜한 선택"이라고 여겼다.[28] 전자업체들은 이미 여러 해 동안 조립·생산 작업을 대만에 위탁하고 있었다. 칩 업체들을 위한 독립적인 생산 전담 회사라는 아이디어가 말이 된다고 그는 생각했다.

창에게 다른 아이디어도 떠올랐다. TI와 제너럴인스트루먼트에서 일할 때 그는 칩 설계자들이 막대한 공장 설립 비용 부담 때문에 벤처기업을 설립해 독립해나가지 못하는 상황을 자주 마주쳤다. 자신의 공장을 갖추지 않고도 시작한 벤처기업가에게 대안이 있긴 했다. 대기업의 생산라인이 남아돌기를 기다렸다가 생산을 맡기는 것이었다. 실리콘밸리에는 차에 웨이퍼를 가득 채운 상자를 싣고 가공해줄 공장을 찾아 빙빙 도는 벤처기업들이 있었다. 만들어 준 대가로 그 벤처기업이 어렵게 개발해낸 지식재산을 공유해달라고 하는 회사도 종종 있었다. 모리스 창은 그런 벤처 기업가들에게 새로운 대안을 제시할 수 있다고 봤다.

1987년 대만에 변화의 바람이 불었다. 7월에 국민당 정부가 38년 만에 계엄령을 해제했다. 앞서 2월에는 TSMC가 출범했다. 창은 초기 자금을 2억 2,000만 달러 규모로 든든하게 조달했다. 절반은 대만 정부가, 4분의 1 이상은 네덜란드 반도체 회사 필립스가 댔다. 필립스는 게다가 자신의 기술 중 일부를 이 신생 기업에 라이선스했다. 나머지는 대만 투자자를 통해 조달되었는데, 여기엔 창이 해외 전문가라는 점이 결정적으로 작용했다.

물론 이 모델이 통할지 회의적으로 바라보는 시각도 있었다. 인텔과 TI, 몇몇 일본 반도체 회사들은 투자를 거절했다고 창은 몇 년 후 스탠퍼드 대학교 행사에서 밝혔다.[29]

당시 통설은 칩 업체가 성공하려면 설계 기술과 생산 기술을 나란히 보유해야 한다는 것이었다. 설계와 생산을 분리할 경우 문제가 복잡해지는데, 특히 지식재산이 철저하게 보호되는 경우 더 그렇다고 여겨졌다.

"진정한 남자real men라면 팹을 보유한다." AMD의 거침없는 회장 제리 샌더스Jerry Sanders가 던진 말이다. 그는 생산 역량을 보유하는 게 중요하다고 믿었다. 이 유명한 말의 발언자는 T.J. 로저스라는 설도 있다. 직설적인 그는 캘리포니아 산호세 소재 사이프러스 세미컨덕터를 경영했다.

처음에 TSMC는 부스러기로 연명했다. 인텔과 모토롤라, TI를 비롯한 반도체 대기업들은 기술이 가장 낡았지만 잔여 수요는 있는 칩의 생산을 기꺼이 넘겼다. 그럼으로써 자기네 생산능력을 최신 설계 칩에 돌릴 수 있었다. 결과는 실망스럽지 않았다. 창은 수년 뒤 "다들 이 신생 회사가 경쟁력이 약하리라고 예상했다"고 말했다. 이어 "그랬던 그들은 이 신생 회사 TSMC가 강력한 공급자임을 알게 되었다"고 들려줬다.[30]

1990년대 초부터는 특화 칩을 설계하는 팹리스 스타트업들이 TSMC에 일감을 가져왔다. 그들은 자기네와 경쟁 구도에 있지 않은, 즉 설계는 하지 않는 공장에 생산을 맡기고자 했다. 대표적인 기업이 1993년에 출발한 캘리포니아의 그래픽 전문 기업 엔비디아였다. TSMC는 반도체산업의 변화를 촉진했다. 칩 업체들이 R&D에 더 빠르게 투자할 수 있게 됨으로써 산업 발전을 가속화하고, 결과적으로 최종 소비자의 편익이 증대되었다. TSMC를 창업한 1987년에 25개이던 팹리스는 창익 추계에 따르면 10년 사이에 20배로 증가했다.[31]

TSMC는 많은 사업을 수주했지만 세부적인 부분까지 세심한 주의를 기울이지 않고는 이를 유지할 수 없었다. 1999년 어느 금요일 오후, 엔비디아의 공동 창업자인 젠슨 황Jensen Huang은 연필과 검은색 수첩 하나만 들고 혼자서 찾아온 창을 만났다. 마침 그곳에 온 창이 소중한 고객을 만나러 들른 것이었다. 황은 나중에서야 창이 두 번째 부인 소피와 함께 미국에 신혼여행 중이었다는 사실을 알게 되었다.

TSMC가 성공을 거두면서 리 장관의 다른 목표도 달성되었다. 인재 유출을 줄인다는 목표였다. 1970년대와 1980년대에는 대만 유학생 수천 명이 미국 대학원으로 갔다. 미국의 매력은 장학금과 좋은 일자리였다. 행정원 산하에 있던 청년위원회National Youth Commission의 조사에 따르면 1970년대에는 유학을 마치고 귀국하는 비율이 10%에 불과했으나, 1998년에는 30%를 넘겼다. 돌아온 인재 중 대표적인 인물이 마크 리우Mark Liu다. 국립타이완대학교에서 전기공학을 전공한 그는 UC 버클리에서 전기공학·컴퓨터공학 박사학위를 취득했다. 벨 연구소에서 해저 통신 케이블을 연구하던 그는 귀국해 1993년 TSMC에 입사했다. 그가 능력을 인정받은 대표적인 과제는 10억 달러가 투입된 공장 건설 건이었다. 2013년 CEO로 선임되었고 2018년 회장에 추대되었다. 대만은 강한 자력磁力으로 노동자와 고객, 연구 인력을 끌어당겼다.[32]

막대한 비용이 들고 변화가 빠른 시장에서 모든 것을 할 수는 없다는 창 회장의 깨달음은 TSMC가 단 한 가지 중요한 분야에서 탁월한 역량을 달성하도록 이끌었다. 글로벌 입지를 구축할 수 있도록 대만 정부가 20년에 걸쳐 집중적으로 지원한 덕분에 TSMC는 마이크로칩 산업의 구조를 바꾸어냈다.

TSMC는 조력자였지, 경쟁자는 아니었다. 신생 업체들의 반도체 설계 역량에 날개를 달아주었고, 오래된 회사들한테는 추가적인 생산 능력을 제공했다. TSMC는 고객사를 통제하지도 않았고 정치적인 영향력을 행사하지도 않았는데, 이런 배려는 TSMC의 발전을 가속했다.

그 나름대로 ARM은 TSMC와 비슷한 사업모델을 활용한 기업으로 자리 잡고 있었다.

2부

ARM

(2001~2016년)

8장

인텔 인사이드: PC 강자가 모바일을 넘보다

■ 굿바이, 그로브

주주 수백 명이 2005년 5월 18일 캘리포니아의 산타클라라 컨벤션센터로 모였다. 그들은 잠시 후 무슨 일이 벌어질지를, 그리고 그 일이 역사의 한 조각을 이루리라는 것을 알고 있었다. 많은 이들이 순례자처럼 매년 이 행사에 모여들었다. 매년 컨벤션센터의 비슷한 위치에 앉아 연단의 발언자들을 보는 사람들도 적지 않았다. 이날 참석한 주주 중에는 과거 직원이었던 사람들이 많았다. 그들은 이 회사를 세우는 데 크게 기여했고 자기 재산의 대부분을 이 유명한 미국 회사 덕분에 형성했다.

이날의 하이라이트는 다른 누구보다도 더 큰 기여를 한 사람이

이 거대 마이크로칩 회사를 공식 은퇴하는 고별 행사였다. 1968년 로버트 노이스와 고든 무어가 인텔을 창업한 당일 합류해 이른바 전설적인 트리오를 구성한 앤디 그로브는 두 사람과 함께 인텔을 키워냈다. 그는 이사회 의장과 CEO 자리에서 물러나기로 했다. 이사회 의장으로서 8년 활동했고, 그에 앞서 CEO로 11년 재직했었다. 그는 인생 중 도합 37년을 인텔과 함께했다.

인텔의 사외이사인 데이비드 요피David Yoffie 하버드 경영대학원 교수가 첫 헌사에 나섰다. "그는 탁월한 선동가이자 비전 제시자, 카리스마 있는 리더, 과학기술 전문가, 교육자, 아버지, 할아버지, 저술가, 정책 옹호자, 박애주의자라고 봅니다." 요피 교수는 더 중요한 점으로 앤디는 현재 상황에 결코 만족하지 않았다는 사실을 꼽았다. "그는 세상을 바꾸기 위해 끝없이 자신과 주위 모두를 밀어붙였습니다."[1]

인텔에서 31년 근무한 베테랑 크레이그 배럿Craig Barrett CEO가 칭송하는 분위기를 더 고조시켰다. 그로브의 후임으로 이사회 의장을 맡게 되는 배럿은 "나는 그를 멘토로 여긴다"며 그를 "위대한 경영자, 위대한 인간, 위대한 인간의 표상이라고 생각한다"고 말했다.[2]

이토록 존경받은 기업 리더이자 산업의 현자는 특히 1980년대 중반에 주력 사업을 성공적으로 전환시킨 공적으로 높이 평가받았다. 즉, 포화된 메모리 칩에서 초기 단계의 마이크로프로세서로 사업의 중심을 옮김으로써 인텔을 엄청난 성공으로 이끌었다.

오랜 동료 고든 무어 당시 인텔 명예회장이 바라보는 가운데, 무테 안경에 부스스한 회색 머리칼의 그는 고국 헝가리의 억양이 강하게 밴 말투로 고별사를 시작했다. 그는 20세 때 공산국가 헝가리를 탈출해 돈 한푼 없이 미국에 도착했었다. 까다로운 그로브였지만 감개가 무량한 듯, 따뜻한 말을 나눴다.

그로브는 "일하는 시간의 80%를 재미있게 만들어줬고, 내가 인텔의 일원이라는 점을 자랑스럽게 해준 전현직 임직원들에게 헌사를 바친다"고 말했다. 가족에 대해서는 "아내 에바와 딸 카렌과 로비가 인텔을 내 형제자매, 또는 또 다른 연인으로 이해하고 받아들여주었다"면서 감사를 표했다.[3] 그로브의 가족은 가까운 회사 사람들과 함께 그가 파킨슨병 진단을 받아들이는 과정을 도왔다. 그로브의 파킨슨병 진단은 1년 뒤에 알려졌다.

그날 (인텔의 고문직을 맡았지만) 퇴사한 그로브가 인텔에 남긴 유산은 놀라웠다. 주주총회가 열린 컨벤션센터에서 차로 5분 거리에 있는 인텔은 현금을 낳는 기계였다. 2004년 매출 342억 달러에 순이익 75억 달러를 올렸다. 전년 대비 순이익이 3분의 1 증가했고, 주주에게 사상 최대 금액인 10억 달러를 배당했다.[4] 초기 인텔을 이끌었고 1990년 타계한 노이스는 자신의 오래된 파트너들인 무어와 그로브가 회사를 그렇게 높은 경지로 키워낼지는 꿈에도 상상하지 못했을 것이다.

인텔은 여기에 안주하지 않았다. 앞서 12개월 동안 48억 달러를 연구개발에 쏟아부었다. 인텔은 자신들의 마이크로프로세서가 90나노미터 공정기술을 활용해 제조되고 있다는 사실에 의미를 두지 않았다. 그 폭이 세계에서 가장 작은 미생물인 바이러스 크기보다 작았지만 그 상태에 머물지 않았다. 인텔은 65나노미터 기술에 투자하고 있었고, 그 기술을 적용한 칩은 2005년 상반기에 출시될 예정이었다. 그해 사업보고서에 인텔은 무어의 법칙이 향후 10~15년 더 통할 것으로 믿는다고 자랑스럽게 선언했다.[5]

강고함, 지속성, 막대한 현금을 갖춘 인텔은 자신들의 오늘을 만들어낸 반도체산업에서 언제나처럼 지배적일 것처럼 보였다. 그러나 갈채가 주주총회 장소에 울려퍼지는 동안—겉치레 없이 일 많은 것으로 유명한 이 회사로서는 드문 축하 파티 시간이었다—그로브로부터 책임을 넘겨받은 경영자에게 닥칠 시련이 형성되고 있었다.

■ 새로운 경쟁

펩시와 코카콜라, 아마존과 월마트, 아디다스와 나이키. 수십 년 동안 기업익 세계를 생동감 있게 만든 전설적인 경쟁을 벌인 회사들이다. 이들의 전쟁과도 같은 경쟁 덕분에 주주들은 배당을 듬뿍 받고, 소비자를 위한 혁신이 촉발되고, 광고회사 경영진의 눈에는 달러 신호가 반짝이며, 금융 저널리스트들은 현란한 제목을 뽑아낸다. 최상의 경쟁은 감탄 속에서 오는데, 서로 개선의 동기를 부여하기 때문이다.

인텔에게는 이미 숙적 AMDAdvanced Micro Devices가 있었다. 두 회사의 오랜 전쟁은 주요 등장인물인 텍사스 석유 재벌 J. R. 유잉, 그의 형제 바비와 최대 라이벌 클리프 반스가 치고받는 내용인 TV 시리즈 '댈러스'처럼 골육상쟁의 성격을 띠었다. 다른 점은 더 오래 치러졌다는 사실이었다. AMD 창업자 제리 샌더스는 페어차일드 세일즈맨 출신으로 고급 승용차와 가슬가슬한 린넨 셔츠 등으로 과시하기를 즐겼다. 샌더스는 페어차일드 시절부터 로버트 노이스를 아버지처럼 여기고 따랐다. 노이스는 그런 샌더스를 특별히 배려해 1976년에 AMD에 인텔 8086 칩에 대한 제조 라이선스를 주었다. AMD에 이런 특혜를 준 논리는 이 칩에 대한 대형 고객사들의 수요가 증가하는 상황에서 AMD를 2선 공급자로 함으로써 공급 부족이 발생하지 않도록 한다는 것이었다.

노이스는 "우리는 AMD를 아는데, 그들의 생산능력은 우리의 시장 지배력을 위협할 정도가 아니"라고 생각했다. 책 《인텔 3인방》은 이렇게 설명한 뒤 노이스가 두 회사의 관계에 대해 '우리는 제리를 제어할 수 있고 결국 우리는 가족'이라고 여겼다고 전했다.[6] 이 예외적이었던 배려는 AMD에게 매출을 올리는 길을 제시함과 동시에 인텔에는 현재까지 이어지는 법적 분쟁의 원인을 제공했다.

그로브는 샌더스에 대한 노이스의 판단에 공감하지 않았다. 그로브는 1991년 AMD를 반도체산업의 밀리 바닐리Milli Vanilli라고 비판했다. 이 듀오 대중가수는 그래미상을 수상했지만 이후 실제 노래를 부른 사람이 따로 있었고 그들은 립싱크만 했다는 사실이 폭로되었다. 그로브는 "그들의 독창적 아이디어는 인텔을 카피한다는 것이었다"고 말했다.[7]

———

ARM과 인텔은 형제처럼 연결되지 않았다. 두 회사는 각각 매우 다른 영역에서 출발해 다른 고객의 수요에 대응했다. 변화의 계기는 이동통신과 퍼스널 컴퓨터의 융합이었다. 두 회사는 서로의 궤도에 끌려들어갈 수밖에 없었다.

반도체산업의 거물 인텔한테는 칩질라Chipzilla라는 별명이 붙었다. 인텔보다 작은 경쟁사들은 반도체산업의 발전 경로를 규정하다시피 하는 인텔의 독단을 싫어했다. 인텔은 자신들의 지식재산을 철저히 보호했고, 일상다반사처럼 경쟁사를 법정으로 끌고갔다.

ARM은 전적으로 미국식 발상과 점점 그럴싸해지는 아시아 기업들의 생산이 주도하는 이 분야에서 영국 기업이자 지식재산을 공유하는 모델이라는 점에서 특별했다. ARM도 자기방어적일 때가 있었지만, 라이선스 대가와 로열티를 지불한다면 어느 회사에라도 기술을 개방하고 서비스를 제공한다는 것이 기본 방침이었다. 사실 인텔과 ARM은 직접 경쟁하지는 않았다. ARM은 프로세서 설계를 인텔의 경쟁사들에 라이선스했을 뿐이며, 결국에는 인텔에게도 제공했다. 그러나 ARM은 모바일에서 기술력을 확보했고, 그럼으로써 나중에 퍼스널 컴퓨터보다 훨씬 더 커지는 그 시장에서 인텔이 입지를 확보하지 못하게 했다.

———

두 회사가 경쟁 관계에 접어들기 전, 양사 관계를 복잡하게 한 일이 있었다. 인텔이 ARM을 인수하려고 나선 것이었다. 1994년 어느날 로빈 삭스비는 벤처에 투자하는 인텔 캐피탈의 경영자 레슬리 바다즈Les Vadasz로부터 전화를 받는다. 그로브처럼 헝가리 태생인 바다즈는 그로브의 오른팔이었다. 불쑥 전화한 바다즈는 전화해서도 바로 용건으로 들어갔다.

"ARM을 매각하고 싶어한다고 들었어요." 뚜렷한 헝가리 억양으로 바다즈가 이렇게 말했다고 삭스비는 회고했다. 인텔에서 오래 근무한 바다즈는 수 년 전 투자 업무를 시작한 이래 여러 유망한 스타트업에 투자를 제안했다.

최신 기술 발전을 따라잡고 인텔의 시장 지위를 강화하기 위해서 인텔은 작은 회사의 지분을 확보해왔다. 특히 컴퓨터와 네트워크, 인터넷 분야의 유망한 기업을 대상으로 삼았는데, 인텔 마이크로칩이 성장할 영역이라고 여겼기 때문이다. 주목할 만한 성공 사례가 시트릭스Citrix와 브로드컴Broadcom, 씨넷Cnet 등이다. 마이크로소프트의 익스플로러에 밀려 퇴장하기까지 시장을 휩쓸었던 넷스케이프는 투자 기회를 놓친 유명한 사례였다.

바다즈의 첫마디는 사실과 동떨어진 얘기였다. 시작은 힘겨웠지만, ARM은 고객을 확보하면서 매출을 만들어냈고, TI를 통해 연결된 노키아 건이 순조롭게 진척되고 있었다. 경영을 맡은 지 3년 된 삭스비는 상장도 구상했는데, 기업공개로 고생한 직원들에게 보상을 안겨주는 동시에 주주인 에이콘 및 애플의 속박도 어느 정도 풀어내고자 하는 뜻에서였다.

에이콘의 생각은 달랐다. 에이콘의 주주인 올리베티는 모회사의 재무 상태를 개선할 수 있다면 에이콘이나 ARM을, 혹은 둘 다를 매각할 의향이 있었다. 그래서 인텔은 흥미가 생겼다.

삭스비는 철저함을 추구하는 인텔의 기업문화와 인텔이 x86 시리즈를 통해 PC 시장을 장악한 방식을 높게 평가했다. 그가 ARM에 대해 품은 야심도 비슷했다. 다만 방식은 매우 달라서, 모바일 등 저전력 기기에서 글로벌 표준을 만들어내는 것이었다. 그는 1994년 인터뷰에서 "영국에서는 인텔 스타일의 성공 사례가 나오지 않았다"면서 "이제 때가 되었다고 생각한다"고 말했다.[8]

물론 ARM은 만약 인텔이 80286 칩을 에이콘에 라이선스했다면 탄생하지 않았을 회사였다. 인텔이 거절한 '덕분'에 에이콘의 헤르만 하우저는 마이크로프로세서 개발에 착수했고, 이는 ARM의 기초가 되었다. 그러나 순풍에 돛을 단 상황에서 ARM이 독립을 포기하고 대기업에 편입될 이유가 없었다. 또 인텔은 여러 시장에서 선전하고 있었지만, ARM 설계를 아직 활용하지 않았다.

"레스, 우리는 아주 잘 하고 있어요." 삭스비는 인텔의 직설적인 탐문에 이렇게 답했다. "우리는 인텔이 우리를 매수하기를 원하지 않고, 당신네도 우리를 사기를 원하지 않아요. 인텔은 우리한테서 라이선스를 받아야 해요."

이 반응은 바다즈가 관심을 내려놓도록 하기에 충분했다. 바다즈는 "ARM은 이륙을 위해 활주로에서 속도를 내고 있고, 우리가 가로막기를 원하지 않는군요"라고 말했다고 삭스비가 회고했다.

■ 오텔리니의 도전

ARM과 인텔의 대비는 폴 오텔리니가 인텔을 이끌던 시기에 더 부각되었다.

2005년 8월 23일 샌프란시스코. 오텔리니가 주주총회에서 크레이그 배럿에 이어 CEO로 선임된 이후 3개월 뒤였다. 이날 열린 인텔 개발자 포럼IDF에서 오텔리니는 취임 후 처음으로 중요한 연설에 나섰다. 인텔은 IDF를 격년으로 개최해 협력회사와 고객사, 월스트리트 투자자들에게 향후 제품 계획을 공유해왔다.

연단에 선 그는 청중에게 자신이 4년 전 IDF에서 한 발언을 상기시켰다. "당시 저는 인텔의 고전적인 초점인 기가헤르츠를 넘어서 움직이겠다는 발상을 말씀드렸습니다." 오텔리니는 이제 그 말을 실행하겠다고 밝혔다. 단순히 칩의 연산 능력을 세대를 바꾸면서 키우려고 노력하는 대신 "새로운 지표를 기준으로 성과를 보일 필요가 있다고 생각하며, 그 기준은 와트당 성과입니다."[9] 그는 인텔 칩의 전력 소비량을 2009년 말까지 10분의 1로 줄이고 성능은 10배로 키우겠다고 약속했다.

비록 그는 인텔의 초기 멤버였지만, 그를 배럿의 후임 CEO로 결정했다는 2004년 11월 발표는 과거와 단절하는 인사로 여겨졌다. 침착한 안경잽이 오텔리니는 전임자 네 명과 달리 엔지니어가 아니었다.

그는 경제학과 경영학을 전공했다. 1974년, 크레이그 배럿과 같은 해에 입사해 재무 부서에서 일을 시작했다. 1980년 IBM을 담당했을 때 IBM이 인텔의 마이크로프로세서를 선택하게끔 설득함으로써 인텔은 IBM x86 시리즈의 두뇌를 제공하게 되었다. 그는 39세 때인 1989년 앤디 그로브 CEO의 기술 담당 비서로 임명되었는데, 이 인사는 그로브가 그를 경영진으로 키우기로 한 결정에 따른 것이었다. 오텔리니는 영업·마케팅 부문에 이어 인텔 아키텍처 그룹을 담당한 뒤 2002년 최고운영책임자COO로 임명되었다.

오텔리니의 샌프란시스코 선언은 시장이 움직이고 있다는 사실을 인정한 것이었다. 인텔은 연산 능력 덕분에 지난 40년간 그렇게 강력한 지위를 지켰지만, 그것만으로는 충분하지 않게 되었다. 모바일 혁명으로 각종 기기가 벽에 연결된 전선에서 풀려나 휴대용이 되면서, 전력 효율이 고객사와 소비자들의 주요 판단 기준으로 자리 잡았다. 연산력이 뛰어난 칩을 장착했더라도 그 칩이 에너지를 빨리 소진한다면 그 기기는 유용성이 크게 떨어졌다.

배터리 사용 시간을 연장해주는 칩을 찾던 오텔리니는 이스라엘에서 해법을 발견했다고 생각했다. 전기를 많이 잡아먹는 실리콘밸리의 전통에서 멀리 떨어진, 이스라엘 제3의 도시 하이파의 개발자들은 인텔의 기존 데스크톱 칩들보다 날렵하고 단순한 센트리노 칩을 만들어냈다. 새 칩은 발열도 적었다.

2003년에 센트리노 칩이 출시된 이후 인텔의 PC 마이크로프로세서 매출 중 휴대용에 특화된 비중이 2003년 23%에서 2005년에는 36%까지 높아지리라고 예상되었다. 노트북컴퓨터는 시장을 빠르게 잠식해 2005년 여름 무렵 처음으로 PC 판매량을 앞질렀다. PC는 한 세대 동안 인텔이 막대한 이윤을 거둬온 원천이었다. 오텔리니는 컴퓨터의 무게중심이 그가 표현한 '핸드톱hand tops'으로 옮겨가는 추세에서 센트리노가 회사를 구해주리라고 기대했다.[10]

사실 센트리노는 그 즈음 인텔에서 거의 유일하게 실적이 좋은 제품이었다. 인텔은 개발 지연과 제조 차질로 인해 고전하고 있었다. 직전의 불황기에 배럿은 구조조정을 하지 않은 채로 회사를 후임 오텔리니에게 떠넘겼고, 자신은 이사회 의장이 되며 더 두둑한 연봉을 챙겼다. 앞서 배럿은 모바일을 강화한다며 100억 달러를 커뮤니케이션 사업에 쏟아부었지만 손실만 커졌다. 반면 TI는 노키아와 함께 성과를 만들고 있었다. 심지어 오랜 경쟁사 AMD도 고성능 컴퓨터 서버 시장에서 가격을 대폭 낮춘 옵테론으로 성공을 거두고 있었다.

문제의 핵심은 기술 변화를 가능하게 해온 이 회사가 정작 자신은 신속하게 변신하지 않았다는 것이었다. 그 즈음 반도체 업체들과 기기 업체들은 설계에서 협업을 했다. 인텔이 위세를 부리면서 일방향으로 지시하던 과거와 양상이 달라졌다. 인텔에게 주어진 과제는 저전력·저비용 칩 개발에 그치지 않았다. 인텔은 그런 고사양 프로세서를 만드는 데 드는 비용보다 기기가 더 저렴하게 팔리기도 하는 시장에서 이익을 내야 했다.

오텔리니는 2007년 인터뷰에서 이를 "100달러짜리 기기에 공급하는 칩으로 어떻게 돈을 벌 것인가?"라고 표현했다.[11] 이런 질문으로 바꿀 수도 있었다. 인텔은 어떻게 ARM처럼 될 수 있을까?

■ 윈텔Wintel 동맹의 힘

인텔과 ARM이 어떻게 충돌했는지 서술하기 전에, 그에 앞서 인텔이 성공을 거둔 원천인 동맹에 대해 살펴볼 가치가 있다. 기업 제휴의 역사에서 아마도 가장 성공적인 사례로 꼽힐 동맹이었다.

1971년 테드 호프와 페데리코 페이긴이 4004 마이크로칩을 개발한 이후 인텔은 무어의 법칙을 반복하며 성능을 개선했다. 4004는 2,300개의 트랜지스터를 탑재했고 크기는 1밀리미터의 100분의 1인 10마이크로미터였는데, 8086은 크기는 3분의 1도 안 되고 트랜지스터 수는 10배 이상이며 최대 메모리 용량은 4,000배나 되었다. 프로세서는 계산기, 게임 콘솔, 취미용 조립 컴퓨터에 탑재되기 시작했고, 가격과 성능이 개선될 때마다 새로운 시장 기회가 생겨났다.

하지만 이 점은 경쟁사에도 마찬가지였다. 인텔은 모토롤라 및 1974년 페이긴이 회사를 떠나며 설립한 질로그Zilog의 칩에 잘 대응하지 못했다. 실제 모토롤라의 68000 칩—로빈 삭스비가 에이콘의 헤르만 하우저와 크리스 커리에게 판매하는 데 실패한—은 인텔이 1978년 출시한 16비트 프로세서 8086보다 더 잘 팔렸다.

그렇게 해서 '깨부수기 작전Operation Crush'이 마련되었다. 이 작전은 8086 칩을 판촉하기 위해 공격적인 목표를 정하고 수시로 달성 정도를 챙기는 방식으로 추진되었다. 각 담당자는 한 달에 새 고객을 적어도 한 곳 확보해야 한다는 압박을 받았고, 목표를 달성한 세일즈맨한테는 타히티 여행을 포상휴가로 제공했다. 이런 공격적인 전략이 없었더라면 인텔의 한 세일즈맨이 거대한 자체 칩 제조 역량을 갖춘 컴퓨팅 업계의 리더에게 접근할 생각을 하지 못했을 것이다. 바로 IBMInternational Business Machine이었다.

———

인텔 세일즈맨 얼 훼트스톤Earl Whetstone은 '빅 블루가 마이크로프로세서가 포함되었을 수 있는 비밀 프로젝트를 추진하고 있다'는 소문을 듣고 플로리다의 보카레이턴에 있는 IBM에 전화를 걸었다.[12] 그는 운이 좋았다.

빅 블루는 퍼스널 컴퓨터 시장을 수년간 방관해오다 시장 진출을 진지하게 고려하는 중이었다. 빅 블루라는 별명은 이 회사의 메인프레임과 사용 설명서, 로고의 색에서 유래했다. 그룹의 최고경영자인 프랭크 캐리Frank Cary는 "코끼리가 탭댄스를 추게 하려면 어떻게 해야 할까요?"라는 유명한 말을 했는데, 민첩한 경쟁자들을 따라잡기 위해 이 거대한 조직을 어떻게 움직여야 하는가 하는 고민을 반영한 것이었다. PC 시장에 진입하기로 한 IBM은 느려터진 내부의 제품 개발 프로세스를 벗어날 수 있도록 회사 외부에 신설한 조직으로 하여금 비밀리에 프로젝트를 추진하도록 했다.

돈 에스트리지Don Estridge가 이끈 이 팀은 인텔 8086 칩의 저렴한 버전인 8088칩을 IBM 신형 컴퓨터의 마이크로프로세서로 선정했다. 우연히도 IBM은 신형 컴퓨터의 암호명을 에이콘이라고 지었다. 영국에 동일한 업종에 같은 이름의 회사가 있었다는 사실은 아마도 모른 채였다.[13] 인텔 칩과 함께 MS-DOS라는 운영체제가 채택되었다. 이는 마이크로소프트가 사들인 DOS를 IBM 신형 컴퓨터용으로 수정한 것이었다. 당시 24세인 빌 게이츠의 마이크로소프트에서는 직원 수십 명이 일하고 있었다.

IBM의 신병기는 주목할 변곡점이었다. IBM이 1970년대에 판매해 큰 성공을 거둔 메인프레임은 가격이 900만 달러에 달했고 냉방된 공간 약 1,000제곱미터와 명령어 입력 등을 위한 60명 정도의 인력이 필요했다.[14] 기술에 관한한 IBM의 메인프레임은 대형 컴퓨터 앞에서 머리를 긁적이는 CEO들에게 안전한 선택이었다. "IBM을 구매했다고 해서 잘린 사람은 없다"는 말이 이를 나타낸다. 그러던 이 회사가 이제 내놓은 기기는 직장과 가정 모두에서 쓰일 수 있었다. 크기가 메인프레임에 비해 초소형으로 줄었고 가격은 1,600달러 정도였다. 이 퍼스널 컴퓨터로는 회사 업무를 처리하는 외에 TV에 연결하면 비디오게임도 할 수 있었다.

IBM 5150이 1981년 8월 12일 뉴욕 월도프 아스토리아 호텔에서 출시되었을 때, 이 PC가 일으킬 충격을 예상한 사람은 아무도 없었다. 출시 7개월 전 미국 법무부가 IBM을 상대로 12년간 벌여온 반독점법 소송을 철회했고, IBM은 AT&T처럼 해체되지 않게 되었다. 규제의 압박에서 벗어난 만큼, IBM은 과거와 동일한 방식으로 PC를 만들어 판매할 수 있었으리라고 쉽게 추정할 수 있다. 즉, IBM은 출시하는 PC 전부를 설계하고 제조할 수 있었다.

IBM은 그러지 않았다. 오히려 경쟁자들까지 끌어들였다. IBM은 5150의 원시코드(소스코드)를 공개함으로써 호환 PC의 바탕을 깔아줬다. 시장을 독점하려 한다는 비판의 소지를 없애는 포석이었다. IBM의 공유 덕분에 PC의 산업 표준이 만들어졌고 이는 다시 게임을 비롯한 응용프로그램이 앞다퉈 개발되는 기반이 된다. IBM은 5150 수요를 지나치게 적게 예측했다. 이 회사는 첫 12개월에 20만 대를 포함해 3년 간 100만 대를 예상했다. 기업에 5150을 팔기는 그동안 사무용 중대형 컴퓨터에서 쌓은 명성이 있어서 손쉬웠다. 퍼스널 컴퓨터 시장 역시 브랜드 신뢰도를 바탕으로 빠르게 넓혀나갔다. 가정 및 교육 시장을 겨냥한 애플과 에이콘 같은 경쟁사들의 PC는 IBM 5150의 인기에 휩쓸려 밀려났다. 둘째 해가 되자 월 최다 20만 대가 팔렸다. IBM은 시장의 80%를 차지했다. 이 점유율은 이 회사가 과거 기업용에서 누린 지배력에 버금가는 수준이었다.[15]

이처럼 엄청난 성공에 대해 주간지 〈타임〉은 1982년 IBM PC를 '올해의 기계'로 선정함으로써 의미를 부여했다. 매년 선정한 '올해의 인물'을 이 해에만 대체한 것이었다. 이 매체는 이렇게 선언했다. "미국인의 사랑이 자동차에서 텔레비전을 거쳐 이제 현란한 퍼스널 컴퓨터로 뜨겁게 옮겨가고 있다."[16]

그러나 IBM의 전성기는 오래 가지 않았다. 델과 휴렛팩커드 등은 이른바 클론의 가격을 계속 떨어뜨렸고, 머지않아 IBM은 자신이 불쏘시개로 지펴놓은 시장을 따라잡느라 고군분투하게 되었다. 컴팩Compaq은 IBM이 선택한 칩보다 업그레이드 된 인텔 칩을 채택했다. 이는 궁금함을 자아내는 차이였는데, 왜냐하면 성능이 개선된 정도가 현격했기 때문이다. 컴팩 PC가 내장한 인텔의 32비트 80386 칩의 트랜지스터 수는 27만 5,000개로 IBM의 80286 칩에 비해 두 배에 가까웠다.[17]

———

설령 세계 최대 기업이고 다우존스산업평균 지수를 1980년대에 종종 사상 최고로 밀어올렸을지라도, 먹고 먹히는 기업 세계에서는 왕좌에서 밀려날 수 있다. 컴퓨터 '상자'를 파는 사업은 어느새 이윤을 남기기 어렵게 되었다. PC가 시장을 주도하던 시절은 옛 이야기가 되었고, IBM은 2004년 12월 PC 사업부를 중국 레노보에 매각했다.

같은 주에 발행된 《컴퓨터 연감》에 따르면 IBM 호환 PC는 누적해서 15억 대, 금액으로는 3.1조 달러만큼 판매되었다.[18] 놀라운 수치였다. 수십 년 전 IBM의 초대 회장 토머스 왓슨(재임 1914~1956)이 내놓았다는 "세계 컴퓨터 시장 수요는 다섯 대 정도 될 것이라고 생각한다"는 전망에 비추면 더 경이로운 규모다. 이 말의 출처는 확인하기 어려웠다.

레노보에 매각하기 한참 전, 1981년 PC 시장의 장기 승자가 누구일지 분명해졌다. IBM은 마이크로소프트가 운영체제에 대한 권리를 보유함은 물론이고 다른 PC 업체들에 라이선스할 수 있도록 허용했다. 그 결과 운영체제를 원하는 업체들이 몰려들었다. IBM은 인텔에도 제약을 걸지 않았다. 사실 IBM의 지원은 칩 공급자에게는 한층 더 이루어졌다. IBM은 1982년 말 인텔에 2억 5,000만 달러를 투자해 지분 12%를 받았다. 시장 평가액보다 후하게 쳐준 거래였고, 이로써 인텔은 생명줄 같은 현금을 공급받았다. 당시 인텔은 메모리 칩 수요는 부진하고 PC 판매는 아직 활발해지기 전이라 고전하고 있었다. IBM은 지분을 20%까지 확대했다가 5년 뒤 매각했다.

컴퓨터산업은 표준이 된 x86 칩들을 중심으로 형성되었다. PC의 속도와 용량, 가격 대비 성능의 관계는 지수적으로 발달했다. 이는 인텔이 패권을 쥐고 x86 라인을 향상시킨 데서만 비롯된 결과는 아니었다. 다른 PC 업체 수백 곳이 따라서 한 결과였다. 마이크로소프트 윈도와 함께 인텔의 칩은 세대를 거듭하며 PC에 설치되고 라이선스되었다. 두 업체는 도합 매년 수십억 달러를 벌어들였고, IBM이라는 촉매가 사라진 뒤에도 여전히 재미를 보았다. 이후 더 우호적인 변수로 인터넷이 등장했다.

두 회사 간 관계가 늘 정겹지는 않았다. 인텔은 소프트웨어로 더 깊숙이 발을 들여놓으려 했고, 그로 인해 빌 게이츠와 앤디 그로브가 충돌하기도 했다. 게이츠는 그로브에게 "만약 운영체제를 개발하는 데 대해 겸손해하면서 관련된 복잡성도 보유한 업체를 인텔이 발견한다면, 우리는 함께 일해볼 수 있습니다"라는 문구가 담긴 편지를 보냈다.[19]

양사는 '윈텔'이라고 불렸다. 윈도 운영체제와 인텔의 마이크로프로세서는 한 세트로 PC에 장착되어서였다. 두 회사 모두 이 조합어를 좋아하지는 않았다. 여하간 윈텔 동맹은 마이크로소프트가 윈도95 운영체제를 선보인 1995년 8월 절정에 이르렀다. 퍼스널 컴

퓨터가 주류에 도전장을 던지듯 진입한 순간이었다. 〈뉴욕타임스〉
는 출시 행사를 "컴퓨터산업 역사상 가장 화려하고 가장 열정적이
며 가장 비싼 신제품 소개였다"고 전했다.[20]

뉴욕의 엠파이어스테이트 빌딩은 윈도95의 색 빨강과 녹색, 파
랑, 노랑으로 밝혀졌다. 마이크로소프트는 광고에 롤링스톤스의 노
래 '스타트 미 업Start Me Up'을 쓰는 대가로 수백만 달러를 지출했
다. 윈도95에서 응용프로그램을 그룹으로 모아두는 '스타트' 버튼
을 알리기 위해서였다. 미국 토크쇼 진행자 제이 르노는 부푼 회색
머리칼과 헐렁한 치노 바지 차림으로 워싱턴주 레드먼드에서 열린
호화 출시 행사를 전했다. 이 행사에서 자신만만한 스티브 발머Steve
Ballmer 부사장이 이끄는 마이크로소프트 경영진은 음악이 쿵쾅거
리는 가운데 무대에서 뻘쭘하게 춤추기 시작했다. 흥분에 휩싸인
소비자들은 윈도95 출시 첫해 4,000만 카피라는 기록적인 구매로
화답했다.

인텔의 경영진은 회사를 돋보이도록 하기 위해 무대에 오를 필
요가 없었다. 한때 기술에 대한 호기심이 많은 소수에게만 알려졌
었던 인텔 칩의 복잡한 회로는 윈도95가 미디어의 관심을 받기 한
참 전에 이미 신문·TV 광고에 등장했다. '인텔 인사이드' TV 광고
는 1991년에 시작되었고, 1994년에는 다섯 음으로 이루어진 사운
드 로고를 사용하여 인텔인 것을 바로 알아채게끔 만들었다. 이는
곧 성능과 품질의 상징이 되었고, 복잡한 내부에 대해 아무것도 모
르지만 구매를 고려하는 소비자들을 안심시킬 수 있었다.

IBM이 개방성을 통해 PC 시장의 규모를 키웠다면 인텔은 직
접 고객인 PC 제조업체들을 활용하는 영리한 마케팅 전략을 구사

했다. PC 제조업체들이 인쇄물과 PC 측면에 '인텔 인사이드'를 표시할 경우 인텔은 프로세서를 5% 할인해 공급했다(이 프로그램은 TV 광고에도 적용되었다. PC 회사가 자신의 제품을 광고할 때 중간에 인텔 인사이드 마크를 노출하고 사운드 로고를 들려주면, 인텔은 그 회사에 CPU를 6% 할인해주었다 ─옮긴이). 이 공동 마케팅 프로그램에 참여한 PC 업체 수는 1992년 말 500곳으로 증가했다. PC 업체 중 70%가 참여했다.[21]

　부품 공급사를 두드러지게 내세운다는 프로모션 아이디어를 PC 업체 모두가 좋아하지는 않았다. 자신들의 PC 브랜드의 가치에 손상을 줄 수 있기 때문이었다. 인텔의 시장 지배력을 고려할 때 조건을 받아들이는 것 외에 다른 선택지가 거의 없다며 투덜대는 업체들이 있었고, 기업 깡패냐는 볼멘소리도 나왔다. IBM과 컴팩은 이 프로그램에서 발을 뺐다. 컴팩은 1995년 연간보고서의 표지에 이런 날선 문장을 싣기도 했다. "밖에 컴팩이라고 쓰여 있다면 안에 무엇이 들었는지는 걱정하지 않아도 됩니다."[22]

　자체 기술을 널리 알리는 게 아니라 기업 이미지를 노출해 연상하게 하는 광고가 통할까. 인텔 광고는 이런 의구심을 불식하며 의도한 효과를 발휘한다. 인텔 칩의 PC 마이크로프로세서 시장 점유율은 2001년에 86%로 높아진다.[23]

　다른 업체들을 제치고 독주하게 된 인텔의 광고는 더 과감해졌다. 인텔 브랜드는 중국의 전광판과 수천 대 자전거의 반사등에 노출되었다. 1997년 1월 26일, 그린베이 패커스와 뉴잉글랜드 페이트리어츠의 슈퍼볼 TV 중계에서 인텔 광고가 나왔다. 인텔의 기술자들로 구성된 댄서들이 토끼 옷을 입고 와일드 체리의 디스코 음악 '플레이댓펑키뮤직Play That Funky Music' 멜로디에 맞춰 돌며 춤추었다. 광고는 인텔의 새 펜티엄 MMX 프로세서가 "당신의 멀티미디어를 춤추게 할 것"이라고 주장했다.

■ 스트롱ARM 확보

인텔 사내 변호사들은 마케팅 부서 사람들만큼이나 바빴다. AMD와의 법정 공방에 대응해야 했고, 미국 연방거래위원회Federal Trade Commission, FTC가 1999년 3월 제기한 반독점 소송에도 대응해야 했다. FTC는 인텔이 자신의 시장 지위를 지키기 위해 고객사 세 곳에 불리한 선택을 강요했다고 주장했다.

셋 중 하나가 한때 VAX 미니컴퓨터로 전성기를 누린 DEC이었다. 이 컴퓨터는 고가의 메인프레임까지는 필요하지 않았던 과학자와 엔지니어들에게서 사랑받았다. 이제 DEC은 이전 영광을 재현하기 위해 ARM과 긴밀히 작업하고 있었다.

DEC은 애플이 1993년에 출시한 뉴턴 메시지패드에 주목했다. PDA 시장에 더 효율적인 칩을 개발해 공급하면 애플이나 그 경쟁사들의 호응을 받으리라고 생각했다. 자신들의 알파 칩 사양을 낮추는 방안은 "기술적으로는 흥미로웠으나 마케팅과 비즈니스 측면에서는 재미 없는 아이디어로 평가되었다"고 이 프로젝트를 이끈 시니어 엔지니어들 중 하나인 댄 도버풀Dan Dobberpuhl은 말했다. "그래서 우리는 그 방안을 버리고 기존 저전력 칩의 고성능 버전을 개발한다는 아이디어에 집중했고, 여러 선택지 중 결론은 ARM 아키텍처였다."[24]

몇 년 안에 이 프로젝트는 유망한 조인트벤처로 발전했다. DEC이 그동안의 작업을 ARM과 공유했을 때 양측 모두 상호 이익이 될 수 있다는 것을 알게 되었다. DEC은 ARM으로부터 확장된 '아키텍처 라이선스'를 받았는데, ARM 명령어 세트와의 호환성을 유지해야 하지만 설계 중 중요한 변형을 허용한다는 조건이었다. 그리고 양측은 새로운 마이크로프로세서를 함께 설계하고 만들기로 합의했다. ARM의 데이브 재거는 "이 기회를 꽉 잡아야 한다고 이사회에 말했다"고 들려주었다. 노키아 휴대전화에 들어가는 '엄지Thumb' 확장 칩의 설계자인 재거였다. 그는 이 프로젝트에 투입된 엔지니어들 중 몇몇과 아는 사이였고 ARM의 동료 중 거의 절반이 여전히 에이콘에 공급할 칩에 손이 묶여 있음을 알고 있었다. 재거는 "DEC 친구들은 경험이 풍부했고 조직적으로 잘 짜여 있었다는 점에서 우리와 다른 차원의 마이크로프로세서 설계자들이었다"고 꼭 협업해야 하는 이유를 설명했다.

　　두 회사는 1995년 2월 21일 보도자료를 내고 스트롱ARM이라는 이름으로 32비트 RISC 프로세서 제품군을 내놓을 계획이라고 발표했다. 기존 ARM 칩들을 보완하고 확장하는 새 제품군은 컴퓨터와 인터랙티브 TV, PDA, 비디오게임, 디지털 이미지 처리 등에 활용될 수 있다고 설명했다.[25]

　　재거는 DEC의 디자인센터가 있는 텍사스 오스틴으로 갔다. 그가 처음에 한 작업은 ARM ARM이라고 알려진 'ARM 아키텍처 레퍼런스 매뉴얼'의 최초 버전이었다. 이 매뉴얼은 1996년 2월 발행되었다. 재거는 "우리 아키텍처가 정확히 무엇인지 정리한 적이 없었다"면서 "그래서 기록되지 않은 세부 사항이 아주 많았다"고 말했다.[26] 따뜻한 날씨를 좋아한 재거는 오스틴에 눌러앉았다. 그리고 ARM이 엔지니어 인력이 풍부한 곳을 기반으로 삼아야 한다는 취지에서 ARM의 프로세서 디자인센터를 이 도시에 만들었다.

하지만 DEC에게는 스트롱ARM으로 시장을 타진할 시간이 주어지지 않았다. 이 회사는 1997년 5월 소송을 시작했고, 이로 인해 운이 다하고 말았다. DEC은 인텔의 펜티엄 칩이 자신들의 알파 칩 기술과 관련된 특허 중 몇 건을 침해했다고 주장했다. 호주머니가 두둑한 인텔은 맞고소했다.

거대한 제국과도 같았던 과거와 달리 이제 와서는 DEC에 남은 게 별로 없었다. 1996년 이후 디스크드라이브와 프린터, 네트워킹 사업 등을 정리했다. 인텔로서는 DEC을 인수하는 것이 소송을 해결하는 간단한 방법이었다. 그러나 FTC가 당시 인텔의 시장 지배력에 대해 조사하던 때였기 때문에, 인텔은 알파 칩을 다른 법인 아래 살려두는 쪽으로 기울었다.

다자가 참여한 다음과 같은 해결 방안이 1997년 10월 발표되었다. DEC은 알파 칩을 계속 보유하되 인텔은 DEC에 7억 달러를 지불하고 DEC의 공장을 사들여 알파 칩을 생산한다. DEC은 알파 칩 라이선스를 삼성전자와 IBM, AMD에 제공한다.

그러나 유망했던 알파 칩 기술은 시들었고, DEC도 그랬다. 복잡했던 해결책은 컴팩을 향해 문을 열었다. 3개월 뒤인 1998년 1월, 이제 1위 PC 업체가 된 컴팩은 DEC을 96억 달러에 인수했다.

부산한 인수 뉴스에 가려 스트롱ARM이 인텔로 넘어간다는 소식은 인텔 내부에서든 제3자에게서든 별 관심을 끌지 못했다. 인텔은 예전에 RISC 기반 프로세서를 개발한 적이 있었다. 결과물인

i960 라인업은 일정 정도 성공을 거두기도 했는데, 인텔은 DEC과의 분쟁이 해결되면서 이 칩의 마케팅을 중단했다.

이제 인텔은 휴대전화를 비롯해 휴대용 기기에 맞춰 개발될 수 있는 유망한 대체 칩을 보유하게 되었다. 설령 스트롱ARM 칩의 개발팀 인력들이 인텔에 오래 머물지 않는다고 해도 별 문제가 되지 않았다. 인텔은 장래에 성능 못지않게 소비 전력을 중요하게 여기는 수요에 대한 준비된 답을 갖게 된 것이다.

로빈 삭스비는 스트롱ARM 건에 대해 논의하자고 인텔에 연락했다. 상대방은 레스 바다즈가 아니라 CEO 크레이그 배럿이었다. 그러나 수많은 돈을 스트롱ARM에 쏟아부었음에도 중요한 솔루션을 작은 영국 기업에 의존하는 것은 이 거대 미국 기업에 어울리지 않았다. 인텔의 기본적인 태도는 경쟁이지 협력이 아니었고, ARM은 곧 이를 확인하게 된다.

9장

공간 침입자와 아이폰을 향한 질주

■ 원한 맺힌 시합

전화를 받자 워런 이스트Warren East의 뱃속이 울렁거렸다. ARM의 고객 중 가장 까다로운 애플로부터 온, 저녁 늦게 전화회의를 하자는 용건이었다. 보안에 극도로 민감한 애플과의 업무가 늘 그랬듯, 이스트에게 더 주어진 정보는 없었다. 그러나 시장에서 벌어지고 있는 상황 때문에 ARM의 최고 경영자는 최악을 우려했다.

그날은 2008년 4월 8일이었다. 그 즈음 영국의 칩 설계자는 고공을 행진하고 있었다. 애플이 1년 전에 아이폰을 출시한 이래 스마트폰 시대가 불길처럼 확산되었고, ARM 설계는 이전 10년 동안 노키아 기기를 구동한 것과 마찬가지로 스마트폰에서도 핵심에 자리 잡았다.

주가는 그해 봄에 12년 중 최고치를 찍었는데, 휴대전화 덕분만은 아니었다. ARM은 세계에서 가장 큰 마이크로프로세서 지식재산 회사로 성장했고, 이 회사의 설계는 소니 비디오카메라, 가민 Garmin 내비게이션 시스템, 보시Bosch 자동차 브레이킹 시스템, 삼성 디스크 드라이브, 도시바 텔레비전 등에 사용되었다. 거의 모든 반도체에, 작은 내장 마이크로컨트롤러부터 고성능 멀티코어 프로세서까지 라이선스되면서 ARM의 실적이 급증했다. 앞서 1월 ARM은 자사 설계를 바탕으로 만들어진 프로세서가 100억 개를 돌파했다고 발표했다. 이 성과는 영국 내에서는 축하되었고, 해외에서는 부러움의 대상이 되면서 경쟁사들이 추구할 목표가 되었다.

이스트와 경영진은 며칠 일정으로 전략회의를 하고 있었다. 장기적으로 ARM이 어느 산업 분야에 초점을 맞춰야 하는지를 논의했다. 장소는 과거에 비해 높아진 ARM의 위상을 반영했다. 전에 이 회사 엔지니어들이 일과 후에 몰려가던 곳은 스와프햄 불벡의 블랙호스 펍이었다. 이번 전략회의의 장소는 4성급 조지 왕조 시대의 산간지역 호텔인 소프웰하우스로, 케임브리지에서 남쪽으로 약 80킬로미터 떨어진 허트포드셔의 세인트알반스 인근이었다.

휴대전화는 스마트폰이 되었고, 통화와 문자 보내기가 웹 서핑과 이메일 보내기로 대체되었다. 곧 이동하면서 영화 보기도 가능해진다. 휴대용 기기가 컴퓨터와 결합해 소비자의 일상에서 중심이 되었다. 이런 변화는 ARM에 유리했고, 이 회사에 더 큰 기회를 열어주었다. 인터넷에 연결된 기기 중 4분의 3이 ARM 기반 프로세서를 메인 칩으로 활용했는데, 이는 5년 전의 4분의 1에서 크게 높아진 수준이었다. 이런 추세는 PC 시장을 여전히 통제하고 있던 칩 업체 인텔에는 심대한 위협이 되었다.

일주일 전 인텔은 모바일로 진출했다. 인텔은 상하이에서 열린 개발자 포럼에서 아톰 프로세서 출하를 시작했다고 선언했다. 인텔은 아톰이 앞서 수개월 동안 시장을 달아오르게 했다며 이 프로세서는 PC용 x86 칩 제품군에 비해 전력소모를 90% 줄였다고 밝혔다. 인텔은 애플과의 관계가 나쁘지 않았다. 예컨대 플래시 메모리를 애플에 공급했다. 그러나 인텔이 주로 관심을 둔 역할은 프로세서 코어에서 아이폰의 파트너가 되는 것이었다. 인텔은 애플의 맥 컴퓨터에서는 막 그 역할을 하기 시작했다.

이스트는 산업과 소비의 흐름을 설정할 수 있는 애플은 강력한 동맹이 될 수도 있지만 인정사정없는 고객이 될 수도 있음을 알고 있었다. 두 주 전 사건이 애플의 힘을 보여주었다. 에딘버러 소재 칩 설계회사 울프손Wolfson 마이크로일렉트로닉스 주가가 맥을 추지 못했는데, 이 회사의 디지털 파일을 소리로 변환하는 오디오칩이 아이팟의 다음 단계 제품에서는 채택되지 않는다는 소식이 알려진 뒤였다. ARM은 자신들이 다음 차례로 폐품 더미에 버려질 수 있다고 두려워했다.

전략회의에 참석했던 경영진 중 대부분이 축구 경기를 보러 갔고, 이스트와 함께 애플 담당 임원인 마이크 뮬러만 저녁식사를 간단히 마친 뒤 전화회의를 준비했다. 이스트는 "끔찍한 저녁식사였고 장례식을 앞둔 느낌이었다"고 회고했다. "인텔이 기본적으로 사업을 가져간 게 확실하다고 생각했어요."

그날 저녁 TV는 리버풀과 아스널의 극적인 승부를 보여주었

다. 오랫동안 서로 잘 아는 사이인 두 숙적의 대결이었다. ARM과
인텔의 관계도 비슷했다.

■ 리더십 변화

앞서 2001년 ARM의 경영자가 패기만만한 로빈 삭스비에서
더 계산된 접근을 하는 워런 이스트로 교체되었다. 삭스비는 그룹
회장으로 추대되어 5년간 재임했고, 2002년에는 기사 작위를 받았
다. CEO 교체는 십년 전에는 미약했던 스타트업이 성숙해지고 있
다는 신호였다. 또한 삭스비가 ARM의 기술을 산업 표준으로 설정
하겠다는 비전을 달성했다는 신호이기도 했다. 이제 바통을 새로운
CEO에게 넘겨야 할 때가 되었다.

이스트는 애버딘에서 태어나 본마운트셔의 작은 마을 어스크
에서 자랐다. 화학 교사 어머니와 지방 관청 연구소의 기술자 아버
지의 영향으로 과학을 좋아했다. 그러나 일찍부터 자신이 갈 길은
학계보다는 기업이라고 결정했다. 그는 "어딘가에서 흰 실험복 차
림으로 지내는 일이 아니라 사업을 하고 싶었다"고 말했다.

그는 옥스퍼드 대학교에서 공학을 전공해 1983년에 졸업했다.
그러나 현장 경험은 머서티드필 소재 세탁기공장 후버스에서 한 아
르바이트에서 주로 얻었다. 그가 한 일 중에는 인쇄회로기판을 잘
라내어 화학용액이 담긴 통에 담가 구리를 떼어내는 작업도 있었
다. 마이크로칩이 전자공학의 미래라는 전망에 설득되었고 당시 세
계 최대 칩 업체였던 텍사스인스트루먼트에 입사했다.

TI의 영국 공장은 런던에서 북쪽으로 100킬로미터 가까이 떨어진 베드퍼드에 있었다. TI가 1957년 해외에 처음 세운 공장이었다. 잭 킬비가 유명한 혁신을 만들어내기 1년 전이었다. 그 공장은 수 년 전부터 마이크로칩 공정을 통합적으로 수행했다. 즉, 처음에는 금선을 연결하는 작업에서 시작해 테스팅과 패키징, 설계, 실리콘 웨이퍼 제조까지 하게 되었다.

　　이스트는 입사 후 처음에 전화기 시스템 소프트웨어를 개발하는 업무를 받았다. 그중에는 요즘에도 수백만 대 쓰이는 브리티시텔레콤BT의 뱅가드 전화기도 포함되었다. 그는 "음성 회로를 작업한 뒤 기능 전체와 다이얼링을 처리하는 소프트웨어를 짜는 일이었다"고 말했다.[1]

　　크랜필드 대학교에서 MBA 과정을 밟으며 리더십을 연마한 그는 이직을 고려했다. 하지만 회사가 FPGAfield programmable gate arrays 유럽 마케팅 책임자 자리를 제안하자 TI에 계속 머물렀다. FPGA는 프로그램이 가능한 비메모리 반도체로, 중앙처리장치CPU나 그래픽처리장치GPU처럼 용도가 고정되어 있지 않고 사용자가 필요에 따라 프로그래밍할 수 있다.

　　1994년 봄이 되자 TI에서 계속 일하기가 힘들게 되었다. TI가 8월에 베드퍼드 공장 문을 닫기로 발표했기 때문에, TI에 남으려면 프랑스 니스나 미국 텍사스로 가야 했다. 이스트는 그 전해에 회사가 받은 ARM의 라이선스를 업무에 활용한 경험이 있었다. 그는 삭스비에게 편지를 써서 일자리를 요청했고, 이스트는 그해 9월 ARM에 입사했다.

────

당시 ARM의 임직원은 70명으로 늘었지만 매출은 인원에 정비례해 늘지 않았다. 그가 받은 업무는 어떻게 하면 라이선스를 구입한 고객사를 도와 매출을 더 올릴 수 있을지 컨설팅하는 일이었다. 고객사들은 ARM 프로세서를 자기네에 필요한 용도로 설계하는 작업을 열심히 배우고 있었다. 이스트는 ARM 사람들은 "ARM 기술의 향후 계획에 충분한 자원을 투입하지 못하는 상황이 지속되리라고 봤다"면서 "자원의 전부가 고객 지원에 묶여 있었다"고 말했다.

그는 영리함과 성실성, 정직함으로 인정받았고 1998년 사업운영 담당 상무로 승진했다. 늘 깔끔한 차림에 가는 검은 머리칼의 그는 정확하고 겸손하고 사려 깊은 자세로 업무를 처리했다. 주말에는 케임브리지 교외의 교회에서 오르간을 연주했고 결혼식이나 장례식에 자주 참석했다.

2000년에 이스트는 COO이자 ARM 이사회의 일원으로 선임되었다. 만약 삭스비가 물러나기로 할 경우 삭스비의 유력한 후임자가 된 것이었다. 이는 또한 그가 ARM 창립 멤버인 튜더 브라운과 마이크 뮬러 등을 추월할 가능성을 열어둔 인사였다.

이스트는 "나는 카리스마적이기보다는 운영자 타입이었고 회사에 어느 정도 확장성을 갖추는 역할을 해야 한다고 생각했다"고 말했다. 새로운 성장 동력을 찾아내야 한다는 점을 알고 있었지만, 동시에 그는 ARM이 키워온 작은 회사의 감성과 서로 친밀한 기업 문화를 지키고 싶었다. ARM 사람들은 매년 크리스마스이브에 손으로 종이 여러 겹을 정교하게 오려서 만든 카드를 받았다. 그는 자신이 열망한 경영자 자리에 올랐지만 여전히 직접 일하기를 좋아했다. 케임브리지 교외의 집에 수영장을 만들 때 굴삭기를 손수 운전했던 사람이었다.

그는 ARM이 그동안 큰 성공을 거뒀지만 어려운 시기를 앞에 두고 있다고 봤다. ARM 기반 마이크로콘트롤러를 포함한 베이스밴드 칩은 노키아 휴대전화가 히트한 주 요인이었고 다른 휴대전화에도 확산되었다. 그러나 ARM은 다음 히트작이 무엇이어야 할지 감을 잡지 못하고 있었다.

앞서 주식을 성공적으로 상장한 1998년에 ARM은 2003년까지 매출을 10배로 키운다는 목표의 10X03 프로젝트를 추진했다. 두 가지 전략 중 하나는 명확했다. 기존 마이크로프로세서보다 훨씬 더 강력하고 효율적인 칩을 만드는 것이었다. 둘째는 전반적으로 고객의 니즈를 파악해 충족시키는 데 있었다.

당시까지 ARM은 PC 이외 분야 중 휴대전화에서 강력한 프랜차이즈를 구축했다. 2002년에는 기념비적인 지표에 도달했다. 즉, 창사 이래 고객사가 출하한 칩이 10억 개를 돌파했다. 그러나 그런 과거 숫자에 향수를 느끼거나 주의를 돌릴 때가 아니었다. 다음 10억 개, 그 다음 10억 개를 향한 사냥에 나설 때였다.

마케팅 팀은 해법 중 일부는 다시금 휴대전화에서 나온다고 확신했다. 언젠가는 기기당 ARM 기반 프로세서 코어가 12개까지 들어가리라고 예상했다. 이스트는 회의적이었지만 그런 전망이 들어맞는다면 기기당 로열티를 더 많이 받게 된다는 사실은 분명했다.

ARM은 영역을 다변화할 필요도 있었다. 과녁으로 정한 애플리케이션은 TV와 자동차, 네트워크 콘트롤러를 비롯한 12가지였다. 디지털TV 같은 기회는 아직 멀리 있었지만 자동차는 고무적이었다. 일례로 TI는 ARM 칩을 활용해 브레이크 잠김방지시스템 ABS의 컨트롤러를 만들어 공급했다. 또 베이스밴드 모뎀과 매우 유사하게 작동하는 시게이트Seagate—미국의 디스크 드라이브 제조 업체—최신 제품의 '백본backbone' 역할을 하는 마이크로프로세서를 개발하기도 했다.

이스트는 장기적으로는 낙관적일 것으로 전망했지만, 당장의 상황은 더 어려워 보였다. 마이크로칩 시장은 2002년 공급이 수요를 빠르게 앞지르며 불황에 빠졌다. 칩 업체들은 앞다투어 공급을 늘리는데, 소비자들이 지갑을 닫거나 제품 사이클이 소강상태에 있을 경우 발생하는 상황이었다. 분위기가 시들해지고 예민해진 칩 업체들이 주문을 미루면서 ARM은 6월 FTSE 100 지수에서 퇴출되었다.

하지만 변함없이 회사의 앞날에 낙관적인 인물도 있었다. 모건 스탠리가 '진주를 만들어낸 굴oyster 속의 모래알'이라고 묘사한 로빈 삭스비 경이었다.[2] 그는 2002년 10월 버킹엄셔의 클리브덴 컨트리 하우스에서 몇몇 투자은행가들과 테니스를 치고 있었다. 그는 며칠 뒤 세 건의 거래가 연기될 줄을 전혀 모르는 상태였다. 그로 인해 이익이 예상보다 감소하리라는 경고가 나오면서 ARM 주가는 고꾸라졌다.

■ 예수 폰Jesus Phone

애플의 리부팅은 아이맥과 함께 시작했다. 1998년 5월 출시된 아이맥은 매킨토시 컴퓨터로 파랑Bondi blue 케이스에 담긴 달걀 모양의 미래지향적인 컴퓨터였다. 영국인 디자이너 조너선 아이브의 스타일이 반영된 첫 제품이었다. 아이브의 매끈한 미학은 향후 소비자가전 세계에 빛나는 자취를 남기게 된다.

새 천년 전환기에 스티브 잡스는 더 큰 구상을 했다. 노키아와 다른 업체들이 대중화한 휴대전화가 소비자의 디지털 생활의 중심이던 퍼스널 컴퓨터의 지위를 위협하기 시작하던 때였다. 애플의 음악·동영상 애플리케이션 아이튠은 PC를 다시 허브로 재설정하려고 하는 노력으로 설명할 수 있다. 그런 가운데 기존 제품보다 나은 애플 자체의 음악 재생 기기를 만들어낸다는 아이디어가 나왔다. 이미 출시된 디지털 플레이어들이 있었지만 재생 가능한 곡이 얼마 안 되었다.

애플은 토니 파델Tony Fadell을 영입해 개발 책임을 맡겼다. 그는 고집 센 컴퓨터 프로그래머로 레드재플린과 롤링스톤스, 에어로스미스 등을 들으며 자랐다. 파델은 자신의 음악 플레이어에 대한 구상을 전에 근무한 네덜란드 회사 필립스를 비롯해 여러 곳에 제안했었다.

애플이 전에 만든 마지막 휴대용 기기는 뉴턴 메시지패드였다. 애플은 뉴턴에 칩을 공급한 ARM의 지분을 일부 보유하고 있었다. 앞서 애플은 신제품을 개발하는 과정에서 ARM 주식을 매각하여 마련한 자금 덕분에 숨통이 트인 바 있다. 그러나 2001년 크리스마스 시즌에 아이팟을 시장에 내놓으려고 일정을 서둘러 맞추는 과정에서 ARM 기술 선택은 순전히 우연처럼 보였다.

파델은 새 기기의 기초를 제공할 업체를 찾다가 MP3 플레이어를 구동하는 칩 시스템을 개발하던 포털플레이어2PortalPlayer를 낙점했다. 벤처캐피탈리스트 고든 캠벨Gordon Campbell이 1999년에 설립한 산타클라라 소재 스타트업이었다. 캠벨은 칩 업체 내셔널 세미컨덕터에서 나온 사람들 몇 명에게 자금을 댔다.

캠벨은 인텔 마케팅 간부로 일하다가 첫 세대 팹리스 회사 중 하나인 칩스&테크놀로지스로 이름을 알렸다. 그가 창업한 이 회사의 칩셋은 IBM 호환 컴퓨터를 제작하는 PC 업체들 사이에서 호응을 얻었다. 이 회사는 곧 캠벨이 몸담았던 인텔에 매각되었고, 칩셋은 IBM에 공급되었다.

캠벨은 소비자가전의 또 다른 분야가 막 폭발하려고 한다고 보고 포털플레이어에 베팅했다. 그의 투자회사 테크팜TechFarm이 투자한 다른 회사는 엔에이블N*Able 테크놀로지였는데, ARM7TDMI 설계를 활용한 접근제어access-control 제품을 개발했다. ARM7TDMI는 노키아의 혁신적인 6110 휴대전화에 채택된 이래 널리 쓰였다.

엔에이블이 단일 프로세싱 코어를 이용한 반면 포털플레이어는 고속 메모리를 갖춘 코어 두 개가 필요하다고 판단했다. 음악을 즉각 재생하도록 하기 위해서였다. 포털플레이어는 엔에이블의 협력사 OKI 세미컨덕터와 협업했는데, 이 회사는 1995년 이후 ARM의 라이선스를 사용했다. 당시 라이선스는 첫 칩 PP5001에 대한 것이었다. 포털플레이어는 개발 일정을 단축하기 위해 ARM의 설계를 채택했다.

애플이 연락해왔을 때 포털플레이어는 생산할 준비를 마친 상태였다. 또 소니와 파나소닉과도 설계를 개발하고 있었다. 파델이 빠르게 움직여 타사를 배제한 단독 공급 조건을 요구했다. 캠벨로서는 두 번째로 수지맞는 거래가 성사되었고, ARM으로서는 애플 기기에 다시 채택되게 되었다. 이번에는 뉴턴보다 더 잘 나갈 품목이었다.

프로젝트명 '크로스오버'를 위해 애플의 사내 디자이너들은 아이팟의 외양과 느낌을 완벽하게 표현해내는 데 집중했다. 그 결과 중 클릭휠은 이용자가 선곡 등 모든 조작을 직관적으로 하도록 했다. 애플은 칩 설계 전문가가 없어서 제품 내부는 포털플레이어에 의존했다. 그 결과 아이팟의 운영체제에는 ARM의 저전력 아키텍처가 활용되었다.

아이팟은 2001년 10월 23일 출시되었다. 1,000곡이나 저장 가능하다지만 400달러라는 가격은 비싸다고 투덜대는 반응이 나왔다. 또 처음에는 마이크로소프트의 윈도 PC와 호환되지 않았고 이용자는 맥을 활용해야 했다. 그러나 아이팟은 날개 돋친 듯 팔리며 과거 소니 워크맨의 위상을 이어받은 기기로 등극한다. 이로써 애플에 대한 인식이 바뀌었다. 또 애플 개발자들은 자신에 차서 다음을 꿈꾸게 되었다.

———

다음이 휴대전화라는 점은 명백했다. 잡스는 음악 플레이어처럼 휴대전화도 개선할 여지가 충분히 있는 시장이라고 생각했다. 휴대전화가 자체 음악 플레이어를 내장하는 추세에 비추어, 연간 수백만 대 아이팟을 파는 애플로서는 휴대전화 진출이 방어의 의미도 있었다. 애플이 2005년 9월 모토롤라와 함께 개발한 음악 플레이어 내장 휴대전화 로커ROKR는 실패로 끝났다.

애플은 이와 별개로 2004년 말 독자적인 휴대전화 개발을 '프로젝트 퍼플'이라는 암호명으로 승인한다. 작업은 캘리포니아 쿠퍼티노 소재 애플의 캠퍼스 중 마리아니1 빌딩에서 극비리에 진행되었다. 주 출입문을 보안요원이 지켰고 개인별 출입카드로만 들어갈 수 있었다.

선임 소프트웨어 엔지니어 테리 램버트Terry Lambert는 이 프로젝트에 나중에 참여했다. 그가 받은 일은 운영체제 디버깅이었다. 그는 개발진의 일원이었는데도 일련의 비밀유지 각서에 서명해야 했다. 그는 "암호명을 누설하지 않겠다고 동의하기 전에는 암호명을 볼 수 없었다"고 2017년에 블로그에 썼다. 개발이 이뤄지는 공간에는 검은 천이 모든 것을 뒤덮었다. 그는 "원격으로 디버깅하는 기기만 볼 수 있었지, 대상은 보지 못했다"면서 "ARM 기반 시스템임은 분명했다"고 덧붙였다.[3]

개발 조직은 의견 차이로 분열되었다. 데이비드 터프맨David Tupman은 "스티브는 긴장을 만들어내고 다소 부추기기를 좋아했다"고 들려줬다. 터프맨은 첫 직장이었던 영국 전자업체 사이언Psion을 거쳐 아이팟이 출시되기 직전에 애플에 입사했다. 의견이 갈린 두 그룹은 각각 다른 접근을 지지했는데, 이견을 보이지 않은 오직 한 가지가 프로세서 아키텍처의 선택이었다.

두 그룹 중 한 곳에는 스콧 포스톨Scott Forstall이 있었다. 잡스가 애플을 떠나 창업한 컴퓨터 회사 넥스트 출신인 포스톨은 맥의 운영체제를 통화가 가능한 터치 방식의 작은 태블릿에 압축해 넣기로 했다. 그와 동료들은 군더더기를 덜어낸 컴퓨터를 효율적으로 뒷받침할 기술로 ARM 설계를 고려했다. 포스톨처럼 넥스트 출신인 선임 소프트웨어 엔지니어 리처드 윌리엄슨Richard Williamson은 ARM의 기술이 "현대적인 운영체제를 가동할 만큼 마력이 충분함을 잘 알고 있었다"고 말했다.[4]

다른 그룹은 아이팟을 개발한 파델이 이끌었다. 그는 자신의 창조물을 휴대전화에 이어붙이고자 했다. 아이팟에 통화 기능을 추가하는 일은 ARM의 워런 이스트가 애플에 원한 방식이기도 했다. ARM의 설계는 아이팟을 비롯해 MP3 플레이어 시장에 널리 채택된 바 있다. 애플로서는 ARM의 지속적인 설계 제공에 대한 확신이 필요했다. 마침 파델이 필립스에서 일할 때 보스였던 더그 던이 ARM 이사회의 멤버였는데, 던은 2006년 10월 ARM 회장이 된다. 양사의 관계에 해가 될 일이 없는 변화였다. 아이팟 팀은 오픈소스 운영체제인 리눅스의 한 버전을 선호했는데, 그 또한 ARM에서도 작동했다.

그러나 논쟁이 진행되는 동안 다른 경쟁자가 아이폰에 들어갈 기회를 노리고 있었다. 인텔이었다.

———

폴 오텔리니는 CEO로 취임한 지 3주도 되지 않아 중요한 성과를 자축했다. 2005년 6월 6일, 애플이 맥 컴퓨터에 처음으로 인텔의 칩을 쓰기로 했다. 가장 까다로운 고객을 만족시켰다는 점에서, 전보다 더 이용자 친화적으로 바꾸겠다는 오텔리니의 노력이 통한 성과로 보였다.

인텔과 함께 가기로 한 잡스의 선택은 수년간 지속해온 적대적인 태도를 극적으로 접는 것이었다. 애플은 1984년 맥을 출시한 이래 모토롤라와 IBM의 마이크로프로세서를 장착했었고, 그동안 잡스는 인텔에 반감을 가졌었다. 애플은 1998년 봄에 파워 매킨토시 G3를 출시했을 때, 한 광고에서는 인텔의 펜티엄 II 칩이 달팽이 위에 올려진 모습을 내보냈고, 다른 광고에서는 불에 그을린 인텔 댄서가 소방관이 분사한 물에 젖은 장면을 보여줬었다. 시간이 지나며 인텔 칩의 속도와 소비 전력을 둘러싼 걱정이 깔끔하게 진화되었다.

오텔리니는 양사의 동반자 관계를 보여주기 위해 잡스와 함께 무대에 섰다. 2006년 1월 10일 샌프란시스코 모스콘 센터에서 열린 맥월드 행사에서였다. 자욱한 드라이아이스 구름 속에서 토끼 복장으로 나온 오텔리니는 반짝이는 실리콘 웨이퍼 디스크를 들고 있었다. 오텔리니와 인사를 나눈 잡스는 "우리 엔지니어들이 얼마나 긴밀하게 결합되었는지, 협업이 얼마나 잘 이루어졌는지, 믿기 어려울 정도"라고 말했다.

이에 화답해 오텔리니는 인텔 인력이 1,000명 넘게 참여한 그 과정이 "힘을 북돋웠고 도전적이었으며 재미있었다"고 말했다. 그 과정은 또한 인텔의 공동 창업자 로버트 노이스의 다음과 같은 말을 떠올리게 했다고 들려줬다. "역사에 짓눌리지 말고 앞으로 나아가 놀라운 무언가를 창조하라." 그는 잡스에게 "우리는 해냈고, 우리는 함께 해냈어요"라고 말했다.[5]

애플의 마이크로프로세서 교체는 엄청나게 복잡한 작업이었지만 결국 솔기가 보이지 않을 정도로 잘 마무리되었다. 이 프로젝트를 통해 인텔은 더 나아가 애플과 휴대전화 프로젝트에서도 협력하면서 모바일 시장에 진출할 수 있겠다는 포부를 품었다. 그러나 애플 엔지니어들은 그렇게 확신하지 않았다. 소비 전력뿐 아니라 가격도 걸렸다. 터프맨은 "우리는 20달러 미만 단가의 칩이 필요했으나 당시 인텔은 빈 상자조차 20달러에 제공할 수 없었다"고 말했다.

─────

인텔이 애플과 손잡은 2005년에 삼성은 아이팟을 통해 애플과 관계를 맺었다. 애플은 아이팟 나노부터 저장장치로 하드디스크 대신 더 가볍고 효율적인 낸드 플래시 메모리를 활용하기로 하고, 대량으로 공급할 신뢰할 만한 제조업체를 물색했다. 애플은 또 포털플레이어의 칩보다 유용한 대안을 찾았다. 한국의 전자 대기업이 애플이 원하는 바를 충족했다.

플래시 메모리는 D램 시장이 붕괴된 이후 삼성전자가 새로운 성장 동력으로 삼은 품목이었다. 삼성전자는 이 분야에 강한 의지를 보이며 1997년 미국 텍사스 오스틴에 플래시 메모리 생산 공장을 지었다. 인텔은 오스틴 공장에 삼성전자로부터 메모리 칩을 안정적으로 공급받는 조건으로 투자했다. 삼성은 애플이 2005년 9월에 출시한 아이팟 나노에 플래시 메모리를 공급하기 시작했다.

삼성의 시스템온칩은 애플이 2006년 9월 내놓은 아이팟 나노 2세대 등부터 투입된다. 삼성의 시스템온칩은 포털플레이어의 마이크로프로세서와 실리콘스토리지테크놀러지의 플래시디스크 컨트롤러를 묶은 것이었다. 이 칩은 ARM 설계를 기반으로 했다.

삼성전자의 반도체 사업을 이끌던 황창규 사장은 팔로알토로 잡스를 만나러 갔을 때를 회상하며, "애플의 사활이 걸린 문제에 대한 해답을 주머니 깊숙이 숨겨둔 채 그를 만났다"고 말했다. 무어의 법칙에서 영감을 받은 그는 메모리 밀도가 매년 두 배씩 증가할 것으로 예측하는 '황의 법칙'이라는 용어를 만들어냈다. 삼성 엔지니

어들은 황의 법칙을 입증하기 위해 노력했고 이를 성취해냈다.[6]

애플과 삼성전자의 첫 만남은 1983년으로 거슬러 올라간다. 스티브 잡스가 이병철 회장과 면담하러 수원에 왔다. 애플이 매킨토시를 출시하기 전 해였는데, 당시에도 잡스는 더 먼 훗날을 내다보았다. 다이너북Dynabook과 개념이 비슷한 태블릿 컴퓨터 아이디어를 공유하면서 그것을 실현하기 위해 필요한 구성요소를 궁리했던 것이다.

이병철 회장으로서는 도쿄 선언 이후 9개월이 지난 뒤였으며, 삼성이 메모리 칩을 고객사에 공급하기 시작한 시기였다. 비록 나이 차이가 45세나 나고 잡스가 연장자에게 적절한 존경을 표시하지 않았으나, 두 경영자는 잘 어울렸다. 이후 이 회장은 보좌진에게 "잡스는 (당시 PC 시장을 장악한 제조업체인) IBM에 맞설 수 있는 인물"이라고 평가했다.[7] 이 판단은 잡스가 2년 후 애플을 떠나면서 가까운 시일에는 가능하지 않을 듯했다.

삼성은 휴대전화 시장에 생소하지 않았다. 첫 단말기를 1988년에 내놓았다. 이 회장이 타계한 이듬해였다. 삼성은 1996년까지 휴대전화를 한국 밖에서는 팔지 않았다. 수십 년 동안 소비자가전 제품을 만들었고 마이크로칩을 1974년부터 제조해온 삼성에 휴대전화는 자연스러운 확장 대상이었다. 아이폰이 출시된 2007년에 이르면 삼성전자는 세계 휴대전화 시장의 13%를 차지하며 노키아와 모토롤라에 이어 3위에 오르게 된다.[8]

삼성전자가 휴대전화 사업에서 보유한 큰 강점은 마이크로칩과 단말기를 동시에 만든다는 데 있었다. 그러나 두 사업부의 관계는 악명이 높을 정도로 나빴다. 휴대전화가 속한 통신 부문은 반도체 형제를 공급업체 중 하나로만 취급했다. 만약 삼성전자의 반도체가 가격이나 품질이 충분히 좋지 않을 경우 공급자를 바꿨다.

애플은 아이폰을 개발하는 과정에서 이런 삼성전자 내 알력으로부터 반사이익을 챙긴다. 일례로 애플은 2006년 여름, 브로드컴에서 ARM 기반 비디오칩을 조달하는 방안을 검토하면서 더 나은 대안이 있는지 알아보고 있었다. 당시 (오스틴 공장) 분기 점검차 미국에 온 삼성전자 경영진이 있었는데, 애플은 그들에게 그래픽 컨트롤러와 빠른 메모리를 갖춘 ARM 칩을 급하게 만들 수 있는지 물어봤다.

황창규 삼성전자 반도체총괄 사장은 엔지니어 한 팀에 애플의 엔지니어들과 새로운 칩을 개발하라는 임무를 주고 쿠퍼티노에 급파한다. 아이폰을 개발하던 터프맨은 "만들어야 할 실리콘 층이 20에서 30개였고 한 층에 대개 며칠 걸리기 때문에 시제품 완성에 보통 여러 달 걸린다"고 말했다. 그는 "그들은 그 일을 단 6주에 마쳤다"며 "미쳤다"고 평했다.[9]

애플은 특히 삼성전자로부터 아이폰의 두뇌를 공급받는다. ARM 기반 32비트 620메가헤르츠 칩을 전력 소모를 줄이기 위해 412메가헤르츠로 낮춘 사양이었다.

———

아이폰에는 새로운 혁신이 결집되었다. 그중 하나는 터치스크린이었는데, 이용자가 손가락으로 화면을 좁히거나 넓히는 기능도 갖추고 있었다. 다른 하나는 충격에 강한 소재 고릴라 글래스였다.

2007년 1월 9일 샌프란시스코 모스콘센터의 맥월드 행사장. 잡스가 무대로 걸어나왔다. 그는 "오늘은 내가 지난 2년 반 동안 고 대해온 날"이라고 말했고, 환호성과 갈채가 울려퍼졌다. "가끔 혁명적인 제품이 등장해 모든 것을 바꿔놓습니다." 청바지와 트레이드마크인 검정 터틀넥 차림에 소매를 걷어 올린 잡스가 말했다.

과거 애플의 히트 상품인 1984년 매킨토시와 2001년 아이팟을 상기한 뒤 말을 이었다. "오늘 우리는 그런 등급의 세 가지 혁명적인 제품을 소개합니다. 첫째, 터치 컨트롤 방식의 넓은 화면 아이팟입니다. 둘째, 혁명적인 휴대전화입니다. 셋째, 혁신적인 인터넷 커뮤니케이션 기기입니다."

청중은 흥분했지만 잡스가 말하는 바를 제대로 이해하지 못했다. 잡스는 반복해서 말한 뒤 읊조렸다. "아이팟, 휴대전화, 인터넷 커뮤니케이터. 이해되시나요? 이들은 별도의 세 기기가 아니라 하나의 기기입니다." 그는 무대 가운데로 자리를 옮기며 말했다. "우리는 이 새 기기를 아이폰이라고 부릅니다."[10]

청중은 탄성을 내뱉었고, ARM은 어디에서도 보이지 않았다. 그러나 이른바 '예수 폰'이 종교적인 열정을 불러일으키는 가운데, ARM의 운명은 다시 한번 애플에 의해 바뀔 참이었다.

■ 인텔 잔디밭의 탱크

인텔이 ARM의 영역으로 들어오는 움직임만 있지는 않았다. ARM도 이미 반대 방향으로 가고 있었다.

아이폰이 발표되기 2년여 전인 2004년 10월 19일 산타클라라 컨벤션센터. ARM 개발자회의Developers' Conference, DevCon가 막을 열었다. 미래 비전으로 개발자들에게 자극을 주면서 개발을 지원한다는 취지의 행사였다.

주최자 워런 이스트의 눈에는 온통 인텔만 보였다. 이스트는 아침 창문 밖으로 8만 4,000제곱미터 면적의 인텔 제조 공장을 바라보았다. 실리콘밸리 최대 규모 팹으로 D2라고 불리는 이 공장에서는 휴대전화와 디지털 카메라용 플래시 메모리 같은 제품이 시험 생산되었다. 그 뒤의 미션칼리지 대로에는 마이크로칩 거인의 우뚝 솟은 글로벌 본사가 차가운 파랑색 유리로 덮인 전면을 드러내고 있었다.

10여 년 전 개최한 첫 제휴사 미팅은 소박했다. 일주일에 걸친 고객사들과의 논의는 종종 스와프햄 불벡 헛간 옆 잔디밭에서의 피크닉으로 이루어졌고, 거의 매일 저녁 동네 펍으로 이어졌다.

그와 대조적으로 이번 첫 데브콘은 마을이 생긴 듯한 규모였다. 사흘 동안 모두 2,000명 넘는 사람들이 몰려들었는데, 예상보다 두 배나 되었다. 그들이 소속된 회사의 수는 100곳에 가까웠다. 장소는 이듬해 5월 앤디 그로브가 고별을 고하는 인텔의 주주총회가 열릴 바로 그곳이었다. 이스트는 "우리가 여기 있고 그들의 잔디밭에 탱크들을 세워놓고 있다는 흥분, 그런 느낌이 든 기억이 난다"고 말했다.

푼돈까지 아끼는 회사의 초기 전통에 따라 그는 ARM이 손실을 전혀 보지 않는다는 조건으로 행사를 승인했다. 개최 장소를 도심으로 잡아 최대 경쟁자의 눈길을 끌기보다는, 비용이 덜 들어 수지를 맞출 수 있는 이 곳을 잡았다.

이날 이스트는 M3 프로세서를 공개했다. 향후 3년에 걸쳐 출시할 ARM 코텍스Cortex 제품군의 첫 작품이었다. 코텍스라는 브랜드는 ARM이 추진한 10X03 전략의 연장선에서 만들어졌다. 전해인 2003년까지 매출을 10배로 키운다는 목표는 달성하지 못했지만, 이 계획을 통해 ARM은 공략해야 할 사업 영역을 정의하게 되었다. ARM은 "더욱 더 다양해지는 시장의 수요를 충족하기 위해 제품을 더 뚜렷하게 세분하려고 한다"고 밝혔다.[11] 앞으로 더 많은 브랜드와 더 많은 분야의 제품을 내놓을 것이라고 덧붙였다.

M3 출시 발표는 한 획을 그었다. ARM은 M3 프로세서가 "마이크로컨트롤러와 자동차 차체 시스템, 백색 가전, 네트워킹 기기 등 고성능을 요구하면서도 가격에 극도로 민감한 임베디드 애플리케이션에서 높은 시스템 성능 요구사항을 충족하도록 특화해 설계한 제품"이라고 설명했다. 노키아와 TI 덕분에 ARM 기술은 지구상 거의 모든 휴대전화의 필수적인 요소가 되었지만, 이제 ARM은 지평을 넓히고 있었다. 그 과정에서 다른 유일한 대규모 마이크로프로세서 업체로서 x86 시리즈를 보유한 인텔에 초점을 맞출 수밖에 없었다.

────────

데브콘 행사를 열기 두 달 전인 8월 23일, ARM은 최초의 중요한 인수를 발표했다. 실리콘밸리의 아티잔 컴포넌트Artisan Components를 9억 1,300만 달러에 인수한다는 내용이었다. 투자자들의 평가는 부정적이었고, ARM 주가는 당일 18% 떨어졌다.

아티잔은 응용 소프트웨어와 전기 회로 사이에서 중개 역할을 하는 기본 설계의 라이브러리를 보유했다(라이브러리는 특정한 과제를 수행하는 데 활용할 수 있는 사전에 작성된 코드를 모아놓은 것을 가리킨다. 필요에 따라 라이브러리를 활용하면 코드 작성 작업을 줄일 수 있다—옮긴이). 기본 설계는 칩이 더 복잡해지고 제조가 어려워지면서 점점 더 중요해졌다. 이 인수에 의구심을 나타낸 언론매체와 주주들에게 로빈 삭스비 회장은 이렇게 설명했다. "칩 산업을 자동차 제조에 비유해보죠. ARM이 자동차 엔진을 설계한다면, 아티잔은 피스톤을 설계합니다."[12]

'아이디어는 맞았지만 가격이 틀렸다.' 나중에 아티잔 인수를 이렇게 평가한 ARM 경영진도 있었다. 대상이 정확하지 않았다는 의견도 있었다. 아티잔이 ARM 성장에 필요한 새로운 경로를 제공했음은 분명하다. 이스트는 아티잔 제품을 추가함으로써 당시 ARM 칩 하나당 약 9센트인 로열티가 향후 2~5년 뒤에는 두 배가 되기를 희망한다고 말했다.[13]

게다가 ARM이 공개적으로 인정하지 않았고 그래서 알아차린 사람이 거의 없었던 인수 취지가 있었다. 인텔과의 장기 대결에서 이 인수가 보험 역할을 할 수 있다는 것이었다. ARM 경영진은 5년 후를 내다보면서 인텔의 칩 설계 및 생산 통합 모델이 실리콘 구조가 축소됨에 따라 더 큰 경쟁 우위를 확보할 수 있을 것으로 예상했다. 그들은 아티잔 인수로 라이브러리를 추가함으로써 고객들을 도울 수 있다고 봤다. 고객 중 다수는 생산에 파운드리를 활용했는데, 그들이 라이브러리를 활용하면 마이크로칩의 창조(설계)와 건설(생산) 사이 연계를 강화할 수 있다고 판단했다. 추상적인 마이크로프로세서로서 설계 판매는 더 이상 충분하지 않았다. 이제 실행도 생각해야 했다.

———

이러한 전략적 움직임과 별도로 ARM은 1997년에 미국 회사인 DEC과의 합의를 통해 물려받은 기술인 스트롱ARM을 개발하기 위해 인텔과 협력을 이어갔다. ARM은 인텔을 여느 반도체 회사와 다름없이 호의적으로 대했다. 가끔 이스트는 인텔의 모빌리티 그룹을 이끌던 션 말로니Sean Maloney 부사장과 만났다. 머리를 민 말로니는 사실상 폴 오텔리니 CEO를 대리한다고 여겨졌다.

새로운 마이크로프로세서 코어를 도입하면서 스트롱ARM은 2000년에 X스케일XScale로 이름이 바뀌었다. 휴대전화에서는 성과를 내지 못했지만 휴대용 컴퓨터 팜트레오Palm Treo와 리서치인모션의 블랙베리, HTC 기기 등에서는 호응을 받았다. 그러나 ARM 경영진은 인텔이 이 제휴에 얼마나 의지를 갖고 있을까 하는 의구심을 품고 있었다.

2005년 2월 모바일 산업의 대규모 연례행사인 3GSM 월드 콩그레스가 프랑스 칸에서 열렸다. 휴대전화 산업의 성장세가 제2의 물결을 만들던 때였고, 낙관적인 분위기가 팽배했다. 노키아는 1,600만 대이던 세계 3G 휴대전화 판매가 그해 7,000만 대로 불어나리라고 예측했다. 전체 휴대전화 판매량은 17억 대였다가 2010년이면 20억 대로 증가한다고 내다봤다. 개도국의 수백만 명은 그때까지 유선전화에조차 연결되지 않았다가 생애 최초로 저렴하고 간편한 휴대전화 서비스를 누리게 되었다. 이는 부분적으로는 저비용·저전력 마이크로프로세서 덕분이었다.

그러나 무대 뒤에서 이스트가 말로니와 만났을 때 어조는 축하와 거리가 있었다. 이스트는 "말로니가 자신들은 앞으로 X스케일에 대해 아무 노력도 하지 않을 것이라고 말했다"고 떠올렸다. 갑작스런 태도 변화를 접한 이스트의 생각이 빠르게 내달았다. 인텔이 모바일 사업을 ARM과 하지 않기로 했다면, 분명히 ARM과 맞서서 할 것이다. 전선이 이미 형성된 셈이었다.

———

2006년 6월 27일. 인텔은 X스케일을 포함해 통신 및 응용 프로세서 사업을 마벨Marvell 테크놀로지 그룹에 매각한다고 발표했다. 그동안 수십억 달러가 투자된 이 사업의 매각 대금은 6억 달러였다. 말로니 부사장은 이목이 집중되는 이 후퇴를 정당화해야 했다. 그는 "통신 및 응용 프로세서 부문은 계속해서 매력적인 시장 기회를 제공하고 있으며, 우리는 이 사업과 자산이 마벨에 가장 잘 어울린다고 믿는다"고 말했다. "우리는 마벨과 오랫동안 긴밀하게 협력해왔으며, 마벨이 고객과의 약속을 지키면서 이 사업을 키워낼 역량을 갖추고 있다고 믿습니다."[14]

말로니 부사장은 이후 인터뷰에서 '예산 압박'을 거론했다. X스케일의 후속 버전과 x86 기반의 랩톱용 마이크로프로세서 센트리노를 예로 들었다. 그는 "우리는 둘 다에 힘을 쏟을 만큼 인원이 충분하지 않았고, 결국 자원을 x86 계열에 집중하기로 했다"고 설명했다.[15]

ARM은 저비용 저전력 설계로 지금까지 모바일 혁명을 주도했고 인텔은 그 기술의 고성능 버전을 손에 쥐고 있었음에도 불구하고, 이를 내려놓은 셈이었다. 휴대전화 대신 넷북과 모바일 컴퓨팅용 다른 신기술에 주목하면서 핵심 사업인 PC에 초점을 맞추겠다는 결정이었는데, 시장이 융합되는 추세에서 이런 구분은 그저 의미론에 지나지 않는 것처럼 들렸다.

오텔리니로서는 피하기 어려운 선택이었다. 그는 인텔처럼 거대한 회사조차 두 개의 컴퓨터 아키텍처를 유지하기가 힘들다는 사실을 알고 있었다. 그렇게 할 경우 소비자들이 혼란스러워하고 조직 내부 개발자들이 서로 맞서게 될 위험이 컸다.

이미 오래 전인 1989년에 인텔은 잠깐 RISC 기반 마이크로프로세서로서 i860 칩을 개발했으나 1990년대 중반에 접은 경험이 있다. 이 결정과 관련해 앤디 그로브는 회고록에서 "적어도 지금까지 확실한 성과를 보인 좋은 제품을 포기하고 우리가 별 우위를 보유하지 않은 RISC 아키텍처에서 기존 업체들과 경쟁해야 하나?"라는 물음으로 설명했다.[16]

오텔리니가 2005년 배럿으로부터 CEO를 승계한 이후에도 x86 칩은 탁월한 수익원이었다. 수십억 줄 코드가 쓰인 이 칩은 값을 매기지 못할 정도로 값진 독점적 제품이었다. 인텔은 x86이 실패할 가능성에 대비해 ARM에 힘을 더 실을 의향이 없었다.

바위처럼 단단하던 인텔의 지위도 경쟁에 흔들렸고, 이는 데이터로 나타났다. 시장조사회사 IDC에 따르면 인텔의 시장점유율은 2000년 83%에서 2006년 75%로 줄었다. 주로 AMD 때문이었다. 유일한 선택지는 x86에 더 집중하는 것이었다.

———

아이폰의 기회를 포착한 뒤에도 ARM 이사진은 인텔을 두려워했다. 이 영국 기업은 고객이 많고 이익률이 높았기 때문에 이사회에서 회사 운영 이슈에는 시간을 거의 할애하지 않았다. 그들은 주로 전략을, 즉 인텔을 주시하면서 어떻게 대응할지를 논의했다. 신문과 웹사이트들은 이 칩 거인의 다음 행보를 추측하고 있었다.

인텔이 PC 시장에서 사실상의 독점을 구축하고 유지하기 위해, AMD와의 전투를 비롯해 무엇을 했는지 ARM의 경영진은 충분히 경험해왔다. 인텔은 막강한 자금력을 바탕으로 설계 지식과 시장 신뢰를 결합해 ARM이 건설한 탄탄한 기반을 파괴할 수 있다고 그들은 두려워했다.

당시 ARM 이사 중 한 사람은 "아마 약 2년간 그게 우리의 주요 관심사였다"고 들려줬다. "이사회에서 우리가 그 이슈를 점검하지 않은 적이 없어요. 인텔이 어디에 있지? 무엇을 취득했지? 그것으로 무엇을 하려고 하지? 진지하게 관심을 나타내는 고객이 있나? 인텔이 작심하고 밀어붙인다면 ARM을 좌지우지할 수 있었어요."

■ 라이선스

2007년 말 아이폰이 세계 전역에서 날개 돋친 듯 판매되고 있을 때, 인텔이 아이폰과 관련해 돌파구를 마련했다는 추측이 무성했다. 애플 관련 모든 소식을 다루는 웹사이트 〈애플 인사이더〉는 새해에 애플이 인텔과 '더 긴밀한 연계'를 형성할 것이라고 보도했다. "인텔은 새해에 울트라 모바일 프로세서 신제품을 만들기 시작해 새로운 세대의 휴대용 기기에 공급할 것이다."[17]

이 소식은 인텔이 엔지니어와 세일즈맨들로 구성한 '애플 그룹'에 큰 성과가 있으리라고 시사했다. 몇 달 전 이 그룹의 책임자 드보라 콘래드Deborah Conrad는 기자들에게 애플이 세계를 바라보는 방식에 따라 인텔도 자신들의 사업을 "다르게 생각하고 있다"면서 미래 기기의 전망 앞에서 자신의 팀이 "몹시, 몹시 들떠 있다"고 말했다.

이 웹사이트는 새로운 제휴의 대상으로 두 가지가 가능하다고 제시했다. 하나는 차세대 아이폰이었고 다른 하나는 '초휴대용 슬레이트 컴퓨터'였다. 애플의 신제품에 쓰일 인텔의 칩은 실버스론 Silverthrone이라고 전했다. 휴대전화와 다른 모바일 기기용으로 설계된 이 칩은 오텔리니가 앞서 그해 6월 인터뷰에서 자사의 전설적인 8088 프로세서나 펜티엄 칩 정도로 중요하게 평가한 것이었다.

보도 이후 몇 주가 지났고 애플은 얇은 노트북 컴퓨터 맥북 에어를 공개했다. 내장된 인텔 칩은 새롭고 작은 패키지 속에 들어 있어서 공간을 덜 차지했다. 그러나 그 칩은 〈애플 인사이더〉가 암시한 대상이 아니었다.

무성한 소문을 낳은 주인공이 누구인지는 2008년 4월 1일 상하이에서 열린 인텔 개발자 포럼에서 밝혀졌나. 인텔은 실버스론 칩을 아톰이라는 이름으로 출하하기 시작했다고 발표했다. 이 칩은 전력을 데스크톱 PC용 x86 칩 계열에 비해 90% 덜 쓴다고 설명했다. 그렇지만 동급 ARM 칩보다는 많이 썼다. 아톰은 또 '잠자는 트랜지스터' 기능을 갖추고 있어서 작동하지 않을 때는 에너지를 절감하기 위해 전원을 차단한다고 밝혔다.

인텔은 PC에서 보여준 성능을 모바일 인터넷 기기MID에 성공적으로 변환할 수 있다고 주장했다. MID는 간단한 웹 서핑 기기라고 설명했다. 확실한 사실은, 이 기본적인 휴대 단말기용 칩은 빠르게 컴퓨터로 변모하는 휴대전화를 뒷받침하기 위해 만들어지지 않았다는 것이었다.

투자자들은 의심했다. 그들은 PC가 고성능 휴대전화와 충돌하는 과정에 인텔이 적절히 대응한다고 보지 않았다. 또 아톰이 기존 칩 시장을 뺏어가는 잠식 효과를 인텔이 어떻게 피할지 의문을 품었다.

애플로서는 아톰 활용의 매력은 맥 컴퓨터에 장착하기 시작한 x86 시리즈와 호환된다는 것이었다. 그러나 거래를 트기에 충분하지는 않았다.

———

이스트가 애플과의 전화회의를 하게 된 날은 인텔이 자랑스럽게 아톰을 선보인 지 일주일 뒤였다. 최악을 걱정하고 있던 이스트에게 애플은 반대로 가능한 최선의 소식을 알렸다. 애플은 ARM의 설계를 자신들의 후속 제품에 계속해서 쓰고자 할 뿐 아니라 더 긴밀한 관계로 발전하고 싶다고 밝혔다.

애플은 ARM에 아키텍처 라이선스를 요청했다. 표준 구성 블록에 대한 라이선스가 아니라 ARM의 설계를 자신들의 필요에 따라 크게 바꿀 수 있는 라이선스를 달라고 했다. 이는 애플이 칩에 대해 더 큰 통제권을 갖고자 하는 계획의 주요 발판이었다. 이와 관련해서는 나중에 더 서술한다. ARM이 그런 조건으로 라이선스를 준 경우는 몇 건에 불과했다. 또 대상은 모두 칩 업체들이었다. 추가 유연성을 갖게 된 이스트는 라이선스 대가를 더 부를 수 있었지만 너무 기쁜 나머지 고자세를 취하지 못했다.

애플이 ARM에게서 받은 아키텍처 라이선스는 새로운 휴대용 컴퓨터를 위한 것이었다. 애플은 ARM을 선택했고 ARM 기반으로 자신들이 설계를 수정한 후 삼성이 다시 한번 서울 남쪽 수원 본사에서 멀지 않은 기흥의 팹에서 이 칩을 생산하게 했다. 애플이 직접 설계한 첫 작품인 이 A4 칩은 2010년 1월 27일 공개된 아이패드를 구동한다.

앞서 인텔과 ARM을 놓고 벌어진 갈등을 잡스는 월터 아이작슨Walter Isaacson이 쓴 회고록에서 들려주었다. 잡스는 자신의 '슬레이트 컴퓨터'에 인텔의 아톰 칩을 쓰려고 했다. 그러나 엔지니어링 팀의 생각은 달랐다. 특히 파델이 반대했다. 그는 ARM을 기초로 한 설계를 선호했는데, 그 편이 더 단순하고 더 에너지 효율이 높으며 첫 아이폰에 채택되었다는 이유에서였다.

어느 날 긴장이 팽팽한 회의에서 잡스가 인텔을 믿는 편이 낫다고 주장했다. 이에 맞서 파델은 "틀렸고, 틀렸고, 틀렸습니다!"라고 외쳤다.[18] 파델은 심지어 테이블에 자신의 애플 배지를 올려놓았다. 자신의 의견이 채택되지 않을 경우 그만두겠다는 의사 표현이었다.

결국 애플은 아이패드를 구동하기에 아톰은 효율이 충분하지 않다는 결론에 이른다. 애플이 아톰을 배제한 다른 이유는 자신들의 방법으로 칩을 만들고 테스트하기를 원했던 애플에 인텔이 경직적으로 대응했기 때문이었다.

이와 관련해 잡스는 회고록에서 "우리는 인텔을 도우려고 했지만 그들은 좀처럼 들으려 하지 않았다"면서 여러 해에 걸쳐 인텔 칩의 그래픽 기능이 떨어진다고 지적했으나 개선되지 않았다는 예를 들었다. 두 회사의 관계는 잘 출발했다. 잡스는 "나와 오텔리니는 분기마다 만났다"며 애플에서는 자신 외에 최고위직 세 명이 함께 나갔다고 말했다. "우리는 처음에는 놀라운 일들을 함께하고 있었어요. 그들은 향후 아이폰에 들어갈 칩을 만드는 대형 합작 프로젝트를 원했고요."

잡스는 인텔에 대해 이렇게 말했다. "그들과 함께하지 않은 데에는 두 가지 이유가 있었습니다. 하나는 그들이 정말 느리다는 것이었어요. 그들은 증기선 같아서 유연하지 않았습니다. 우리는 꽤 빠르게 움직이는 데 익숙해요. 둘째, 우리는 그들에게 전부 가르쳐 주고 싶지 않았어요. 왜냐하면 그들이 배운 것을 우리 경쟁자들에게 팔아치울지 모른다고 걱정했기 때문이에요."[19]

————

ARM은 아이폰의 혜택을 결국 실감하리라고 예상했다. 2008년 2월 5일 연간 실적을 발표하는 자리에서 이스트는 ARM 기반 휴대전화 1대에 공급하는 마이크로프로세서가 2003년 1.2개에서 2007년 1.6개로 늘었다고 투자자들에게 밝혔다. 이 수치가 2로 높아지리라는 예상은 생각보다 더디게 실현되고 있는데, 그 요인은 "저가 단말기 판매가 2005년과 2006년에 폭발적으로 증가한 데 주로 힘입어 휴대전화 보급 대수가 크게 늘어났기 때문"이라고 설명했다.[20]

그때까지 ARM은 스마트폰 시장의 100%를 차지했다. 또 범용이 아니라 특수 프로세서의 설계를 예컨대 그래픽을 다루는 칩의 설계를 제공하는데, 그런 데서는 로열티를 개당 0.05나 0.06달러가 아니라 0.5나 0.6달러 받는다고 밝혔다.

아이폰이 시판된 지 3년여가 지난 2010년 말이 되면, 스마트폰 시장은 판매 대수 기준으로 PC 시장을 능가하게 된다. 그러나 ARM은 PC 시장이 여전히 진출할 만한 가치가 있다고 생각했다.

랩톱 시장 중 일부를 끌고오기란 쉽지 않았지만, ARM은 대만에서 틈새를 찾아냈다. 고객 브랜드로 판매하던 대만의 ODM 업체들은 자신들이 직접 설계하여 제품을 만들고자 했다.

ARM은 아울러 인텔이 사실상 독점하고 가장 큰 마진을 챙기는 다른 시장인 컴퓨터 서버 시장을 공략하기로 했다. AMD 옵테론 프로세서의 초기 위협을 물리치고 인텔이 장악하게 된 시장이었다. ARM 경영진은 서버 중앙처리장치의 10%를 차지할 수 있다면 인텔에 가격 인하 압력이 가해질 테고 그렇게 되면 연구개발 지출도 줄어들 수 있다고 추정했다.

이스트는 임원들과 회의할 때면 회의실 벽에 인텔 경영진의 사진을 붙여놓도록 했다. ARM의 경영진 모두 공동의 적에 집중하도록 하기 위해서였다.

제휴사들이 ARM의 역량을 어느 정도로 평가하는지에 많은 것이 달려 있었다. ARM은 혼자서가 아니라 퀄컴에서 TI에 이르는 200개 고객사들과 함께 인텔과 경쟁했다. 이스트는 〈포춘〉 매거진과의 인터뷰에서 인텔은 영리한 경쟁자이고 선도적 제조업체라고 칭송했다. 그러나 "인텔의 사업모델은 낡았고 ARM의 사업모델은 21세기형"이라고 덧붙였다.[21]

———

최초의 아이폰을 출시한 이후 애플은 ARM과의 관계를 더 진전시켰다. 2008년 4월 아키텍처 라이선스 체결로 양사 사이는 더 돈독해졌다. 기술산업의 이 거대 회사는 공급자의 공급자를 포함한 생태계를 더 폭넓게 이해하고자 했다. 애플은 자신들의 미래 모델에 활용할, 더 적은 소비 전력에 더 향상된 성능의 칩이 필요했다.

애플은 1년에 두 번씩 운영부서와 기술부서의 간부들 약 15명으로 팀을 구성해 영국에 보냈다. 토니 파델과 밥 맨스필드Bob Mansfield 같은 이들은 런던에 진을 쳤고, 종종 코트하우스 호텔에 묵었다. 이 5성급 호텔의 건물은 과거 법원이었고 2등급 문화재로 지정되어 있다.

애플 사람들은 낮에는 런던을 벗어나 케임브리지의 ARM에 들렀고 아이폰의 그래픽 프로세서를 공급하는 이매지네이션 테크놀로지를 방문하러 런던 북쪽에 위치한 소도시 킹스랭글리에 갔다. 터프맨은 애플 사람들이 저녁이면 런던 야경을 보고 웨스트엔드의 뮤지컬을 관람하거나 윔블던 트랙에서 저녁을 들며 놀랍도록 치열한 그레이하운드 경주를 구경하도록 했다. 터프맨은 아이폰·아이패드 하드웨어 엔지니어링 부사장이었고, 그의 팀에서 200명이 두 기기의 전자부품과 오디오, 카메라 등을 개발했다. 그는 2011년에 퇴사했다.

애플의 방문객들과 ARM 사람들의 모임은 우호적이었다. 이스트는 잡스를 만나러 미국에 가지 않았고, 잡스도 케임브리지에 오지 않았다. 그러나 애플은 양사의 관계를 파트너십으로 여겼다. 애플이 그림 전체를, 즉 프로세서 코어뿐 아니라 ARM이 작업하는 모든 범위를 이해한다는 의미였다.

영국인들이 실망시킨 유일한 영역은 음식이었다. 그들은 점심으로 대부분 샌드위치를 제공했는데, 미국인들은 샌드위치를 좋아라 하지 않았다.

■ 상처 속 퇴진

폴 오텔리니는 2013년 CEO 자리에서 내려왔다. 숫자로 본 실적은 대도약이었다. 그가 취임한 2005년에 비해 2012년 매출은 56% 증가해 533억 달러가 되었고, 순이익은 47% 많은 110억 달러로 늘었다. 주주들도 호주머니가 두둑해졌는데, 연간 배당액이 네 배로 늘어 44억 달러나 된 덕분이었다.

기술이 여전히 숨가쁘게 발전하면서 시장의 리더 자리를 지키기 위해서는 당연히 더 복잡하고 더 돈이 많이 들었다. 오텔리니가 재임한 기간에 인텔은 프로세서의 회로선폭을 22나노미터로 좁혔는데, 이는 재임 초기의 3분의 1이었다. 인텔은 14나노미터 공장을 건설하고 10나노미터 이하의 칩을 개발하고 있었다. 인텔의 공정기술은 경쟁자들에 비해 2년 앞섰고, 인텔은 그 격차를 지키기 위해 연간 연구개발에 2004년의 두 배 이상인 100억 달러를 쏟아부었다.[22]

그러나 두드러진 실적과 대규모 투자가 무색하게 오텔리니 재임기는 그가 하지 않은 일로 영원히 기록되게 되었다. 이는 그가 퇴직하는 방식에도 반영되었다. 네 명의 전임자들과 달리 그는 회장으로 올라가지 못했다. 은퇴도 회사 정년인 65세보다 2년 빨랐다.

애플의 아이폰은 날아올랐다. 태어난 지 5년째인 2012년 아이폰이 1억 2,500만 대 팔리며 매출은 놀랍게도 800억 달러에 달했다. 마이크로소프트의 전체 매출을 넘어선 기록이었다. 최상급 단어가 부족할 지경이었다.[23]

이제 소비자들의 생활은 스마트폰으로 전개되었다. 그 속에 일정과 사진, 소셜미디어, 게임, 음악이 있었다. 노키아와 블랙베리의

RIM은 위상이 곤두박질쳤다. HP와 델을 포함한 PC 업체들은 마땅하게 대응하지 못한 채 고전했다. 애플은 역사상 가장 성공적이고 파괴적인 제품을 만들어냈다고 주장할 자격이 있었다.

마지막 근무일의 자책하는 인터뷰에서 오텔리니는 인텔 칩을 아이폰에 장착하지 못한 실패에 대해 말했다. "그 기기가 어떻게 될지 당시에는 아무도 예상하지 못했어요. 그런데 애플은 우리한테 지불할 가격대를 제시한 뒤 니켈(5센트) 하나도 더 줄 수 없다고 통보했어요." 그는 이어 "되돌아보면 그때 예측한 비용이 틀렸고 물량은 사람들 생각보다 100배로 불어났다"고 말했다.[24]

후회스러운 어조로 그는 덧붙였다. "이로부터 교훈을 얻었습니다. 우리는 관련 데이터를 활용해 말하기를 좋아하는데, 내 경력에서 아주 여러 차례 나는 직감으로 결정을 내렸어요. (아이폰 건을 놓고도) 직감을 따라야 했어요. 내 직감은 '예스'라고 말하라고 했거든요."

ARM에 대한 질문도 나왔다. 그는 "ARM은 아키텍처를 라이선싱하는 회사"라면서 "ARM과 경쟁하기를 원했다면, 그래서 우리가 인텔 아키텍처를 원하는 누구에게나 라이선스를 주고 로열티로 돈을 벌었다면, 회사 규모가 3분의 1밖에 안 되었을 것"이라고 답했다.

———

오텔리니가 옳았다. 인텔 매출이 533억 달러였을 때 ARM 매출은 9억 1,300만 달러로 60분의 1에 불과했다. 그런데 고객사가 판매한 모든 칩에 대한 평균 로열티 수수료가 4분기에 4.8센트까지 올라가면서 세전 수익이 2억 7,700만 파운드(3억 3,600만 달러)에 달했다.[25] 연간 매출액 증가율은 16%였는데, 이는 반도체산업의 평균 성장세보다 훨씬 높은 수준이었다. 코텍스-A 클래스 프로세서와 말리 그래픽 엔진, 디지털 TV를 비롯한 소비자가전 등에서 실적이 좋았다.

하지만 칩당 로열티는 4.8센트로 줄었다. 2004년 무렵 9센트의 약 절반 수준이었다. 2004년 아티잔을 인수하면서 이스트가 내놓은 '향후 2~5년 뒤 두 배' 기대에 비하면 더욱 거리가 멀었다. 블루투스와 와이파이로 연결된 저렴한 기기가 폭발적으로 증가한 결과였다.

수요처 다각화 노력을 기울였지만, ARM 매출의 대부분은 모바일 시장에서 나왔다. 애플의 경우 아이폰 하나에 ARM 설계 칩을 2.5개 썼다. 스마트폰 칩은 복잡했기 때문에 ARM은 로열티를 평균의 두 배 받았다. 스마트폰을 통신 네트워크와 연결하는 베이스밴드 모뎀 칩을 예로 들 수 있다. 이 칩은 애플리케이션과 디스플레이를 처리하는 프로세서를 포함하게 되었다. 처음에는 별개였던 와이파이칩과 블루투스 칩, 위치기반 서비스 칩, 카메라 칩 등이 통합되었다. 그러나 통합된 뒤에도 로열티는 각각 발생했다.

스마트폰 회사 중 애플이 ARM에 기여한 부분이 크지는 않았다. 2012년 애플의 기여도는 아마 삼성전자보다 낮았다. 그러나 애플의 아이폰 확산세와 가공할 브랜드 파워라는 혜택이 있었다. 애플은 '멍청한' 전화에서 스마트폰으로의 전환을 통해 ARM에게 도움을 줬다. 그 전환을 놓친 유명한 휴대전화 브랜드들도 많았다. 대표적으로 노키아는 단말기 사업을 2013년 9월 72억 달러를 받고 마이크로소프트에 매각했다.

ARM은 재무적인 힘은 없었지만 영향력은 강했다. 2012년에 ARM 기반 프로세서가 87억 개 출하되었다. 범주는 다르지만, 아이폰 판매 대수와 비교하면 70배에 이른다. ARM 기술은 저렴했기 때문에 고객사들은 ARM의 대안을 생각할 이유가 없었고, ARM 설계는 계속 확산되었다.

오텔리니는 인텔의 개발진은 ARM이 아니라 퀄컴이나 TI, 그래픽 전문 엔비디아 등과의 경쟁에 집중해야 한다고 말했다. "만약 애플 같은 회사가 ARM을 활용해 스마트폰 칩을 만든다면, 우리 개발진은 애플을 위해 최선의 칩을 만드는 데 집중해 애플이 우리 칩을 사고 싶어하도록 하면 좋겠어요."[26]

인텔은 2016년 4월 26일 아톰을 축으로 한 모바일 사업을 접고, PC 시장 부진에 대응해 1만 2,000명을 감원한다고 발표했다. 오텔리니의 후임자로 앞서 2013년에 취임한 브라이언 크르자니크 Brian Krzanich는 자신의 전략은 "인텔을 PC 프로세서 회사에서 클라우드와 그에 연결된 수십억 대의 스마트 컴퓨팅 기기를 구동하는 회사로 변신시키는 것"이라고 선언했다. 그는 이어 "기술이 만들어내는 기기 자체로써가 아니라 기술이 가능하게 하는 경험으로써 기술을 평가하는 시대가 되었다"고 말했다.[27]

컴퓨터 서버를 구동하는 칩의 시장은 인텔과 ARM이 마주치게 될 다음 전장이었다. 그러는 동안에도 인텔은 ARM 기반 스마트폰 칩을 생산하기로 했고, 첫 고객은 LG전자라고 발표했다. 마이크로칩 산업 내 업체 간 관계의 복잡함을 보여주는 움직임이었다.

크르자니크의 선언 뒤 4년이 지난 2020년 6월 22일. 팀 쿡 애플 CEO는 이 날이 "맥의 역사적인 날"이라고 선언했다.[28] 앞으로 맥(아이맥과 맥북)에 인텔 칩 대신 '애플 실리콘', 즉 애플이 개발한 프로세서를 채택하겠다고 밝혔다. 오텔리니가 2005년 특유의 매력을 발휘해 성사시킨 거래가 종료된 것이다. 애플의 자체 프로세서는 거슬러 올라가면 2008년 전화회의에서 출발했다(이 회의에서 애플은 ARM의 설계를 기반으로 아이패드의 프로세서를 만들겠다고 통보했고, 2010년 출시된 아이패드의 칩은 삼성전자가 생산했다―옮긴이). 쿡은 "애플 실리콘은 맥을 어느 때보다도 강하고 능력 있게 만들 것"이라고 덧붙였다. "맥의 미래에 대해 오늘처럼 기대에 찬 적은 없었습니다."

이 결정은 애플이 공급망을 더 통제하게 되었으며 아이폰과 아이패드, 맥의 iOS 운영체제에서 호환되는 애플리케이션 개발이 쉬워졌음을 의미한다. 애플이 '맞춤형 실리콘'으로 성큼 들어섬으로써 제조업체와 활용업체가 분리되어 있던 칩 사업에 큰 영향을 주게 되었다. ARM에게도 역사적인 날이었다. 우선 애플과의 오랜 관계에 또다른 전기가 마련되었다. 아울러 휴대전화와 스마트폰에서 데스크톱과 랩톱으로 넘어갔다는 의미가 있었다. 인텔은 반대 방향으로 움직이려고 노력했으나 실패했다.

뛰어난 배터리 수명에 매료된 마이크로소프트는 얼마 지나지 않아 그 뒤를 따랐다. 이 소프트웨어 거인은 2011년에 ARM에서 작동하는 모바일 운영체제를 처음으로 출시했다.

10장

300년 비전,
64일 인수

■ 부두에서의 점심

튀르키예 남서부의 유서 깊은 항구 도시 마르마리스에 위치한 '파인애플' 레스토랑은 1988년 처음 문을 연 이래 번창해왔다. 아침부터 밤까지 선원과 관광객에게 생선과 구운 고기, 피자, 파스타 등 다양한 음식을 제공했다. 식욕이 왕성한 손님은 셰프의 시그니처 요리 중 하나인 속에 해산물을 가득 채워 익힌 파인애플을 시도하는 경우가 많았다.

이 레스토랑은 정박지가 내려다보이는 해안의 중간에 위치했다. 야자수와 분방하게 자란 보라색 부겐빌레아로 둘러쌓인 이 레스토랑은 노란 차양 아래에 자리 잡고 바다 위에 떠 흔들리는 수백

척의 보트를 바라보며 느긋하게 지내기에 좋은 곳으로 유명했다.

동지중해의 관문인 마르마리스는 역사의 중요한 순간마다 상당한 역할을 했다. 영국 넬슨 제독의 함대는 프랑스 나폴레옹의 함대를 격파하기 위해 이집트로 향하기 전 이곳에 정박했다. 오스만 투르크 제국의 술레이만 1세는 바다를 내려다보는 언덕 위의 마르마리스 성을 해군 기지로 삼고 1522년에 로도스섬을 5개월간 공격해 점령함으로써 동지중해를 장악했다.

2016년 7월 3일, 마르마리스는 해군이 아닌 기업 역사상 주목할 사건이 일어난 장소가 되었다. 그날 파인애플 레스토랑의 1층을 한 회사가 통으로 예약했다. 일행은 네 명이었다. 2013년 ARM의 3대 최고경영자가 된 사이먼 시거스Simon Segars, 스튜어트 체임버스Stuart Chambers ARM 회장, 억만장자 일본 투자자 손정의(마사요시 손) 소프트뱅크 그룹 회장, 알록 사마 소프트뱅크 최고재무책임자CFO였다. 그때까지 손 회장의 주요 투자 포트폴리오는 중국 전자상거래 업체 알리바바와 미국 이동통신사 스프린트 등이었다.

그들은 점심을 주문하고 이야기를 나누었다. 여름 일요일 오후를 느긋하게 보내는 친구 사이처럼 보였다. 하지만 이 모임은 갑작스레 마련되었고, 안건은 하나였다. 영국의 가장 성공적인 기술회사인 ARM의 향후 소유권이었다.

■ 동물적 본능

손 회장은 빠른 의사 결정으로 유명했다. 중국 전자상거래 웹

사이트 알리바바의 창업자 마윈Jack Ma을 베이징에서 처음 만났을 때 그야말로 몇 분 만에 투자하기로 결정했다. 1999년 10월이었고 최초의 인터넷 거품이 상당히 부풀려져 있었지만, 중국 기술주를 둘러싼 열기가 뜨거웠고 경계하는 투자자는 드물었다.

당시 만남은 투자은행 골드만삭스가 손 회장에게 주선한 여러 건 중 하나였다. 앞서 몇 주 전 골드만삭스는 알리바바에 대한 500만 달러 투자 라운드를 이끌었는데, 그 얼마 전인 3월 1,000만 달러에 창업된 이 벤처기업을 높게 평가해서였다.

손 회장과 마윈은 즉시 서로에게서 자신의 모습을 발견했다. 둘 다 자수성가했고 자신의 생각을 솔직하게 말했으며, 야망은 엄청났는데 태도는 겸손했다. 마윈은 나중에 이 만남을 회고하며 "우리는 매출에 대해 이야기하지 않았고, 심지어 비즈니스 모델에 대해서도 이야기하지 않았다"고 들려줬다. "우리는 단지 공유된 비전에 대해서만 말했어요."[1]

얼마 지나지 않아 마윈은 도쿄에 와서 조건을 논의했다. 손 회장은 즉시 지분 40%를 2,000만 달러에 인수하겠다고 제안했다. 몇 주 전에 골드만삭스와 파트너들이 제시한 주가의 세 배를 치르겠다는 것이었다. 마윈이 너무 많은 지분을 넘기고 싶지 않다며 거절하자 손 회장은 호가를 두 배로 높였다. 그들은 나중에 지분 30%와 2,000만 달러에 합의했다. 손 회장은 이 거래와 관련해 몇 년 후 "그의 눈빛이 결정적이었는데, 동물적인 냄새가 났다"며, 그 냄새에 이끌려 그렇게 바로 현금을 대기로 했다고 설명했다.[2]

소프트뱅크는 2000년 1월 18일 알리바바에 2,000만 달러를 투자한다며 향후 알리바바가 다국어 웹사이트를 개발하는 데 추가 자본을 출자하겠다고 발표했다. 이 자본은 알리바바가 곧 닥치는 인터넷 거품 붕괴를 극복하는 데 결정적인 역할을 했다. 포트폴리오 가치가 폭락한 뒤 회복을 도모하던 손정의 회장에게 이 투자는 다른 모든 투자를 지탱하는 원천이 되었다. 알리바바는 2014년 9월 뉴욕에 주식을 상장했을 때 250억 달러를 조달하여 역사상 최대 규모의 IPO가 되었다. 소프트뱅크의 지분 32%의 가치는 750억 달러에 달했고 손 회장은 일본 최고 부자로 등극했다. 2000년 초 회원 10만 명으로 시작한 알리바바는 상품 판매자 800만 명을 수용하는 규모로 성장했다. 2013년에 이미 하루 최대 거래량 1억 5,600만 건을 기록했다.

———

알리바바에 대한 첫 투자는 손정의 회장의 자수성가 스토리를 관통하는 충동적 성향을 보여준다. 그의 조부모는 한국에서 어선의 선체에 숨어 일본으로 밀항했다. 조부모는 무일푼이었고 일본국유철도 소유의 땅에 지어진 판자촌에서 살았다. 그의 부친은 돼지를 치면서 밀주를 빚어 팔았고, 이후 음식점과 파친코로 성공했다.

집안 형편은 넉넉해져서, 1973년 여름에 16세이던 그를 UC 버클리로 어학연수를 보낼 정도가 되었다. 그 시절 그는 슈퍼마켓 체인 세이프웨이의 한 매장에 갔다가 잡지 〈파퓰러 일렉트로닉스〉를 훑어봤고, 그의 눈에 인텔이 새로 발표한 8080 칩의 클로즈업 사진이 들어왔다. 나중에 퍼스널 컴퓨터 시장을 석권하는 x86 시리즈의 전신이었다. 그 사진이 자신에게 깊은 인상을 남겼다고 손 회장은 회고했다. "영화에서 정말 강렬한 장면을 보거나 음악 작품 하나에 빠져들면 온몸이 얼얼해지기 시작하는데", 그것과 "완전히 똑같은 느낌이었어요. 전신이 얼얼해졌고 뜨거운 눈물이 얼굴을 타고 흘러 내렸죠."[3]

그는 그 잡지를 사와서 사진을 오린 뒤 투명한 플라스틱 파일에 넣고 배낭에 넣어 늘 지니고 다녔다. 밤에는 베개 밑에 넣고 잤다. 그는 컴퓨터 업계에 뛰어들겠다고 결심했다.

1977년 UC 버클리에 입학해 경제학과 컴퓨터공학을 전공했다. 이 대학은 학생들에게 컴퓨터를 24시간 이용할 수 있는 여건을 제공했다. 재학 중에도 사업가 기질을 발휘해 일본어를 입력하면 영어로 번역해주는 장치 등을 개발했고, 일본 전자회사 샤프가 이 기술을 사용했다. 일본 게임 콘솔을 미국에 수입하기도 했다.

1981년 일본에 귀국해 소프트뱅크를 창업했다. 회사명 중 '소프트'는 소프트웨어에서 따왔다. '뱅크'는 쉽게 연상되는 단어인 은행이 아니라 '아이디어 뱅크'에서 가져왔다. 그가 오랫동안 정리해 온 발명 노트의 제목이었다.

그는 1995년 설립 초기의 야후 투자를 통해 부의 발판을 마련했다. 야후와 합작해 일본에 설립한 야후재팬은 일본 최대의 포털로서 그에게 꾸준히 현금흐름을 안겨주었다. 그는 어떤 일이든 가능하다고 믿을 만큼 과감해졌다.

———

그는 일본 재계에서 예외적인 존재였다. 카리스마적이고 비전을 제시했으며 기득권에 맞서기를 주저하지 않았다. 그와 소프트뱅크는 파나소닉과 도시바, 소니, 후지쯔와 같은 일본 기술기업들에게서 점차 사라져간 역동성을 보여주었다.

그러나 그가 투자한 회사가 전부 성공적이지는 않았다. 알리바바에 투자할 즈음에 소프트뱅크는 웹밴Webvan이라는 온라인 슈퍼마켓에 투자했다. 전도양양하다고 한껏 치켜올려졌던 웹밴은 그러나 1억 6,000만 달러의 손실을 내고 파산했다. 그는 트렌드를 포착할 수 있었지만, 오만했다. 그는 대담했고 마치 수정구슬로 미래를 보는 것처럼 2010년 '300년 비전'에 따른 30년 장기 투자 계획을 선언한 바 있는데, 그에 대해 자문 그룹으로부터 어떤 조언도 듣지 않은 듯했다.

그는 다른 억만장자들과 함께 세계를 활보했다. 루퍼트 머독과 일본 미디어에 투자했고, 라스베이거스의 카지노 거물 셸던 애덜슨Shedon Adelson에게서 미국 컴퓨터 전시회 컴덱스를 인수했다. 빌 게이츠 마이크로소프트 공동 창업자와는 김대중 한국 대통령을 만나 한국 경제를 외환위기로부터 회복시키려면 초고속 인터넷에 모든 재정을 집중해야 한다고 역설했다.

도쿄도의 시오도메 구역에 있는 소프트뱅크 본사 건물의 26층 집무실에서 그는 마음 가는 대로 돈을 아낌없이 투자했다. 의사결정을 앞두고는 죽도를 휘두르곤 했다. 2006년 보다폰의 일본 법인을 인수했고 2008년에는 일본에서 아이폰을 독점 판매하는 권리를 확보했다. 2012년 10월에는 손실을 내던 미국 통신회사 스프린트를 200억 달러에 사들였는데, 그때까지 일본 기업의 미국 인수 중 최대 규모였다.

스프린트 인수는 손 회장이 미국 IT 인맥의 상층부에 진입했다고 확언할 근거는 되지 않았다. 그러나 캘리포니아 대저택 인수는 그러기에 충분했다. 그는 2012년 11월 우드사이드의 대저택을 1억 1,750억 달러에 사들이며 미국 주택 거래가액 최고기록을 세웠다.

언덕 위 약 2만 제곱미터 대지에 지어진 신고전주의 양식 대저택에는 기둥이 늘어선 수영장과 테니스장, 깔끔하게 다듬어진 정원, 도서관 등이 딸려 있었다. 밖으로는 주위를 둘러싼 산들이 파노라마처럼 펼쳐졌다. 대저택은 스탠퍼드 대학교와 가까웠고, 실리콘밸리의 가장 고급스러운 동네에 위치했다. 인텔 공동 창업자 고든 무어와 벤처캐피탈리스트 존 도어John Doerr, 오라클 창업주 래리 앨리슨이 동네 주민이었다.

■ 사물인터넷

큰 키에 마른 사이먼 시거스가 마르마리스 회동 직전에 손정의를 만난 곳이 바로 이 저택이었다. 날짜는 2016년 6월 27일이었고, 그는 손 회장과 소규모 만찬을 함께했다. 시거스와 손 회장의 첫 만남은 10여 년 전인 2005년 12월 워런 이스트와 함께였다. 당시 이스트가 CEO로서 시거스를 대동하고 손 회장을 도쿄로 찾아갔다. 두 사람은 컴퓨터 코드와 데이터를 보호하는 ARM의 서비스인 트러스트존TrustZone을 중심으로 협력하자는 제안을 했으나, 이 건은 진척되지 않았다. 이스트는 2013년에 12년간 잡은 조종간을 시거스에게 넘겨주었다.

시거스에게는 실패가 확실해진 아티잔 인수가 오히려 승진의 기회가 되었었다. ARM 내부에는 2004년 이 회사를 인수하기로 한 결정을 잊고 싶어하는 사람들도 있었다. 그는 2007년 부인 레이첼 및 세 아이들과 함께 케임브리지에서 미국 실리콘밸리로 이주했다.

시거스는 이스트에게 "회사를 위해 제가 할 수 있는 최선은 캘리포니아로 가서 이 사업을 해결하는 것"이라 말했다고 회고했다. 그러자 이스트는 매우 흡족해하며 그렇게 하라고 재가했다.

아티잔은 ARM의 기업문화를 바꾸었는데, 많은 고객이 있는 미국 서부로 중심지를 이전하면서였다. ARM은 미국법인 사무실을 아티잔의 서니베일 사옥으로 옮기기도 했다. 시거스는 아티잔을 ARM과 실질적으로 통합하고 실적을 개선시킨 성과를 통해 ARM CEO 후보군에 이름을 올려놓았다고 할 수 있다.

시거스는 어릴 때부터 목표를 달성하기 위해 주도적인 모습을 보였다. 에섹스의 도시 바실던에서 소방관 아버지와 교사 어머니 사이에서 태어난 그는 일찌감치 공학에 빠졌다. 그는 "물건을 분해했고 납땜하다 손에 화상을 입었고 컴퓨터 코드를 만들었다"고 한 인터뷰에서 말했다.[4]

스탠다드 텔레폰&케이블STC은 이 도시의 큰 고용주였다. 그는 장학금을 신청하고 STC에서 1년간 근무한 뒤 서섹스 대학교에 진학했다. 여름방학 때 STC에서 일하며 학업을 마친 뒤 전자공학 학사로서 이 회사에 입사했다.

오랜 역사의 STC는 전화 교환기와 해저 케이블, 초기 광섬유를 제조했다. 브리티시 텔레콤의 주요 공급업체였고, 이 통신사가 1984년 민영화 이후 전화 교환기를 업그레이드할 때 꽤 돈을 벌었다. 그러나 해외 사업이 신통찮았고, 메인프레임 컴퓨터로의 진출에 실패하여 재정에 부담이 왔다.

1960년대에 문을 연 공장은 낡았고 콘크리트 패널이 떨어지지 않도록 비계가 덧대어 있었다. 이런 상태는 회사 명운에 대한 일종의 은유로 비쳤다.

STC는 1990년 11월 캐나다의 노던텔레콤(노텔)(기술력 있는 통신 장비 업체였던 노텔은 2000년경부터 화웨이에 외주 생산을 맡겼고, 이로부터 기술을 학습한 화웨이는 업계 1위로 성장한 반면 노텔은 2009년 파산했다—옮긴이)으로 26억 달러에 인수되었고, 마침 마이크로프로세서에 관심을 갖게 된 시거스는 새로운 일자리를 찾아나섰다. 에이콘과 애플이 막 ARM을 설립한 때였다. 시거스는 전자업계 전문지에서 이 소식을 접하고 바로 관심을 갖게 되었다. 그는 "회사에 편지를 써서 내가 마이크로프로세서 설계에 흥미를 갖고 있으니 일자리를 달라고 요청했더니 면접 보러 오라고 하더군요"라고 회고했다.[5]

창업 멤버들이 1991년 3월 하비스반에 둥지를 튼 지 몇 주 뒤 시거스가 16번째 직원으로 입사했다. 그는 더 공부할 필요가 있었다. 동료들은 스티브 퍼버 맨체스터대 교수에게 그를 소개했고, 퍼버 교수는 컴퓨터공학 석사 과정을 지도하기로 했다. 시거스는 2년간 학업과 업무를 병행하며 분투했다. 석사 논문은 저전력 프로세서에 대해 썼고, 노키아6110에 들어가는 ARM7TDMI의 코어 설계에 참여했다. 다행히 퍼버가 케임브리지에 자주 들렀던 덕분에 시거스는 그런 경우 맨체스터를 오가는 시간을 절약할 수 있었다.

그는 선임 엔지니어를 거쳐 영업부서와 사업개발 부서에서 경험을 확장했다. 2012년 동료 마이크 잉글리스가 다음해 열리는 세계일주 세일링 대회에 참가하기 위해 퇴사하자 시거스는 더 큰 책임을 맡게 되었다.

———

워런 이스트가 한 것처럼 그도 CEO로서 ARM 아키텍처의 새로운 시장과 새로운 응용 분야를 찾는 데 집중했다. 따라서 항상 미래를 내다보면서 큰 지출을 하는 손정의 회장과 같은 선도적 사업가와의 만남에 기꺼이 응했다.

우드사이드 저택에서 만찬이 열리기 전 가을에 ARM은 새로운 기술에 투자를 늘리겠다는 계획을 발표했다. 2015년 9월 15일 오전에 런던의 바비칸 예술센터 근처에서 연 애널리스트와 투자자 대상 프레젠테이션 행사에서였다. ARM은 네트워킹 인프라스트럭처와 컴퓨터 서버 등 분야에 자금을 어떻게 투입할지 상세히 설명했다.

그중 주목받은 대목은 서버 칩의 2020년 시장점유율 목표를 기존의 20%에서 25%로 높인 것이었다. ARM은 서버 칩의 2020년 시장 규모를 200억 달러로 내다봤다. 이는 이 회사가 장악한 모바일 애플리케이션 프로세서AP의 시장 규모 전망치 250억 달러에 버금가는 규모였다. 당시까지도 이 분야에서 ARM의 존재는 미미했지만, ARM은 무언가를 제시해야 할 상황이었다. 17년 전 주식시장에 상장한 이후 이 회사를 뒷받침해온 모바일 기기의 거침없던 성장세가 힘을 잃고 있었기 때문이다.

이날 논의된 다른 주제는 사물인터넷IoT이라는 차기 기술 패러다임이었다. 저전력 칩을 냉장고부터 세탁기까지 모든 사물에 설치해 가전제품을 멀리서도 제어하고 모니터링할 수 있게 된다는 비전이었다. 전반적으로 ARM은 2017 회계연도에 추가 지출이 4,000만 파운드까지 증가할 것으로 예측했다.[6]

시거스는 상장사로서 처한 제약을 절실히 느꼈다. 일부 주주는 비용이 늘어도 장기적인 보상을 제공한다면 괜찮다고 지지했다. 그러나 다른 주주는 이익이 줄어든다며 그를 책망했다. 내부적으로는 ARM의 투자 한도에 대한 우려가 있었다. 상장사라면 어디나 경험하는 균형잡기였다. 이에 비추어 그해 연구개발 투자 금액 2억 1,500만 파운드는 과감했다. 전년도보다 28% 늘어난 규모였다. 한편 연간 배당은 1억 800만 파운드였는데, 이 항목도 거의 비슷한 속도로 늘렸다.

2015 회계연도는 업황이 좋았지만 발표된 수치는 더 많은 투자가 지속적으로 필요함을 보여주었다. ARM의 이익은 전기 대비 24% 증가한 5억 1,200만 파운드를 기록했다. 4년 만에 두 배 이상 증가한 것이었다. 매출은 15% 많은 15억 파운드였다. 이들 표면에 드러난 수치 아래에는 로열티와 라이선스 매출이 있었다. 로열티는 31% 급증했으나 미래 번영을 가늠할 금액인 라이선스 대가(새로운 계약의 대가—옮긴이)는 거의 늘어나지 않았다. ARM은 이와 관련해 몇 년 전 ARMv8-A 기술을 도입한 후 고객 기반이 눈에 띄게 확장되었고, 그 이후 정체기가 왔다고 설명했다.

아키텍처의 8번째 버전(v8)은 64비트 영역으로의 진입이라는 의미가 있었고 컴퓨터 서버 시장을 구동하기 위한 것이었다. 시간이 지나면 휴대폰이 훨씬 더 많은 메모리를 필요로 하리라는 측면을 인식했다는 점에서 장기적인 포석이었다. ARM의 설계자들은 2005년부터 이런 구상에 착수했고, 2007년에 프로젝트를 시작해 2011년에 v8을 발표했으며, 2013년에 첫 제품을 내놓았다.

이 미래를 계획할 때 언급했지만 중요하게 다루지 않은 영역이 IoT였다. 아직 막대한 투자가 필요하지 않은 기회였고 여러 해가 지나서야 실현될 것이라는 점에서 매출을 강조할 이유도 없었다. 그해 사업보고서에서 ARM은 '생선은 칩chip과 함께 먹으면 더 맛있다'는 유쾌한 제목 아래 ARM 기반 센서를 원격지에 설치해 수질과 영양 수준을 관리함으로써 물고기를 더 건강하게 양식하는 한국 업자들의 이야기를 소개했다. 체임버스 의장은 사업보고서의 개요에서 IoT에 관한 한 "시장의 성장률과 규모는 아직 불확실하다"고 인정했다.

하지만 수정구슬을 통해 보는 사람들이 숫자를 제시하는 것을 막지는 못했다. 경영 컨설팅회사 맥킨지는 2015년 물리적 세계와 디지털 세계의 연결이 2025년에 이르면 연간 세계경제의 약 11%에 해당하는 최대 11조 1,000억 달러의 경제적 가치를 창출할 수 있다고 예측했다.[7]

2016년 6월의 손정의 회장 저택 만찬에서도 IoT가 뜨거운 주제였다. 일주일 전 수천 킬로미터 떨어진 자메이카에서 휴식을 취하며 브렉시트 투표의 여파를 예의 주시하던 시거스는 새로운 사업을 열심히 홍보했다. 그가 수십억 개의 추가 연결 장치에서 발생할 엄청난 양의 데이터에 대해 이야기하자 손 회장은 흥미롭게 경청했다. 어떻게 인공지능을 적용해 그 모든 데이터에서 가치를 추출할지는 ARM이 좋아하는 장기적인 사업 방향의 좋은 재료였다. IoT는 이처럼 디지털 혁명의 다음 단계가 될 수 있지만, 분기별 실적과 정기 배당에 집착하는 연기금이 관심을 갖기에는 너무 멀리 있었다.

―――――

2006년 보다폰 일본법인 인수(인수 후 소프트뱅크 모바일로 이름을 바꾼다―옮긴이)를 계기로 손 회장의 레이더망에 ARM이 포착되었다.

그는 인터넷의 축이 PC에서 모바일로 이동하고 있다고 확신하고, 소비자가 손가락을 움직여 웹을 이용하도록 하는 단말기를 누가 만들 수 있을까 궁리한다(스티브 잡스라고 판단한 그는 잡스를 만나러 갔다. 잡스가 2007년 1월 아이폰을 발표하기 전이었다—옮긴이).

손 회장은 "궁극적인 모바일 머신을 만들 때가 왔다는 데 잡스도 동의했다"고 말했다. 그는 애플이 그런 기기의 중앙처리장치에는 ARM의 설계를 활용하리라고 추정했다.[8]

그는 이후 ARM이 보여준 시장 지배력에 더 깊은 인상을 받았다. 스마트폰 시장에서 애플과 구글 안드로이드 진영이 경쟁했지만, 양측 모두 ARM 기반 칩을 사용했다. 또 마이크로프로세서 산업의 강자 인텔이 지속적으로 공격하는데도 휴대용 기기의 두뇌에는 ARM 설계가 더 선호되었다.

비록 소프트뱅크는 2012년에 미국 3위 이동통신회사 스프린트를 200억 달러에 인수했지만, 손 회장은 ARM에 계속 관심을 두고 있었다. 그는 "만약 스프린트를 사지 않았다면 ARM으로 갔을 것"이라면서 "그랬다면 훨씬 낮은 가격에 인수할 수 있었을 것"이라고 말했다.[9]

그는 ARM과의 접촉을 이어갔다. 2014년 12월 런던 사보이 호텔에서 시거스 CEO와 은퇴한 이스트를 초청해 저녁식사를 함께했다. 손 회장 외에 소프트뱅크에서는 몇 달 전 구글에서 이직한, 인도 출신인 매끈한 외모의 니케시 아로라Nikesh Arora 부사장이 동석했다.

자신의 집에서 시거스 등과 만찬을 한 2016년 6월, 손 회장은 미친듯이 바쁜 일정을 소화하던 상황이었다. 며칠 전인 21일 소프트뱅크는 '클래시 오브 더 클랜스'로 유명한 핀란드 비디오게임 회사 슈퍼셀의 지배 지분을 매각한다고 발표했다. 대상은 중국의 텐센트였고, 대금은 73억 달러였다. 슈퍼셀을 인수한 지 3년이 되지 않은 시점이었다. 이와 관련해 소프트뱅크는 발표 자료에서 "추가 부채 감축을 포함한, 질서 정연한 자본 재배치에 계속 초점을 맞추고 있으며, 이번 매각은 그런 움직임에 따라 이루어졌다"고 설명했다.[10] 이 매각보다 3주 전 소프트뱅크는 알리바바 주식을 최소한 79억 달러어치 정리하겠다고 발표했다. 2000년 투자 이후 첫 지분 매각이었다.

여러 해에 걸친 기업 인수에 따른 부담이 커졌다. 앞서 그해 3월 소프트뱅크가 이자를 지불하는 부채가 쌓여 1,070억 달러나 되었다. 과다한 부채는 주가를 짓눌렀다. 그런 상황에서 CEO는 대부분 새로운 거대 인수에 나서지 않는다. 그러나 손 회장은 평범한 CEO가 아니었다.

투자 포트폴리오의 위험을 줄이고 부채를 상환해 감축할 인물이 아로라라고 투자자들은 기대했다. 아로라는 2015년 5월 최고운영책임자coo 사장으로 취임했다. '소프트뱅크는 버전 2.0을 준비한다'는 제목의 발표 자료는 이 인사와 함께 손 회장의 설명을 내놓았다. 그는 "많은 기술회사들이 지난 30년간 기술 진화와 비즈니스 모델 변화, 창업자에 대한 과도한 의존으로 인해 쇠퇴하고 있다"고 진단했다. 그는 "아로라는 소프트뱅크 그룹의 사장으로서 나와 함께 소프트뱅크가 새로운 단계로 변신하는 과정을 주도할 것"이라고 밝혔다.[11] 아로라가 손 회장의 후계자라는 천명에 다름 아니었다.

이에 비추어 1년 뒤인 2016년 6월 21일 전해진 아로라의 퇴임 소식은 충격적이었다. 소프트뱅크 주주총회 전날이었다. 그에 대한 평가가 두루 긍정적이지는 않았다. 그에 대한 보상 패키지가 과도하고 그에 비해 업무 전문성이 의문이라고 보는 사람들이 있었다. 그는 미국 사모펀드 실버레이크의 자문역을 겸임했는데, 이해 충돌의 소지가 있다는 지적도 나왔다. 이를 고려해도 그의 퇴진은 뜻밖이었다.

주주총회에서 손 회장은 이렇게 말했다. "제가 거추장스러운 존재가 되기 전 이른 시기에 젊은 사람에게 바통을 넘기고 싶었습니다." 주총은 도쿄국제포럼의 홀A에서 열렸고, 주주 약 2,200명이 참석했다. 그는 전에 마련했던 비밀 계획, 즉 자신이 60세가 되는 2017년 8월에 경영권을 아로라에게 넘긴다는 계획을 공개했다. "이제 1년 남짓 남았는데, 제가 만들어내고 싶은 일들이 아직 있고, 저는 여전히 욕심이 있습니다."[12]

아로라는 "그는 하루에 18시간 일하고 활기차다"며 "그가 계속 일하고 싶다고 말했다"고 전했다. 보도에 따르면 그의 사직은 즉흥적인 논의 끝에 결정되었다. 주주총회 프레젠테이션 슬라이드의 승계 관련 언급이 계기가 되어 논의가 불거졌다고 한다.[13] ARM의 인수에 대한 손 회장의 열의를 아로라 사장이 공유했는지는 불분명하다. 의견이 달랐으리라는 추측이 있었지만, 소프트뱅크는 그의 사임은 ARM 인수와 무관하다고 밝혔다.

■ 매각

2016년 7월 18일 오전 7시 24분, 영국 재계는 필립 해먼드 재무장관의 트윗을 보고 깨어났다. 취임 6일째를 맞은 새 재무장관은 많은 사람들이 충격으로 받아들인, 영국을 대표하는 기술회사 ARM의 매각을 다음과 같이 응원하고 있었다.

"소프트뱅크의 ARM홀딩스에 대한 투자 결정은 영국이 글로벌 투자자들에게 매력을 전혀 잃지 않았음을 보여줍니다. 영국은 비즈니스에 개방적입니다." 해먼드 장관은 요점을 강조하기 위해, 주주와 직원, 고객, 규제 당국이 인수에 대한 저마다의 마음을 정리하기 전인 7시 27분에 트윗을 추가했다. "이번 인수는 영국에 대한 아시아 최대 규모의 투자가 될 것입니다. ARM의 영국 내 인력 규모는 두 배로 늘어날 것입니다. 영국 비즈니스에 대한 신뢰의 표상입니다."

정부의 승인은 런던증권거래소가 오전 7시 직후 내놓은 발표와 세심하게 조율된 결과였다. 영국에는 별로 알려지지 않았지만 자금이 풍부한 소프트뱅크가 전격적으로 현금 240억 파운드를 들여 ARM을 인수하기로 했고, 이 회사 이사회는 주주들이 이 거래를 받아들일 것을 권고했다. 사이먼 시거스 CEO는 고객에게 보내는 안내문에서 "ARM 역사상 가장 중요한 날 중 하나"라고 말했다. 이어 "우리는 평소와 같은 모드로 업무에 임하고 있다"며 고객들을 안심시키려고 했다.[14]

당시 영국은 6월 23일에 있었던 브렉시트 국민투표의 여파로 여전히 혼란스러웠다. 투표에서 영국 국민들은 43년 동안 EU의 주요 회원국이던 영국의 탈퇴를 결정했다. 대중이 잔류를 선택하리라고 예상했던 영국 재계와 정치 지도자들에게 간발의 차이로 결정된 탈퇴는 큰 충격을 주었다. 파운드화는 달러 대비 급락했고 영국 중앙은행은 투자자들의 불안 심리를 진정시키기 위해 금리를 인하해야 했다.

소프트뱅크의 ARM 인수는 이런 상황에서 일어난 일이었다. 영국은 인수를 노리는 해외 기업들의 행복한 사냥터였다. 특히 부채가 저렴했던 시절에 사냥이 활발했다. 공항과 제철소, 통신회사, 화학회사, 식품회사 등 수십 년의 역사를 지닌 기업들이 외국인의 손에 넘어갔다. 그 과정에서 국가의 개입이 거의 없거나 아예 없었고 항의의 소리도 거의 나오지 않았다.

두루 존경받는 학계에서 개발된 최첨단 아이디어도 같은 전철을 밟았다. 일례로 인공지능 스타트업으로 체스 신동 출신의 신경과학자 데미스 하사비스Demis Hassabis가 공동 창업한 딥마인드는 설립 2년 만인 2014년에 구글에 4억 파운드에 팔렸다. 더 크고 더 오래된 오토노미Autonomy는 데이터 정렬 회사로 FTSE 100 중 한 곳이었는데, 2011년 휴렛팩커드에 110억 달러에 매각되었다. 이 거래는 나중에 오토노미의 회계 처리를 둘러싸고 다툼이 있긴 했다.

ARM은 달랐다. 영국의 값진 자산이자 케임브리지 최고의 지식 허브에 입주한 기술 챔피언이었고, 많은 사람들이 팔 수 없는 기업이라고 생각했다. ARM은 산업의 표준을 만들면서 1990년 창업멤버들이 꿈꾼 것처럼 스스로를 궁극적인 생태계의 중심에 둘 수 있었다. '반도체의 스위스'로서 숙적인 애플과 삼성, 구글 등이 동시에 이 회사와 신뢰 속에 거래했다. 인수 루머가 돌 때마다 상대편의 반응을 들어 그 소문을 쉽게 기각할 수 있었다. 예컨대 애플이 이 회사를 사들이려고 한다고 하면 구글의 반발을 거론하는 것으로 충분했다. ARM의 초대 최고경영자 로빈 삭스비 경이 인텔의 가벼운 질문에 내놓은 답, 즉 "회사를 사지 말고 대신 라이선스를 구매하라"
도 설명이 되었다.

영국 자산의 소유권은 불과 일주일 전에 주목받은 바 있다. 테
레사 메이는 7월 11일 버밍엄의 한 컨퍼런스 홀에서의 연설에서 영
국 최고 제약회사 중 하나인 아스트라제네카가 '자산 빼돌리기 전
과가 있고 세금 회피가 목적'이라고 털어놓은 미국 거대 제약회사
화이자에 매각되도록 허용한 이전 정부를 비난하며 차기 총리가 되
기 위한 선거운동에 돌입했다.

메이는 이렇게 덧붙였다. "적절한 산업 전략은 영국 기업의 외
국 기업으로의 매각을 자동으로 중단하는 것은 아니지만, 제약산업
만큼이나 영국에 중요한 부문은 매각으로부터 지켜내기 위해 국가
가 개입할 수 있어야 합니다."[15] 연설이 끝난 지 얼마 지나지 않아
메이의 유일한 라이벌 안드레아 리드섬이 사퇴했고, 메이는 런던으
로 돌아와서 국가를 책임질 준비를 했다.

손정의 회장은 강경한 발언이나 최근의 정치적인 기류에 흔들
리지 않았다. 그는 자신의 300년 비전에 따라 다음 날 노획물을 확
보하기 위해 런던에 왔다. 7월 18일 그는 스튜어트 체임버스 ARM
회장을 대동하고 다우닝가로 걸어갔고, 계단에서 웃으며 해먼드 장
관과 악수했다.

그날 오후 메이 총리는 하원에서 국가안보 문제에 대해 연설하
러 나섰다. 그에 앞서 그는 소프트뱅크의 ARM 인수를 반기며 "영
국이 비즈니스에 개방되어 있으며 그 어느 때보다 국제 투자에 매
력적임을 뚜렷하게 보여준다"고 말했다. 이어 그는 긴급한 문제로
넘어가 영국의 핵 억지 프로그램인 트라이던트Trident의 갱신과 새

로운 잠수함 4척의 비용 310억 파운드에 대해 말했다.

장관급 환영 행사 때문에 기자회견에 늦은 손 회장은 브렉시트 결정 이후 본사를 영국 밖으로 이전할까 하는 걱정에 대해 기자들에게 힘주어 말했다. "저는 완전히 반대입니다." "지금이야말로 영국의 미래에 대한 확고한 의지와 신념을 가지고 투자해야 할 때라고 생각합니다."[16] 그리고 나서 그는 케임브리지로 가서 처음으로 ARM 본사를 방문하고 고위 경영진을 만났다.

———

인수 전 과정은 압축적으로 처리되었다. 손 회장 저택에서 만찬이 벌어진 지 이틀 뒤, 미국 독립기념일이 낀 연휴를 앞두고 있었다. 시거스 CEO는 전화를 받았다. 손 회장이었다. "나는 몹시 들떠 있습니다. 당신과 회장님을 이번 주말에 만나고 싶어요." 중요한 무언가가 있음이 분명했다.

시거스가 알아보니 체임버스 회장은 지중해에 있었다. 세일링을 즐기는 그는 가족과 함께 자신의 21미터 요트에서 휴가를 보내는 중이었다. 7월 중순 이후로 만남을 늦추자는 제안은 바로 퇴짜를 맞았다.

체임버스 회장은 유럽으로 돌아오기 전 마르마리스에 기항할 예정이었다. 손 회장이 마르마리스에서 약 100킬로미터 떨어진 달라만으로 날아왔다. 다른 자가용 비행기는 캘리포니아에 머물고 있던 시거스를 데려오라고 보냈다.

체임버스 회장은 기업 인수에 익숙했다. 10년 전 자신이 경영자이던 영국의 유리 제조회사 필킹턴Pilkington이 니폰쉬트글라스 Nippon Sheet Glass로 인수되었고, 인수된 이후에도 2012년까지 6년간 경영했으며 그중 3년은 도쿄에서 근무했다. FTSE 100 지수에 들어 있는 영국의 음료 캔 제조업체 렉삼Rexam의 회장으로도 재직했었는데, 이 회사를 미국 콜로라도의 볼Ball 코퍼레이션이 사들였고, 마침 이 인수 건은 며칠 전에 마무리되었다.

해외 경험도 풍부했다. 석유회사 셸의 엔지니어였던 부친을 따라 브루나이와 말레이시아, 싱가포르, 스리랑카 등에서 살았다. 덕분에 그는 ARM 이사회에 국제적 시각을 가져왔다. 그는 한가할 때도 엄청나게 활동적이어서, 킬리만자로와 후지산 정상에 오르고 요트로 대서양을 횡단했다. 한번은 베를린 장벽 붕괴 전 체크포인트 찰리(베를린 장벽의 검문소 중 하나로, 이 이름은 미군이 붙였다 ―옮긴이)에서 총구가 겨눠진 채 네 시간 억류된 적도 있었다.

점심식사 자리는 유쾌하게 이어졌다. 손 회장은 짧은 소매 셔츠에 크림색 바지, 덱 슈즈(가죽 소재의 여름용 신발로 선원용 신발에서 유래 ―옮긴이) 차림이었다. 이윽고 그가 본론으로 들어갔다. "나는 많은 일을 벌여왔는데, ARM을 인수하면 좋겠다고 생각해왔다"고 말했다. 그는 식탁 너머로 종이 한 장을 밀어놓았다. 지불하고자 하는 금액이 적힌 종이였다.

손 회장이 들려준 인수 의도는 진지했다. 사물인터넷 시대가 도래하고 있고, 그와 함께 ARM의 역할도 커지게 될 것이었다. 소프트뱅크가 인수하면 ARM은 상장회사일 때보다 투자를 더 많이 더 빠르게 할 수 있다. 더 많은 일자리를 창출하는 등 케임브리지와 영국의 발전에 기여할 의향이 있다. 이런 내용이었다.

손 회장이 ARM에 관심을 두고 있음은 알려진 사실이었는데, 그가 수년간 그 뜻을 밝혀왔기 때문이었다. 그러나 그가 당시 그 의

지를 실행할 수 있다고 생각한 사람은 아무도 없었다.

논의는 런던으로 옮겨졌다. 양측 모두 은행원들과 변호사들을 동원해 조언을 들었다. 마르마리스 점심식사 자리를 포함해 소프트뱅크의 제안은 세 번 거절당했다. 그러나 네 번째 하이드파크를 내려다보는 고급 레인스버러 호텔에서 만났을 때, 체임버스 회장은 마침내 손 회장과 합의에 이르렀다.

소프트뱅크가 제안한 금액은 240억 파운드, 주당 17파운드였다. 최근 금요일 종가보다 43%, 최근 3개월 평균 주가보다 69%, 지난 3월 기록한 사상 최고가보다 41% 높은 수준이었다. 브렉시트는 ARM 인수대금을 낮추는 쪽으로 작용하지 않았다. 왜냐하면 인수대금은 달러로 협상되었고 안전자산 선호 현상에 따라 ARM 주가는 국민투표 이후 17% 상승했다.

이사회는 며칠간 날마다 회의했다. 소프트뱅크에 속했을 때보다 ARM이 독자적으로 더 큰 가치를 창출할 수 있을지 비교했다. 이사들이 도출한 결론은 소프트뱅크가 제시한 프리미엄이 아주 높아서 주주 대다수는 거부하지 않을 듯하다는 것이었다.

7월 17일 일요일. 다음날 발표를 위해 런던으로 다시 날아가기 전, 손정의 회장은 테레사 메이 영국 총리에게 전화해 장애 변수가 무엇이 있을지 점검했다.

———

발표 직후 반발이 나왔다. 최초 ARM 칩 설계에 통찰을 제공한 헤르만 하우저는 "영국 기술에 있어서 매우 슬픈 날"이라고 말했다. 그 소식에 시선을 내부로 돌리는 사람들이 많았다. 케임브리지 대학 교수들의 사업화를 지원하는 기관인 케임브리지 엔터프라이즈가 그런 관점을 대변했다. ARM은 "성공을 일군 이 지역 출신"이었고 지난 20년간 등장한 유니콘 기업 중 선두였다.

케임브리지 엔터프라이즈의 토니 레이븐Tony Raven CEO는 "현재 우리는 ARM 같은 기업을 다음 단계로 성장하도록 지원하지 못한다"며 "그래서 우리 자신의 구글과 암젠Amgen을 보유하지 못한다"고 썼다. "기업 창업은 매우 잘하게 되었으니, 이제 우리는 완성하는 역할도 잘해야 한다. 20년 전 우리는 기술 스타트업의 목표를 10억 달러로 잡았다면, 이제 1,000억 달러로 상향 조정할 필요가 있다."[17]

창업 세대 중 로빈 삭스비는 더 균형 잡힌 논평을 내놓았다. 그는 BBC 인터뷰에서 "내 생각은, 사물인터넷 시대에 ARM이 하는 것이 있고 소프트뱅크가 하는 것이 있는데 만약 양자가 아이디어를 모으면 더 잘, 더 크게, 더 빠르게 해낼 수 있어 양자 모두 크게 이득을 본다는 것"이라고 말했다. 이어 "잘못하면 빈대로 재앙이 될 것"이라고 말했다.[18]

내부에서는 당황하는 분위기도 나타났다. 두 달 전인 5월 18일 ARM은 컴퓨터 비전 기술에 강점을 지닌 애피칼Apical을 3억 5,000만 달러에 사들였다. 영국 미들랜즈주 러프버러에 위치한 이 회사는 사물인터넷 세계에서 더 많은 역할을 하리라고 기대되었다. 왜냐하면 애피칼의 기술은 카메라가 주변 환경을 더 잘 이해하고 날씨 변화에도 적응하도록 하기 때문이다. 그러나 그때까지도 사물인터넷 분야에서 ARM이 보유한 기술은 거의 없었다고 내부 관계자는 말했다.

낙관론자들은 ARM이 사물인터넷용 마이크로컨트롤러를 개발해왔고, 기기를 연결하는 다른 경로를 탐색해왔다고 반박했다. ARM의 결정적 기여로 보안 강화를 꼽는 주장도 제기되었다. 예컨대 신호등과 정보를 주고받아 움직이는 무인 자동차의 통신 시스템이 해킹되거나 오작동하지 않도록 막을 수 있다는 것이었다. 종합하면, 사물인터넷은 상상하기 힘든 미래를 둘러싼 도박이었다. 1990년 ARM의 SWOT 분석에서 '휴대용'이 장차 휴대전화 붐으로 연결될지 아무도 상상하지 못했던 것처럼.

손 회장은 ARM을 소프트뱅크의 '중앙의 중앙'에 두겠다고 약속했다. 그는 야심찬 전망을 제시했다. 앞으로 20년 이내에 ARM 칩이 연간 1조 개 출하되어, 2015년의 150억 개에 비해 67배로 불어난다고 내다봤다.[19] 한편 소프트뱅크는 마이크로칩을 만들지 않기 때문에 ARM의 중립성을 잘 지켜줄 수 있다고 말했다.

알리바바의 잭 마, 애플의 팀 쿡, 퀄컴의 폴 제이콥스 등 기술 세계의 리더들이 손 회장에게 축하 전화를 했다. 손 회장은 "여기에서 우리는 글로벌 선도업체들과 파트너로서 신뢰 관계를 형성할 수 있고 앞으로 5년이나 10년 동안 기술이 어떻게 발전할지 논의할 수 있다"고 말했다.[20] 이미 ARM이 수행해온 바로 그 역할이었다.

일본에 이 소식이 전해지자 소프트뱅크 주식이 급락했다. 소프트뱅크가 주식을 매각하는데, 부채 상환을 위해서가 아니냐는 추측이 영향을 미쳤다. 손 회장은 나중에 "우리는 ARM 인수 자금을 마련하기 위해 내키지 않았지만 알리바바와 슈퍼셀 지분을 매각했다"고 말했다.[21] 그에 앞서 소프트뱅크는 4월 들어 ARM 주식을 조용히 매집하기 시작했다.

영국 내 국가 안보 관련 우려는 경미했다. 시거스와 체임버스는 국방부를 방문해 ARM의 칩 아키텍처를 설명했다. 즉, 그 기술이 영국의 트라이던트 핵 억제 프로그램에 어떻게 쓰이는지를, 또 소프트뱅크에 매각되더라도 중국에 넘어갈 위험은 전과 마찬가지로 없음을 설명했다.

강하게 반발한 투자자들도 있었다. 펀드매니저 베일리 기퍼드 Baillie Gifford가 운영하는 여러 펀드는 ARM 지분을 도합 10% 보유했는데, 그는 소프트뱅크의 인수가 단기적이라고 비판했다. 다만 펀드들 중 일부는 매각에 찬성표를 던졌다. 어차피 매각을 저지하기에 충분한 만큼 의결권을 모으지 못할 판이었다.

다른 펀드매니저 제임스 앤더슨은 1년 뒤에 활자매체에 기고해 "ARM은 세계적인 기술 거대기업이 될 기회가 있었다"고 주장했다. 그는 베일리 기퍼드의 투자조합 스코티시 모기지를 운영했고, 일론 머스크의 전기차 회사 테슬라에 장기 투자해서 수익을 거둔 실적이 있었다. "거대기업이 되려면 눈앞의 이익을 포기하고 투자할 용의가 있어야 하고, 경영자들은 계산하기보다 꿈을 꿀 준비가 되어 있어야 하며, 그런 비전을 뒷받침할 응원하는 주주들이 있어야 한다. 이 모든 측면에서 우리는 실패했다. 그러나 당장 실적 향상이 보너스를 지급하기에 충분하다면, 누가 신경을 쓰나?"[22]

영국 정치인들은 해외 인수자가 약속을 지키지 않을까봐 걱정했다. 미국 식품회사 크래프트가 2010년 영국 초콜릿 제조회사 캐드베리Cadbury를 인수한 뒤 얼마 지나지 않아 서머셋 공장을 계속 운영하겠다는 약속을 깬 사례가 있었다. 그런 탓에 ARM을 뒷바라지하겠다는 손 회장의 약속은 서면으로 명시되었다.

소프트뱅크는 ARM의 글로벌 본사를 케임브리지에 계속 두기로 약속했다. 아울러 향후 5년 동안 영국 내에서 첨단 기술을 계속 개발하도록 1,700명인 인력 규모를 두 배로 늘리겠다고 했다. 전체 인원 4,200명 중 약 60%를 구성하는 해외 인력도 증원하겠다고 밝혔다. 또한 저숙련 노동자 위주로 신규 채용하지 않겠다고 약속했다. 인수가 완료된 뒤 5년 뒤면 영국 내 인력과 해외 인력 모두 70% 이상이 기술직이 되도록 하겠다는 목표를 걸었다. 이 비율은 ARM의 전통에 대체로 부합하는 수준이었다. 소프트뱅크의 알록 사마 CFO는 "수위를 채용하지는 않겠다"고 말했다.[23]

소프트뱅크는 인수 후 ARM 자산을 어떻게 관리할지 철저히 준비했지만 인수 전 실사는 가볍게 했다. 불과 이틀 동안 변호사들은 ARM이 지식재산 계약을 어떻게 구조화했는지를 부분적으로 들여다봤다. 이런 부분은 손 회장의 비전과 10년간 사랑의 완성을 가로막기에는 사소했다. 규제 당국으로부터 승인 받는 절차 또한 중요하게 여겨지지 않았다. 어떤 이유에서 거래가 막힌다면 그 경우는 손 회장이 대응해야 할 위험이었다.

결국 ARM 매각은 유례없이 빠르게 일사천리로 진행되었다. 주주 95%가 동의했다. 마르마리스에서 점심식사 한 이후 64일 뒤인 9월 5일 인수가 매듭지어졌다. 관여한 투자은행과 변호사들 모두 놀라워했다.

어떤 면에서는 변한 것이 없었다. ARM은 여전히 케임브리지에서 수십억 개의 디바이스가 작동하는 방식을 결정하는 설계 지침서를 관리했다. ARM은 여전히 전 세계적으로 성장하는 산업에서 핵심적인 노드가 될 것이었다. 그리고 소프트뱅크가 약속을 잘 지킨다면 규모도 성장할 것이었다.

하지만 무언가를 잃었다는 느낌을 떨쳐버리기 어려웠다. 영국을 대표하는 기술기업인 ARM이 해외 기업에 인수되면서 이 회사가 휘두르던 미묘한 힘이 어떻게든 희석되었다는 느낌이었다. 기업은 매일 매수되고 매도되며 재구성된다는 현실에 비추어볼 때 비논리적인 감정이지만 말이다.

시간이 지나면 이러한 불안감이 근거가 있는 것인지 드러날 것이다. 확실한 한 가지는 있었다. 주권 국가들이 미래 기술을 지배하는 도구의 결정적인 중요성을 이해하기 시작하는 시대에서, 그런 거래는 다른 나라에서는 결코 일어나지 않았으리라는 것이었다.

11장

세계로: 중국이 비장의 카드를 쓰다

■ 미국 국방 전략

제멋대로인 부동산 개발업자이자 리얼리티 TV 스타 출신인 도널드 트럼프 미국 대통령은 취임 초기 몇 달 동안 대기업이 비용을 낮추고자 해외로 이전한 일자리와 투자를 미국으로 다시 되돌리도록 하기 위해 세금 감면 혜택을 휘둘렀다. 2017년 11월 2일, 마이크로칩 대기업 브로드컴이 본사를 옮길 차례가 되었다. 트럼프의 선거 슬로건 중 하나를 인용하자면, '미국을 우선에 두기'로 한 것이었다.

브로드컴의 CEO 호크 탄Hock Tan은 "제 어머니는 자신의 아들이 언젠가 여기 백악관의 오벌 오피스에서 미국 대통령 옆에 서리라고는 상상도 못했을 겁니다"라고 자랑스럽게 말했다. 단신인 탄은 검은 머리카락을 뒤로 빗어넘기고 양복 깃에 성조기 배지를 달고 있었다.[1]

"내 어머니도!"라며 탄을 초청한 트럼프 대통령이 끼어들었다. 참석자들 사이에서 웃음이 터지는 가운데 트럼프는 앞으로 나와 장난스럽게 탄의 어깨를 잡았다.

탄은 2006년부터 아바고Avago 테크놀로지를 운영했다. 이 회사는 2016년에 370억 달러를 지불하고 캘리포니아 어바인 소재 브로드컴을 인수한 뒤 회사명을 브로드컴으로 변경했다. 이를 통해 데이터 센터를 가동하고 통신용 마이크로칩을 생산하는 거대 기업이 탄생하게 되었다.

비록 싱가포르에 주소를 두고 있었으나 아바고는 위대한 미국의 전통을 지니고 있었다. 초기에 실리콘밸리를 형성한 기업 중 하나인 휴렛팩커드의 반도체 제조 부문이 이 회사의 뿌리였다. 2005년에 사모펀드인 실버레이크와 KKR이 싱가포르 펀드 테마섹과 GIC의 지원을 받아 이 부문을 인수해 독립시켰다. 경영진 중 대부분이 캘리포니아 산호세에 남아 있는데도 본사 소재지를 싱가포르로 택했다. 세금이 유리하다는 점도 사실이었지만 이 회사는 싱가포르가 본거지라고 주장할 수도 있었다. HP는 탄이 MIT 학생이던 1973년부터 싱가포르에서 계산기를 생산해왔다.

아바고의 본사 소재지 결정에는 고객과 가까운 곳이 지니는 이점도 고려되었다. 설립 초기에 매출의 약 60%가 아시아에서 발생했고, 그 비중은 점점 더 높아질 참이었다. 사명의 한자 표기(安華高科技)도 성장하는 시장을 염두에 두고 만들어졌다. 한자명은 '마음의 평화'와 '뛰어난 기술'로 풀이될 수 있다.

이들 요인은 탄이 오벌 오피스에 스게 되면서 전부 옆으로 밀려났다. 그는 "오늘 우리는 미국을 다시 고향으로 만들겠다고 선언합니다"라고 말했고, 트럼프는 그를 흐뭇해하며 바라보았다. 미국 24개 주에 걸쳐 7,500명의 직원을 고용하고 있는 브로드컴은 세제 개혁과 상관없이 산호세가 자신들의 유일한 본사가 될 것이고 법적인 주소는 델라웨어주에 둘 것이라고 선언했다. 트럼프 대통령은 브로드컴은 "정말 대단하고 훌륭한 회사 중 하나"라며 칭찬을 아끼지 않았다.[2]

대통령의 '아메리카 퍼스트' 계획은 미국의 글로벌 역할을 재조정하고 무역 적자를 줄이고 제조업을 활성화하며 세계무역기구 WTO 같은 국제 사회에 대한 존중을 줄이는 목표를 추구했다. 이런 정책적 맥락에서 브로드컴과 같은 회사를 미국으로 불러오는 일은 매우 달콤했다. 마이크로칩 산업이 성장하고 기술이 국경을 넘나드는 속도가 빨라지면서 복잡한 글로벌 공급망의 일부에 대해 정부가 영향력을 행사하기가 더 까다로워졌다. 존 F. 케네디 미국 대통령이 50년 전 아폴로 달 착륙 프로그램을 가동하기 위해 페어차일드 반도체의 집적회로를 선택한 이후 반도체산업에서의 기술적 우위가 세계 무대에서의 힘으로 직결된다는 인식은 변하지 않았다.

브로드컴에는 숨은 동기가 있었다. 브로드컴은 1년 전인 2016년 11월 스토리지 에어리어 네트워크SAN 장비 업체인 브로케이드 커뮤니케이션 시스템을 59억 달러에 인수한다고 발표했는데, 브로드컴이 아무리 미국 기업처럼 보이더라도 법적으로 외국 기업의 미국 기업 인수는 미국 외국인투자심의위원회CFIUS의 승인을 통과하지 못할 위험이 있었다. 미국 정부 부처들로 구성된 CFIUS 는 외국 기업의 자국 기업 인수가 국가 안보를 위협하는지 심의하 는 기구다.

탄은 브로케이드에만 집중하지 않았다. 타고난 딜메이커로서 그는 다음의 훨씬 더 큰 목표를 밀어붙였다. 백악관을 방문한 지 불 과 4일 만에 그는 1,300억 달러에 달하는 블록버스터급 인수를 일 방적으로 발표했다. 상대방은 차세대 무선 칩을 제조하는 미국 대 기업 퀄컴이었다. 이 인수·합병이 성사되면 인텔과 삼성전자에 이 은 세계 3위 반도체 업체가 탄생하게 될 것이었다. 탄은 "인상적인 기술 및 제품 포트폴리오를 갖춘 글로벌 커뮤니케이션 리더"가 될 것이라고 확언했다.[3]

방송을 위해 연출된 미국 정부의 우호적인 태도는 빠르게 사라 졌다. 퀄컴은 미국과 캘리포니아의 대표 선수였다. 1985년 창업 이 래 줄곧 캘리포니아 샌디에이고에 기반을 유지했고, 창업자는 한 때 이곳의 컴퓨터공학 및 엔지니어링 교수로 활동한 어윈 제이콥스 Irwin Jacobs였다. NFL과 메이저리그 축구MLS 경기가 열리는 샌디에 이고의 스타디움은 퀄컴이 명명권을 획득하여 '퀄컴 스타디움'으로 불린다. 더 중요한 것은 퀄컴('퀄리티Quality 커뮤니케이션'을 줄인 이름)이 무선통신을 위한 코드분할다중접속CDMA 기술 표준을 확산한 후 방위산업 등에 필수적인 5G 기술의 핵심 기업이라는 점이다. 그리 고 퀄컴은 독립성을 포기할 생각이 전혀 없었다.

애플이나 펜타곤과 같은 퀄컴의 고객을 고려할 때, 미국 정부 는 이 회사의 소유권 변화가 자국의 패권에 위협이 될 수 있다는 점 을 민감하게 여겼다. 2018년 1월 29일 퀄컴은 CFIUS에 심사를 요청했다. 3월 4일 심사가 인수 범위 전체로 확대되었고, 퀄컴은 임박한 연례 주주총회를 연기하라는 명령을 받았다. 다음 날 미국 재무부는 두 회사의 변호사에게 보낸 서한에서 CFIUS가 파악한 잠재적인 국가 안보 문제를 제기했다. 자세한 내용은 기밀로 분류되었지만, 이 서한은 그런 우려가 브로드컴의 제3의 외국 기관과 관련이 있다고 밝혔다.[4]

재무부는 이어 브로드컴의 '사모펀드'형 접근 방식을 언급하며 연구개발 지출보다 단기 수익성에 더 초점을 맞춘다고 지적했다. 서한은 "언론 보도에 따르면 지난 십여 년 동안 브로드컴은 기업 인수에 R&D보다 6배나 많은 금액을 지출했으며, 전직 직원들은 장기적인 제품 개발에 대한 투자가 부족하다고 주장한다"고 전했다. 이러한 방식이 퀄컴에 적용된다면 이 회사의 경쟁력과 영향력을 약화시키고 "중국이 5G에 대한 영향력을 확대할 기회를 남길 것"이라고 우려하였다.[5] 매력 공세는 잊혔다. 탄의 인수는 곤경에 처했다.

———

과거에는 미국에 대해 일본이 큰 기술 위협이었고 소련이 군사적 적국이었다면 이제 중국은 두 우려를 한데 결합했다. 기술적·전략적 우위를 차지하기 위한 두 강대국 간의 경쟁은 전 세계를 무대로 펼쳐졌다. 애초에 미국의 특허에 크게 의존한 일본과 달리 중국은 자급자족을 목표로 삼았다. 그 의미는 미국이 지배하는 공급망에서 벗어나 자체 개발한 마이크로칩으로 구동되는 자체 기술을 전 세계에 판매하겠다는 것이었다. 미국 재무부가 서한에서 언급한 '제3의 외국 기관'은 의심할 여지없이 중국에 있었다. 미국은 중국의 잠재력에 대해 적색경보를 발령했다.

CFIUS는 석유수출국기구OPEC 국가들의 미국 주식과 재무부 채권 매입에 대한 우려가 커지던 1975년 행정명령에 따라 만들어졌다.[6] 이 기관의 역할은 1988년 국방물자생산법에 추가된 엑손-플로리오Exon-Florio 수정안으로 법적 근거를 갖추게 되었다. 발의한 두 정치인의 이름이 붙은 이 수정안은 CFIUS의 조사 결과에 따라 국가 안보에 해로운 것으로 간주되는 거래를 차단할 수 있는 권한을 대통령에게 부여했다.

이 수정안의 의회 통과에 힘을 실어준 변수는 1987년 페어차일드 반도체를 일본 후지쯔에 매각하려는 움직임이 불러일으킨 우려였다. 당시 미국과 일본의 무역 관계는 메모리 칩 전쟁으로 인해 덤핑 소송이 여러 건 제기되는 등 최악이었다. 미국 경제의 쇠퇴와 해외 공급업체 의존도 증가에 따른 불안감 탓에 군사용 컴퓨터 칩의 주요 공급업체를 전략적 라이벌에게 넘기는 거래는 지지를 거의 얻지 못했다. 여기에 반감을 더한 요인은 미국 빈도체산업의 전통에서 페어차일드가 차지하는 위상, 즉 이 회사 출신인 노이스와 무어가 창업한 인텔을 비롯해 여러 '페어칠드런'을 낳았다는 사실이었다.

미국 정계와 재계의 반대자들은 레이건 대통령을 설득해 거래를 막는 데 실패했지만, 지분을 매각하려던 프랑스의 글로벌 석유 개발회사 슐럼버거Schlumberger는 "정치적 논란 고조"를 들어 5개월 만에 시도를 접었다.[7] 얼마 지나지 않아 적자 상태이던 페어차일드는 미국 내셔널세미컨덕터에 헐값에 인수되었다. 미래는 여전히 밝지 않았지만, 페어차일드는 적어도 미국에서 시들게 되었다.

브로드컴의 이야기는 후지쯔와 다른 방식으로 전개되었고

30년이라는 시간 차이가 있었지만, 결과는 동일했다. 브로드컴은 막판에 차세대 미국 엔지니어를 양성하기 위해 15억 달러 규모의 기금을 조성하고 중요한 국가 안보 자산을 외국 기업에 팔지 않겠다고 약속했으나, 호응을 얻지 못했다. 2018년 3월 13일 트럼프 대통령은 "미국의 국가 안보를 해칠 수 있다"는 이유를 들어 브로드컴의 퀄컴 인수를 막는 행정명령을 내렸다.[8]

CFIUS가 발족한 이래 현직 대통령이 이 위원회의 조언에 따라 거래를 막은 것은 다섯 번째였다. 직전 조치도 미국인들의 기억에 생생했다. 2017년 9월 13일 트럼프 대통령은 국가 안보를 이유로 중국 투자회사 캐니언 브리지Canyon Bridge 캐피털 파트너스가 13억 달러에 시도한 래티스Lattice 반도체 인수를 거부했다. 래티스는 고객사가 다양한 용도의 자체 소프트웨어를 실리콘 칩에 탑재할 수 있는 제품인 FPGA를 만들었고, 전에 미군에 납품한 적이 있다. 미국 기술업체를 인수하려고 나선 중국 기업들 중 가장 최근에 설립된 회사인 캐니언 브리지에는 중국 정부가 부분적으로 자금을 지원한 것으로 드러났다.

보통 인수를 추진하는 기업은 인수가 행정적으로 차단되기 전에 이미지 실추를 피하기 위해 제안을 철회하곤 했다. 혹은 회사나 지분을 매각하는 데 대한 반대 여론이 거세질 경우 슐럼버거처럼 그냥 포기하기도 했다. 그러나 행정명령을 통해 해외 매각을 차단하는 사례가 늘고 있었다. 다섯 건 중 네 건이 2012년 이후에 발생했다. 다른 추세도 있었다. 브로드컴은 다섯 건의 분쟁 중 마이크로칩 산업을 둘러싼 것으로는 세 번째였다. 특히 눈에 띈 점은 처음으로 인수 추진자가 중국 기업이 아니었다는 것이다. 이 인수를 허가

할 경우 빚어질 수 있는 중국의 위협이 의사결정에 분명히 영향을 미쳤음을 감안해도 주목할 대목이었다.

브로드컴의 전술이 어설펐다는 데에는 의심의 여지가 없었다. 탄이 백악관 방문 직후 퀄컴에 접근한 방식은 오만해 보였다. 그렇다고 해도, 미국 정부는 놀랍도록 빠르고 폭넓게 대응했다.

인수가 승인되었다고 가정해보자. 브로드컴은 중국 기업이 아니었을 뿐 아니라, 주식이 미국 나스닥에서 거래되고, 주요 주주는 친숙한 미국 기관들이고, 미국인들이 운영했고, 사업 중 중요한 부분을 미국에서 수행했으며, 그해 4월 기준으로 트럼프가 공개적으로 축하한 것처럼 다시 한번 미국 기업이 될 수 있었다.

브로드컴이 퀄컴의 발목을 잡고 그 결과 중국이 5G에서 앞서 나갈 수 있다는 시나리오는 논리의 비약이었다. 그렇게 희박한 위험조차 미국 정부는 허용하지 않았다. 순전히 미국 내에서 이루어지고, 막대한 자금이 동원되어 아마도 새로운 미국 내 1등 기업이 탄생할 거래에 중국의 지배력에 대한 우려가 스며들었다는 사실은 몹시 이상하다. 하지만 마이크로칩 산업이 너무 중요해졌기 때문에 월스트리트의 동물적 충동에 따르는 기업 거래가 의회의 보호 본능과 충돌한 셈이었다.

중국과의 전쟁은 트럼프가 내세운 호전적인 경제 국수주의의 주요 축이었다. 트럼프 후보는 대통령 선거 유세 기간에 중국의 위험을 크게 부각했고, 효과를 봤다. 트럼프 대통령 재임기에 미국은 당연히 중국을 국가안보전략에서 주요 상대국으로 설정했다. 2017년 12월에 공표된 〈미국의 국가안보전략〉 보고서는 "매년 중국과 같은 경쟁국들이 수천억 달러에 달하는 미국의 지식재산을 훔치고 있다"고 주장했다.[9] 이어 "독점 기술과 초기 단계의 아이디어를 절도함으로써 경쟁자들은 자유 사회의 혁신을 부당하게 활용할 수 있다"고 우려했다. 불신이 깊었다.

CFIUS는 브로드컴 사건 이후 더 광범위한 권한을 갖게 되었고, 이는 놀랍지 않은 수순이었다. 즉, 2018년 8월 13일 '외국인투자 위험 조사 현대화법Foreign Investment Risk Review Modernization Act, FIRRMA이 제정되어, CFIUS에 기술 자산이 이전되는 부동산 거래와 소수 지분 투자, 합작 투자를 면밀히 조사할 수 있는 권한을 부여했다. 이들 거래는 중국 기술 투자자들이 미국 기술 자산에 접근하기 위해 취해온 경로였다.

———

산업 위상 강화에 속도를 내기 위한 중국의 노력을 둘러싼 우려로는 이전 행정부도 머리를 싸맸다. 버락 오바마 대통령이 임기를 2주 남겨둔 2017년 1월 초, 대통령 과학기술자문위원회PCAST는 중국 정부가 반도체 분야에 주도적으로 관여하는 데 대응해 미국이 어떻게 리더십을 보호할지에 관한 보고서를 발표했다.

이 보고서는 미국이 단순히 마이크로칩을 더 싸고 쉽게 만드는 데에만 집중한다면 시장 리더로 남지 못할 것이라고 경고했다. 각각 마이크로소프트와 인텔 출신인 크레이그 먼디Craig Mundie와 폴 오텔리니를 비롯한 PCAST 위원들은 다양한 방향으로 혁신해야 한다며, 계산을 수행하는 새로운 방법들이나 실리콘이 아닌 다른 재료를 사용한 칩 제조 등을 예로 들었다. PCAST는 또한 정부에 "중국의 정책을 억제하고 대응하기 위해 국가 안보 도구를 적절히 변형해 적용할 것"을 권고했다.[10]

중국이 보복할 기회가 2018년 7월 왔다. 브로드컴의 먹잇감이었던 퀄컴은 포식자이기도 했다. 앞서 2016년 10월 퀄컴은 470억 달러에 네덜란드의 NXP를 인수한다고 발표했다. 필립스에서 분사한 NXP를 통해 차량용 반도체라는 새로운 성장 영역에 진출한다는 전략에 따른 제안이었다. 환영받지 못한 브로드컴과 달리 퀄컴은 NXP 이사회의 지지를 받았다. 그러나 여러 정부 당국의 승인이 남아 있었다.

미국 기업이자 세계 최대 스마트폰 칩 업체인 퀄컴의 네덜란드 회사 NXP 인수에 대해 9개 정부의 당국이 발언권을 가졌다. 9곳 중 8곳이 찬성했지만, 전년도 퀄컴 매출의 거의 3분의 2를 차지한 중국은 그러지 않았다. 중국의 국가시장감독관리총국은 소극적인 태도를 고수했다. 명시적으로 반대하지는 않았지만, 의견을 공표하지 않은 채 시간을 끌었고, 결국 퀄컴은 인수 포기 외에 다른 선택지가 없게 되었다.

스티브 므누신 미국 재무부 장관은 CFIUS 위원장을 겸임하고 있었는데, CNBC와의 인터뷰에서 실망을 드러냈다. 그는 "우리는 미국 기업들이 공정한 대우를 받기를 바랄 뿐"이라고 말했다. 퀄컴의 최고경영자 스티브 몰렌코프Steve Mollenkopf는 어조를 크게 낮춰 "우리는 분명히 우리 위에 있는 무언가에 휘말렸다"고 말했다.[11]

그러던 2018년 12월 1일, 한 줄 희망이 보였다. 부에노스아이레스에서 열린 주요 20개국G20 정상회의 기간 중 트럼프 미국 대통령과 시진핑 중국 국가주석이 정상회담을 가졌다. 이후 백악관은 성명을 통해 중국이 "이전에 승인하지 않았던 퀄컴의 NXP 인수가 다시 제안된다면 승인할 의향이 있다"고 전했다.[12] 퀄컴은 이 초대에 응하지 않았다.

이 합의를 두 초강대국 간의 관계가 해빙되는 신호로 간주할 수 있을까? 그렇게 생각했다면 심각한 착각이었다.

■ 공세에 나선 중국

수십 년 동안 마이크로칩 업계에서 활동한 찰스 카오Charles Kao는 어려운 일을 해결하는 수완으로 명성을 쌓았다. 작은 체구에 검은 머리카락, 도드라진 이마, 눈에 띄지 않는 회색 비즈니스 정장 차림의 겸손한 카오는 빠른 가격 하락과 성능 향상, 박한 마진이 일상인 메모리 칩의 세계에서 전문성을 발휘했다.

1994년 대만 굴지의 대기업 그룹 포모사Formosa가 이 시장에 진출하고자 했을 때, 인텔과 TSMC 출신의 베테랑인 카오에게 도움을 요청했다. 포모사는 계열사 난야Nanya 플라스틱으로 하여금 일본 OKI 일렉트릭과 라이선스 계약을 맺도록 했다. 16메가 D램을 하루속히 생산하기 위해서였다. 당시 OKI는 전화 시스템, 미니컴퓨터, 프린터, 팩스 등을 생산했지만 1990년대 초의 극심한 불황으로 경영난에 시달렸고 제조 및 개발 비용을 절감해야 했다.

1995년 3월 난야테크놀로지가 출범하고 팹이 건설되었으며 1998년까지 64메가 D램 칩을 생산하기 위한 계획이 마련되었다 곧이어 IBM으로부터 기술을 이전받는 계약이 체결되며 난야는 출발부터 탄력을 받았다.[13]

시일이 흘러 카오는 난야테크놀로지 사장이 되었다(카오는 중국 태생으로 대만에서 성장한 노벨상 수상자와 동명이인이다. 다른 카오는 통신에서 광섬유 사용을 개척한 공로로 노벨 물리학상을 받았다). 이 회사는 급성장해 세계 4위 D램 업체로 부상했다. 그는 또한 난야와 독일 인피니온이 합작해 설립한 이노테라Inotera 메모리의 회장도 맡았다. 카오에게 '대만 D램 산업의 대부'라는 존경에서 우러난 칭호가 붙은 것은 당연한 일이었다.

따라서 중국은 이 시장으로 진출하는 데 도움을 줄 전문가를 원할 때, 어디로 가야 할지 정확히 알고 있었다. 2015년 10월 6일 카오가 난야테크놀로지를 떠난다는 깜짝 소식이 전해졌다. 단순히 다른 대만 회사로 이직하는 것이 아니었다. 그것만도 충분히 놀라웠을 텐데, 그가 중국의 칭화유니그룹으로 가기로 했다고 해 더욱 충격적이었다. 이 그룹은 베이징의 명문 칭화대학교에서 상업적으로 독립해 새로운 기술 분야에 막대한 금액을 투자하고 있었다.

카오는 중국이 지속적으로 영입한 대만 반도체 인재 중 가장 고위급이었다. 그는 칭화유니그룹의 글로벌 운영 총괄 부사장이 되었다. 난야테크놀로지는 이를 악물고 현지 기자들에게 카오가 '은퇴 신청서'를 제출했다고 확인해주었다.[14]

대만 해협 너머 중국의 존재에 크게 영향을 받아온 나라에게 이번 인재 탈취는 공격을 당한 것과 마찬가지였다. 중국은 그저 세계 최대의 마이크로칩 소비국이라는 데 질린 나머지 더 많은 마이크로칩 생산국이 되고자 했다. 그런데 생산에서는 중국이 자기네 영토라고 여긴 대만이 두각을 나타냈다. 실제로 중국이 사용하는 마이크로프로세서의 약 4분의 1이 대만에서 만들어졌다. 중국이 대만을 따라잡고 결국 앞서 나가려면 여기서 시작해야 했다. 중국은 자금력이 풍부했지만 지식재산, 신뢰할 수 있는 생산 역량, 충분한 수의 유능한 엔지니어도 필요했다.

카오의 중국행에 대해 마르보Marbo 인베스트먼트의 회장이자 경제평론가인 알렌 추Allen Chu는 한 현지 뉴스에 "이는 대만의 반도체산업에 큰 타격을 줄 것"이라고 말했다. "우리가 앞으로 직원 밀렵을 막기는 불가능할 겁니다."[15]

———

중국은 앞서 2014년에 야심을 실행하는 작업에 착수했다. 애널리스트들은 미국 사이버 정보수집 활동에 대한 내부고발자 에드워드 스노든의 폭로가 즉각적인 계기가 되었을 가능성이 높다고 말한다. 스노든의 폭로로 중국의 미국산 통신장비에 대한 의존이 얼마나 국가안보에 위험한 일인지 드러났다.

이에 대응해 중국은 2020년까지 연간 성장률 20%를 이어가 16나노미터 칩과 14나노미터 칩을 대량 생산한다는 목표를 세웠다. 여기에 정부가 최대 1조 위안(1,700억 달러) 규모로 재정 지원을 하고, 국가 챔피언 기업과 분야별 챔피언 기업 육성에 역점을 두기로 했다. 아울러 사모펀드 회사가 자금을 할당할 수 있도록 허용했다.[16]

2015년 5월 중국은 계획의 뼈대에 더 많은 살을 붙였다. '메이드 인 차이나 2025' 전략은 모든 첨단 제조업을 포용했지만 그 중심에 반도체를 두었다. 중국의 목표는 필요한 모든 핵심 부품의 자국 내 조달 비율을 2020년까지 40%로, 2030년까지 70%로 끌어올린다는 것이었다. 칩의 경우 목표를 2020년까지 41~49%, 2030년까지 49~75%로 잡았다. 이 목표가 달성될 경우 중국은 전 세계 1위 칩 생산 국가가 된다. 4년 후인 2019년 칩의 자국 내 조달 비율이 20%

미만이었다는 데 비추면 엄청난 의지의 표명이었다. 이 계획이 성공한다면 10년 안에 미국 반도체 수입을 절반으로 줄이고 20년 안에 중국 공급망에서 미국 반도체를 완전히 제거할 수 있을 것으로 예상되었다.[17]

처음부터 불가능한 미션처럼 보였다. 경영 컨설팅 회사 맥킨지가 2015년에 발표한 보고서에서 지적했듯이, 중국 업체가 중국 정부가 제시한 2025년 자급률 목표를 달성하려면 향후 10년간 전 세계에 추가되는 파운드리 설비 중 거의 전부가 중국에 설치되어야 했다.[18]

그리고 중국은 이전에 반도체산업을 발전시키려고 시도했다가 실패한 적이 있었는데, 주로 문화적 이유 때문이었지 경제적 요인 탓이 아니었다. 중국 기업들은 빠른 추종자였지 대단한 혁신가가 아니었다. 세계의 공장으로서 빠르고 저렴하게 제품을 생산할 수는 있었지만 항상 최고 수준은 아니었다. 이는 소비자가전 제품에는 통했어도 정밀도가 생명인 마이크로칩에는 적합하지 않았다.

중국은 1990년 '마이크로칩 프로젝트 908'에 착수했다. 20억 위안(3,400억 달러)을 투입해 중국 마이크로칩과 해외 생산 마이크로칩의 격차를 좁히겠다는 사업이었다. 관료주의로 인해 칩 생산이 시작되기까지 7년이 걸렸다. 이는 칩에 있어서는 생애주기에 해당하는 세월이었다. 중국은 군사력에 버금가는 민간 역량 강화에 열을 올렸지만 투자 대비 성과는 미미했다.

국가가 운영하는 시스템이 항상 혁신을 지원하지는 않았다. 챔피언을 만들어 내기는커녕 서로를 복제하는 경쟁자들을 양산했고 정책자금을 각각에 조금씩 배분하는 경향이 있었다. 지역화가 이루어지지 않아서 실리콘밸리나 그와 비슷한 전문 허브에서 볼 수 있는 클러스터 효과도 발생하지 않았다. 민간 회사들은 투자하기 꺼렸다. 기업 인수가 허용된 뒤에도 통합은 쉽지 않았다. 그리고 지식재산권에 대한 무신경한 접근 방식이 외국 투자자들을 조심스럽게 만들었다.

———

중국이 반도체 경쟁에 뛰어들었을 때, 대만 TSMC는 승승장구하고 있었다. 2014년에는 전 세계 반도체 중 파운드리 부문의 54%를 차지했고, 28나노미터 이하 공정에서 매출의 42%를 올렸다.

대만은 '신성한 산'이라고 부르며 자국이 건설한 이 회사에 대해 큰 자부심을 나타냈다. 거의 20년 전 미국에서 경력이 단절되어 있다가 대만으로 초빙된 모리스 창은 이제 업계의 원로로서 글로벌 무대에서 대만을 대표했다. TSMC는 자본 집약적인 산업에 필요한 방대한 규모의 경제를 구축했다. 또 표준 공정기술을 만든 뒤 끊임없이 개선하고자 노력했다. TSMC는 파운드리 산업에서 불가결한 존재였는데, 마이크로소프트가 컴퓨터 운영체제 시장에서 차지해온 지위와 비슷했다.

TSMC는 신규 시장참여자들을 전부 물리쳤다. 커먼 플랫폼 얼라이언스CPA는 IBM과 글로벌파운드리, 삼성이 2010년 12월 구성한 강력한 연합체였다. 글로벌파운드리는 AMD에 뿌리를 둔 칩 제조업체였다. 이들은 새로운 파운드리 비즈니스 모델을 함께 개발하려 했지만, 10년이 넘는 기간 동안 TSMC에 타격을 입히는 데 실패하고 결국 포기했다. IBM 같은 초기 멤버도 떨어져 나갔다. IBM은 2014년 10월 손실을 보던 칩 제조 사업부문을 글로벌파운드리에 넘겼는데, 매각 대금을 받지 않고 오히려 15억 달러를 지불했다 .

셋째 멤버인 삼성 또한 큰 타격을 입었고, 동시에 TSMC는 크나큰 신뢰를 얻었다. TSMC는 세계에서 가장 까다로운 고객인 애플로부터 생산을 위탁받았고, 삼성은 점차 밀려났다(TSMC가 애플 아이폰의 애플리케이션 프로세서를 생산한 것은 2014년 9월 출시된 아이폰6에서부터였다. 그 프로세서는 A8이었다 ─ 옮긴이).

TSMC와 애플 간의 관계는 2010년 모리스 창이 집에서 마련한 소박한 가정식 저녁식사에서 시작되었다. 초대받은 사람은 애플의 COO 제프 윌리엄스Jeff Williams였다. 애플은 차기 아이폰과 아이패드의 모든 애플리케이션 프로세서를 TSMC로부터 조달하기로 결정했다. 모리스 창은 이 기회를 차질 없이 실행하기 위해 90억 달러와 6,000명 인력을 투입해 애플을 위한 타이난 공장을 짓기로 했다.[19]

모든 시도가 성공적이지는 않았다. 외국 기술에 의존하지 않고 자체적으로 D램 메모리 칩을 개발하려는 TSMC의 노력은 오래 전에 잊혔다. 하지만 종종 공장의 과잉 생산능력으로 인한 주기적 변동성으로 인해 메모리 시장은 마진의 등락이 극심했고, 그에 비해 TSMC가 특출난 비메모리 시장은 안정적이었다.

―――――

TSMC는 초기에 주목할 만한 성공을 거둔 중국의 반도체 제조업체 SMIC를 견제했다. TI와 TSMC에서 다년간 경험을 쌓은 대만인 리처드 창이 2000년에 SMIC를 설립했다. 그는 모리스 창과 친척 관계는 아니라고 알려졌다. SMIC와 TSMC 사이에 악연이 없지는 않았다. 리처드 창은 상하이에 회사를 설립할 때 TSMC 직원 180명을 데리고 나갔다.

리처드가 TSMC에서 인력뿐 아니라 그 이상을 훔치고 있다는 의혹이 제기되었다. SMIC가 놀랄 정도로 빠르게 사업을 준비해나갔기 때문이었다. 2003년에 제기된 미국 소송에는 미국 고객들이 경각심을 갖도록 한다는 취지도 있었다. SMIC가 몰래 복사한 자료와 교환한 이메일이 증거로 제출되었고 SMIC는 6년 동안 TSMC에 1억 7,500만 달러를 지불하기로 최종 합의했다. 하지만 SMIC는 훔친 문서를 돌려주지 않은 채 추가 정보를 축적했고, 이에 대응하는 두 번째 소송이 제기되었다. 결국 첫 번째 소송이 제기된 지 6년 만에 SMIC는 TSMC에 2억 달러를 지불하고 회사 지분 10%에 대한 주식과 옵션을 부여하기로 합의했다. 리처드는 2009년 소송이 종료된 이후 곧 SMIC를 떠났다.[20]

'메이드 인 차이나 2025년' 계획은 이전의 시도들보다 더 잘 준비되었다. 새로운 벤처를 지원하기 위해 200억 달러 규모의 국가집적회로기금이 조성되었고 지방 정부 기금도 생겨났다. 업체들이 자본금과 저렴한 차입금에 쉽게 접근할 수 있게 되었다.

그리고 자국 시장이 극적으로 변했다는 점에서 중국이 예전보다 유리해졌다. 단순히 수출 상품을 제조하기 위해 반도체 공급을 필요로 하던 단계에서 벗어나 중국은 광대한 소비 시장이 되었다. 2005년에 중국은 세계 최대의 반도체 소비국이 되었고, 2012년에 이르자 전 세계 반도체 소비량의 절반 이상을 구매했다. 경영컨설팅 회사 프라이스워터스쿠퍼스PwC에 따르면 2014년까지 10년간 중국의 반도체 소비는 연평균 16%씩 성장했는데, 같은 기간 전 세계 시장의 연평균 성장률 4.7%와 비교하면 무척 빠른 속도였다.[21]

PwC는 중국의 마이크로칩 산업이 시장의 13.4%를 차지했다고 집계했지만, 중국으로 수입되는 칩과 중국이 수출하는 칩은 확연하게 달랐다. 수입되는 칩은 전 세계에 판매될 스마트폰과 가전제품에 탑재된 데 비해 중국이 수출하는 칩은 저가형이었다.

이 문제를 해결하기 위해 중국은 우선 생산능력 확충에 돈을 쏟아부을 준비를 했다. 아울러 기업 인수를 통해 입지 강화에 나서기로 했다. 대담한 목표를 설정한 직후인 2015년 7월, 칭화유니그룹은 미국의 마지막 메모리 반도체 업체 마이크론을 230억 달러에 인수하겠다는 의향을 밝혔다. 그러나 마이크론은 관심이 없었다. 마이크론은 한 세대 전 한국이 미국에서 반도체를 공정한 가격 아래로 판매한다며 덤핑 이슈를 주도했었다. 여하튼 이 거래는 CFIUS의 심사를 통과하지 못할 것이 거의 확실했다.

자산뿐 아니라 사람과 아이디어도 필요했다. 역사는 반복되는지 리처드 창은 2018년 시엔(칭다오)집적회로회사의 경영자로서 다시 등장했다. 이 회사는 중국 북동부 항구 도시 칭다오에서 근무할 직원들을 대만에서 구하고 있었다. 보도에 따르면 2021년 8월 생산을 목표로 당시 300밀리미터 웨이퍼 생산라인을 테스트하기 시작했다.

중국 기업들은 한국과 일본으로 직원을 구하러 다녔지만, 문화와 언어가 비슷한 대만에서 가장 큰 성과를 거두었다. 중국 기업들이 내놓은 유혹적인 조건에 많은 대만 엔지니어들이 넘어왔다. 현재 받는 급여의 두 배 또는 세 배의 연봉이 제시되었고 정기적인 귀국 여행, 숙소와 사교육비 보조가 추가로 제공되었다. 5년 이상 근무하겠다고 계약할 경우 더 큰 보상을 제공받기도 했다. 고용된 직원들은 자신의 경험을 가져와 현지 직원을 교육했다.

세계적 수준의 엔지니어링 허브가 되었는데도 대만은 고도로 훈련된 기술자들의 급여를 낮게 유지했으며, 충성심과 국가적 자부심이 중요하다고 희망적으로 생각해왔다. 핵심 직원과 그들이 지닌 값진 노하우를 상실하지 않을까 두려워한 대만 기업들은 직원들에게 주의를 기울이라고 경고했다. 2018년 여름, 로이터통신은 대만 신주에 있는 한 칩 회사의 접견실에 붙은 손가락을 입술에 댄 전단지 사진을 보도했다. 사진에는 금발 머리 여성과 '회사 경쟁력 보호', '공공장소에서의 기밀 누설 금지'라는 문구가 적혀 있었다.

아이디어는 어느 정도 보호했을지 모르지만 인력은 계속 유출되었다. 〈닛케이 아시아〉는 2019년 12월 대만이 본토 기업에 3,000명의 반도체 엔지니어를 잃었다고 보도했다. 이는 약 4만 명으로 추산되는 이 분야 인력의 10분의 1에 가까운 규모였다.[22]

───────

인력을 새로 확보하면 무엇을 얻게 되는지에 대한 의혹은 항상 존재했는데, 미국은 마이크론의 심각한 사례에 대한 정보를 입수했다. 중국은 인수에 실패했지만 마이크론에 대해 지대한 관심을 유지하고 있었다.

마이크론은 대만을 주요 생산기지로 삼았다. 2008년 이노테라 메모리의 지분 33%를 인수했는데, 이 회사는 난야와 독일 인피니온의 합작사였다. 이어 2016년에 이노테라의 남은 지분 67%를 사들여 100% 자회사로 삼았다.

마이크론의 기술은 대만 2위 파운드리 UMC를 거쳐 중국 국영 반도체회사 푸젠진화로 누출되었다. UMC는 푸젠진화와 합작 관계였다. 마이크론의 대만 공장 책임자로 일하다 UMC로 이직한 뒤

푸젠진화와의 합작을 주도한 인물이 마이크론 출신 다른 두 사람을 가담시켜 기술을 절도하게 했다. 그들은 2018년 미국에서 기소되었고 2020년 대만에서 유죄 판결을 받았다.

마이크론은 UMC에 대해 미국 법원에 소송을 제기했다. UMC는 2020년 10월 기술 절도 혐의를 인정하고 6,000만 달러의 벌금을 물기로 했다. 미국 법무부의 제프리 로젠 차관은 "UMC는 중국이 컴퓨터 메모리 생산에 시간이나 돈을 들이지 않고 자급자족이라는 전략적 우선순위를 달성할 수 있도록 하기 위해 컴퓨터 메모리에서 미국 선도 기업의 영업비밀을 훔쳐 중국을 보조했다"고 말했다.[23]

결국 교묘한 속임수는 무위로 돌아갔다. 푸젠진화는 미국이 수출 제한 조치를 취하자 폐업했다. 중국은 다른 전략을 시도해야 하게 되었다. 다른 업체는 더 운이 좋기를 바랐을지도 모른다. 확실한 한 가지는 중국은 마이크로칩 산업을 선도하기 위한 노력을 멈추지 않으리라는 것이었다.

■ 네덜란드의 교훈

중국이 반도체 미션과 관련해 교훈을 얻을 수 있는 곳은 네덜란드였다. ARM이 영국 케임브리지에 자리 잡은 것처럼 ASML은 네덜란드 남부 아인트호벤 인근 소도시 벨트호벤에 자리 잡았다. 둘 다 반도체산업의 두 축인 미국과 아시아에서 멀리 떨어져 있다. 그러나 수십 년 동안 ASML은 최첨단 반도체를 만들려는 회사라면 누구나 의존할 수밖에 없는 장비업체가 되었다.

ASML의 노광 장비는 칩의 복잡한 설계 청사진을 실리콘 웨이퍼에 투사한 다음, 수백만 개의 트랜지스터와 기타 구성요소를 연결하고 분리하는 데 필요한 도체와 절연체의 패턴을 사진 필름을 인화해 현상하는 것처럼 에칭해낸다. 이 작업을 동일한 웨이퍼에서 최다 100회까지 반복한다.

장비를 제작하고 수송하는 과정은 이 장비를 활용한 공정만큼이나 복잡하다. 장비 한 대는 소형 버스 크기이고, 10만 개의 정밀 부품과 2킬로미터의 전선을 내장하고 있다. 벨트호벤에서 암스테르담 스키폴공항까지 130킬로미터를 화물 트럭 20대에 나뉘어 수송되고, 공항에 도착하면 세 대의 747에 조심스럽게 나뉘어 실린다.

ASML은 2017년 봄부터 생산성 제고와 고사양 제조, 성능 향상을 약속하는 최신 모델인 NXE:3400B를 판매해 왔다. 이와 같은 장비 성능은 업계가 오랫동안 추구해온 7나노미터 노드에서의 상용 마이크로칩 생산을 현실화함으로써 가능해졌다. 가격이 무려 1억 6,000만 유로에 달하는데도 이 장비의 생산은 수요를 따라잡을 수 없었다. 2018년 20대를 출하했는데, 2019년에는 최소 30대로 생산 능력을 확대할 계획이었다.

놀랍게도 이 장비 덕분에 주창된 지 50여 년이 지난 무어의 법칙이 향후 최소 15년은 더 통할 수 있으리라는 예측이 나온다. 칩 업체 입장에서는 오래 기다리고 막대한 가격을 치를 가치가 있었다. NXE:3400B를 시장에 내놓기까지 기술 개발에 20년이 넘게 걸렸고 비용은 100억 유로 이상 들었다.

이 장비가 작동하는 방식에 대한 설명은 공상과학소설의 한 대목처럼 읽힌다. 우선 ASML의 극자외선EUV 기술은 파장이 13.5나노미터에 불과한 빛으로 마이크로칩의 크기를 줄이고 기능의 밀도를 높이는 데 사용된다. 이 기술은 ASML의 이전 최고 기술로 193나노미터의 빛을 사용한 심자외선DUV에 비해 빛의 파장이 14분의 1에 불과하다.

자체 EUV 빛 줄기를 생성하기 위해 ASML은 이산화탄소 레이저로 녹인 주석 방울을 태양 표면보다 100배 높은 온도로 가열하는 시스템을 고안했다. 주석 방울을 초당 약 5만 개 생성하고, 각 방울을 레이저로 두 번 명중시킨다. 그러면 주석 방울은 음전하를 가진 전자와 양전하를 띤 이온으로 분리된 기체 상태인 플라즈마가 된다. 이 플라즈마가 EUV를 방출한다.

이 빛은 세계에서 가장 매끄러운 거울 여섯 개에 반사되어 웨이퍼를 비추게 된다. 이 거울은 극도로 평평해, 독일 면적으로 확대해도 가장 볼록한 부분이 1밀리미터를 넘지 않는다. 빔은 실리콘 웨이퍼에 닿으면서 화려한 피날레를 장식한다. 이때 정밀도는 지구에서 화살을 쏘아 달에 놓인 사과를 맞추는 정도다.

ASML이 혼자 힘으로 여기까지 온 것은 아니다. 협업이 필수적이었는데, 세계 최고 수준의 전문성 확보라는 목표와 재정 제약이라는 여건 때문이었다. 사실 이 회사는 장비 부품의 대부분을 외부에서 조달한다. 많은 부품을 600여 곳 공급업체에서 제공했고 60여 곳이 핵심적인 역할을 담당했다. 그중 독일 남부 도시 오버코헨에 위치한 광학회사 자이스Zeiss가 각각 150만 유로에 달하는 특수 거울 6개를 만들었다.

———

세계 일등 기업은 금세 만들어지지 않았다. 1984년은 스티브 잡스가 자랑스럽게 매킨토시 컴퓨터를 공개한 해이자, 스티브 퍼버와 소피 윌슨이 첫 ARM 칩 설계를 구상하던 해였다. 그해에 ASML은 두 네덜란드 회사 어드밴스드 세미컨덕터 머티리얼스 인터내셔널ASMI과 필립스의 합작으로 탄생했다. ASML이라는 회사 명은 한때 'Advanced Semiconductor Materials Lithography'를 나타낸다고 알려졌지만, 이것의 약어가 아니라 ASMI와 필립스, 양사의 이름을 조합한 명칭이다.

ASMI는 이미 유럽 최초로 인텔과 모토롤라에 칩 생산 장비를 공급하면서 명성을 얻었다. 장비 중에는 실리콘 웨이퍼에 화학 필름을 얇게 증착하는 키트가 있었다. 필립스는 1891년으로 거슬러 올라가는 전자 분야 대기업이었고, 전구와 전기면도기, 1982년부터는 컴팩트디스크로 유명했다. 필립스는 독일 국경 근처 네이메헌에서 당시 유럽 최대 규모의 마이크로칩 공장을 운영했는데, 그곳에서 사용할 목적으로 이른바 '스테퍼'라는 장비를 개발했다. 스테퍼는 '스텝-앤-리피트step-and-repeat 카메라'의 줄임말이었다.

에이콘이 애플의 지원을 받기 위해 ARM을 분사한 이유와 마찬가지로, 필립스는 반도체산업의 더 많은 고객에 제품을 공급하기 위해서는 거래가 더 수월한 회사를 설립하는 편이 효과적이라는 인식에 이르렀다. 필립스는 50명의 과학자를 이 작업에 배정했고, 이 그룹을 나중에 아인트호벤에 위치한, 지붕에 구멍이 뚫린 허름한 목조 창고에 배치했다.

막대한 개발 비용으로 인해 ASMI는 주주로 오래 가지 못했고, 1988년 50% 지분을 필립스에 넘겼다. 동일한 요인으로 ASML이 설립된 즈음에 10개이던 노광장비 업체의 숫자가 빠르게 줄었다. 여러 차례 파산 위기에서 돌아온 ASML은 시장 주도권을 놓고 3파전을 벌이게 되었다. 두 업체는 카메라 분야에서 보유한 전문성으로 더 잘 알려진 일본 회사 캐논과 니콘이었다. 마이크로칩 산업의 거인인 IBM의 기대에 부응한 장비 PAS 5500 덕분에 ASML은 1990년대 초에 2위로 올라섰다.

———

가시광선보다 파장이 더 짧은 수은 증기 램프의 빛이 더 작은 트랜지스터를 만드는 데 도움이 된다는 사실을 알게 된 이후로 칩 업체들은 EUV를 꿈꿔왔다. 고든 무어는 이 빛이 자신의 이름을 딴 법칙의 수명을 연장하는 열쇠임을 이해했고, 그래서 EUV를 소프트 X-레이라고 불렀다.

EUV 기술의 발전은 진정 국제적이었다. 1970년대 러시아는 거울을 연구했고 1980년대에 일본전신전화NTT의 연구부서는 처음으로 이미지를 투사했다. 많은 회의론에도 불구하고 미국 에너지부DOE의 지원을 받는 연구소가 바통을 이어받았다. 아이디어를 모으기 위해 1997년 인텔은 모토롤라와 AMD 등이 참여한 컨소시엄인 EUV LLC를 설립했다. 이 컨소시엄은 DOE와 기술 라이선스계약을 체결하고 3년간 장비와 연구원 급여를 포함한 개발 비용으로 2억 5,000만 달러를 투자했다. 이 자금이 없었다면 EUV 개발은 중단되었을 가능성이 높았다.

컨소시엄의 노하우를 확대하기 위해 해외 파트너를 영입하려는 움직임이 있자, 이를 둘러싸고 미국 의회에서 민감한 지식재산에 대해 외국 기업의 접근을 허용할지에 대한 논쟁이 벌어졌다. 일본과 치른 메모리 칩 전쟁의 기억이 아직 생생한 상황이었기에 니콘은 받아들일 수 없다고 여겨졌다. 미국과 네덜란드 사이에는 그런 무역 갈등이 없었고, 그래서 ASML 파트너십은 1999년에 승인되었다. 이후 협상에 1년 이상이 소요되긴 했다.

그런데 ASML이 2000년 16억 달러를 들인 실리콘밸리그룹 SVG 인수에 나서자 문제가 불거졌다. 이 거래는 낙후된 미국 노광 산업에 남아 있던 잔재를 정리하고, ASML이 인텔의 공급업체 목록에 이름을 올릴 수 있는 우아한 솔루션이었다(물론 ASML의 발전에 비추어 이 회사가 결국 그 리스트에 오를 가능성이 매우 높긴 했다).

수년 전 이 분야의 경쟁사인 일본의 캐논이 SVG와 제휴하려고 했으나 차단 당한 경우가 있었다. 이번에는 조지 W. 부시 대통령의 임기 초기였고, SVG를 매각하면 기술이 적의 손에 넘어갈 위험이 있다는, 만화적인 상상에 가까운 우려가 나왔다. 미 국방부는 ASML의 헹크 보트Henk Bodt 회장이 관여하는 다른 회사의 과거를 들어 이 거래에 대한 승인을 보류했다. 보트 회장은 네덜란드 회사 델프트Delft 인스트루먼트의 이사였는데, 이 회사는 9년 전 이라크에 불법으로 야간투시경을 공급했다가 벌금을 문 적이 있다. 일각에서는 이 사건이 보트가 델프트에 합류하기 훨씬 전에 벌어졌다는 사실을 중요하지 않게 여겼다.

요크셔 출신의 직설적인 경영자 더그 던은 "우리는 지옥 같은 상황을 타개해나가야 했고 여러 가지를 고려해야 했다"고 회고했다. 2000년에 ASML의 최고경영자가 된 던은 "나는 그전까지 그 정도의 지정학적 영향력과 수사修辭에 노출된 적이 없었다"고 말했다. 그는 "그러나 우리는 결코 포기하지 않았다"면서 "수년에 걸쳐 얻을 수 있는 이익이 엄청남을 알고 있었기 때문"이라고 말했다.

던은 인수를 마무리하는 데 3개월이 걸리리라고 예상했다. 실제로는 7개월 이상 노력한 끝에 2001년 5월 매듭지을 수 있었다. 그동안 ASML은 SVG의 사업 부문 중 허블 우주망원경에 거울을 공급한 틴슬리 랩Tinsley Labs을 매각하기로 했다. 또 남은 미국 조직에 대규모로 투자하기로 약속했다. 그동안 던은 여러 차례 미 국방부를 방문했다. 이제 ASML의 입지는 더욱 강화되었고, 2002년에 혁신적인 기술인 '트윈스캔'을 개발함으로써 세계 최고의 노광장비 업체로 등극했다. 두 장의 실리콘 웨이퍼를 처리해 시간을 절감해주는 기술이었다.

2006년에는 더 앞서 나가는 회사임을 보여주었다. 즉, ASML은 EUV 장비 시제품 두 대를 각각 벨기에 루뱅의 '대학 간 마이크로일렉트로닉스 센터IMEC'와 뉴욕주립대학교의 '나노과학·공학대학CNSE'에 제공했다. 이 새로운 기술 시스템이 작동한다는 것은 분명했다. ASML이 두 대학에 의뢰한 과제는 이 시스템을 상업적으로 활용할 수 있는지 전문가들이 광범위하게 연구해 도움을 제공해 달라는 것이었다.

ASML의 사례는 치열한 경쟁이 벌어지는 시장에서도 때로는 발전을 위한 광범위한 협업이 필요함을 보여준다. ASML의 부사장 겸 최고전략책임자로 2021년 4월까지 활동한 프리츠 판 하우트Frits van Hout는 "모든 업체가 다른 업체와 함께 일하다가 상용화 단계에 들어가면 죽기 살기로 싸워야 한다"고 말했다. "이것이 바로 게임이 진행되는 방식이다." 마이크로칩 산업의 참가자들은 모두 남성적인 행태를 보이지만, 어떤 기업도, 어떤 국가도, 혼자서는 한계를 뛰어넘지 못한다.

■ 하향 소용돌이

ASML의 이야기와 가장 먼 행태를 보이는 업체는 중국의 화웨이라고 할 수 있다. 통신장비와 휴대폰 등을 제조하는 화웨이는 기술과 마이크로칩을 중심으로 점점 더 치열해지는 무역 전쟁의 중심에 서게 되었다.

2018년 12월 1일, 밴쿠버 국제공항에서 비행기를 갈아타려던 화웨이의 최고재무책임자 멍완저우 부회장이 체포되어 구치소에 수감되었다. 이는 그를 송환해 사기 혐의로 기소하고자 한 미국의 요청에 따른 조치였다.

멍은 캐나다를 제2의 고향으로 여겼었다. 한동안 캐나다에 거주했고 자녀 넷 중 몇은 캐나다에서 교육을 받았다.

국제적인 비난이 거세졌고, 길고 검은 머리카락의 날씬한 46세 여성인 멍은 보석금을 내고 밴쿠버 교외에 있는 침실 6개짜리 자택에 연금되었다. 발목에는 움직임을 추적할 수 있는 발찌가 채워졌다. 법원 심리에서 그는 금융 사기와 미국의 대이란 제재를 피하기 위해 4개 은행을 속인 혐의로 기소되었다. 열흘 후, 중국은 스파이 혐의로 마이클 코브리그와 마이클 스패버를 구금했다. 멍은 캐나다 정부를 상대로 맞소송을 제기했다.

멍 부회장은 화웨이의 창업자 런정페이 회장의 딸이기도 했기 때문에, 이 외교적 사건은 더욱 중요하게 다루어져야 했다(멍 부회장은 런 회장과 첫째 부인과의 사이에서 태어났고, 모친 성을 따랐다—옮긴이). 공교롭게도 멍 부회장이 체포된 날, 트럼프 대통령과 시 주석이 부에노스아이레스에서 열린 G20 정상회의에서 만났다.

미국과 중국의 기술 패권 전투에서 화웨이가 왜 피뢰침이 되었는지는 어렵지 않게 알 수 있다. 화웨이는 네트워크 장비와 칩, 휴대폰 단말기 등 여러 분야에 걸쳐 사업을 운영했고 영향력을 점점 더 키우고 있었다. 대부분의 중국 기업과 달리 화웨이는 적어도 한 분야에서는 국제화에 성공했다. 미국에는 필적할 경쟁자가 없는 첨단 네트워킹 장비 분야에서였다(화웨이는 2010년대 들어 에릭슨을 제치고 이 분야 1위 업체가 되었다—옮긴이). 화웨이는 또 직원 소유의 기업이었기 때문에 어쩌면 국영 기업보다 더 쉬운 표적이 될 수도 있었다. 기술적 우수성과 방위 산업에 대한 깊은 지식을 바탕으로 한 화웨이의 발전을 벨 연구소와 MIT가 대표하는 혁신의 본고장 미국은 불편하게 받아들였다. 게다가 시 주석은 이런 기업이 더 많아지기를 원했다.

───────

런 회장은 1987년에 단돈 몇 천 달러로 화웨이를 창업했다. 앞서 그는 1983년까지 9년간 인민해방군에서 엔지니어로 근무하다가 대대적인 군대 인력 감축으로 전역했다. 그는 중국공산당CCP의 당원이기도 했다.

서방 기자들이 중국 남부 선전深圳에 있는 화웨이의 광활한 캠퍼스를 둘러볼 때 가장 주목하는 대상은 백악관을 본떠 지은 건물이다. 아마도 화웨이가 가장 공략하고 싶어하는 시장을 상징하는 듯하다. 이 건물과 관련해 런 회장은 한 인터뷰에서 "색은 흰색이 아니라 노란색"이라고 주장했다.[24]

화웨이는 미국 전역에 마디풀처럼 퍼져나가 이동통신 기지국 및 기타 인프라 분야에서 두 라이벌인 에릭슨과 노키아의 점유율을 빼앗아갔다. 북유럽의 두 이웃 기업은 앞서 이동통신 단말기 분야에서 초기에 선두를 달렸으나 이후 밀려난 바 있었다. 4G 기술이 보급되면서 미국 농촌무선협회Rural Wireless Association(대도시가 아닌 지역에 서비스를 공급하는 소규모 통신사업자들의 협회—옮긴이)는 회원사 중 4분의 1이 중국 공급업체인 화웨이와 ZTE의 키트를 사용한다고 밝혔다.[25]

화웨이를 깎아내리는 사람들은 화웨이가 중국 공산당의 팔에 불과하며 하드웨어와 소프트웨어에 대한 막대한 보조금 덕분에 급격하게 성장할 수 있었다고 말했다. 이들은 화웨이는 이익은 아랑곳하지 않은 채 손실을 감수하고 장비를 설치했는데, 그 목적은 숨겨진 '백도어'를 통한 민감한 데이터 수집이라고 주장했다. 화웨이는 스파이 행위를 부인했지만, 미국은 중국의 〈2017 국가정보법〉은 이 회사가 정보활동을 하게끔 압박할 수 있다고 주장했다. 미국의 군사 전문가들은 미국이 곧 조치를 취하지 않으면 민감한 미국의 통신이 중국이 구축한 네트워크를 통해 이루어지게 된다는 시나리오를 그려보였다.

화웨이의 인프라 확장이 더 음흉한 목적을 위한 워밍업이라는 의혹도 제기되었다. 2016년에 이 회사는 2021년까지 세계 1위 스마트폰 업체가 되겠다는 목표를 세웠다. 화웨이의 2018년 매출은 전년도보다 20% 많은 7,212억 위안(1,073억 달러)으로 증가했는데, 스마트폰 등 B2C 사업이 성장에 가장 기여했다. 그해 세계 스마트폰 시장에서 화웨이의 앞에는 삼성전자밖에 없었다. 미국 내 유통이 제한적이었는데도 이룬 성과였다.[26]

휴대전화 부문에서 화웨이의 성장에 동력을 제공한 것이 자회사인 하이실리콘이다. 2004년에 설립된 이 팹리스 회사는 중국 최대 집적회로 설계 업체로서 7,000명을 고용하고 있다고 보도되었다. 하이실리콘의 기린 칩은 미국의 우려를 자아냈는데, 애플과 퀄컴의 최고 제품에 비해서도 경쟁력이 있다고 여겨졌기 때문이다. 화웨이의 칩은 ARM 아키텍처를 기반으로 설계되어 스마트폰과 5G 표준을 포함한 유무선 네트워크 등에 들어갔다. 하이실리콘은 시장 점유율을 확보했을 뿐 아니라 자립의 조짐도 보이고 있었다. 화웨이는 2019년에 구축한 5G 기지국 5만 개 중 8%에는 미국 기술을 전혀 적용하지 않았다고 공개했다.

———

화웨이의 발전은 얼어붙은 양국 간 관계에 도움이 될 수가 없었다. 미국과 중국은 2001년 중국이 WTO에 가입하면서 잠시 사이가 좋아졌고 무역 관계도 정상화되었다. 이는 제2차 세계대전 당시 미국이 침략한 일본군에 맞서 중국 민족주의자들을 지원하고 타이베이로 밀려난 중화민국 정부를 지원했을 때보다 크게 개선된 것이었다. 한국전쟁에서 서로 반대편에 선 두 나라의 교류는 수십 년 동안 제한적이었다. 관계가 풀리기 시작한 것은 리처드 닉슨 미국 대통령이 1972년 마오쩌둥 주석을 만나면서였다.

최근의 관계 악화는 무역 때문이라고 볼 수 있다. 2010년에 중국은 세계 2위 경제 대국이 되었고 5년 후 캐나다를 제치고 미국의 최대 교역국이 되었다. 양국의 무역 관계는 대등하지 않았다. 미국의 대중 무역 적자는 2015년 3,670억 달러였고, 그중 거의 절반이 컴퓨터와 전자부품 구매 때문이었다. 적자가 커지며 비난도 거세졌다.

메이드 인 차이나 2025 계획을 발표한 이후, 시진핑 주석은 공개적으로 중국의 기술 부족을 어떻게 바로잡을지 고민했다. 반면 트럼프는 대선 유세에서 노골적으로 중국이 이미 미국으로부터 무엇을 빼앗았는지, 그리고 그것을 어떻게 되찾을 수 있는지에 집중했다.

2016년 4월 19일 중국 최초의 사이버보안과 정보화를 위한 회의가 열렸다. 이 자리에서 시 주석은 인터넷의 핵심 기술이 다른 국가들에 의해 통제되고 있다는 사실이 "우리의 가장 큰 숨겨진 위험"이라고 연설했다. 중국 인터넷 기업이 아무리 커졌다고 해도 핵심 부품을 외부에 의존한다면 "이는 남의 터 위에 지은 집과 같아서 아무리 크고 아름답더라도 바람이나 비를 견디지 못하거나 심지어 한 방에 무너질 수 있다"는 것이었다.

그는 핵심 기술은 '자생적 혁신과 자립, 자강'이 필요한 '국보'라고 덧붙였다, 하지만 중국이 연구개발의 문호를 폐쇄해야 한다는 뜻은 아니라면서 최선을 비교 대상으로 삼아 테스트하기 위해서는 "개방형 혁신을 전적으로 지속해야 한다"고 선언했다.[27]

트럼프는 더 직설적이었다. 두 달 후인 2016년 6월 28일, 펜실베이니아주 모네센의 알루미늄 재활용 센터에서 한 선거 유세에서 자신의 무역 정책을 설명했다. 미국의 철강 생산 중심지였던 이곳에서 트럼프는 중국의 WTO 가입이 "미국 역사상 가장 큰 일자리 도둑질을 가능하게 했다"고 말했다. "힐러리 클린턴 국무장관이 가만히 놀고 있는 동안 중국은 환율을 조작하고 무역 적자를 1조 달러 더 늘리고 수천억 달러의 지식재산을 훔쳤습니다."[28]

둥그렇게 뭉쳐놓은 고철로 쌓은 벽 앞에 서서 트럼프는 "무역 분쟁을 해결하기 위해 모든 합법적인 대통령 권한을 사용하겠다"고 약속했다. 그는 1987년 도입된 로널드 레이건 전 대통령의 반도체 수입에 대한 100% 관세 부과를 언급하며 "이는 큰 영향을, 큰 영향을 미쳤다"고 말했다.[29]

이러한 수사修辭는 트럼프가 2016년 11월 미국 대통령으로 당선된 후 몇 주 뒤에 차이잉원 대만 총통으로부터 축하 전화를 받은 이유를 설명한다. 대만 지도자와 현직 또는 차기 미국 대통령이 접촉하기는 거의 40년 만이었고, 그래서 두 정상의 대화는 의미가 컸다. 트럼프는 나중에 트위터에 "미국이 대만에 수십억 달러의 군사 장비를 판매하면서 축하 전화는 받지 않아야 한다는 게 흥미롭다"고 적었다.

미국은 중국과 대만 사이에서 아슬아슬한 줄타기를 했다. 미국은 '하나의 중국' 정책에 따라 중국 정부는 하나뿐이라는 중국의 입장을 인정하고 대만과 공식 외교 관계를 맺지 않았다. 중국은 대만을 국제기구에서 배제하기 위해 최선을 다했다.

하지만 냉전 이후 미국과 아시아의 동맹국들은 이 섬의 위치가 전략적으로 중요함을 분명히 알고 있었다. 미국은 비공식적인 접촉과 '전략적 모호성'을 유지했다. 1979년 〈대만 관계법〉을 통해 미국은 대만이 자국을 방어해야 할 때, 즉 중국이 공격할 때 무기를 공급하고 지원하겠다고 약속했다.

수년에 걸쳐 달라진 것은 중국의 군사력 증강이었다. 미국의 입장에서 대만의 몰락은 받아들일 수 없는 세계 질서 변화의 신호였다. 대만은 반도체에 강하고 반도체는 현대 디지털 경제에서 막강한 힘을 행사한다는 사실은 대만의 중요성을 더 키워주었다. 2016년 대만은 세계에서 22위 경제대국이자 미국의 주요 무역 파트너였다.

2017년 10월 18일, 시진핑 주석은 중국공산당이 5년마다 개최하는 전국인민대표자회 개막식에서 이렇게 선언했다. "우리는 어떤 형태의 대만 독립 시도도 막을 수 있는 충분한 능력을 가지고 있다." 그는 대만이 '하나의 중국'의 존재에 동의했다는 이른바 1992년 합의를 인정한다는 전제 하에서 양안 간 대화에 나서라고 촉구했다.

───────

이러한 배경에서 무역 전쟁은 이미 가열되고 있었다. 2016년 3월 7일 미국 상무부는 중국 통신장비 업체 ZTE를 '거래제한 기업 명단'에 올렸다. 미국 기업이 이 명단의 기업에 상품이나 서비스를 판매하려면 승인을 받아야 한다. 이 명단은 1997년 2월 대량 살상 무기와 관련된 조직을 추적하기 위해 처음 발표되었다가 이후 국가 안보 및 외교 정책의 이해관계까지 포함하도록 확대되었다.

ZTE는 미국의 제재를 위반하고 장비를 이란과 북한에 판매한 것으로 밝혀졌다. 이 회사는 12억 달러의 벌금을 납부하지 않아 2018년 4월 거래금지 명령이 내려졌고, 이에 따라 ZTE의 미국 기술 부품 구매가 금지되었다. 트럼프 대통령이 개입해 10억 달러의 벌금을 납부한 후 그해 7월 거래금지 명령이 해제되었다. 이는 트럼프 대통령 자신의 정당 내 일부 사람들에게는 인기 없는 조치였다. ZTE 사건은 본 사건을 앞둔 리허설이었다.

화웨이의 멍 부회장이 구금되기 2주 전, 미국은 〈수출통제 개혁법〉을 제정했다. 이 법은 미국의 국가 안보에 필수적이며 향후 수출 통제의 대상이 되어야 하는 '신흥 및 기초 기술'을 식별하는 기준을 제시했다. 그리고 멍 부회장이 가택 연금된 후 2019년 1월 말, 미국 법무부는 화웨이를 금융 사기와 돈세탁, 자금세탁, 미국을 속이기 위한 음모, 사법 방해, 제재 위반 혐의로 고발했다. 화웨이의 런 회장은 미국이 5G를 전략적 무기로 간주하는 것은 유감이라고 반박했다. 그는 "그들에게 그것은 일종의 핵폭탄"이라고 말했다.[30]

2019년 5월 15일, 미국은 판돈을 더 키웠다. 미국 기업은 먼저 승인을 얻지 않을 경우 화웨이에 상품이나 서비스를 판매하지 못하게 했는데, 이는 사실상 포괄적인 금지 조치였다. 예를 들어 화웨이는 스마트폰에 구글의 안드로이드 운영체제를 더 이상 사용할 수 없다는 뜻이었다.

미국 회사는 아니었지만 영국의 칩 설계업체 ARM은 직원들에게 화웨이 및 그 자회사와의 '모든 활성 계약과 기술 지원, 업무상 만남'을 중단하라고 지시했다. ARM은 사내 공지에서 자신들의 설계에 '미국 원천 기술'이 포함되어 있다고 설명했다.[31]

이 공지는 앞서가는 측면이 있었다. 다른 여러 기술 공급업체와 마찬가지로 ARM은 일부 제품의 '국적'을 파악해야 했다. 기이하게도 어떤 경우에는 어떤 직원이 어떤 제품을 어디에서 작업했는지 파악하기 위해 작업표를 분석해야 했다.

그 결과 데이터센터 및 고성능 컴퓨팅에 사용되는 ARM의 프로세서 설계 그룹인 네오버스와 그로부터 갈라져 나온 코텍스는 텍사스 오스틴에서 개발되었기 때문에 더 이상 화웨이에 판매되지 않았고 지원도 중단되었다. 그러나 ARM 아키텍처의 8번째 버전(v8)과 2021년에 출시된 후속 9번째 버전(v9)은 화웨이의 하이실리콘 사업부문에 계속 제공되었는데, 이들은 영국 케임브리지에서 개발되었기 때문이었다.

2019년 8월 19일 미국은 화웨이 계열사를 거래제한 기업 명단에 추가했다. 이를 통해 화웨이가 영국, 프랑스 또는 다른 나라에 있는 자회사를 통해 미국 업체로부터 구매하지 못하도록 했다. 화웨이에 대한 거래제한 조치 이후 1년이 지난 2020년 5월에는 '외국산 직접 생산 규칙'을 개정해 올가미를 더욱 조였다. 즉, 외국 기업이 반도체 제조에 미국 기술을 사용할 경우 화웨이는 그 외국 기업으로부터 더 이상 구매할 수 없게 되었다. 그에 따라 TSMC는 9월부터 화웨이에 공급을 줄였다. 기린 칩셋은 죽었다. 당분간은.

미국은 국경을 넘어 영향력을 확대하기 위해 가능한 수단을 다 동원했다. 영국을 설득해 그해 말 이후 이동통신 사업자들이 새로운 화웨이 5G 장비를 구매하지 못하게 했다. 기존 화웨이 장비는 설령 5G 출시가 2~3년 지연되고 20억 파운드의 비용이 추가되더라도 2027년까지 네트워크에서 들어내도록 했다.

미국은 기존 규정이 적용되지 않을 때에는 설득하는 방법을 택했다. ASML이 자랑하는 EUV 노광장비는 가격 기준 미국산 부품의 비중이 기준선인 25%를 초과하지 않았다. 따라서 중국 수출에 승인이 필요하지 않았다. 2018년 ASML은 네덜란드 정부로부터 최첨단 장비를 중국 고객에게 판매하기 위한 승인을 받았다. 그러나 그해 여름 마크 뤼테 네덜란드 총리는 백악관을 방문하던 중 이 판매가 야기할 잠재적 영향에 대한 정보 보고서를 받았다고 알려졌다. 미국은 또한 상업적 용도뿐 아니라 군사적 용도로도 사용될 수 있는 소위 '이중 용도' 기술의 수출을 제한하는 바세나르Wassenaar 협정을 활용했다. 이 협정은 42개 참여국의 의견을 조율하던 냉전 클럽의 후신이었다. 보고서를 받은 직후 네덜란드 정부는 승인을 취소했고 ASML의 SMIC로 추정되는 고객사로의 납품은 이루어지지 않았다.[32]

ASML의 자본을 조달한 최고경영자 에릭 뫼리스Eric Meurice가 품은 "모든 반도체 제조업체가 제한 없이" 기술을 사용할 수 있게 되기를 바란다는 말은 희망사항으로 판명되었다. 그는 앞서 2013년에 은퇴했다. SMIC는 2020년 12월 주로 중국 기업으로 이루어진 추가 77개 거래제한 기업 명단에 포함되었다. 윌버 로스 상무부 장관은 "중국이 군사 현대화를 뒷받침하기 위해 미국 기술을 활용할 위험을 SMIC가 완벽하게 보여주기 때문"이라고 말했다.[33]

———

브로드컴과 퀄컴의 인수 문제에 정치권이 개입했을 때와 마찬가지로, 이런 상황에 기업들은 동의하지 않았다. 사실 그들은 분노했다.

2020년 5월 수출 제한이 강화된 지 두 달 후, 국제반도체장비재료협회SEMI는 회원사들이 화웨이와 관련이 없는 기업들을 상대로 판매할 수 있었으나 그러지 못한 매출을 1,700만 달러로 집계했다. SEMI는 "새로운 규제는 또한 미국 기술 공급이 신뢰할 수 없다는 인식을 일으키고 미국 이외 국가의 고객들이 미국 기술로부터 벗어나도록 할 것"이라고 우려했다. "동시에 이러한 조치는 미국 기술을 대체하려는 노력에 더 큰 유인으로 작용한다."[34] 매출 감소는 연구개발을 위한 현금이 감소하고 혁신이 줄어드는 것을 의미하며, 이는 장기적으로 국가 안보에 해를 끼칠 수 있다고 우려되었다.

TI의 전 반도체 책임자였던 월리 라인스는 "문제는 미국이 고객들이 최후로 의존하는 공급처가 된다는 것"이라고 말하며 거래제한 기업 명단의 장기적인 사용에 대해 걱정했다. 그는 "자신들의 최종 제품이 중국이나, 미국이 적국으로 지정한 다른 나라에 판매될 리 없다는 확신을 갖지 못하는 상황이라면 왜 일본이나 유럽 회사가 미국 반도체 설계를 사용할까"라고 물었다.

역사는 라인스의 편이었다. 미국 상무부 기술자문위원회의 위원장으로서 그는 냉전 시대 미국의 동맹국에 대한 판매를 제한한 1979년 〈수출관리법〉이 76%였던 미국 반도체 장비 기업들의 세계 시장 점유율을 10년간 45%로 낮추는 요인이 되었다는 사실을 떠올렸다. 매출의 대부분은 동맹국이지만 운영에 더 개방적이던 일본에 빼앗겼다. 미국은 예비 부품과 사용 설명서에 대해서조차 승인 요건을 부과했다.

미국 기업들도 다르지 않았다. 중국 시장은 무시하기에는 너무도 중요해졌기 때문이었다. 인텔은 중국 모바일 기기에서 자신들의 설계가 더 채택되도록 하기 위한 노력의 일환으로 칭화유니그룹의 자회사에 15억 달러를 투자했다. 이 그룹은 중국 굴지의 팹리스 설계 회사인 RDA와 스프레드트럼Spreadtrum을 계열사로 두고 있었다. 퀄컴은 같은 해 반도체 스타트업들을 지원하면서 SMIC와 28나노 및 14나노 공정기술을 함께 개발하기로 손을 잡았다.

———

이 긴장은 미-중 축을 넘어 다른 국가들에도 영향을 미쳤고, 양국 간 갈등을 빚었다. 일본은 더 이상 최고 수준의 칩 업체가 아니었지만 여전히 산업 공급망에서 중요한 역할을 담당하고 있었다. 일본은 2019년 7월 1일 반도체산업에 필수적인 세 가지 소재, 즉 식각 공정에 사용하는 가스인 불화수소와 회로 패턴을 웨이퍼 위에 옮기는 데 활용되는 포토레지스트, 스마트폰 디스플레이용 불화 폴리이미드의 한국 수출 특혜를 중단했다.

일본은 전 세계 불화폴리이미드와 포토레지스트의 약 90%를 생산한다고 알려졌다. 수출업체들은 출하를 원할 때마다 허가를 받아야 했고, 그 과정은 90일이 걸렸다. 한국의 반도체 업체들은 대체 공급처를 찾기 위해 동분서주해야 했고, 소재 소진이 며칠 앞으로 다가온 상황을 맞기도 했다.[35]

이 승강이는 일본제철에 강제 징용된 피해자들에게 보상하라고 명령한 한국 법원의 판결에서 비롯되었고, 더 거슬러 올라간 배경은 1945년 이전 일본의 한반도 식민 지배이다. 하지만 그에 대한 반응은 작정한 듯 당시 시류를 따랐고, 첨단 기술 생산을 마비 직전으로 몰고갔다. 이 사건은 한국에서 일본 소재에 대한 의존도를 낮추자는 노력을 촉발시켰고 더 넓게는 문화적으로도 영향을 미쳤다. 그해 여름 한국을 방문한 관광객들은 상점 창문에 붙은 '일본 제품 불매'라는 팻말을 보았다.

수십 년간 협력으로 발전해온 첨단 기술 세계는 분열되고 있었다. 균형 잡힌 분열은 아니었다. 양자택일에 처한 고객은 대부분 중국이라는 대안은 당분간 충분히 좋지 않음을 알았다.

3부

ARM
(2017~2021년)

12장

빅데이터 그리고
거인들과의 동행

■ 너무 많은 에너지

아일랜드 더블린 북서쪽에 있는 26만 제곱미터의 빈 땅이 아마
존의 가장 큰 데이터센터 부지로 정해지면서 논란이 일었다. 거대
인터넷 기업 아마존은 2017년 3월 제출한 계획에서 약 21만 제곱미
터 면적의 데이터센터를 짓겠다고 밝혔다. 이는 거친 럭비와 축구
국제 시합이 열리는 아비바 스타디움의 3배에 달하는 규모였다. 하
지만 이 계획은 개발이 환경에 미칠 영향을 우려하는 시위대에 의
해 차질이 빚어졌다. 2019년 가을에 드디어 시공업체 작업자들이
도착했을 때는 당초 계획보다 몇 달 뒤였다. 아마존은 이 부지 외에
다른 7곳에도 데이터센터를 지을 계획을 가지고 있다.

아마존은 더블린에 익숙한 기업이었다. 이미 근처에 한 곳의 데이터센터가 있었고 공항 근처에 한 곳 그리고 남쪽 탈라그에 세 곳을 추가로 준비하고 있었다. 아마존과 더블린은 좋은 관계를 이어왔다. 구글과 마이크로소프트, 페이스북 등 다른 빅테크들 역시 더블린 외곽에 데이터센터를 운영했다.

데이터센터는 시대의 징표였다. 모바일 혁명으로 인해 매일 수조 건의 작은 트랜잭션이 모바일로 오갔고 그 결과 생성된 데이터는 어딘가에 저장되어야 했다. 지속적으로 연결되는 핸드셋과 마찬가지로 데이터센터도 마이크로칩이 필요했다. 데이터센터 칩 시장은 인텔이 장악한 가운데 ARM이 탐내는 또 다른 영역이었다. 두 회사는 다시 한번 라이벌 구도를 형성할 태세였다.

데이터센터 내부에는 컴퓨터 서버가 줄지어 설치되어 있고, 서버들은 깜박이면서 부드럽게 웅웅거린다. 이 시설은 디지털 경제가 물리적으로 구현된 결과로서, 단말기들이 생성하는 방대한 정보를 저장한다. 여기에 컴퓨팅 '클라우드'가 있고, 은유 섞어 말하면 인터넷의 중추가 있어 단말기에서 버튼 하나만 누르면 이메일과 소셜미디어, 은행 거래, 금융 거래에 필요한 데이터를 원격으로 제공한다.

아일랜드는 오랫동안 많은 미국 기술기업에 편리한 유럽 거점을 제공해왔다. IBM의 40만 제곱미터 규모 캠퍼스는 1997년에 문을 열었고, 더블린의 대표적 기업 중 하나가 되었다. 아일랜드는 우수한 기술 기반과 공통 언어, 낮은 법인세율이라는 강력한 이점을 제공했다. 많은 기업이 업종을 제조에서 서비스로 전환하는 가운데 더블린은 주요 데이터센터 허브로서 감탄할 만한 성공을 거두었다. 다른 놀라운 측면은 거대한 데이터 헛간이 일으킨 폭풍이었다.

아마존의 새 데이터센터는 당시 건설되던 10곳 중 하나였다. 아마존은 이미 54곳의 데이터센터를 운영 중이었고, 추가로 약 31곳이 허가 절차를 밟을 예정이었다.[1] 아일랜드의 서늘한 기후는 방대한 컴퓨터 정보처리에서 발생하는 엄청난 열을 일부 식혀준다. 또 대서양 횡단 케이블과 더블린의 지하 광섬유 통신망을 갖춘 아일랜드는 미국과 유럽 대륙을 연결하기에 이상적인 위치에 있다. 아일랜드 산업개발청IDA의 최근 연구에 따르면 이 부문은 2010년 이후 이 나라 경제에 71억 유로를 기여했다.

그러나 이러한 투자와 그에 따른 소수의 일자리에는 대가가 따랐다. 데이터센터는 컴퓨터 서버를 가동하면서 열을 식히기 위해 지역 에너지 그리드에서 막대한 양의 전력을 빨아들였다. 지역 주민들은 정전을 걱정했고, 아일랜드의 기후변화 대응이 부진한 것은 데이터센터 탓이라고 비판했다. 아일랜드는 2020년 탄소 배출량 감축 목표를 달성하지 못해 EU 과징금을 물 위기에 처했다.

아일랜드 중앙통계청CSO의 분석에 따르면 이 나라 데이터센터의 전력 소비량은 2015년에서 2020년 사이에 144% 증가했다. 2020년 4분기 소비량은 849기가와트시에 달했다.[2]

엔지니어 앨런 데일리Allan Daly는 아마존의 확장에 반대하는 사람들 중 두드러진 활동가이다. 데일리는 데이터센터는 허가받기 전에 에너지 수요에 대한 추가 평가를 받아야 한다고 주장했다. 데일리의 활약으로 이미 애플의 데이터센터 신설이 발목을 잡힌 바 있다.

애플은 2015년 2월 유럽에 처음으로 데이터센터를 두 곳 건설하겠다는 계획을 발표했다. 둘 중 하나의 입지는 걸웨이 카운티의 작은 마을 아텐리에 있는 숲속으로 정했는데, 데일리가 그곳에 살고 있었다. 계획은 그해 9월에 승인되었지만 프로젝트는 반발과 항의로 수렁에 빠졌다.

교착 상태는 결국 풀렸고, 레오 바라드카 아일랜드 총리는 2017년 11월 캘리포니아 쿠퍼티노의 애플 본사를 방문해 팀 쿡 최고경영자를 만난 후 "우리는 데이터센터 건립이 원활하게 진행되도록 하기 위해 힘닿는 모든 일을 하겠다"는 의지를 표명했다.[3] 그러나 애플이 흥미를 잃었고, 2019년 10월 애플은 아텐리 부지를 매각할 것이라고 시사했다.

더블린 북서부에서 정전이 발생했을 무렵, 아일랜드 국영 전력회사 얼그리드EirGrid는 정신이 바짝 들게 하는 예측을 내놓았다. 향후 10년간 아일랜드의 총 전력 수요는 25~47% 증가할 것이며, 이는 대부분 데이터센터를 비롯한 새로운 대규모 사용자에 의해 주도될 것이라는 내용이었다. 얼그리드는 2028년까지 데이터센터와 기타 대규모 에너지 사용자가 전체 전력 수요의 약 29%를 차지하리라고 예상했다.[4]

이는 아일랜드만의 일이 아니었다. 2019년 동남아시아의 데이터 허브로 자리 잡은 싱가포르는 신규 데이터센터 건설 승인을 중지했다. 네덜란드도 건설 승인을 내주지 않다가 승인 기준을 정한 뒤 이 조치를 해제했다. 암스테르담 대도시 지역은 신규 개발에 대해 전력 예산 및 효율성 목표를 도입했다. 승인을 받으려면 신규 시설마다 1.2의 전력 사용 효율성PUE 비율이 필요했다. 이 비율은 데이터센터에 사용되는 전력량을 데이터센터에 포함된 컴퓨팅 장비를 실행하는 데 사용되는 전력량으로 나눈 값이다.

다른 분야에서 과거에 이미 비슷한 문제가 있었다. 전력 효율이 뛰어난 칩으로 배터리 크기를 줄여 가벼운 핸드셋을 출시함으로써 휴대전화의 혁신을 이룬 지 20년이 지났다. 이제 ARM의 설계는 수년간의 노력 끝에 새로운 기회에 다가서고 있었다.

데이터센터 운영자는 지구를 위한다는 약속을 내놓을 수 있었다. 건물을 수직형으로 짓고 폐열을 재활용하며 자체 재생에너지 설비를 설치해 전력망을 보완한다는 등이었다. 하지만 불변의 사실은 데이터 사용량이 증가하고 있다는 것이었다. 거대 인터넷 기업은 이웃의 천덕꾸러기가 되지 않으려면 에너지 소비를 통제하기 위해 가능한 모든 일을 해야 했다.

■ 아마존, ARM을 선택하다

2019년 12월 3일 쌀쌀한 아침, 앤디 재시Andy Jassy가 라스베이거스 베네치아 엑스포 센터 무대에 올랐다. 리인벤트re:Invent 컨퍼런스의 둘째 날이었고, 6만 5,000명의 엔지니어가 추수감사절 휴가를 반납하고 참석했다.

하버드 비즈니스스쿨 출신인 재시는 1997년, 아마존이 상장하기 몇 주 전 입사했고, 창업자 제프 베조스의 기술 자문으로 일했다. 그는 아마존이 서적 판매에 머물지 않고 사업을 다각화하도록 하는 데 핵심 역할을 담당했다. 레이저처럼 날카로운 베조스가 얼마나 까다로운지 일찌감치 알게 된 그는 "일을 시작하기 전에는 내가 기준이 매우 높다고 생각했습니다"라고 한 인터뷰에서 말했다. "그리고 나서 … 내 기준이 충분히 높지 않다는 사실을 깨달았습니다."[5]

과거에 아마존은 내부 IT 프로젝트가 결실을 맺기까지 너무 오랜 시간이 걸리는 문제에 시달렸다. 그래서 회사 업무 전반에서 공유할 수 있는 공통 컴퓨팅 플랫폼을 개발했다. 재시는 이 노하우를 외부 시장에 제공할 수 있다는 사실에 착안해 2003년 57명으로 팀을 꾸려 개발에 착수했다.

아마존은 2006년부터 이 서비스를 제공한다. 즉, 데이터 스토리지를 포함한 컴퓨팅 서비스를 고객들에게 임대하기 시작한다. 이 서비스는 자체 하드웨어에 투자하는 데 드는 비용과 번거로움이 적고 수요에 따라 사용량을 늘리거나 줄일 수 있는 유연성이 있다는 점에서 호응을 받았다.

이른바 클라우드 컴퓨팅이 부상하고 있었지만 오랫동안 아마존웹서비스AWS는 그 리더처럼 겸손했다. 치킨 윙을 즐겨 먹는 재시는 자신이 직접 만든 '행운의 수레바퀴'를 돌려 아이디어를 발표할 사람을 선정했다. 산적한 회의 안건을 처리하는 그만의 방식이었다.

그는 2016년에 AWS의 최고경영자로 임명되었다. 이제 AWS는 무시하기에는 너무 커졌다. AWS는 2019년에 350억 달러의 매출을 올리며 전년 대비 37% 성장률을 기록했는데, 이는 아마존 제국 전체 성장률의 거의 두 배 수준이었다. 매출은 불과 6년 만에 10배로 불어났다. 영업이익 92억 달러를 기록하며 해당 기간 그룹 전체 영업이익의 거의 3분의 2를 기여했다.[6]

AWS는 아마존 내부에서만 커진 것이 아니었다. 이 회사는 컴퓨팅 클라우드 시장 중 45%를 점유했는데, 가장 가까운 경쟁사인 마이크로소프트 플랫폼의 점유율은 17%라고 시장조사회사 가트너

는 집계했다.[7] 고객은 모든 분야에 걸쳐 있었고, 대표적인 고객으로
는 지멘스와 할리버튼Halliburton, 골드만삭스, 화이자, 애플, CIA 등
이 있었다.

─────────

이처럼 데이터센터에 대한 시장의 관심이 커지면서 재시도 당
연히 주목받게 되었다. 2019년 리인벤트 행사에서 재시는 거의 3시
간 동안 무대를 누볐다. 나이트클럽에나 어울릴 법한 짙은 색 정장
에 파란색 셔츠, 흰색 테두리의 구두 차림이었다. 리인벤트 컨퍼런
스는 AWS 고객과 파트너에게 앞으로의 기술 방향을 제시하기 위
해 2012년에 시작되었다. 많은 사람들에게 세션의 하이라이트는 새
마이크로칩 공개였다.

1년 전에 발표된 ARM 기반 그래비턴Graviton 칩 1세대는 AWS
최초의 맞춤형 프로세서로 '인스턴스instances'를 구동했다. 인스턴스
란 업계 전문 용어로 클라우드에서 고객을 위해 워크로드를 실행하
는 가상 서버를 가리킨다. 이 칩은 영역에 따라 최대 45%의 비용 절
감을 약속했다. 초기 고객으로는 족보 웹사이트인 앤세스트리닷컴
과 한국의 LG전자 등이 있었다. 시만텍과 레드햇 같은 IT 파트너들
은 이 칩과 연동되는 서비스를 개발하기 시작했다.

AWS는 여기에 안주하지 않았다. 실제로 그래비턴의 첫 번째
버전을 구축하는 동안에도 두 번째 버전을 개발하고 있었다. 많은
사람들의 환호와 박수 속에 재시는 그래비턴2의 세부 사양을 공개
했다. 기존 제품에 비해 처리 능력을 나타내는 컴퓨팅 코어가 4배
더 많았고, 메모리는 5배 더 빨랐으며, 성능은 7배 더 강했다. 가장
중요한 것은 그래비턴2의 가격 대비 성능이 인텔의 최신 세대 x86

프로세서보다 40% 더 뛰어나다는 사실이라고 그는 덧붙였다. 다음 항목으로 넘어가기 전에 재시는 잠시 뜸을 들인 뒤 외쳤다. "생각해보면 믿을 수 없는 일입니다."[8]

25년의 역사 동안 아마존은 서적부터 의류, 식료품에 이르기까지 '모든 것을 파는 상점'이 되었다. 자체 영화를 제작했고, 킨들을 비롯한 전자기기를 만들었으며, 데이터센터에 이어 이제는 마이크로칩을 만드는 등 새로운 시장으로 두려움 없이 뛰어들었다.

최근의 사업 다각화는 더 광범위한 추세의 일부였다. 세계 최대 기술기업들은 컴퓨팅 파워와 성능이 비즈니스의 큰 차별화 요소가 되었음을 인식했다. 미국과 중국 간의 정치적 갈등과 마찬가지로, 다른 기업에 대한 의존도를 낮추고 주도적인 위치를 선점하고자 했다.

현금이 풍부하고 칩 구매량이 엄청났던 아마존은 자신들의 필요에 맞는 자체 칩을 개발함으로써 구매 비용을 절감하고 나머지 업체들에 도전장을 던질 수 있었다. 아마존과 함께 애플, 구글, 페이스북도 자신들의 이름을 알리는 개발에 뛰어들었다. 이들은 소비자 주도형 거대 인터넷 플랫폼으로서 오래 전에 소프트웨어와 소셜미디어를 통해 실리콘밸리의 초기 리더 기업들을 압도한 터였다. 마이크로칩은 마이크로칩 업계에만 맡겨두기에는 너무 중요해진 시대, '맞춤형custom' 실리콘의 시대가 되었다.

맞춤형 칩은 새로운 것이 아니라 산업의 초기에도 있었다. 그러나 인텔이 1971년 다양한 작업을 처리하도록 프로그래밍할 수 있는 4004를 내놓으면서 범용 칩이 맞춤형 칩을 몰아냈다.

하지만 기술은 계속 발전했고 거대 기술기업들은 자신들만의 칩 제작을 매우 가치 있게 만들 수 있는 충분한 규모를 갖추었다. 아마존은 2015년 1월 이스라엘의 칩 설계 업체 안나푸르나 랩스를 약 3억 7,000만 달러에 인수했다. 이 거대 인터넷 기업에게는 크지 않은 금액이었지만, 의지를 나타내기에는 충분했다. 안나푸르나는 4년 전에 아비그도르 윌렌즈Avigdor Willenz가 설립한 회사였다. 한편 그는 앞서 다른 칩 설계업체인 갈릴레오 테크놀로지를 세워 경영하다 2001년 마벨에 약 30억 달러를 받고 매각한 바 있다.

재시는 이 계약이 AWS에게 '큰 전환점'이라고 말했다. 아마존은 앞서 안나푸르나와 협력해 인스턴스 구축의 기반 기술인 AWS 니트로 시스템의 첫 번째 버전을 개발했었다. 그러면서 자체 칩을 제작할 수 있는 내부 역량을 갖추게 되었다.

이는 인텔에게는 나쁜 소식이었는데, 인텔은 PC 시장의 지배력을 서버로 이전하는 데 성공했고(서버 시장에서 AMD와 전투를 재개했다), AWS는 초창기부터 인텔에 의존해왔기 때문이다. 재시는 인텔은 여전히 "매우 긴밀한 파트너"로 남아있고 AWS는 인텔의 강력한 라이벌인 AMD로부터도 서버를 공급받고 있지만, "가격 대비 성능의 한계를 뛰어넘으려면 우리 스스로 혁신해야 한다는 것을 의미했다"고 말했다.[9]

———

이 거래는 안나푸르나 칩의 설계 기반을 제공한 ARM에게는 훨씬 더 좋은 소식이었다. ARM은 2008년에 이미 서버 시장을 타깃으로 삼았고, 2011년에 최초로 내놓은 64비트 아키텍처의 여덟째 버전이 길을 개척할 것임을 알고 있었다. ARM은 엄청난 성장을 예측했고, 에너지 소비에 대한 환경적 우려와 자신들의 강점인 저전력이 발전을 촉진하리라고 기대했다. 휴대폰에 적용된 장점, 즉 배터리가 일찍 소진되거나 과열되지 않도록 하는 장점은 전기를 잡아먹는 서버에는 더 도움이 된다고 봤다.

ARM은 2015년 연례 사업보고서에서 페이팔PayPal이 ARM의 서버 칩 설계를 사용하여 만든 사기 탐지 시스템을 예로 들었다. 구매 비용은 절반에 불과했고 운영 비용은 7분의 1, 크기는 기존 데이터센터 키트의 10분의 1이었다.[10]

이런 장점에도 불구하고 일련의 시도는 난관에 부딪혔다. 신생 칩 제조업체 칼세다Calxeda는 2011년에 이미 ARM 서버 칩 설계를 사용하기 위한 프로젝트에 HP와 함께 참여했지만 폐업했다. AMD는 10년 전 옵테론 칩으로 서버 시장에서 거둔 성공을 재현하기 위해 ARM을 사용하려고 했으나, 이 시도는 단명에 그쳤다. 브로드컴은 네트워킹과 스토리지, 보안 애플리케이션을 위한 ARM 중심의 벌컨Vulcan 프로그램을 진행했으나, 2016년 호크 탄의 아바고 테크놀로지에 인수되면서 이 사업을 중단했다. 그리고 퀄컴은 2018년에 ARM 기반 서버 칩을 생산하던 센트리크Centriq 사업부를 갑자기 폐쇄했다. 이처럼 서버 시장에서 인텔의 독주를 깨기 위한 업계 전반의 시도는 실패했다.

2015년에 ARM은 2020년까지 서버 시장의 25%를 차지하겠다는 원대한 목표를 자신만만하게 선언했었지만 물러나야했다. 2018년 ARM은 그 목표 달성을 2028년으로 미루었는데, 당시 점유율은 4%에 불과했다. 돌파구를 찾거나 접을 때였다.

절박했던 ARM은 시장에 뛰어들면서 소중한 독립성을 훼손할 위험까지 감수했다. 칼세다를 비롯해 ARM의 명령어 세트를 기반으로 서버 칩을 개발하는 여러 회사에 투자했다. 안나푸르나도 그 중 하나였는데, ARM의 베테랑 튜더 브라운이 자문위원으로 이 회사를 도왔다. ARM은 또한 카비움Cavium을 인수한 마벨과 '전략적 파트너십'을 체결했는데, 카비움은 브로드컴의 벌컨 프로젝트에서 청사진을 얻어 작업을 추진하고 있었다.

큰 가능성을 보여준 또 다른 투자는 암페어Ampere 컴퓨팅이었는데, 인텔의 폴 오텔리니 최고경영자 밑에서 수년간 일한 제임스 르네James Renee의 스타트업이었다. 이 회사의 일부 지분은 사모펀드 그룹 칼라일이 보유했고, 고객사 중에는 마이크로소프트와 틱톡의 중국 모회사 바이트댄스가 있었다. 암페어 컴퓨팅은 어플라이드 마이크로의 X-진X-Gene 프로세서 프로젝트를 인수해 2011년부터 개발했으며, 2022년 4월 기업공개를 신청했다. ARM은 이들 투자가 성과를 거둘 경우 더 많은 소프트웨어 개발자가 ARM의 서버 설계 작업을 할 테고, 이는 전체 '생태계'에 도움이 될 것이라고 주장했다.

아마존은 항상 대안을 열어두고 있었지만, 그래비톤2의 출시에 보인 열정은 AWS가 ARM을 지지하고 있음을 드러냈다. 이러한 신뢰의 표시는 20년 전 노키아가 TI의 ARM 기반 칩을 선택한 것과 비슷했다.

시장 규모는 더 작을지 몰라도 ARM은 라이선스 대가와 로열티를 더 받을 수 있었다. 수년간의 부푼 기대 끝에 ARM은 나머지 업계가 마침내 자세를 고쳐 앉고 주목하기를 바랐다. 친환경 인증도 도움이 될 수 있다. AWS는 그래비톤2가 다른 프로세서에 비해 사용 와트당 최대 3.5배 더 나은 성능을 제공한다고 주장했다.[11]

애플이 주도권을 잡다

맞춤형 실리콘을 향한 애플의 여정은 아마존보다 몇 년 전에 시작되었다. 애플은 2008년 4월 23일, 약 150명의 칩 엔지니어를 보유한 유망 기업 PA 세미PA Semi를 2억 7,800만 달러에 인수했다. 원래 회사명이 팔로알토 세미컨덕터였던 이 회사는 5년 전 댄 도버펄Dan Dobberpuhl이 설립했다. 도버펄은 겸손했는데, 이 태도는 그가 업계에서 인정받은 슈퍼스타의 위상을 가리는 유일한 요소였다.

앞서 도버펄은 DEC에서 VAX 미니컴퓨터를 구동한 칩의 설계를 이끌었고, 이후 1990년대 초에 출시된 알파 및 스트롱ARM 마이크로프로세서를 설계했다. 1997년 인텔이 스트롱ARM을 인수했을 때 회사를 떠났고, 이후 실리콘바이트SiByte가 그의 백과사전적인 지식을 활용하게 되었다. 이 회사는 고성능 네트워킹을 위한 64비트 프로세서를 설계했는데, 이후 브로드컴에 인수되었다. 이제 도버펄은 애플로부터 인수 제안을 받았고, 짧은 구애 기간의 한때를 스티브 잡스의 집에서 보내기도 했다.[12]

두 회사는 이미 서로를 잘 알고 있었다. 애플이 맥의 프로세서를 인텔 칩으로 전환했을 때, 애플 엔지니어들은 저전력 칩이 대안이 될 수 있는지 확인하기 위해 오랫동안 PA세미와 협력해왔다는 추측이 있었다.

의심할 여지없이, PA 세미는 애플에 중요한 결정이었다. 실리콘 자급으로의 길을 열고, 이를 통해 주도 업체 인텔과 퀄컴에 맞서는 교두보를 확보하려는 움직임이었다. 당시에는 분명하지 않았던 측면은 이것이 곧 스마트폰에서 경쟁자가 될 삼성전자와 칩에서 거리를 두는 첫걸음이었다는 점이었다.

당시 ARM의 최고 경영자 워런 이스트는 "우리는 그 팀과 역사적인 관계를 맺고 있으며, 그곳의 일부 전문가들은 ARM 구현을 위해 경험을 쌓아온 전문가들"이라고 말했다. 애플의 PA 세미 인수가 관심을 촉발한 지 일주일 뒤, ARM의 분기 실적 발표 전화회의에서 받은 질문에 답하면서였다. 그는 "ARM의 전문성이 애플과 같은 회사에 조금 더 유입된다면 나쁘지 않은 일이라고 생각한다"고 덧붙였다.

"하지만 그들이 무엇을 하려고 하는지에 대해서는 언급할 수 없습니다. 그에 대해서는 애플과 얘기해보세요. 우리와는 아무 관련이 없으니까요."[13] PA 세미와 계약을 체결하기 2주 전, 애플은 이스트에게 전화를 걸어 ARM 아키텍처 라이선스를 요청했다.

———

"소프트웨어에 대해 정말 진지하게 생각하는 사람이라면 하드웨어를 직접 만들어야 한다." 제록스의 베테랑으로 다이너북이라는 개념을 제시한 앨런 케이가 한 말이다. 잡스는 2007년 아이폰을 발표하면서 이 말을 언급했다. 무대에 서서 쏟아지는 갈채를 받은 그는 아이폰이 훌륭하지만, 인텔 칩이 목적에 맞았더라면 또는 원래 DVD 플레이어용으로 설계된 칩을 삼성전자의 도움을 받아 대충 꿰맞추지 않았더라면 가능했을 수준에는 아이폰이 도달하지 못했음도 알고 있었다.

잡스는 항상 디자인 미학에 매료되어 있었다. 2005년 스탠퍼드대학교 졸업식 연설에서 자신이 들은 캘리그래피 수업에서 얻은 영감이 원천이 된 애플 컴퓨터의 '멋진 타이포그래피'에 대해 열정적으로 말했다. 잡스는 고객 경험customer experience을 최우선에 둔 뒤 그것을 구현하는 데 필요한 기술을 역으로 생각했다.

고객은 기기 안에서 무슨 일이 일어나는지 걱정하지 않는 편이 더 좋다는 것이 애플의 생각이었다. 매킨토시는 '닫힌 상자'로 판매되었고 케이스를 열려면 특별한 도구가 필요했으며, 소비자가 직접 열 경우 제품 보증이 무효로 되었다. 애플 최고경영자로 활동한 존 스컬리는 회고록에서 "스티브는 컴퓨터산업에서 하드웨어가 아닌 소프트웨어가 더 중요해질 것이라고 믿었기 때문에 이러한 제한을 고집했다"고 전했다.[14] 아이폰도 마찬가지로 열기가 어려웠고, 초기 이후 버전에는 변조방지 나사를 활용했다. 이 모든 것이 애플 마법의 일부였다. 하지만 잡스가 사소한 디테일에 집착한 것은 고객이 그럴 필요가 없도록 하기 위함이었다는 점은 분명했다.

칩에 대해 더 많은 통제권을 갖기로 한 결정은 아이폰에서의 타협에 대한 반성에서 촉발되었을 수 있다. 또는 아이패드에 인텔의 아톰 칩을 사용하는 것을 둘러싼 갈등에서 비롯되었을지도 모른다. 혹은 모바일 기기 업체는 PC 업체의 전철을 밟지 않아야 한다는 경각심이 동기였을 수도 있다. PC 업체들은 칩 공급업체, 특히 업계 수익의 대부분을 차지하는 인텔의 손아귀에서 고통을 겪었다.

아니면 애플이 이번에는 독자적으로 다시 시도하고 싶었을 수도 있다. 앞서 맥용 칩을 생산하기 위해 애플이 IBM 및 모토롤라와 맺은 동맹인 파워PC는 시작은 좋았지만 충분한 진척을 이루지 못한 채 해체되었다. 잡스는 2005년 맥의 인텔 전환을 발표하면서 "우리가 여러분을 위해 만들고 싶은 놀라운 제품을 구상할 수는 있지만, 미래의 파워PC 로드맵으로는 어떻게 만들어야 할지 모르겠다"

고 솔직하게 말했다.[15]

─────

이제 애플은 밀어붙일 자금을 더 많이 보유했다. 2007년 9월 마감한 회계연도의 재무제표에 따르면 154억 달러의 현금과 현금 등가물, 단기투자금이 있었다. 또한 애플은 아마존이 서버 분야에서 그랬던 것처럼 막대한 칩 소비자였다. 대표적으로 최근 한 해 동안 5,200만 대의 아이팟을 판매했다. 이런 규모는 선순환 구조를 만들 수 있는 기회를 제공했다. 애플 기기에 대한 수요가 계속 유지된다면 개발 비용을 대규모 생산에 분산할 수 있었다. 또한 소프트웨어의 성능이 향상될수록 필요한 프로세서 클록 주기가 줄어들고 전력 소비량도 감소했다.

"스티브는 애플이 진정으로 독특하고 독창적인 제품을 제공하는 유일한 방법은 실리콘을 직접 소유하는 것이라는 결론을 내렸다"고 조니 스루지Johny Srouji는 2016년 인터뷰에서 말했다.[16]

스루지는 이 사안을 정말 잘 알고 있었는데, 이 모든 노력을 주도하기 위해 고용되었기 때문이다. 이스라엘 출신인 이 건장한 체격의 마이크로칩 엔지니어는 2008년 3월 핸드헬드 칩 및 초대형집적회로VLSI 부문 선임 디렉터로 애플에 입사했다. 애플이 PA 세미를 인수하기 몇 주 전이었다. 북부 항구 도시 하이파에서 태어난 스루지는 이스라엘을 마이크로칩 인재를 양성하는 온상으로 만드는 데 크게 기여한 교육기관인 테크니온 이스라엘 공과대학에서 공부했다. 그는 컴퓨터과학 전공으로 학부에 이어 석사 학위를 마쳤고, 1993년 IBM에 입사한 후 인텔로 이직했다. 인텔에서는 반도체 설계가 얼마나 잘 작동하는지 테스트하는 방법을 연구했다.

애플에서 그의 첫 번째 결실은 A4 칩이었다. 이 칩은 2010년 1월 27일 애플의 새로운 기기인 아이패드 출시와 함께 발표되었다. 애플이 ARM 아키텍처 라이선스를 받아 자체 설계한 최초의 칩이었다.

애플은 A4가 "뛰어난 프로세서 및 그래픽 성능과 최장 10시간의 긴 배터리 수명'을 제공한다"고 밝혔다. 하지만 출시 당일에는 거의 주목받지 못했다.[17] 애플의 임원 밥 맨스필드Bob Mansfield는 홍보 동영상 중 하나에서 아이패드의 반응성은 "이 제품을 위해 우리가 설계한 맞춤형 실리콘 덕분"이라고 말했다. 그는 A4 칩은 "다른 방법으로는 달성할 수 없는 수준의 성능"을 제공한다고 덧붙였다.[18] A4 칩은 그해 6월에 다시 등장해 새로운 아이폰4를 구동했다(아이폰 3 까지는 ARM 기반 삼성 엑시노스가 탑재되었다―옮긴이).

애플의 자체 칩 개발 노력은 2013년 아이폰5s 모델에 탑재된 A7 칩에서는 더 주목받았다. A7은 64비트 코어를 탑재한 최초의 스마트폰 칩이었다. A7은 애플페이와 터치ID를 비롯해 더 많은 기능을 가능하게 했다. 이로써 여전히 32비트 코어를 사용하던 경쟁사들과 애플 사이에는 현격한 격차가 벌어지게 되었다.

───────

이 무렵에는 칩 설계 부서가 성장했다. PA 세미를 인수한 뒤 애플은 2010년 텍사스 오스틴에 본사를 둔 ARM 설계 전문업체 인트린시티Intrinsity를 1억 2,100만 달러에 인수했다. A4 칩이 서둘러 공급되도록 하기 위해 인트린시티는 칩의 두뇌에 해당하는 CPU 코어를 제공할 것으로 추정되었다. 앞서 인트린시티는 애플의 칩 파트너 삼성전자와 계약하고 ARM 기반 프로세서 허밍버드를 설계한 바 있다. 애널리스트들은 허밍버드의 한 버전이 A4가 되었다고 추측했다. 기술적으로 A4는 애플이 설계한 칩인데, 왜냐하면 애플이 삼성전자에 '넷리스트 파일'을 제공했다고 여겨졌기 때문이다. 넷리스트란 칩 설계에서 회로와 회로 간 연결에 대한 설명 등 설계 전체 정보를 뜻한다.

애플은 통제권을 더 강화하려고 했는데, 프로세서와 운영체제를 긴밀하게 통합함으로써 구글의 안드로이드 운영체제에 비해 우위를 점할 수 있었기 때문이었다.

이는 그래픽 디자인 시스템GDS의 소유를 의미했다. 이 시스템은 제조업체에 전송되는, 칩의 세부 정보가 포함된 파일을 가리킨다. 삼성전자가 다른 고객보다 애플을 우선시해 가장 작고 강력한 칩을 생산하는 최신의 공정을 제공한다는 사실은 중요하지 않았다. 2012년에 출시된 A6 칩의 경우, 애플은 설계만 담당했고 삼성전자의 역할은 생산으로 제한되었다. 그리고 삼성전자가 애플의 칩을 향후에도 오랫동안 만들지는 못하리라는 추측이 돌았다.

———

2011년에 시작된 블록버스터 소송은 두 회사 간 긴장이 표출된 결과였다. 한편 삼성전자에서 스마트폰 사업부와 마이크로칩을 비롯한 부품을 만드는 사업부는 가까이 있었지만 항상 잘 지내지는 못했다.

애플이 삼성전자에 타격을 입히고 싶었다면 전년도에 삼성전자에서 조달한 57억 달러 상당의 아이폰용 플래시 스토리지 칩과 RAM, 마이크로프로세서를 다른 곳에서 공급받는 조치로 시작할 수 있었다. 디스플레이 패널을 포함하면 이 규모는 2011년에는

78억 달러로 증가하리라고 예상되었다.

　그러나 칩 전투는 간단하지 않았다. 소니에 이어 삼성의 둘째로 큰 고객사였던 애플은 필요한 품질과 물량을 충족할 수 있는 즉각적인 대체 공급업체가 없다는 상황을 잘 알고 있었다. 또한 이 소송에는 돈 문제만 걸려 있지 않았다. 두 회사 모두 모바일 혁명을 통해 수십억 달러를 벌어들였고 앞으로도 계속 그럴 가능성이 높았기 때문이었다. 이 소송은 잡스가 안드로이드 단말기 제조업체, 나아가 구글을 상대로 벌인 '핵전쟁'의 연장선상에 있었다. 애플은 1년 전 대만의 HTC가 아이폰 특허를 침해했다고 제소하며 폭탄을 터뜨린 바 있다.[19]

　삼성전자는 아이폰 출시로 다른 휴대폰 업체들이 초토화되었을 때 살아남은 몇 안되는 휴대폰 업체 중 하나였다. 2009년 6월 갤럭시 스마트폰을 선보인 뒤, 2010년 9월에는 175밀리미터 태블릿 컴퓨터인 갤럭시 탭을 공개했는데 이는 애플의 아이패드가 발표된 지 8개월 만이었다.

　애플은 삼성전자가 자사 기기를 '노예처럼' 베꼈다고 비난했다. 이 소송에는 아이폰·아이패드의 직사각형 디자인 및 제스처를 사용한 터치스크린 조작과 관련된 10가지 특허 침해 혐의가 포함되었다. 삼성전자는 자신들의 특허도 침해당했다고 주장하며 맞소송을 걸었다.

　법적 공방은 장기화되었고 전 세계 법정에서 진행되었다. 2015년 12월, 삼성전자는 애플에 5억 4,800만 달러를 지불하기로 합의했지만 판결의 다른 부분에 대해서는 항소했다. 두 회사의 파트너십은 점점 더 멀어지고 있었다.

그러는 동안 TSMC는 2014년 애플에 처음으로 파운드리 서비스를 제공했다. 앞서 2010년 모리스 창과 애플의 최고운영책임자 제프 윌리엄스가 저녁식사를 하면서 맺은 관계가 발전한 결과였다.

애플과 삼성전자는 2018년 6월 27일 법정 밖에서 합의했다. 일련의 판결 중 약 한 달 전에 나온, 미국 캘리포니아 북부지방법원의 배심원단이 삼성전자에 5억 3,900만 달러를 지급하라는 평결 이후였다.

소송에도 불구하고 두 회사는 번창했다. 삼성전자는 애플의 일부 사업을 잃었지만 2017년 처음으로 인텔을 제치고 세계 최대의 반도체 회사로 등극했다. 반도체 매출 700억 달러로 인텔의 630억 달러를 넘어선 것이다. 다시 한번 업계의 지각변동이 일어났다.

———

2018년 10월 11일, 애플은 다시 쇼핑에 나섰다. 라이선스 계약이라는 이 거래를 통해 영국에 본사를 둔 다이얼로그Dialog 세미컨덕터에 6억 달러를 지급했다. 애플은 앞서 10년간 아이폰에 사용된 전력관리 칩을 이 회사로부터 공급받아왔다. 금액의 절반은 특허와 다이얼로그의 여러 사무실 및 약 300명으로 구성된 엔지니어 팀을 넘겨받는 대가였다. 엔지니어들 대부분은 이미 애플의 칩을 개발한 경험이 있었다. 나머지 절반은 3년간 공급하는 칩에 대한 선불금이었다.

A4 칩 이후 10년 동안 애플은 본격적인 '팹리스' 반도체 업체가 되었고, 카메라와 AI, 와치, TV, 헤드폰용 칩을 자체 생산했다. 컨설팅회사 맥킨지의 2019년 보고서에 따르면 애플은 브로드컴과 퀄컴에 이은 세계 3위 팹리스 업체였다. 맥킨지는 애플이 칩을 판매

할 경우 연간 매출이 최대 200억 달러에 이르고 반도체 사업의 가치는 최대 800억 달러에 달할 것으로 예상했다.[20]

스루지는 2020년 12월 직원들에게 애플이 애플 기기를 인터넷에 연결하는 칩인 셀룰러 모뎀도 자체 개발하고 있다고 말했고, 이로 인해 퀄컴 주가가 하락했다. 스루지는 이러한 움직임을 "또 다른 핵심적인 전략적 전환"이라며 "미래를 위한 풍부한 혁신 기술 파이프라인을 확실히 확보하려는 움직임"이라고 설명했다.[21]

이 움직임을 주목할 이유가 있었다. 5G 아이폰은 퀄컴 부품을 사용했고 애플은 과거 통신 모뎀을 이 칩 대기업에 의존했지만, 양사의 관계는 점점 악화되었다. 2017년 애플은 퀄컴이 바가지를 씌웠다며 고소했고, 퀄컴은 애플이 대금을 지불하지 않았고 일부 특허를 침해했다며 맞소송을 제기했다. 한때 애플은 모뎀 칩 공급업체를 인텔로 전환하기도 했다.

2019년 4월 평화가 찾아왔다. 애플은 특허 침해에 대해 퀄컴에 45억 달러를 지불하기로 합의했고, 양사는 라이선스 계약을 체결했다. 3개월 후, 애플은 앞으로 같은 상황에 처하지 않을 것임을 보여주었다. 칩질라가 스마트폰 모뎀 사업부를 포기하자, 10억 달러에 그 사업부를 인수했다. 이 거래를 통해 애플은 1만 7,000건 이상의 무선기술 특허를, 셀룰러 표준 프로토콜부터 모뎀 아키텍처 및 작동에 이르기까지 보유하게 되었다.

2021년 3월, 애플이 독일 뮌헨에 10억 유로를 투자한다는 소식이 전해졌다. 연결성과 무선기술에 초점을 맞춘 실리콘 디자인 센터에 부분적으로 자금을 제공한다는 내용이었다. 이는 애플이 앞서 인텔과 삼성전자에 대해 그런 것처럼 퀄컴으로부터도 벗어나려고 함을 보여주는 추가 증거였다. 애플을 잘 아는 사람들은 스루지 밑에 최소 4,000명의 엔지니어가 일했다고 추정했다. 스루지는 2015년 말 팀 쿡의 경영진으로 승진했고, 막대한 스톡옵션을 받았다. 애플은 퀄컴과 브로드컴의 본사 근처에 위성 엔지니어링 사무실을 차려놓고 엔지니어들을 자유롭게 고용했다.

애널리스트들은 애플이 2023년에 자체 설계한 모뎀을 공개하고, 그럼으로써 아이폰의 내부를 완전히 통제할 수 있게 되리라고 예상한다. 아이폰의 칩은 이제 5나노미터 공정기술로 만들어진다. 이미 중요한 요소가 된 연결 속도는, 실제 소리와 이미지 속에서 작동하는 증강현실AR 애플리케이션이 늘어나면서 더욱 중요해졌다. 이러한 추세와 무선 칩의 복잡성 때문에 무선 칩 비용은 프로세서에 가까운 정도로 증가했다. 구성요소들 전부를 내부에서 조달함으로써 애플은 비용을 절감할 뿐 아니라 효율을 향상시킬 수 있다고 기대했다. 성능 향상은 10%, 배터리 사용시간 연장은 15%를 예상했다.

엄청난 비용이 드는 사업이지만, 애플의 현금과 현금성 자산은 2021년 9월 마감한 회계연도 말 기준으로 할 때 1,726억 달러로 늘어났다. 국가들은 실리콘 자급자족을 감당할 수 없었을지 모르지만, 세계 최대 기업들은 이를 시도하고 있었다.

———

맞춤형 실리콘에 대한 막대한 투자는 애플과 아마존에 국한된 움직임이 아니었다. 구글은 픽셀6 스마트폰을 자체 개발해 삼성전자에서 생산한 텐서라는 이름의 칩으로 구동시켰다. 구글 실리콘의 수석 디렉터 모니카 굽타Monika Gupta는 2021년 10월 19일 블로그게시물에서 익숙한 주제에 따라 새로운 기능을 설명했다. 굽타는 구글 텐서가 "이전 픽셀 폰에 비해 전력 소비는 적으면서도 더 진보된 최첨단 머신러닝 모델을 실행할 수 있다"고 썼다.[22] 그는 녹음기와 같이 장시간 실행되는 애플리케이션에서 배터리를 빨리 소모하지 않고 자동 음성인식을 사용하는 예를 들었다.

중국 스마트폰 제조업체 화웨이는 오랫동안 자회사인 하이실리콘이 만든 자체 기린 칩을 사용했다. 중국의 다른 거대 전자상거래 업체 알리바바는 2018년에 설립한 전액 출자 사업부인 T-헤드 세미컨덕터에서 자체 서버 칩을 개발했다. 페이스북을 소유한 회사 메타도 비슷한 작업을 하고 있다고 알려졌다.

2019년에는 테슬라가 이 경쟁에 뛰어들어 자사 전기차의 자율주행 소프트웨어를 실행하는 맞춤형 칩을 선보였다. 출시 프레젠테이션에서 테슬라 창업자 일런 머스크는 "칩을 설계해본 적도 없는 테슬라가 어떻게 세계 최고의 칩을 설계할 수 있을까요?"라고 물었다. 이어 자답했다. "하지만 객관적으로 그렇게 되었습니다. 근소한 차이의 최고가 아니라 엄청난 차이의 최고입니다!"[23]

카운터포인트 리서치에 따르면 2021년에 다시 한번 세계 최대 반도체 기업이 된 삼성전자조차 다른 누구에게도 공급하지 않을 칩을 만들 계획이다.[24] 갤럭시 제품군을 위한 새로운 맞춤형 프로세서는 2025년에 출시 예정인데, 전제 조건은 반도체 사업부와 스마트폰 사업부가 더 긴밀하게 협력한다는 것이다. 애플은 여전히 최신 OLED를 주로 삼성전자에서 공급받고 있다.

차별화를 위한 경쟁에 수십억 달러가 지출되었다. 그러나 마이크로칩 설계자들은, 오래된 업체이든 신규 진입자이든, 애플, 아마존, 삼성전자, 퀄컴, 구글, 화웨이, 알리바바, 메타, 테슬라를 가릴 것 없이 모두 한 가지 공통점이 있다. 바로 ARM이다.

큰돈이 걸린 역동적인 반도체 시장은 ARM을 중심으로 돌아간다. 일군의 기업은 ARM의 설계를 기본 빌딩 블록으로 사용할 수 있도록 라이선스를 확보한다. 다른 기업은 ARM의 설계 지침서에 따라 자체적으로 설계한다. ARM은 독립적인 지위 덕분에 궁극의 스위트 스팟에 위치하게 되었다. 소유권을 다시 변경하는 것만이 이를 위협할 수 있다.

13장

엔비디아의
평행 우주

■ 긴장된 비전

철도 재벌 헨리 헌팅턴Henry Huntington의 이름을 따서 1914년에 문을 연 랭햄Langham 헌팅턴은 미국 도금시대의 개츠비적인 매력을 간직하고 있다. 로스앤젤레스 카운티의 부유한 주거도시인 패서디나에 위치한 이 호텔의 연어 핑크색 외관과 대리석 인테리어, 크리스탈 샹들리에, 잘 다듬어진 잔디밭은 마치 영화 세트장을 방불케 한다. 실제로 이 호텔은 종종 무대가 되었다. 예컨대 영화로는 '페어런트 트랩The Parent Trap'과 '씨비스킷Seabiscuit' 등이, TV 프로그램으로는 '머더Murder'와 '쉬 로우트She Wrote', '찰리의 엔젤들Charlie's Angels'이 촬영되었다.

2019년 9월 사흘 동안, 랭햄의 9만 3,000여 제곱미터 부지는 할리우드의 화려함 대신 기술 업계의 돈을 처바른 듯한 현란함으로 채워졌다. 근사한 창립자들과 경영진들이 AI와 양자 컴퓨팅의 최신 동향에 대한 생각을 교환했다, 슈퍼카를 시승하고 고급 식사를 하며 가수 존 레전드John Legend와 멘탈리스트(특수효과와 함께 최면, 투시, 텔레파시 등 초자연적 능력을 공연하는 사람들—옮긴이) 리어 수차드Lior Suchard의 공연을 즐겼다. 이는 소프트뱅크의 첫 번째 '소조Sōzō 서밋'의 프로그램들이었고, 중심에는 여전히 모든 대형 프로젝트에 자금을 굴리는 손정의 회장이 있었다. '소조'는 한자 단어 '상상想像'과 '창조創造'의 일본 발음에서 한 음씩 따온 조어였다.

행사 중의 한 대담에서 투자 거물 블랙록의 CEO 래리 핑크Larry Fink가 손 회장에게 진지하게 물었다. "당신이 투자한, 놀라운 일을 하고 있는 회사의 창업자들에게 당신의 경험을 기반으로 어떤 이야기를 해줄 수 있나요?" 핑크는 "성공보다 실패를 통해 더 많은 것을 배울 수 있다고 생각하기 때문"이라고 덧붙였다. 손 회장은 현자처럼 고개를 끄덕이며 기침한 뒤 답했다. "분명히 여러분의 경험과 제 경험에 비추어 볼 때 실패는 우리에게 더 많은 것을 가르쳐 줍니다."[1]

이 기술 구루는 세계 정상에 오른 듯했다. 영국 칩 설계업체 ARM을 인수한 이후 3년 동안 손정의 회장은 투자를 거의 멈추지 않았다. 번개처럼 빠르게 ARM 인수를 매듭지은 지 6주가 채 지나지 않은 때 소프트뱅크는 비전펀드Vision Fund 조성 계획을 발표했다. 향후 5년간 최소 250억 달러를 투자하고 규모를 1,000억 달러까지 불려 "동종 펀드 중 세계 최대 규모가 될 것"이라는 비전을 제시했다.

주머니가 두둑한 손 회장도 부유한 친구들의 도움을 받아야 했다. 석유 의존에서 벗어나 경제를 다각화하고자 하는 사우디아라비아의 공공투자펀드Public Investment Fund, PIF가 약 450억 달러를 투자했다. PIF의 회장인 모하메드 빈 살만 왕세자는 소프트뱅크와 손정의 회장의 "오랜 역사와 탄탄한 업계 인맥, 강력한 투자 성과"를 높이 평가하며 함께 일하게 된 것을 기쁘게 생각한다고 밝혔다.[2] 아부다비의 무바달라 펀드와 애플, 퀄컴도 투자에 참여했다.

2019년 6월에 이르자 이 펀드는 81개 종목을 보유했고 가치는 820억 달러에 달했다. 예컨대 음식 배달 플랫폼 도어대시DoorDash와 인도 호텔 스타트업 오요Oyo, 메시징 앱 슬랙 등의 벤처기업에 종종 한 번에 수십억 달러를 투자했다. 소프트뱅크는 ARM의 지분 25%를 이 펀드에 양도했는데, 아마도 이를 통해 일본 내 세금 부담을 줄일 수 있게 된 듯했다. 비전펀드의 시계가 가고 있었다. 이 펀드의 투자 기간은 12년으로, 손 회장이 자랑한 비전보다 288년이나 짧았다. 투자자들은 언젠가는 수익과 함께 돈을 돌려받기를 원할 것이었다.

2019년 7월에는 인공지능 분야에 초점을 맞춘 두 번째 펀드를 공개했다. 쟁쟁한 투자자들은 애플과 마이크로소프트, 아이폰 제조업체 폭스콘, 카자흐스탄 국부펀드 등으로 구성되었고 이들과 체결한 일련의 양해각서에 따르면 소프트뱅크 비전펀드 2호의 예상 조성액은 무려 1,080억 달러에 달했다.

───────

하지만 당황스러운 일이 이미 벌어지고 있었다. 소조 한 달 전,

소프트뱅크의 가장 주목받는 투자 기업 중 하나가 뉴욕 증시에 상장하겠다고 발표했다. 손 회장은 메시아처럼 덥수룩한 머리의 애덤 뉴먼Adam Neumann이 이끄는 공유 오피스 제공업체 위워크WeWork에 110억 달러(비전펀드에서만 나온 것은 아니지만)를 투자했었다. 그중 첫 40억 달러 투자는 전형적인 손 회장 방식에 따라, 간단한 회의와 몇 가지 메모를 바탕으로 결정되었다.

소프트뱅크는 위워크가 마지막으로 자본을 조달할 때 470억 달러의 가치로 투자했지만, 위워크는 이미 연기에 직면한 IPO를 위해 그 절반도 안 되는 가치로 공모를 준비하고 있었다. 뉴먼은 '세계의 의식을 고양한다'는 회사 사명을 비롯해 몇 가지 고상한 아이디어를 내세웠다.[3] 잠재 투자자들은 뉴먼이 부분 소유한 부동산을 위워크(현재 회사명은 위컴퍼니)에 임대하는 등 용납할 수 없는 이해 충돌이 드러난 모호한 투자 설명서에 흔들렸다. 소조 서밋 후 일주일도 채 되지 않아 뉴먼은 개인 제트기에서 마리화나를 피웠다는 폭로로 곤욕을 치른 뒤 최고경영자 자리에서 내려왔다. 얼마 지나지 않아 IPO는 철회되었다.

이러한 사건들은 소프트뱅크의 명성에 타격을 가했다. 아울러 소프트뱅크가 투자 대상을 철저하게 실사하는지에 대해서도 의구심이 제기되었다. 사실 소프트뱅크의 기업공개 프로그램은 이미 여러 엇갈린 결과를 나타냈다. 차량호출 앱 우버는 앞서 5월에 상장했다. 하지만 위워크가 상장 의향서를 제출한 바로 그날인 8월 14일, 50억 달러의 2분기 손실을 기록한 후 주가가 하락했다. 6월에 상장한 슬랙의 실적은 다소 나았다.

소프트뱅크는 막대한 손실을 내는 위워크에서 자금을 회수할 수 없었을 뿐만 아니라, 이 사업을 계속 유지하기 위해 더 많은 자금을 투입해야 했다. 10월 23일 소프트뱅크는 최대 50억 달러를 운영자금으로 지원하면서 30억 달러로 기존 지분을 매입해 30%이던 지분을 약 80%로 늘렸다.

2주 후 소프트뱅크는 몇몇 투자 자산의 가치를 상각한 후 65억 달러의 분기 손실을 발표했다. 분기에 적자를 내기는 14년 만에 처음이었다. 손 회장은 "여러모로 투자 결정이 잘못되었고 깊이 반성하고 있다"고 말했다.[4] 비전펀드 1호의 문제 때문에 투자자들은 비전펀드 2호에 대해 불안해했다. 비전펀드 2호에는 여러 투자자가 약정했지만 소프트뱅크만 약속을 지켰다. 고공행진을 하던 회사가 추락하면서 1,080억 달러 규모라는 펀드에 대한 희망도 무너졌다.

2019년 6월에 소프트뱅크의 이사가 된 도쿄대학교 공학대학원 교수 유타카 마츠오豊松尾 교수는 첫해가 "롤러코스터를 타는 것 같았다"며 소조 서밋이 "정점을 찍었다"고 회상했다. 소프트뱅크의 높은 글로벌 인지도에 놀란 그는 그룹의 2020년 사업보고서에서 "사실이기에는 너무 좋지 않은가 하고 느꼈다"고 털어놓았다.[5]

2000년 닷컴 붕괴의 생존자인 손 회장은 큰돈을 벌었다가 잃은 적이 있다. 그러나 이번에는 달랐다. 2020년 2월 6일, 미국의 행동주의 투자자 엘리엇 매니지먼트가 소프트뱅크의 지분 3%를 25억여 달러에 사들인 뒤 기업 개혁을 촉구하고 나섰다는 소식이 전해졌다. 엘리엇은 소프트뱅크의 주식이 자산의 공정 가치보다 60%나 할인된 가격에 거래되고 있다고 파악하고 손 회장에게 자사주를 매입하고 지배구조를 개선하라고 권고했다. 손 회장이 이 제안에 동의했는데도 신용평가사 스탠더드앤드푸어스S&P는 소프트뱅크의 신용등급 전망을 '부정적'으로 낮추고 자사주 매입 프로그램이 신용에 미칠 영향에 대한 우려를 제기했다.

3월 23일, 코로나19가 확산되고 경기 침체에 대한 두려움이 커지는 가운데 손 회장은 대응책을 발표했다. 소프트뱅크는 410억 달러의 자산을 매각해 1,300억 달러의 순부채로 부실해진 재무제표를 보강하고 주식과 채권을 더 많이 매입하며 일부 부실 벤처기업을 지원하기로 했다. 2020년 7월에 연례 보고서를 발표할 당시 손 회장은 목표의 80%를 달성했다고 선언했다. 중국 전자상거래 대기업 알리바바와 소프트뱅크의 지주회사, 미국의 이동통신 사업자 T-모바일등의 주식을 매각해서였다. 그는 "나머지 20% 달성과 관련해 우리의 전망을 확신합니다"라고 덧붙였다.[6]

재무 수치를 개선하기 위한 다른 무언가는 이미 정해졌다. ARM이었다.

■ 어색한 타이밍

사이먼 시거스도 소조 서밋에 등장했다. 그는 지금까지의 ARM 스토리를 매끄럽게 발표했고, 새로 기른 회색 수염으로도 눈길을 끌었다. 삭발한 이 최고경영자는 무대를 오가면서 이렇게 말했다. "ARM은 신생 기업도 아니고 스타트업도 아니라는 점에서 여기 있는 다른 기업들과는 조금 다릅니다."[7]

자신에게 주어진 15분 동안 요점을 설명하기 위해 시거스는 그 시간이면 ARM 파트너들이 65만 개의 칩을 출하해 ARM은 3만

1,700달러의 로열티를 받을 것이라고 밝혔다. ARM은 소프트뱅크의 일부 관계사처럼 폭발적인 성장세를 보이지는 못하지만, 멀리 20년 전까지로 거슬러 올라가는 라이선스 계약에서도 현금을 벌어들인다고 설명했다. 이렇게 긴 기간에 걸쳐 구축된 사업이어서 시장이 급강하하더라도 ARM은 다른 투기적인 자산보다 더 나은 가치를 유지할 수 있다고 말했다.

ARM은 전통적인 시장에서 강세를 유지하면서 새로 열리는 시장에서도 더 고도의 고부가가치 기술을 통해 칩당 청구하는 로열티를 인상할 수 있기를 바랐다. 스마트폰과 태블릿, 노트북 등에 들어가는 모바일 애플리케이션 프로세서의 시장점유율은 2019년에도 여전히 90%를 넘었다. ARM은 2028년에 470억 달러 규모로 커질 새 시장에서도 비슷한 수준의 지배력을 확보한다는 목표를 세웠다. 네트워킹 장비에서 ARM은 기존 시장점유율 32%를 같은 기간에 65%로 높이겠다고 했다. 데이터센터에서의 야망은 실현되려면 아직 멀었다. 하지만 자율주행 자동차 분야를 맹렬하게 연구한 결과 자동차 부문에서도 가능성이 나타났다. 전반적으로, ARM은 전체 시장에서 33%의 높은 점유율을 기록했다.

시거스는 "상장사로서는 결코 하지 못했던 방식으로 공격적으로 투자할 수 있게 되었다"는 데 대해 흥분을 감추지 못했다. 여러 시장 기회를 제시하며 그는 "우리는 하나를 선택할 필요가 없었고 병렬적으로 투자할 수 있었다"고 말했다.[8]

그리고 사물인터넷IoT이 있었다. 사물인터넷의 가능성은 2016년 손정의의 마음을 사로잡았다. ARM은 2035년까지 연결된 디바이스가 1조 개에 달할 것으로 예측했다. ARM의 설계는 매년 건물과 의료 시스템, 교통 모니터에 설치되는 수십억 개의 마이크로컨트롤러에 적용되었다. 이 기회를 포착하려는 ARM의 시도 중 가장 눈에 띈 것은 소프트웨어 플랫폼 펠리언Pelion이었다. ARM은 2018년에 사들인 트레저 데이터Treasure Data와 스트림 테크놀로지Stream를 자사의 기존 사업부와 통합해 펠리언을 만들었다. 이 플랫폼은 고객이 IoT를 단순화할 수 있도록 설계되었다. 즉 애플리케이션을 관리할 수 있는 기본 구성요소를 제공하고 IoT를 네트워크에 연결하며 인공지능을 활용해 생성된 데이터를 수집하고 처리해준다.

IoT는 여전히 많은 화제가 되고 있지만 성장 속도가 더뎠고, 초기의 과도했던 기대는 가라앉았다. 2014년 11월 시장조사회사 가트너는 2020년까지 250억 개의 연결된 '사물'이 제조와 유틸리티, 운송을 변화시킬 것이라고 예측했다.[9] 이 회사는 2017년 2월에는 이 수치를 204억 개로 줄였다.[10] IoT 프로젝트의 4분의 3을 구현하는 시간이 당초 예상보다 최장 두 배가 걸리겠다고 예측한 뒤였다.[11] 문제점은 다양했다. IoT는 공통 표준이 없었고 대량 설치에 따라 사이버 공격에 대한 기업의 취약성이 높아졌으며 비용이 막대했다.

업계 베테랑들은 걱정하지 않았다. 일부 아이디어는 싹트기까지 오랜 시일이 소요되었다. 1993년 애플 뉴턴의 콘셉트와 외양은 17년 후인 2010년에 아이패드가 출시될 때까지 실제 성공으로 이어지지 못했다.

ARM은 항상 멀리 내다보면서 최종 사용자가 다음에 무엇을 원하는지 예측하려고 노력했다. 그해는 현재보다 미래가 더 밝아 보인 때였다. 빠듯한 자금을 아껴 쓰면서 시작한 ARM은 이제 무한

한 자금과 미래를 설계할 수 있는 엔지니어 군단을 보유하게 되었다. 하지만 여전히 올바른 기술에 베팅해야 했고, 고객이 라이선스를 받기 위해 줄을 서서 기다릴 수 있는 발전된 기술을 제공하는 데 집중해야 했다.

손 회장이 공언한 대로 ARM의 직원 수는 인수 이후 50% 이상 늘어나 6,700여 명이 되었고 그해에만 750명이 입사했다. ARM이 대규모로 채용한 덕분에 케임브리지 소재 기업들은 같은 시기에 인력을 확보하기 위해 골머리를 싸맸다. 그리고 그해 사업보고서에 따르면 증가한 연구개발 자금에서 '수익을 수확할 계절의 시작'이었다.

시거스 역시 함께 어울린 실리콘밸리의 보스들을 모방하면서 성장했다. 그의 오랜 동료는 그가 "대외적으로 이야기할 때는 매우 정치가 같고, 내부적으로는 매우 세심하게 배려하는 사람"이라고 말했다. 그는 때때로 별 내용 없는 수사법을 구사했는데, 예를 들어 한번은 회사 블로그에 ARM 생태계를 '내일을 위한 집결지'라고 표현했다.

일반적인 인식과 달리 소프트뱅크는 ARM에 더 많은 돈을 쏟아붓지 않았다. 소프트뱅크는 2016년 인수 대금 외에는 아무것도 투입하지 않았다. 그 돈은 외부 투자자에게 지불되었고 직원 중 일부를 부자로 만들어주었을 뿐이다. 소프트뱅크가 소유주가 되면서 ARM이 얻은 주요 이점은 자금을 외부로 유출하지 않아도 된다는 것이었다. 주주들을 달래기 위해 50%에 가까운 이익률을 유지할 필요가 더 이상 없게 되었다. 회사 간 대출은 있었지만 배당금은 전혀 없었다. 회사를 손익분기점 가까이에서 운영해도 되었고, 그래서 연구개발 지출을 최소 두 배 이상인 연간 약 5억 파운드로 늘릴 수 있었다. 참 짜릿한 변화였다.

그러나 ARM은 2019년에도 뒷걸음질쳤다. ARM 기반 칩의 출하량은 228억 개로 사상 처음으로 감소했다. 이 수치는 나중에 222억 개로 더 하향 조정되었다. ARM은 수익을 창출할 수 있는 광범위한 애플리케이션 기반을 구축했지만, 더 넓은 산업의 흐름을 거스를 수는 없었다. 여전히 매출의 약 절반을 차지하는 스마트폰 수요가 중국의 4G 핸드셋 구매 감소로 부진해지면서 타격을 받았다. 칩 판매는 미-중 무역 전쟁의 여파로 전반적으로 위축되었다. 반도체산업협회는 그로 인해 전체 칩 시장 규모가 12% 감소한 4,120억 달러에 그쳤다고 집계했다. 소프트뱅크 인수 이전에는 15%의 증가세를 보이던 ARM 그룹의 매출은 19억 달러로 거의 늘지 않았다. 로열티 수입이 줄어들었기 때문이다.[12]

———

실적 악화는, 손정의 회장 말처럼 ARM이 소프트뱅크의 '중심의 중심'에 있는 동안에는 아무 문제가 되지 않았다. 하지만 곧 그 위치에 오래 머물지 못할 수 있음이 곧 분명해졌다. 소조 서밋 직후 위워크 사태가 불거졌고, 시거스는 2019년 10월 8일 산호세에서 열린 ARM의 테크콘TechCon 행사에서 상장에 대해 언급했다. 그는 2023년 IPO를 목표로 하고 있다고 확인해준 뒤 다만 "많은 것들이 맞아떨어져야 한다"고 말했다.[13] 손 회장은 앞서 2018년 소프트뱅크의 연례 회의에서 ARM 재상장 시기를 5년으로 제시한 바 있는데, 10년 제품 주기로 돌아가는 ARM으로서는 가능하긴 했지만 다소 어색한 일정이었다. 애널리스트들은 매출이 감소하는 가운데 막대한 지출을 집행 중인 ARM이 수익을 회복해야 소프트뱅크가 투자금을 회수할 기회가 온다고 진단했다.

실제로 2019년과 2020년 초에 ARM의 IPO가 검토되었다가 소프트뱅크에서 퇴짜 맞은 적이 있다. 소프트뱅크는 ARM이 필요한 수익을 내지 못할 것이라고 생각했기 때문이다. 손 회장은 소프트뱅크의 2017년 사업보고서에 ARM과 관련해 "기술 업계의 숨겨진 보석을 손에 넣기를 10년 넘게 갈망했다"고 썼다. 그는 ARM의 칩이 언젠가 "런닝화와 안경, 심지어 우유 용기에도" 들어갈 것이라고 예측하면서 "언젠가 기업가로서의 긴 삶을 되돌아보면 ARM이 제가 한 가장 중요한 인수와 투자로 기억될 것이라고 믿는다"고 기대했다.[14] 그러나 재무적 압력이 가중됨에 따라 IPO 아이디어는 곧바로 매각으로 이어졌다. 손정의 회장의 열정은 불과 3년 만에 시들해졌다.

ARM의 지분을 덜어내려는 노력은 앞서 인수가 9주 동안 빠르게 진행된 데 비해 덜 매끄러웠다. 투자은행 골드만삭스는 거의 모든 주요 고객들, 예컨대 애플과 삼성전자, 구글, 퀄컴에 개별적으로 또는 컨소시엄의 일부로 인수하면 어떤가 제안한 것으로 알려졌다.

영국이 자랑하는 이 기술기업으로서는 볼썽사나운 광경이었다. 코로나19 팬데믹으로 직접 만나 비즈니스를 논할 수 없는 상황에서 시거스와 그의 수하 르네 하스Rene Haas를 비롯한 경영진은 수많은 화상회의를 통해 ARM의 실적을 공유하고 홍보하는 데 긴밀히 관여했다.

최근의 재무 상황, 업계 불황, 광범위한 경제 혼란으로 인해 ARM을 매각하기에는 좋지 않은 시기였다. 게다가 골드만삭스의 은행가들이 잠재적 인수 후보로 지목한 라이선스 보유 고객사들이 지분을 소유하게 되면 그런 한 기업이 500곳 이상의 다른 기업들을 견제할 우려도 있었다. ARM은 모든 고객에게 동등하게 서비스를 제공한다는 독특한 모델을 개발해 성공했다. 소프트뱅크는 자신과 같은 재무적 투자자를 찾을 수 없다면, 생각하지 못할 일을 기꺼이 생각하는 누군가를 찾을 필요가 있었다. 손정의 회장에 필적할 만한 비전을 가진 사람, ARM의 장기적인 잠재력을 볼 수 있고 수십억 달러의 여유 자금이 있는 사람이어야 했다.

■ 또 다른 억만장자

황젠순Jen-Hsun Huang의 미국 생활은 그의 부모가 꿈꿔온 교육으로 시작되지 않았다. 부모가 미국으로 보낸 그와 그의 형은 삼촌이 등록한 켄터키 동부 시골의 기숙학교인 오네이다Oneida 침례교 인스티튜트에 입학했다(황의 부모는 대만에서 태국으로 이민간 후 그가 9세 때 형제를 미국으로 먼저 보냈다—옮긴이).

그는 대만 남부 도시 타이난에서 태어났다. 나중에 TSMC가 두 번째 제조 본거지로 삼은 도시이다. 그의 부모는 그에게 투지와 배움에 대한 갈증을 불어넣어주었다. 화학 엔지니어이던 부친은 업무상 미국을 방문하면서 장차 가족과 미국으로 이주하는 생각을 품었고, 가정주부인 모친은 이민에 대비해 사전에서 영어 단어를 선택해 삼형제에게 가르쳤다.

황은 시련을 이겨내면서 새 환경에 적응했고 탁구에서 두각을 나타내기도 했으며, 오리건 주립대학에서 전기공학을 전공했다. 여기서 부인 로리Lori를 랩 파트너로서 만났다.

AMD에서 일하는 동안 스탠퍼드 대학교에서 공학 석사 학위를 취득했으며, 이후 LSI 로직으로 이직해 엔지니어링 업무를 하다 기술 라이선싱을 담당하게 된다. 그는 일찌감치 자신의 회사를 운영하고 싶다는 꿈을 품었고, 30세 생일인 1993년 2월 17일, 그 꿈을 실현한다.

그의 고객 중에는 썬 마이크로시스템즈의 엔지니어 크리스 말라코프스키Chris Malachowsky와 커티스 프림Curtis Priem이 있었다. 두 사람은 썬 워크스테이션의 이미지를 향상시키기 위해 저가 그래픽 액셀러레이터 칩을 설계했다. 그러나 상사들은 그들의 칩 대신 검증되지 않은 값비싼 대안을 낙점했다. 당혹스러운 결과에 그들은 열을 받았다.

말라코프스키는 "우리는 그 결과에 환멸을 느꼈다기보다는 '왜 다른 사람을 위해 이 일을 하지?'라고 자문하게 되었다"고 말했다. "우리 자신을 위해 해보자고 생각했어요." 세 사람은 산호세 외곽의 허름한 식당인 데니스에서 창업에 필요한 사항을 상의했다. 말라코프스키는 "우리가 마실 수 있는 커피는 다 있었다"고 회고했다.

일할 때 세 사람은 모든 파일 이름 앞에 '다음 버전next version'을 의미하는 'NV'를 붙였다. 회사 이름을 정할 때는 이 두 글자가 포함된 단어를 검토한 끝에 '부러움'을 뜻하는 라틴어 'invidia'를 찾아냈다. 경쟁 기업들이 만약 이 단어를 보면 무슨 뜻인지 생각에 빠지게 할 이름이었다. 엔비디아를 소개하는 초기 보도자료는 그들의 계획을 드러내는 데 거침이 없었다. 아울러 황의 마케팅 에너지도 보여주었다. 보도자료에 따르면 황은 "우리는 멀티미디어를 인간 인식이라는 극한까지 밀어붙임으로써 그 잠재력을 완전히 실현하고자 한다"고 말했다.[15]

1970년대에 1세대 컴퓨터 게이머는 평면적이고 느리게 움직이는 이미지에 어쩔 수 없이 만족했다면, 2세대 게이머는 화면에서 튀어나오는 그래픽을 원했다. 3D 이미지를 생성하고 향상시키는 전용 칩을 제공하려는 움직임은 인텔이 프로세서 시장을 장악하기 전까지 PC 시장에서 벌어졌던 경쟁에 버금갔다.

엔비디아가 출범했을 때 이미 약 30개의 그래픽 칩 회사가 있었다. 3년이 지나자 그 수는 70개로 늘어났다. 이 트리오는 두각을 나타내기 위해 효율 대신 속도를 목표로 삼기로 결정했다. ARM 대신 인텔을 본받기로 한 셈이었다. 그리고 단순히 가격만으로 팔지 않기로 했다. 컴퓨터 그래픽의 속도와 품질을 향상시키면서 CPU의 작업 부하를 줄여주는 이들의 제품은 처음에는 PC에 꽂아 사용하는 카드로 판매되었다.

엔비디아의 시작은 평범했다. 반바지와 티셔츠, 슬리퍼 차림의 엔지니어들이 산타클라라의 작은 부지에 있는 허름한 조립식 건물에 모여들었다. 다들 많이 일했다. 말라코프스키는 일주일 내내 출근했는데, 대신 매일 저녁 6시에 집에 가서 가족과 저녁 식사를 하고 돌아왔다. 황은 가능하면 밤낮으로 일했지만 주말에는 쉬었다.

그래픽 칩 시장은 더디게 성장했지만 엔비디아는 변화를 만들어나간다. 유럽의 SGS-톰슨의 생산능력을 확보하느라 고생하던 황은 TSMC와 접촉한다. 이 회사의 미국 영업팀에서 답변을 받지 못하자 그는 TSMC 설립자 모리스 창에게 편지를 보냈고, 두 회사의 관계는 1998년에 공식화된다. 말라코프스키는 "그들은 우리의 야망을 뒷받침할 생산능력과 기술을 갖고 있었다"며 "우리는 매우 긴밀한 관계를 맺었다"고 말했다.

엔비디아는 1999년 8월 31일 세계 최초의 그래픽처리장치GPU인 지포스GeForce256을 발표하면서 새로운 시대를 열겠다고 선언했다. 숨가쁘게 작성된 듯한 보도자료에서 황은 약 2,300만 개의 트랜지스터가 탑재된 이 칩이 "생생하고 상상력이 풍부하며 매혹적인" 새로운 인터랙티브 콘텐츠를 구현할 것이며 "스토리텔링의 미래에 지대한 영향을 미칠 것"이라고 말했다.[16] 그는 지포스를 시연하기를 즐겼고, 신입사원들에게 행군하는 장난감 군인들의 모습이 고해상도로 구현되는 영상을 보여주며 기뻐했다.

이 무렵 엔비디아는 주식을 상장했고, 첫해에 주가가 두 배로 뛰었다. 1999년 크리스마스에는 해변가 몬터레이 베이 수족관에서 대규모 파티를 열었다. 회사에는 인도계 프로그래머들이 많았는데, 그들은 부모와 조부모를 모시고 행운을 함께 나누었다.

더 좋은 날이 다가왔다. 2000년에 엔비디아는 마이크로소프트가 소니 플레이스테이션과 닌텐도가 장악한 게임 콘솔 시장에 뛰어들기 위해 출시한 첫 번째 X박스에 핵심 그래픽 칩을 제공했다.

하지만 좌절도 있었다. 마이크로소프트 거래를 따낸 데 흥분한 나머지, 황은 2000년 3월 5일 전 직원에게 보낸 이메일에서 계약의 세부 사항을 발설하고 말았다. 실수를 깨달은 그는 즉시 모든 직원에게 이 정보를 유출하지 말라고 당부했다. 그러나 몇몇은 그렇게 했고 미국 증권거래위원회SEC의 주목을 끌었다. 2년에 걸친 SEC 조사는 엔비디아의 회계에 대한 조사로 확대되었다. 그 결과 3년간

의 수치가 재조정되며 실제 보고된 매출이 늘어났으며 재무 책임자
는 사직했다.

2003년에 X박스 거래가 끝났지만, 그 무렵 엔비디아의 명성
이 한 단계 올라선다. 2001년 초에 애플을 고객 명단에 추가했고,
2004년 12월에는 플레이스테이션 공급 계약이 체결되었다.

황의 이미지도 각색되었다. 이름은 서구적인 젠슨Jensen으로 바
꾸고, 스티브 잡스의 검은 터틀넥과 청바지 같은 특유한 복장을 즐
겼다. 그의 옷차림은 전부 검은 가죽 재킷과 폴로셔츠, 청바지, 구두
등을 기본으로 삼았는데, 수년에 걸쳐 재킷은 점점 더 화려해졌다.
엔비디아의 실적을 고려할 때 황은 스스로를 업계의 록스타라고 생
각할 자격이 있었다. 그러나 그는 허영심과는 거리가 멀었다.

———

엔비디아의 전망에 큰 힘을 실어준 것은 GPU가 그래픽 이상
의 용도로 사용될 수 있다는 사실이었다. CPU는 다재다능하고 다
양한 작업을 차례로 처리할 수 있는 데 비해 GPU는 여러 가지 유사
한 작업을 동시에 수행하는 일꾼이었다.

이런 비교적 낮은 수준의 반복적인 계산은 이미지가 선명하
고 생생하게끔 개별 픽셀을 한 번에 렌더링하는 데 필요했다. 컴퓨
터 게임과 애니메이션을 넘어 다른 영역에 맞게 조정된 이러한 성
능은 많은 명령이 병렬로 수행해야 하는 곳이면 어디에나 적용되었
고, 예컨대 인공지능이나 무인 자동차에서처럼 막대한 데이터를 처
리했다.

스탠퍼드 대학교 컴퓨터과학자 3명의 2009년 논문 '그래픽 프
로세서를 사용한 대규모 심층 비지도Unsupervised 학습'은 GPU가

"멀티 코어 CPU의 연산 능력을 훨씬 능가하며 심층 비지도 학습의 적용 가능성에 혁명을 일으킬 잠재력을 가지고 있다"고 결론 지었다.[17] 즉, 방대한 데이터의 패턴을 파악하고 다음에 일어날 일을 예측하는 머신러닝에 GPU가 이상적이라는 뜻이었다. 이들은 어떤 상황에서는 GPU가 심층 신념 네트워크deep belief networks, DBNs를 수행하는 데 최고 70배 더 빠르다는 결론을 내렸다. DBN은 차세대 컴퓨팅 혁명의 핵심이 되는 딥러닝의 시초격인 모델이다.

이 발견은 새로운 기회들을 가져다주었다. 황은 비디오 스트리밍과 전자상거래 서비스를 지원하는 인터넷 허브인 데이터센터에 칩과 소프트웨어를 공급하는 것을 목표로 삼았다. GPU는 또한 자율주행 드론과 군사 장비, DNA 염기서열 분석 등의 컴퓨팅 작업에도 투입되었다.

새로운 라이벌도 등장했다. 인텔은 2009년에 엔비디아를 상대로 칩셋 기술 라이선스를 둘러싸고 소송을 제기했다. 엔비디아는 맞소송으로 대응했다. 양사는 2011년 1월 인텔이 엔비디아에 15억 달러를 라이선스 대가로 지불하는 데 합의했다.

엔비디아는 전방위로 전진했다. '프로젝트 덴버'라는 암호명 아래 저전력 ARM 칩의 모멘텀을 PC 프로세서로 탑재하는 시도를 했다. 스마트폰용 테그라2 칩은 시장의 호평을 받았고, 그룹 매출은 2012년 40억 달러에서 불과 6년 만에 거의 100억 달러로 불어났다.

새로운 위상에 걸맞게 엔비디아는 본사를 산타클라라의 기존 건물에서 인근의 신축 사옥으로 이전했다. 엔데버Endeavor로 명명된 사옥은 4만 6,500제곱미터 규모였고 곳곳의 삼각형 모양이 특징이었다. 사옥이 삼각형이었고, 내부 조명과 통풍용 채광창들도 삼각형이었다. 이는 컴퓨터 그래픽의 중심이 되는 모양에 경의를 표하는 의미였다(컴퓨터 그래픽에서 삼각함수가 큰 역할을 한다—옮긴이).

얼마 후 엔데버 바로 옆에 더 큰 건물이 보이저Voyager라는 이름으로 지어졌다. 내부 벽 곳곳이 식물로 덮여 있고, 중앙에는 임직원들이 만나거나 일하거나 경치를 바라볼 수 있는 '산'이 있다.

그해 7월 8일, 월스트리트는 엔비디아의 종가 기준 시가총액이 최초로 인텔을 넘어섰다고 보도했다. 매출은 아직 이 마이크로칩 할아버지의 4분의 1에도 미치지 못했다. 야심만만한 황은 이제 빅리그의 선수가 되었다.

———

사업에서 큰 성공을 거둔 황은 가정에서도 편안함을 얻었다. 그의 집은 '억만장자들의 줄Billionaires' Row'이라고 불리는 동네에 있다. 미국에서 선망받는 최상위 거주 구역인 샌프란시스코 퍼시픽 하이츠의 언덕에 자리 잡아, 베이 에어리어와 금문교가 펼쳐진 경관을 볼 수 있다. 이웃들의 면면도 인상적인데, 세일즈포스닷컴의 공동 창업자 마크 베니오프Marc Benioff, 애플의 디자인 천재였던 조니 아이브 경, 베스트셀러 소설가 다니엘 스틸Danielle Steel 등이다.

팬데믹 기간에 집에 머무르던 황은 2020년 여름 어느 날 호화스러운 부엌에 앉아 있다가 손정의 회장으로부터 문자 메시지를 받았다. "손 회장이 '얘기 좀 할까요?'라고 문자를 보냈어요. 우리는 전화로 얘기했고 논의 대상은 그것이었어요." 황은 이렇게 ARM이 헤쳐나가고 있던 매각의 여정을 언급했다.[18]

그리고 9월 13일에 거래를 공개했다. 일요일 밤이었다는 점은 평범하지 않았지만, 몇 주 동안 언론에 유출되어 예상되었던 대로 엔비디아가 ARM에 최대 400억 달러를 지불하기로 했다는 내용이었다. 이로써 소프트뱅크는 4년 투자에서 90억 달러의 차익을 얻을 수 있게 되었다. 같은 기간에 마이크로칩의 주가가 급등한 정도에 비하면 크지 않은 금액이었다. ARM이 비공개로 전환되었을 때 그 가치와 거의 같았던 엔비디아의 시가총액은 그 사이 약 12배로 치솟았다.

매각 대금 400억 달러는 다음과 같이 구성되었다. 소프트뱅크에 지급하는 엔비디아 보통주 215억 달러 상당 및 현금 120억 달러와 ARM 임직원에게 주는 엔비디아 주식 15억 달러, 그리고 ARM이 재무 목표를 달성할 경우 주는 50억 달러의 현금 또는 엔비디아의 보통주였다.

소프트뱅크는 성명을 통해 이 거래 이후에도 "ARM 기술의 힘과 잠재력"에 대한 믿음과 ARM이 "인공지능 시대를 위한 세계 최고의 컴퓨팅 회사"라는 믿음에는 전혀 변함이 없다고 밝혔다. 손 회장은 또 엔비디아가 "ARM의 완벽한 파트너"라고 믿는다고 말했다. 이 투자를 통해 엔비디아는 '성장 잠재력이 높은 새로운 분야'로 확장했다. 이 합병으로 "ARM과 케임브리지, 영국은 우리 시대의 가장 흥미로운 기술 혁신의 최전선에 서게 될 것"이며, 소프트뱅크는 엔비디아의 주요 주주로서 "사업의 지속적인 성공을 지원"할 수 있기를 기대했다.[19]

이 거래로 엔비디아의 AI 전문성과 ARM 기반 프로세서의 보편성을 결합할 수 있었다. ARM의 칩 설계는 매우 광범위했기 때문에, 그 생태계에는 1,300만 명 이상의 프로그래머가 연결되어 있었다. 이 놀라운 인원을 엔비디아는 이제 자신들과 연결된 200만 명에 더해 가동할 수 있게 되었다. 황은 직원들에게 보낸 메모에 "ARM의 비즈니스 모델은 훌륭합니다"라며, "우리는 개방형 라이선스 모델과 고객 중립성을 유지할 것입니다"라고 썼다.[20]

하지만 과연 그럴 수 있을까 생각한 사람이 많았다. ARM을 특별하게 만든 바로 그 요소가 이번 소유권 변경으로 인해 사라질 것이라는 우려가 일각에서 나왔다. 엔비디아의 일원이 되면 분명 큰 변화가 있을 것이었다. 투자받은 다른 회사들에서는 협업에 대한 이야기가 많았지만, 소프트뱅크 아래에서도 ARM은 독립성을 거의 온전히 이어갈 수 있었다. 하지만 더 이상은 아닐 것이었다. 덧붙이면, IoT에 매료된 손정의 회장의 펠리언 플랫폼과 관련 자산은 분리되어 소프트뱅크에 두기로 했다. 비전은 여전히 유효했지만 사업은 더디게 성장했다.

두 경영자는 이미 서로 잘 알고 지내는 사이였다. 2016년 소프트뱅크가 ARM을 인수한 지 한 달 후, 두 사람은 도쿄 콘래드호텔 스위트룸에서 만났다. 이 호텔은 소프트뱅크 본사가 자리 잡은 타워의 상층부에 있다. 두 사람은 자율주행차 개발에 협력하기로 한 문서에 서명하기 위해 만났다. 그런데 손 회장이 이런 질문을 던졌고, 둘은 곧 더 큰 생각을 하기 시작했다. "전 세계가 결국 하나의 컴퓨터가 될 텐데, 그러면 당신은 무엇을 할 수 있을까요?"[21]

2주 후인 2016년 10월 20일, 황은 손과 함께 캘리포니아에서 저녁 식사를 했다. 테라스에 앉아 와인을 마시며 5년 전에 세상을 떠난 애플의 리더 스티브 잡스를 회상했다. 손 회장은 한 답변에서 이렇게 들려줬다. "이미 ARM을 인수한 상태였고. 저는 ARM과 엔비디아를 합병해 AI 컴퓨팅 플랫폼을 통해 업계에 혁명을 일으키고 싶다고 열정적으로 이야기했습니다."[22] 만약 그것이 궁극적인 계획이었더라도 ARM에서 이를 아는 사람도 없었고 손 회장이 선호하는 경로였던 IPO를 통해 달성할 수도 없었을 것이다.

과거의 사연이야 어떻든 황은 부엌으로 찾아온 기회에 한껏 고무되었다. "나는 바로 뛰어들었고, 통화가 끝날 무렵 '제가 최고 입찰자가 되겠습니다. 만약 이 물건이 나온다면 제가 최고 입찰자가 되겠습니다'라고 말했어요. 그리고 정말 그랬죠."

황은 자신의 왼팔에 눈 모양의 회사 로고 문신을, 엔비디아 주가가 100달러에 도달했을 때 도전의 의미로 새겼다. 그는 사상 최대 규모의 반도체 거래를 발표하고 행사를 치른 뒤 바디 아트를 추가할지 고민했다. "어쩌면 다리에 팔 문신을 해야 할지도 모르겠어요"라고 그는 말했다. "ARM에 팔과 다리를 지불했으니까요."[23]

■ 차이나 위기

합병 보도에 놀란 라이선스 계약자들에게 설명하는 외에 ARM에는 다른 문제도 있었다. 2년 전에 체결된 또 다른 거래로 인해 이번 합병 건이 복잡해질 수 있어 보였다.

2018년 6월 5일, ARM은 중국 사업에 대한 경영권을 7억 7,500만 달러를 댓가로 현지 투자자 그룹에 양도한다고 발표했다. 이는 중국에서의 비즈니스를 잘 아는 전직 ARM 경영진을 비롯해 많은 사람을 놀라게 했다. 매각 대금은 회사의 가치에 훨씬 못 미치는 수준이었다.

중국은 ARM이 강력한 추종자들을 확보한, 중요한 반도체 시장이었다. 2017년 중국에서 설계된 모든 첨단 칩의 약 95%가 ARM의 기술을 기반으로 했다고 이 회사는 추정했다. 중국에서의 지식재산권 비즈니스는 그룹 매출의 약 20%를 기여했다. ARM은 이 거래로 기회가 확대되리라고 믿는다면서 중국 시장은 "가치 있고 다른 세계와 차별화되었기" 때문이라고 설명했다.[24]

중국 사업에 대한 고민은 2016년 소프트뱅크에 인수되기 이전에도 있었다. ARM은 중국 정부의 자금이 반도체산업에 유입되고 중국 국유기업이 실리콘 설계에서 더 큰 역할을 맡게 되면서, 중국에서 인기를 유지하려면 무엇을 해야 하는지 고민했다. 당시까지 ARM은 중국산을 구매하라는 중국 정부의 방침에도 불구하고 좋은 성과를 거두었다. ARM은 미국보다 중국에서 매출이 많이 발생할 미래를 예상하면서, 중국에서 외국 기업에 대한 선호가 떨어질 경우에도 입지를 유지하기를 원했다.

소프트뱅크와의 거래 이후 중국은 ARM을 압박하는 수위를 높였다. 중국은 자국 내에서 사업하는 기업이 토종이고 통제 가능하기를 원했다. 글로벌 기업이 어떻게 해야 하는지에 대한 정확한 지침은 모호했다. 수십 년 동안 중국 사업을 해온 손 회장은 분사를 통해 ARM의 전망을 개선할 수 있다고 확신했다. ARM 차이나 지분의 51%가 사모펀드 호푸Hopu와 실크로드, 싱가포르의 국부펀드 테마섹 등으로 구성된 투자회사 컨소시엄에 매각되었고, 이는 베이징에 큰 승리를 안겨주었다. 새 법인은 ARM의 지식재산에 대한 완전한 접근 권한을 인정받았고 중국 내 모든 자산과 직원을 인수했으며 중국 내 독점적인 기술 라이선스 채널이 되었다.

ARM 차이나는 소유 구조가 바뀐 뒤에도 앨런 우Allen Wu가 경영했다. 그는 무엇보다 내부에서 신뢰할 수 있고 사업의 규모와 가치를 키우는 데 핵심 인물로 여겨졌다. 그는 2013년 1월 ARM 중화권 사장으로 임명되었고 이후 2014년 1월부터 ARM의 글로벌 경영진의 일원이 되었었다. 작고 날씬한 몸매의 그는 ARM이 2004년 아티잔을 인수할 때 합류한 인재 중 최고로 여겨졌다.

ARM의 캘리포니아 영업팀에서 일하던 우는 2009년 중국 담당 매니저 겸 상무로 임명되었다. 중국 태생의 미국 시민권자인 그는 중국 시장을 잘 알았고 현지 상황을 영국과 미국의 ARM 리더들에게 효과적으로 통역할 수 있었다. 내부적으로 회사가 그의 속임수에 당할지도 모른다는 우려가 있었지만, 그는 로열티를 잘 챙겼고 2011년에 ARM 테크놀로지(지분 매각 전 ARM 중국법인의 명칭—옮긴이)의 사장으로 승진 임명되었다.

자신의 경력 초기에 우는 모바일 데이터 전송 속도를 향상시키겠다며 벤처기업(AccelerateMobile)을 창업했다. 엔지니어 팀은 인텔과 멘토, 모토롤라, 루슨트, 오라클, 시스코에서 근무한 경험이 있는 사람들로 구성되었다. 2001년 이 벤처기업은 우승 회사에 100만 달러의 지분 투자가 부상으로 주어지는 퓨처덱스Futuredex의 경쟁에서 최종 후보에 오르기도 했지만 결국 사라졌다.

———

ARM 차이나가 본사처럼 자신을 드러내지 않는 가운데 사업을 영위해나갔다면 얼마나 좋았을까. 2020년 6월 10일, 중국 언론은 내부고발자가 우의 부정 및 이해 충돌 행위에 대한 증거를 제시했고 그가 해임되었다고 ARM을 인용하여 보도했다. 그러나 ARM

차이나는 다른 발표를 통해 우를 해임하기 위한 이사회가 열린 적이 없고, 그는 계속 회사를 경영하고 있다고 주장했다.

의혹이 확산되었다. 우가 합작회사의 지분을 몰래 챙겼다는 주장이 제기되었다. 또 그가 개인 투자펀드를 설립해 ARM의 중국 고객사에 투자했다는 기사가 보도되었는데, 그는 이미 회사를 설립한 다음 이사회에 이 안건을 올렸지만 이사회를 통과하지 못했다.

열정적인 우는 자신에게 새로운 역할을 부여했다. 그는 자신이 독립 회사 안모우케지Anmou Keji, 安谋科技 — 이 회사의 영어 명칭은 ARM 테크놀로지로 썼다 — 를 운영한다고 상상했다. 자신에게 충성하는 사람들을 경영진에 앉혔다. 권력이 어디로 이동했는지 의심하는 사람이 있을 경우, 자신의 보안 요원들을 불러왔다.

ARM의 하이테크 비즈니스는 낡은 현지법에 발목을 잡혀 있다는 사실이 드러났다. 우는 회사의 직인을 가지고 있었고, 직인이 회사 문서의 유효성을 인증해주었기 때문에 우가 권한을 보유한 셈이었다. 중국의 눈에는 최대 주주가 어떻게 생각하든 우가 여전히 ARM 차이나의 법적 대표자였다.

실제로도 그는 여전히 일을 하고 있었다. 〈닛케이 아시안 리뷰〉가 입수한 문서에 따르면, ARM 차이나는 2021년 또는 2022년에 주식을 공개 상장할 계획이었고, 2025년 18억 9,000만 달러의 매출로 모회사를 넘어선다는 목표를 세웠다.[25]

대치가 계속되었다. ARM 차이나는 이전의 영국 모회사가 자사의 리더를 해임할 권한이 없다고 주장했다. 경영진은 소셜미디어 위챗을 통해 우가 "더 많은 혁신을 실행하고 활성화했으며 진정한 가치를 창출했다"고 치켜세웠다.[26]

ARM이 엔비디아로 매각되어 미국 소유로 넘어가기 직전에 이런 분쟁이 벌어졌고, 그 결과 ARM은 중국과 서방 사이 반도체 긴장의 가운데에 놓이게 되었다. 화웨이가 중국 최대 고객이었다. ARM은 가장 중요한 시장에서 다수 지분을 자발적으로 매각해버렸고, 이제 모든 통제권을 잃은 것처럼 보였다.

■ 변론

엔비디아의 인수는 반대에 부딪혔다. 소프트뱅크에 넘어간 지 4년 뒤, 역사는 반복되었다. 다만 이번에는 영국 정치인들과 규제 당국자들이 ARM의 전략적 중요성에 대해 민감해했다. 이 매각은 전 세계에서 단순한 말잔치를 넘어선 반향을 불러일으켰다.

빅테크들로 이루어진 강력한 그룹은 이 사안을 놓고 그저 한담이나 나누지는 않았다. 구글 소유주 알파벳과 마이크로소프트, 퀄컴 등이 포함된 그룹은 2021년 2월 미국 연방거래위원회FTC에 이 거래에 대한 불만을 제기했다. 이들은 엔비디아가 중요한 공급업체를 장악함으로써 ARM의 핵심 설계에 대한 다른 기업의 접근을 제한하거나 대가를 인상할 수 있다고 우려했다. 또한 엔비디아는 그래픽을 넘어 영역을 확장하려고 하는데, 그 과정에서 경쟁하다 보면 ARM을 라이선싱하는 500여 개 회사 중 더 많은 업체들과 충돌하게 될 것이라고 예상했다. FTC는 조사를 시작했다.[27]

ARM 기반 맞춤형 칩을 직접 개발하는 업체들은 더 심각했다. 그리고 드물게도 이 건에 대해서는 미국과 중국이 공히 우려했다.

중국의 신생 칩 설계업체 중 다수가 ARM 고객이었는데, 미국이 아키텍처를 갖게 될 경우 어떻게 할 것인가? 중국 고객들은 양국 간 기술무역전쟁 속에서 ARM 기술도 자기네로부터 차단될 수 있다고 불안해했다.

영국에서는 ARM의 대부인 헤르만 하우저가 이번 거래가 비즈니스 모델과 일자리에 미칠 파괴적인 영향을 걱정했다. 그러나 보리스 존슨 총리에게 보낸 공개서한에서 그가 제시한 가장 큰 우려는 국가의 경제 주권이었다.

하우저는 트럼프 미국 대통령이 기술 우위를 차지하기 위해 중국과 벌이는 전쟁을 상기하며 "영국이 자신들의 무기가 없을 경우 협상에서 부수적인 피해를 입게 될 것"이라고 경고했다. ARM이 현재 애플과 삼성, 소니, 화웨이 등의 스마트폰을 구동한다는 사실은 이 회사의 영향력을 의미하지만, 엔비디아에 매각되고 나면 ARM은 미국 정부의 해외자산통제국OFAC의 규제를 받게 된다. OFAC는 미국의 안보와 외교 정책에 기반하여 경제 및 무역 제재를 관리하고 집행한다.

"이에 따라 영국은 불공평한 처지에 놓이게 됩니다. 즉, ARM이 누구에게 판매할 수 있는지에 대한 결정을 다우닝가에서가 아니라 백악관에서 내릴 것입니다." 하우저는 이렇게 추론한 뒤 "예전에는 주권이 주로 지리적 문제였지만, 이제는 경제적 주권도 똑같이 중요하다"고 주장했다. "영국의 가장 강력한 무역 무기를 미국에 넘기는 것은 영국을 미국의 속국으로 만드는 것입니다."

하우저는 협상이 진행된다면 회사 직원과 라이선스 사용자를 보호하는, 법적 구속력이 있는 조건과 함께 OFAC 면제를 요구해야 한다고 주장했다. 그는 또 '자연스러운 대안'을 제시했는데, 영국에 소재한 회사이므로 ARM을 런던증권거래소로 복귀시키고 영국 정부는 국가의 경제적 안보를 보호하기 위해 앵커 투자자로서 '황금주golden share'를 보유하자는 내용이었다. 하우저는 존슨이 그렇게 하지 못할 경우를 상정하고 서한을 마무리했다. "역사는 당신을 중대한 시기에 국가를 위해 행동하는 데 실패한 인물로 기억할 것입니다."[28]

───────

　영국 정부는 오랫동안 기업 인수·합병에 개입하지 않았고, 규모가 크거나 전략적으로 중요해도 관여하지 않았다. 하지만 이번에는 달랐다. 거래가 발표된 지 두 달 후인 2020년 11월, 영국의 〈국가안보및투자법〉 안案은 국가안보 우려가 적용될 수 있는 거래의 유형을 대폭 확대하겠다고 약속했다. 이 법안의 뿌리는 테레사 메이 전 총리의 연설에서 찾을 수 있다. 그는 소프트뱅크가 ARM 인수를 발표하기 일주일 전 연설에서 "제약산업만큼이나 영국에 중요한 부문은 매각으로부터 지켜내기 위해 국가가 개입할 수 있어야 한다"고 말했다.[29]

　ARM이 아닌 다른 칩 설계업체의 인수합병 거래도 이 법안에 힘을 실어주었다. 한때 ARM과 긴밀한 파트너였던 영국의 그래픽 프로세서 전문업체 이매지네이션 테크놀로지를 중국 사모펀드 캐니언브리지가 5억 5,000만 파운드에 인수하는 건이었다. 영국 법원은 2017년 11월 2일 이 거래를 승인했다. 캐니언브리지의 설립자 벤저민 차우Benjamin Chow가 미국에서 내부자 거래 혐의로 기소된 지 며칠 뒤였다.

2020년 캐니언브리지의 대주주인 차이나 리폼China Reform은 이매지네이션의 이사회에 자신들의 이사를 임명하려고 시도했다가 정치적 반발로 포기했다. 영국이 앞서 캐니언브리지의 인수를 승인한 것은 이 회사(미국에 본사가 있었다―옮긴이)가 미국 법률에 따라 규제되었기 때문이다. 그러나 이후 본사를 케이맨 제도로 이전했고, 이제 중국으로 이전해 기술을 가져갈 수 있다는 우려가 나왔다.

톰 투겐타트 영국 하원 외교위원장은 "세상은 변했고 기업, 특히 기술기업들이 최전선에 있다"고 말했다. "누구든지 코드를 작성하는 사람이 세계의 규칙을 정하고, 그 힘은 관료들이 통과시킨 그 어떤 규제보다 강하다." 그는 브렉시트 이후 영국의 미래에 대해 "브뤼셀로부터 통제권을 되찾아 오는 일은, (그 통제권을) 베이징에 넘겨줄 뿐이라면 아무런 의미가 없다"고 말했다.[30]

———

한편 ARM은 평소와 같이 비즈니스를 유지하려고 노력했다. ARM 기반 후가쿠Hugaku 슈퍼컴퓨터는 ARM의 다재다능함을 알리는 광고 역할을 했다. 이 슈퍼컴퓨터는 일본 국립연구소 리켄理研과 후지쯔가 공동으로 개발해 2020년 5월 고베에 설치되었다. 세계에서 가장 빠르다고 평가된 후가쿠는 신약 발견과 기후 예측을 중심으로 주요 혁신에 도움을 줄 것으로 기대되었다.

매출도 늘었다. 로열티 수익은 5G 스마트폰에 대한 강력한 수요 덕분에 2020년에 17% 증가했다. 그리고 ARM은 여전히 미래를 내다보고 있었다. ARM 아키텍처의 아홉 번째 버전이자 10년 만의 업그레이드인 ARMv9를 2021년 3월 30일 공개했다. 시거스는 이 버전이 "향후 3,000억 개의 ARM 기반 칩의 선두에 서게 될 것"이

라고 자신 있게 예측했다.[31]

엔비디아도 자신들의 역량을 과시하느라 바빴다. 그해 여름, 1억 달러를 투자한 결과물인 슈퍼컴퓨터 케임브리지-1을 발표했다. 엔비디아는 이 기기가 ARM 인수가 어떻게 되든지 영국에서 가장 강력한 슈퍼컴퓨터가 될 것이라고 장담했다. ARM의 뒷마당에 위치한 이 컴퓨터를 사용해 최고의 과학자와 의료 전문가들이 AI와 시뮬레이션을 강력하게 조합할 수 있게 되었다. 그럼으로써 예컨대 뇌 질환을 더 잘 이해할 수 있게 됨으로써 디지털 생물학 연구를 가속화하고 생명과학 분야를 발전시킬 수 있다. 이 슈퍼컴퓨터를 활용한 프로젝트를 진행하기 위해 이미 아스트라제네카, GSK, 가이스앤세인트 토마스Guy's&St Thomas, NHS 재단 등이 줄 서 있었다.

———

올리버 다우든Oliver Dowden 디지털문화미디어스포츠부 장관은 2021년 4월 19일 국가안보를 근거로 ARM 매각에 관여하겠다는 내용의 '공익적 개입 통지PIIN'를 발표했다. 얼마 지나지 않아 경쟁시장청CMA은 이 거래가 심각한 경쟁 이슈를 야기한다면서 ARM의 지식재산에 대한 접근을 제약해 자동차에서 휴대폰, 데이터센터에 이르기까지 다양한 제품의 가격을 올릴 수 있다고 설명했다. 안드레아 코스첼리Andrea Coscelli CMA 청장은 이는 "궁극적으로 여러 중요하고 성장하는 시장에서 혁신을 억압함으로써" 문제를 야기할 수 있다고 말했고, 심층 조사가 뒤따랐다. 중국 규제 당국도 이 거래를 샅샅이 분석하고 있었다.

이 중 어느 것도 좋은 소식이 아니었지만, 결정타는 미국의 FTC가 날렸다. FTC는 12월 2일 거래 중단을 요청하는 소송을 제기했고, 홀리 베도바Holly Vedova 경쟁국장이 "칩 대기업이 차세대 기술의 혁신 파이프라인을 질식시키지 못하도록 하기 위한 조치"라고 설명했다. 이 소송의 배경으로 그는 이 거래가 "칩 시장에서 ARM의 인센티브를 왜곡하고 합병된 회사가 엔비디아의 라이벌을 부당하게 약화시킬 수 있다"는 우려를 들었다. 특히 자율주행 자동차, 데이터센터 서버, 클라우드 컴퓨팅 분야를 예로 들었다. 베도바 국장은 다음과 같이 덧붙였다. "이 소송을 통해 우리는 핵심 인프라 시장을, 미래 혁신에 광범위하고 파괴적인 영향을 줄 불법적인 수직 합병으로부터 보호하기 위해 적극적으로 행동할 것이라는 강력한 신호를 보내야 합니다."[32]

아이러니하게도 주식시장 투자자들이 거래가 손정의 회장의 손아귀에서 벗어나고 있다고 생각할수록, 손 회장 측에게 돌아갈 잠재적인 매각 대금은 더욱 높아졌다. 엔비디아의 주가가 치솟으면서 인수 계약 서류상 ARM의 가치가 최고 800억 달러까지 올라갔다. 하지만 ARM의 전망에 대한 언급은 거의 나오지 않았다. 다만 엔비디아의 리더십에 방해가 되는 요소가 곧 제거될 것이라는 기대만 높아졌다. 가격표가 어떻든 영국의 기술 챔피언은 매각하기에는 너무 값지다는 공감대가 형성되고 있었다.

———

ARM과 엔비디아는 읍소했다. 두 회사는 12월 20일에 CMA에 공동 진술서를 제출하면서 마지막 주사위를 던졌다. 진술서는 ARM이 지원을 필요로 하는 회사라는 이미지를 그려냈다. ARM은 수백 개의 파트너사가 수십억 개의 칩을 출하하고 있지만 기술기업으로서 번창하기보다는 심각한 어려움에 처해 있다는 것이었다. 앞서 소프트뱅크의 투자는 데이터센터와 PC 시장의 성장을 촉진하고 인텔과 더 잘 경쟁하도록 하기 위한 것이었으나, 이 분야에서의 성공은 아직 입증되지 않았다고 평가했다.

법정에서는 ARM의 강점을 알리기보다 오히려 약점을 부각해야 했다. 지식재산에 대한 라이선스만 제공하는 독립 법인이라는 ARM의 한계는 "수년에 걸쳐 명백해졌다"고 진술서는 주장했다. 원래 주력이었고 여전히 가장 큰 수익원인 모바일 시장은 "포화 상태"다. 데이터센터와 PC 시장은 "침투하기가 훨씬 더 어렵다." ARM은 인텔과 AMD에 비해 불리한 위치에 있었는데, 그들은 보유한 기술들의 여러 층위에서 수익을 창출했다. ARM은 전문성과 규모, 자원이 부족해 "진지를 구축한 x86 집권자와 정면으로 경쟁하면서 투자하는 데 필요한 만큼 매출을 올리지 못하고 있다."[33]

'ARM은 왜 로열티 요율을 인상하지 않느냐'라는 질문은 새롭지 않았다. 2013년 최고경영자가 되었을 무렵 이 질문을 받았을 때 시거스는 이렇게 대답했다. "그럴 경우 당분간 더 많은 매출을 거둘 수 있을 것입니다. 하지만 고객들은 다른 대안을 찾아 떠나거나 수익성 저하를 겪을 것입니다. 우리가 생태계에서 많은 돈을 뽑아내려고 하면 ARM 아키텍처를 지원하는 회사가 줄어들고, 그러면 ARM 아키텍처가 갈 수 있는 곳이 제한될 것입니다."[34]

대신 엔비디아로의 매각은 "ARM의 인센티브와 기회를 실질적으로 변화시킬 것"이라고 진술서는 주장했다. 이 대목은 매각이 완료되면 6,500명의 ARM 임직원에게 지급될 15억 달러의 엔비디아 지분을 언급했음이 분명하다. 이는 1인당 23만 달러에 해당했다. 물론 혜택은 회사의 리더와 스타 엔지니어에게 편중될 것이었다.

ARM의 독립성을 소중히 여기는 사람들은 "인텔과 애플, 퀄컴, 아마존의 이익이 치솟고 있는데, 이는 ARM에게도 경쟁 전반에도 '승리'로 나타나지 않았다는 사실"을 명심해야 한다고 주장했다. CMA에 제출된 문서는 엔비디아 거래가 무산될 경우를 최후의 날 시나리오처럼 묘사했다. ARM은 "수익성 및 성과"와 더불어 의심할 여지없이 전략적 변화와 비용 절감을 요구하는 "비정한" 자본시장에 휘둘리게 될 것이었다. 지난 2년간 검토되다가 무산된 ARM IPO는 성사될 경우 "초점을 좁히고 투자를 제한할 것이다." 특히 엔비디아는 ARM이 모바일과 IoT에 집중하면서 PC와 데이터센터 설계를 희생하지 않을까 걱정했다.

ARM은 스스로를 매수할 가치가 있는 주식으로 묘사하지도 않았다. 최근 애플, 퀄컴, 아마존의 "급격한 매출 및 이익 성장과 시가총액 급증"에 비해 ARM은 "비교적 평탄한 매출과 비용 상승, 수익 감소로 인해 30년 된 기업으로서 어려움을 겪고 있다"고 서술했다. 시거스는 문서에서 이렇게 설명했다. "기업공개를 고려했지만, 단기적인 매출 성장과 수익성을 제공해야 한다는 압력으로 인해 투자하고 확장하고 빠르게 움직이며 혁신하는 우리의 능력이 제한될 것이라고 판단했습니다."[35]

호소로는 충분하지 않았다. 불가피한 상황에 무릎을 꿇은 두 회사는 2022년 2월 8일 거래가 "양사의 선의의 노력에도 불구하고 중대한 규제 문제로 인해 무산되었다"고 발표했다.[36]

황은 "ARM의 미래는 밝고, 우리는 앞으로도 수십 년 동안 자랑스러운 라이선시로서 ARM을 계속 지원할 것"이라고 선언했다. 손 회장은 ARM이 "두 번째 성장 단계에 접어들었다"고 선언하며 후회 없는 모습을 보였다. 소프트뱅크는 "더 많은 진전을 이루기 위해" 늦어도 2023년 3월까지 상장을 준비할 것이라고 덧붙였다. 2019년 10월 ARM의 테크콘에서 내놓은 시거스의 답변이 결국 실현될 듯했다. 소프트뱅크는 그저 먼 길을 돌아온 것이었다.

그러나 회사를 7년 만에 다시 기업공개로 이끈 경영자는 시거스가 아니었다. 그는 즉시 물러났다. 그 자리를 대신한 이는 그의 절친한 동료 르네 하스로, 2017년부터 ARM의 주요 사업부인 IP제품그룹IPG의 사업부장이었다.

시거스는 퇴임사에서 "ARM은 내 직장 생활을 정의했다"면서 "대학원생 엔지니어에서 CEO로 성장할 수 있는 기회가 주어진 점에 매우 감사하다"고 말했다. 그는 "르네의 리더십 아래 ARM이 거둘 미래의 성공에 대해 매우 낙관적이며, 회사를 다음 챕터로 더 잘 이끌 사람은 생각할 수 없다"고 덧붙였다.[37] 실망했음이 역력했다.

14장

RISC-V로부터의
리스크

■ 반도체의 스위스

조선소라는 뜻의 '쉬프바우Schiffbau'는 한때 매일 수백 명의 엔지니어를 맞이했지만, 현재 기다란 아치형 창문이 달린 인상적인 벽돌 건물은 극장과 식당으로 사용되고 있다. 이 건물은 취리히 서부의 과거 산업지역 가운데 유행을 따르는 주거나 업무용으로 바뀌지 않은 몇 안 되는 유적 중 하나이다. 인근 쉬프바우슈트라세에는 한때 그 소음이 멀리에서도 들렸으나 이제는 잊힌 용광로의 일부였던 탑이 있다.

스위스 최대 도시 취리히의 인더스트리쿼티에Industriequartier의 이 두 랜드마크 사이에는 회색 오피스 빌딩 구역이 있는데, 최근 다락층에 카페테리아도 갖춘 현대적인 사무공간으로 리모델링되었다. 2019년 말, 또 다른 조직이 로펌 MLL과 회계법인 BDO 등과 함께 입주할 것이라고 밝혔다.

파트너들이 첨단 기술 분야에 종사한다는 점을 제외하면 RISC-V(2010년 UC 버클리의 연구자들로부터 시작된 오픈소스 칩 아키텍처로, 2015년 많은 기술기업들의 지원을 받아 재단으로 설립됐다. 리스크 파이브로 읽는다—옮긴이) 재단은 이 지역의 엔지니어링 전통과는 거리가 멀었다. 이 조직은 아무것도 만들지 않았고 소음을 거의 내지 않았으며 현지에서 아무도 고용하지 않았다. 만약 우편물이 발송된다면 수령할 수 있는 주소만 등록되어 있을 뿐이었으며, 그 정도의 존재감이 전부였다.

칩 설계 업체 ARM은 종종 '반도체의 스위스'라고 묘사되었는데, 대가를 지불하는 누구에게나 설계 라이선스를 제공하고 불구대천의 경쟁사들 사이에서 세심하게 중립을 지킨다는 점에서였다.

RISC-V는 그 구역의 신예the new kid on the block로, 마이크로칩 업계에 불어 닥친 지정학적 악재(미중 무역분쟁—옮긴이)를 피하기 위해 스위스로 옮겼을 뿐 아니라, ARM이 하는 모든 것을 무료로 제공하고자 했다. 이 시도는 성공적이었다. 2015년 발족 이후 4년 만에 재단은 회원사를 약 325곳 유치했다. 여기에는 주요 칩 공급업체 대부분이 가담했는데, 예컨대 퀄컴과 자동차에 특화한 NXP 세미컨덕터, 중국의 알리바바와 화웨이 등이었다. 파운드리의 선구자인 TSMC가 자체 공장을 건설하지 않아도 되게끔 함으로서 진입장벽을 낮추는 데 성공했듯이, RISC-V는 예산이 빠듯한 칩 설계 스타트업을 끌어들였다. RISC-V는 새로운 혁신을 자극하면서, ARM과

x86의 본거지 인텔 이외의 아키텍처를 써보려고 하는 열의가 컸던 많은 중국과 러시아 개발자들을 흥분시켰다.

RISC-V는 EU에서도 호평을 받았다. EU는 역내 반도체 독립의 경로 중 하나로 '유럽 프로세서 이니셔티브EPI'를 추진했다. EPI는 2023년까지 RISC-V 설계를 기반으로 새로운 슈퍼컴퓨터를 만든다는 목표를 잡았다.

업계의 관심을 더욱 증폭시킨 것은 2020년에 대두된, 엔비디아가 ARM 인수를 고려 중이라는 소식이었다. 비록 엔비디아 CEO인 젠슨 황이 거래를 발표하면서 그러지 않을 것이라고 말했지만, ARM의 독립성이 장차 위협받게 된다면 오픈소스에 로열티가 없는 백업을 알아보기에 그보다 더 좋은 시기는 없었다.

애널리스트들은 400억 달러 규모의 인수 제안이 ARM의 가치를 확고하게 하기보다는 오히려 잠식하리라고 추측했다. 이 인수를 계기로 RISC-V가 모든 칩 업체가 사용할 수 있는 신뢰할 수 있는 대안으로 자리잡을 수 있다는 근거에서였다.

ARM과 엔비디아는 2021년 12월 경쟁시장청CMA에 제출한 자료에서 RISC-V를 다음과 같이 극찬했다. "RISC-V는 현재 ARM에 비해 두 가지 잠재적 이점이 있다. 더 저렴하고 더 커스터마이징이 가능하다. 오늘날 고객이 ARM을 선호하더라도 RISC-V는 매우 실질적인 경쟁자로서 ARM을 견제하고 있다."[1]

사실 RISC-V를 잘 아는 고객사 중 한 곳은 바로 엔비디아였다. RISC-V가 2015년 설립되었을 때 엔비디아는 창립 멤버로서 새로운 표준을 제정했다. 곧이어 새로운 GPU에 이 아키텍처를 채택했는데, 성능을 크게 개선할 수 있다는 기대에서였다.

손꼽히는 칩 업체들은 이때까지는 수익성 좋은 ARM의 독점 기술만 바라봤다. 그러나 이제 누구에게나 어디에서나 이용 가능하고 게다가 공짜인 대안이 나왔다. 또 기업들은 새로운 기술이 등장하면 그 기술을 활용함으로써 위험을 분산하고자 한다. ARM은 더 이상 느긋해할 수 없었다.

■ 다시 버클리로

ARM이 크리스티 아사노비치Krste Asanović에게 자신들의 프로세서 아키텍처를 실험할 수 있도록 기꺼이 허용했다면 RISC-V는 존재하지 않았을지도 모른다. UC 버클리의 컴퓨터공학 교수인 그는 샌프란시스코의 한 카페에서 ARM 담당자와 나눈 대화를 생생하게 기억했다.

새로운 프로젝트를 위해 그는 ARM의 설계를 활용하면서 동료 학자들과 아이디어를 공유하고 싶었다. 아사노비치는 특히 ARM 웹사이트에서 다운로드할 수 있는 것으로는 아키텍처 일부의 시뮬레이션조차 구축할 수 없다는 사실에 실망했다. 그는 "ARM이 전통적으로 매우 폐쇄적인데, 비즈니스 모델을 고려하면 이해된다"고 말했다. "가장 중요한 자산인 지식재산을 쉽게 내주기 어려울 것이다. 그러나 다른 편으로는 그런 태도가 RISC-V를 도왔다."

아사노비치는 노샘프턴셔주의 코비에서 자랐다. 그의 부모는 제2차 세계대전 후 유고슬라비아에서 난민으로 영국에 이주했다. 컴퓨터 프로그래밍을 취미로 삼은 1세대에 속한 그는 부모를 졸라

에이콘 아톰 컴퓨터를 갖게 되었다. ARM의 역사가 만들어질 때 그는 그 근처에 있었다.

아사노비치가 케임브리지 대학교에서 전기·컴퓨터공학을 전공하는 동안 케임브리지의 다른 곳에서는 ARM1이 잘 작동하는 것을 확인한 스티브 퍼버와 소피 윌슨이 에이콘 임원들과 함께 샴페인 코르크를 터뜨렸다. ARM1은 인텔이 16비트 80286 칩을 라이선스 주지 않자 에이콘이 직접 개발한 마이크로프로세서였다. ARM2는 에이콘 아르키메데스에 탑재되었다.

아사노비치와 ARM은 그가 미국으로 유학한 이후 몇 년이 지나면서 더 가까워졌다. 1989년 버클리에 입학한 직후, 그는 데이비드 패터슨 교수의 컴퓨터 아키텍처 수업을 들었다. 패터슨 교수는 1980년 논문을 통해 RISC, 즉 축소 명령어 세트 컴퓨터 방식을 제시했고, 이는 케임브리지 교수이자 에이콘 임원이던 앤디 호퍼를 통해 퍼버와 윌슨에게 전해진 바 있다. 패터슨의 연구 결과는 1980년대에 급증한 RISC 아키텍처에 영감을 불어넣었다. 이 아키텍처를 기반으로 ARM은 약 10년 후 확실한 시장 리더가 되었다. 아사노비치는 패터슨 교수와 긴밀히 협력하기 시작했다.

고령에도 역도를 하며 근력을 과시해온 패터슨 교수는 2008년 설립되어 후에 RISC-V를 성장시킨 '버클리 병렬컴퓨팅 연구소 Parallel Computing Lab, Par Lab'의 소장이 되었다. 인텔과 마이크로소프트가 주요 대학 컴퓨터공학과 25곳이 참여한 콘테스트에서 우승한 버클리에 1,000만 달러를 지원해 이 연구소가 만들어졌다. 파랩은 이후 캘리포니아 주정부를 비롯한 제3자로부터도 자금을 추가로 출연 받았다.

이 콘테스트가 새로운 명령어 세트 때문에 시작된 것은 아니었다. 인텔의 펜티엄4가 실패하면서 오랫동안 이어져온 마이크로소프트와 인텔의 '윈텔' 동맹을 둘러싼 우려의 목소리가 커졌다. 2000년에 출시된 이 프로세서는 이전보다 클록 속도가 빨랐지만 비싸고 발열 이슈가 있었으며 경쟁사 제품만큼 성능이 좋지도 않았다. 게다가 멀티 코어를 가진 프로세서가 출시되면서 복잡한 작업을 세분해 동시에 처리할 수 있는 '병렬' 소프트웨어를 개발하는 과제가 중요해졌다.

아사노비치의 연구팀은 당초 MIPS(스탠퍼드에서 개발한 RISC 방식)나 썬 마이크로시스템즈의 SPARC(확장형 프로세서 아키텍처), 또는 x86 명령어 세트를 연구에 활용했다. 하지만 그 사이 ARM이 엄청난 인기를 얻었다. 그들이 계속 직면한 문제는 아키텍처를 변경하면 실행하던 소프트웨어가 더 이상 작동하지 않는다는 것이었다. 그래서 그들은 기본으로 돌아가서 자체 명령어 세트를 만드는 방안을 검토했다. 그러나 ARM은 실험을 허용하지 않았고, 라이선스 비용을 지불할 여력이 없는 다른 대학과 연구 결과를 공유하지 못하게 했다. 마지막으로, 아사노비치 팀은 64비트 작업을 선호했지만 ARM은 아직 32비트에서 더 나아가지 못한 상태였다.

아사노비치는 "대학이 지닌 가장 큰 힘 중 하나는 대학원생의 순진함"이라고 말했다. 그는 "그들은 무언가가 불가능하다고 생각하지 않은 채 어떻게든 시도한다"며 대학원생 이윤섭과 앤드류 워터맨Andrew Waterman을 칭찬했다.[2]

ARM의 64비트 v8 명령어 세트가 마침내 2011년에 출시되었을 때, 패터슨은 대안은 필요 없겠다고 추측했다. 하지만 출판사가 널리 사용되는 자신의 책 《컴퓨터 조직과 설계Computer Organization and Design》의 개정판을 내자고 해서 ARM v8을 자세히 살펴본 결과, 그는 처음에 생각한 것보다 훨씬 복잡하다는 사실을 깨달았다. 5,000페이지에 달하는 ARM 매뉴얼을 기반으로 교과서를 집필하기란 너무 어려웠다. 패터슨은 그중 일부에 대해서만 집필하기로 결정하고, 그 작업을 '불필요한 쓰레기는 빼고leave out extraneous garbage'를 줄여 LEG라고 불렀다.

아사노비치는 RISC-V 프레임워크는 "연구 목표가 아니었고, 단지 우리가 작업을 수행하는 데 필요해서 직접 구축한 발판이었다"고 말했다. 이 프레임워크는 단 40개의 고유한 명령어로 시작되었다. 소수 인원에 의해 만들어졌기 때문에 당연히 엄청나게 단순했다.

RISC는 단지 최초 버클리 프로젝트를 가리키는 목적으로만 만들어진 이름이었다. 이를 고려할 때 이 기술의 다섯째 버전에 이 명칭을 쓴 것은 재활용에 가까웠다. 아사노비치는 "데이브는 RISC가 후버와 같은 일반적인 이름이 되었다며 아쉬워했다"고 회고했다.

버클리의 어스파이어ASPIRE랩이 파랩을 계승해 여러 RISC-V 호환 마이크로프로세서가 탄생했다. 미 국방부 방위고등연구계획국Defense Advanced Research Projects Agency, DARPA도 지원했다. 이 무렵 아사노비치와 패터슨은 자기네가 하는 일에 대한 외부의 관심이 폭넓다는 사실을 알게 되었다. 처음에는 연구와 교육을 위해 설계한 것이 상업적 용도로도 사용될 수 있었다. 이들은 2014년 기본 설계를 완성한 뒤 RISC-V를 공개해 시장을 테스트하기로 결정했다.

사생결단의 경쟁이 일상이 되었지만, 컴퓨팅과 통신산업의 상당 부분은 누구나 사용할 수 있는 개방형 표준을 기반으로 한다. 예를 들어 근거리 통신망에 사용되는 이더넷과 단거리 무선통신 기술인 블루투스, 마이크로소프트 윈도의 대안으로 1991년 배포되기 시작한 리눅스 운영체제 등이 있다. 리눅스는 슈퍼컴퓨터와 자동차, 구글의 안드로이드 모바일 운영체제의 기반 등으로 확산되었다.

———

아사노비치와 패터슨은 2014년 8월 발표한 〈명령어 세트는 자유로워야 한다: RISC-V 사례〉라는 논문에서 하드웨어를 위한 무료 개방형 명령어 세트 아키텍처가 없어야 할 "합당한 기술적 이유가 없다"고 썼다. 이들은 라이선스 협상과 비용 책정에 시일이 오래 걸리기 때문에도 소규모로 작업하는 학자 및 다른 사람들은 ARM 등의 사용에 제약을 받는다고 비판했다. 이 논문은 "개방형 운영체제보다 개방형 ISA의 근거가 훨씬 더 명확하다"면서 "ISA는 매우 느리게 변하는 반면, 운영체제는 알고리즘 혁신과 새로운 응용 수요에 따라 계속 진화해야 한다"고 설명했다.[3]

같은 달에 이들은 고성능 칩에 관한 연례 컨퍼런스(핫칩스Hot Chips)에 참석했다. 행사는 사흘간 쿠퍼티노의 디앤자De Anza 칼리지에서 열렸다. 아사노비치는 ARM에 대해 로열티 금액을 중심으로 적지 않은 불만이 제기되고 있다고 생각했다. ARM의 "매출은 상대적으로 제자리에 비용은 상승, 이익은 감소"[4]라는 우는 소리는 애플이나 퀄컴, 아마존 같은 부자 회사와 비교한 것이었고, 수백만 달러의 라이선스 비용을 감당하지 못하는 스타트업에는 통하지 않았다.

하지만 비용이 전부는 아니었다. 아사노비치는 스타트업들을 만나 ARM과의 라이선스 협상을 위해 2년 동안 노력한 사례와 라이선스를 확보하더라도 ARM이 허용하는 범위에 있어서 유연성이 부족하다는 이야기를 들었다.

ARM은 RISC 상업화에서 다른 어떤 회사보다 성공을 거두었다. 그러나 한때 현금이 부족했지만 용감했던 이 회사는 오래 전에 기득권을 지닌 공급자로 변신했고, 개발자들이 불평하는 대상이 되었다. ARM의 혁신은 RISC가 아니라 칩 업체가 직접 프로세서를 설계하지 않아도 되는 지식재산의 라이선스를 제공한 것이었다.

RISC-V의 혁신은 해당 산업 부문을 무료로 만드는 것이었다. 설립자들은 세상의 장악이 아니라 세계가 이를 어떻게 받아들이는지 지켜보고 싶었다. 리눅스가 공개 소프트웨어의 핵심 역할을 한 것처럼, RISC-V는 모든 칩 업체가 사용하지만 어느 누구도 소유하지 않아 자유롭게 수정할 수 있는 명령어 세트로서 개방형 하드웨어의 핵심이 될 수 있다고 생각했다.

핫칩스 컨퍼런스가 끝나고 몇 달 후에 열린 워크샵에 오픈 하드웨어를 위한 아키텍처 활용에 관심을 가진 기업 40곳이 참석했다. 그들은 RISC-V의 본거지가 대학 내에 있어서 경쟁하는 프로젝트와 졸업생들의 이동으로 인해 관심이 분산될 수 있다는 점을 우려했다. 수백만 달러의 개발비를 투자하기에 안정적이지 않다는 걱정이었다. 아사노비치와 패터슨은 RISC-V를 회비로만 돈을 받는 재단으로 독립시키기로 결정했다. 그 재단의 분명한 모델인 리눅스 재단이 지원을 맡기로 했다.

RISC-V의 탄생은 ARM이 RISC 리더십으로 더 많은 것을 하지 않았다는 실망을 파고들었다. 패터슨과 RISC를 함께 연구한 데이비드 디첼은 2015년 인터뷰에서 ARM의 64비트 아키텍처에 대해 칭찬을 아끼는 방식으로 깎아내렸다. 그는 "매우 일반적인 RISC"라며 "정말 훌륭한 RISC 아키텍처라고 생각하지만 1980년대에 이미 구현될 수 있었다"고 말했다.[5]

■ 보복 그리고 재배치

코끼리가 파리를 잡으려는 것처럼 ARM은 새로운 경쟁자를 상대로 뭔가 조치를 취하기로 결심했다. 2018년 7월 9일 웹사이트 riscv-basics.com을 열었다. 이 사이트의 목적은 ARM 대신 RISC-V를 프로세서 아키텍처로 사용할 가능성이 있는 개발자들의 마음에 의심의 씨앗을 심어주는 데 있었다. ARM 로고와 'RISC-V 아키텍처: 사실에 대한 이해'라는 제목 아래 신중하게 고려해야 할 몇 가지 요소를 제시했다.

잠재 고객들은 라이선스 대가와 지속적인 로열티가 없다는 이유로 RISC-V에 이끌려서는 안 된다고 주장했다. 왜냐하면 그 비용은 "상용 프로세서를 만드는 데 필요한 전체 설계—납품 비용의 일부에 불과하기 때문"이라고 설명했다. 수많은 파트너들이 참여하는 ARM의 대규모 생태계는 "시장 선택과 제품 품질, 최적의 출시 시간"을 보장하지만, RISC-V 생태계는 "아직 이 단계에 도달하지 못했다"고 덧붙였다. 보안 위협과 관련해서는 "RISC-V 기반 제품은 비교적 새롭고, 파트너사들과 전문가들의 수년간의 면밀한 검증이라는 과정을 아직 거치지 않았다"고 지적했다.

결론은 다음과 같았다. "칩을 처음부터 새로 만들려는 경우든 완벽한 솔루션을 찾고 있든 간에 125억 개 이상의 칩에서 시도되고 테스트된 아키텍처, 500개 이상의 파트너사가 라이선스를 취득해 프로세서 설계에 이미 적용하는 아키텍처를 사용하십시오."[6]

업계에서 두려움, 불확실성, 의심FUD으로 통하는 이런 캠페인은 미국 소프트웨어 회사들 사이에서는 드물지 않은 일이었지만 ARM에게는 생소했다. 당연히 이런 공격적인 대응을 한 적도 없었다. 민첩한 신생 기업의 위협에 직면하자 ARM 내부의 누군가가 그런 방식이 좋은 아이디어라고 생각했음이 분명했다. 그러나 케임브리지의 ARM 엔지니어들은 분통을 터뜨렸고, 이 웹사이트는 하루뒤 내려졌다.

———

RISC-V의 소재지에 대한 우려를 아사노비치에게 처음 제기한 나라는 인도였다. 트럼프 대통령이 중국과 마이크로칩 전쟁을 벌이기 몇 년 전이었지만, 인도의 일부 개발자들은 오래 전 경험을 기억했다. 인도가 세 차례 지하 핵폭발 실험을 하고난 1998년에 미국은 인도에 제재를 가했다. 핵무기 확산을 막기 위한 노력으로 인도로의 컴퓨터 수출이 규제되었고, 인도는 자체 역량 구축에 집중하게 되었다.

지정학적 갈등이 고조됨에 따라 대화의 밀도도 높아졌다. 리눅스가 보편화되던 때와 달리 국가 간 불신이 심해진 시기에 RISC-V는 모두에게 개방하려고 했다. RISC-V는 미국 재단에 속해 있었고 개방형 표준은 수출 규제 대상이 아니었다. 그런데도 혼란이 잦아들지 않았다.

SD 메모리 카드와 이더넷을 감독하는 단체를 포함한 20여 개의 표준 그룹이 2019년 6월 윌버 로스 미국 상무부 장관에게 중국 통신그룹 화웨이와의 협력에 관한 규칙을 명확히 해달라고 요청하는 서한을 보냈다. 트럼프 대통령이 화웨이에 첨단 기술이 제공되지 못하게 차단한 뒤였다. 그들은 화웨이를 규제하면 표준 설정을 해외로 내보낼 수 있다고 경고했다.

아사노비치는 RISC-V의 의장으로서 일본과 중국, EU의 파트너들이 낸 우려의 목소리에 귀를 기울였다. 중립성을 강조하고 백악관의 무역 규제에 해당되지 않도록 재단은 2019년 11월 미국 델라웨어에서 스위스로 이전한다고 발표했다.

재단의 최고경영자이자 IBM의 베테랑인 칼리스타 레드먼드Calista Redmond는 당시까지 글로벌 협업에 제약이 없었지만 회원들은 "지정학적 혼란 가능성을 우려하고 있다"고 전했다.[7] 재단은 이번 이전은 "특정 국가나 기업, 정부 또는 사건"에 근거를 둔 것이 아니라 "공동체의 우려를 반영한 것이자 우리 공동체가 향후 50년 이상 RISC-V에 투자하고자 할 때 발생할 수 있는 전략적 위험을 관리하기 위해서"라고 발표했다.[8]

중립성을 확보하려면 스위스가 분명한 선택이었지만, 결정을 더 쉽게 한 변수는 매우 활동적인 RISC-V 개발자 그룹이 이 나라에 있다는 사실이었다. 취리히 공립 연구대학인 ETH 취리히의 RISC-V 개발자 그룹이었다.

다만 물리적인 리더십은 여전히 샌프란시스코 사무실에 남은 서류상의 이전이었다. 그런데도 미국에서는 좋지 않은 반응이 나왔다(RISC-V를 후원하는 중국 기업들의 입김 때문이라는 루머도 이 중 하나다―옮긴이). 아칸소주 공화당 상원의원 톰 코튼은 중국인 회원을 유지하기 위한 재단 이전은 "기껏해야 근시안적이고, 만약 미국 공적 자금이 그 기술을 개발하는 데 사용되었다면 너무나 충격적인 일"이라고 말했다.[9]

자금이 쇄도하다

RISC-V 개발자들은 이 기술을 상용화하는 데에도 앞장섰다. 사이파이브SiFive는 RISC-V 아키텍처를 기반으로 맞춤형 실리콘을 개발하는 최초의 팹리스로서 2015년에 설립되었다. 공동 창업자는 아사노비치와 그의 대학원생 이윤섭, 워터맨이었다.

이 벤처는 몇몇 거물급 투자자들로부터 자본을 조달했다. 2020년 8월에는 한국의 메모리칩 대기업 SK하이닉스와 사우디아라비아 국영 에너지기업 아람코의 투자 자회사 프로스페리티7 벤처스를 포함한 투자자들로부터 6,100만 달러를 투자받았다. 이로써 2015년 이후 인텔과 퀄컴, 웨스턴디지털을 비롯한 투자자가 모두 1억 8,500만 달러를 이 회사에 댔다.

2020년 9월, 공교롭게도 엔비디아가 ARM을 인수한다고 발표한 지 며칠 후 사이파이브는 퀄컴 임원 출신인 패트릭 리틀Patrick Little을 영입하며 그 의도를 강조했다. 리틀은 "이 산업은 범용 컴퓨팅에서 특정 영역에 초점을 맞춘 컴퓨팅으로 변신하고 있다"고 말했다. "이번 주 뉴스와 함께 그 속도가 더욱 빨라지고 규모가 확대되고 있다. 이제 많은 기업들이 개방형 솔루션과 폐쇄형 솔루션을 비교할 때라고 말한다."[10] 그리고 2021년 3월, 막강한 인텔이 TSMC가 대중화한 '파운드리' 모델을 채택해 다른 설계자의 칩을 생산하는 방향으로 전환한다고 발표한 날, 사이파이브는 RISC-V 설계가 더 널리 사용되도록 인텔과 협력하겠다고 밝혔다.

1년 후, ARM을 엔비디아에 매각하려는 시도가 무산된 직후 사이파이브는 기업가치를 25억 달러로 평가받아 1억 7,500만 달러를 더 투자받았고 IPO 전망이 나오기 시작했다. 이 회사는 스마트폰 분야에서 ARM의 지배력에 도전하기 위해 P550 칩 설계를 내놓았다. 그리고 인텔은 고객이 어떤 아키텍처를 선택하더라도 칩을 만든다는 사명의 일환으로 10억 달러 규모의 혁신 기금을 조성해 RISC-V를 활성화하는 데 집중했다.

저렴하고 리스크가 낮은 기능을 지원하는 것으로 시작된 이 기술을 더 고가의 영역에서도 채택하는 조짐이 나타났다. NASA는 2022년 9월 사이파이브를 미래 우주 임무를 수행할 칩의 두뇌를 제공하는 업체로 선정했다.

자금과 고객은 있었지만 직원이 필요했다. 사이파이브는 케임브리지에 새로운 연구개발센터를 내면서 신규 직원을 100명 이상 채용하겠다고 약속했다. 곧이어 3부 리그에 속해 있던 케임브리지 유나이티드 축구 클럽과 후원사 계약을 체결했다. 사이파이브는 "경쟁팀보다 적은 자원으로 경기장에서 성공을 거둔 이 클럽이 사이파이브의 성공 스토리와 닮았다"고 의미를 부여했다.[11] 현지 대학 출신인 아사노비치는 이 클럽을 방문해 RISC-V가 어떻게 작동하는지 설명했다.

전반적으로 RISC-V 칩이 얼마나 널리 퍼져 있는지 정확히 알기는 어려웠다. 사이파이브는 고객사가 사용량을 자발적으로 공개하도록 요청했지만 그렇게 하는 기업은 적었기 때문이다. 레드먼드는 2022년 여름에 그동안 최소 100억 개의 코어가 출하되었으리라고 추정했다. 고객사는 70개국에 걸쳐 3,100개 이상으로 증가했다. ARM의 파트너사들 중 다수는 RISC-V도 사용했는데, 4개월마다 비슷한 수치를 출하했다. ARM의 대안에게는 여전히 성능 기록도, 방대한 소프트웨어 생태계도, 수년간의 애플리케이션 개발 경험도 없었다. 하지만 분명 의미 있는 시작이었다.

시장조사회사 세미코리서치는 RISC-V를 기반으로 만들어져 인공지능을 지원하는 시스템온칩SoC, 즉 필요한 모든 전자 회로를 하나로 통합한 칩이 2027년까지 250억 개 출하되리라고 예측했다. 다른 시장조사회사 카운터포인트리서치는 RISC-V가 2025년이 되면 사물인터넷 시장의 25%를 차지할 것으로 예상했다.[12]

레드먼드는 RISC-V 재단과 ARM이 어떻게 협력할 것인가에 대한 질문을 받았을 때 "중립으로 놓겠다"고 답했다. ARM은 몇 가지 프로세서 코어 설계를 오픈소스로 돌렸다. "우리 사이에 적극적인 참여나 프로젝트는 없지만 불협화음도 없습니다. 우리는 파이가 충분히 크다고 생각합니다."

아사노비치는 2020년 5월 공개한 RISC-V의 10주년 기념 영상에서 더 단호하게, "10년 뒤 어떤 다른 명령어 세트 아키텍처가 남아있을지 궁금하다"고 말했다. "또는 새로운 무언가가 등장할지도 궁금합니다."[13] 전선戰線이 그어졌다.

ARM은 데이터센터 분야에서 진전을 이루었고 모든 거대 기술기업에 자신의 가치를 입증했다. 그러나 혁신의 특성상 어깨 너머를 바라보는 일을 멈출 수는 없었다.

15장

세계로:
맹렬한 투자 경쟁

■ **부서진 둥지**

　타이베이 다통 지역에 있는 호텔 팔레드쉰Palais de Chine의 그랜드 홀에 붉은 거북이 케이크라고도 불리는 달걀 모양의 홍구이궈紅龜粿가 높이 쌓여 있었다. 홍구이궈는 끈적끈적한 쌀가루 껍질이 달콤한 속을 감싸고 있으며 번영과 장수를 상징한다. 케이크 탑은 두 개였다. 2021년 11월 29일, 이 케이크는 아주 특별한 축하연을 위해 마련되었다.

　유럽 골동품과 벨벳 천으로 장식된 이 연회장에는 차이잉원 대만 총통, 대만의 팹리스 반도체 기업으로 무선통신 기기와 TV 등의 칩을 공급하는 미디어텍의 차이밍카이蔡明介 회장, 아이폰 제조

업체로 잘 알려진 폭스콘의 창업자 테리 궈궈타이밍, 郭台銘 등 재계 리더들이 참석했다. 수십 명의 고위 인사들이 화려한 동박 천장과 16개의 크리스탈 샹들리에 아래 모였다.[1]

그들은 중요한 이정표를 기념하기 위해 모였다. 모리스 창 회장의 90번째 생일 축하연이었다. 대만에서 가장 크고 중요한 회사인 TSMC를 창업한 백발의 창 회장은 사실 7월에 태어났지만, 코로나19의 확산으로 인해 행사를 미뤘었다.

그는 2018년에 TSMC에서 은퇴했지만 회사와 국가에 미치는 영향력은 줄어들지 않았다. 그리고 그가 경영을 맡지 않더라도 TSMC는 자신감을 가지고 번영과 장수를 축하할 수 있었다.

수년에 걸쳐 칩을 생산하는 공정기술을 제외한 모든 것이 더 커졌다. 새로운 팹을 건설하는 데는 대개 200억 달러가 소요되는데, 이는 한 세대 전의 10배에 달한다. 그러나 TSMC는 엄청난 투자를 감당할 여력이 있었다. 2021년 매출은 전년 대비 19% 증가한 570억 달러였고 순이익은 15% 증가한 210억 달러를 기록했다. 5G 및 고성능 컴퓨팅 칩에 대한 수요가 증가한 덕분이었다. TSMC의 파운드리 시장점유율은 53.1%에 달했다.[2]

TSMC는 여전히 한계에 도전하고 있었다. 놀랍게도 수입의 절반이 7나노미터 공정 노드 이하에서 만들어진 칩에서 발생했다. 이 공정은 불과 3년 전부터 상업 생산에 활용되었다. 이 비율은 2023년까지 70%로 증가할 것으로 예상된다. 대만 남부 타이난에 위치한 팹18 시설에서는 3나노미터 노드 대량 생산이 2022년 말에 시작되었다.

대만이 여전히 대만 해협 너머로부터의 압박과 싸우는 가운데

이 모든 것이 이루어졌다. 대만 검찰은 2021년 3월 중국 암호화폐 및 AI 회사인 비트메인이 인력을 빼가기 위해 페이퍼컴퍼니를 설립한 혐의로 기소했다. 중국 기업은 대만에 지사는 설립할 수 있지만 반드시 정부에 등록해야 했고, 대만 정부는 특히 마이크로칩 기술을 수출하려는 시도가 의심되는 경우 면밀히 모니터링했다.

얼마 지나지 않아 대만 노동부는 리크루팅 회사가 중국 내 일자리를 소개하지 못하도록 금지했다. 노동부는 이 조치가 "중국이 대만의 우수한 반도체 인력을 빼가는 데 더 공격적이 되었기 때문에 이루어졌다"고 밝혔다.[3] 반도체나 집적회로와 관련된 일자리의 경우 더 엄격한 처벌이 가해진다.

드물게 공개석상에 나타난 창 회장은 반도체산업에서 리더십을 확보하려는 중국의 노력이 얼마나 효과적일지에 대해 의문을 제기했다. 2021년 4월 21일 대만 〈경제일보〉가 타이베이에서 주최한 포럼에서였다. 그는 "중국 본토가 지난 20년간 수백억 달러의 보조금을 지급했지만 여전히 TSMC보다 5년 뒤쳐져 있다"고 말했다. 로직 칩 설계에서는 아직 미국과 대만에 비해 1~2년 뒤에 있다고 덧붙였다. 그의 메시지는 분명했다. "중국 본토는 아직 경쟁자가 아니다."[4] 가장 큰 라이벌은 여전히 삼성이라고 그는 주장했다. 물론 TSMC와 중국의 관계는 밀접했다. TSMC는 2021년 그룹 매출의 10%를 중국에 의존했다.

대만 당국은 경계를 전혀 늦추지 않았다. 2022년 3월 9일 대만 공무원 약 100명은 4개 도시에서 14곳의 중국 칩 및 부품 공급업체를 급습했는데, 기업비밀을 도용하거나 전문인력을 꾀어간다는 혐의가 있어서였다. 이 단속으로 중국인 60명이 체포되었다. 대만 〈연

합보UDN〉 기사에 따르면 중국 헤드헌터들은 특히 집적회로 설계
와 전자 설계, 자동화, 통신, 전기자동차 분야의 전문가를 찾고 있었
다.[5] 추가 단속이 5월에도 이루어졌다.

———

국제정치의 긴장이 고조되는 중에도 대만과 TSMC는 건재했
다. 트럼프 대통령이 미중 관계에 전투적으로 접근했다는 사실을
고려할 때, 그가 퇴임한 후 미국과 중국이 관계가 더 악화되리라고
상상하기는 어려웠다. 그러나 상황은 실제로 그렇게 되었다.

2021년 1월, 조 바이든 대통령이 임기를 시작한 첫 며칠 동
안 대만은 중국 전투기가 자국 영공을 "대규모로 침범했다"고 발
표했다. 4월에는 그 규모가 더 커졌다. 이는 대만에 대한 미국의 의
지를 테스트하기 위한 도발로 해석되었다. 미국의 존 아퀼리노John
Aquilino 인도태평양사령관은 중국의 대만 침공이 "대부분이 생각하
는 것보다 훨씬 더 가까워졌다"는 암울한 경고를 내놓았다. 시진핑
중국 주석은 대만과의 "통일은 반드시 이루어져야 한다"고 말했다.

대만은 2020년 6월 중국이 홍콩의 자치를 제한하는 〈국가보안
법〉을 도입하는 과정을 두려움 속에 지켜보았다. 과거 영국의 식민
지였던 홍콩은 '일국양제'라는 모델에 따라 운영되었다. 중국은 한
때 대만에도 이 체제를 제안했었다. 몇 달 전, 차이잉원 대만 총통이
820만 표라는 기록적인 득표로 재선에 성공했다. 중국을 향한 강한
반발의 결과였다.

바이든은 중국 반도체 기술의 성장을 막기 위한 수출 규제를
강화했다. 칩 제조장비 업체인 KLA와 램리서치, 어플라이드 머티
리얼의 대중 출하가 규제되었다. 엔비디아와 AMD는 최고의 인공

지능 마이크로칩을 중국에 판매할 수 없게 되었다. "최종 용도가 군사적인 곳"에 활용될 수 있다는 우려에서였다. 규제가 집중된 것처럼 보이는 또 다른 회사는 중국의 메모리 칩 업체 양쯔메모리테크놀로지YMTC였다.[6]

미 육군대학 계간지 〈파라미터〉에 2021년 게재된 한 논문은 대만 반도체 산업의 전략적 중요성을 강조하면서 상황을 해소하기 위한 극단적인 대응을 제안했다. 공저자인 재레드 매키니Jared McKinney는 논문에서 미국과 대만이 중국을 억제하는 데 '부서진 둥지' 전략을 펴라고 제안했다. 즉, 중국이 침공할 경우 TSMC 시설을 파괴할 것임을 중국이 믿도록 해야 한다고 주장했다. 매키니는 "침공이 확인되면 작동하는 자동 메커니즘을 설계할 수 있다"고도 썼다. 미국은 또한 대만과 함께 "반도체 파운드리를 물리적으로 운영하는 인적 자본의 신속한 대피와 이동을 위한" 비상 계획을 발표할 수도 있다고 제안했다.[7]

반도체 업계의 경영자들은 전쟁 이후에 TSMC의 대만 엔지니어들이 중국 통치 아래에서 계속 일할지 의문이라고 생각했다. 설령 TSMC 설비가 (어느 쪽으로부터든) 폭격 받지 않는다고 해도, 팬데믹 기간의 칩 부족이 대수롭지 않아 보일 정도로 전례 없는 차질이 빚어지리라고 예상했다. 세계대전이 발발하면 최신 자동차 모델이나 게임 콘솔에 대한 수요를 맞추는 것보다 더 많은 것이 위태로워질 것이다.

반도체산업에 대한 정치적 개입은 계속 강화되었다. 2021년 4월 이탈리아의 마리오 드라기 총리는 전자기기를 구동하는 부품을 생산하는 밀라노 소재 LPE를 중국 선전의 회사에 매각하는 거래를 중단시켰다. 이듬해 2월에는 독일의 칩 공급업체 실트로닉Siltronic을 대만의 글로벌웨이퍼GlobalWafer가 49억 달러에 인수하려던 시도가 독일 규제 당국의 승인을 제때 받지 못해 무산되었다. 한편 러시아의 우크라이나 침공은 반도체 공급망에 새로운 혼란을 야기했는데, 노광 공정에 쓰이는 가스의 절반이 우크라이나에서 제철 부산물로 생산되었기 때문이다.

2022년 5월, 첫 아시아 순방에 나선 바이든 미국 대통령은 대만에 대한 자국의 정책은 변하지 않았다면서 그런데도 중국은 대만을 향해 "경솔하게도 위험한 짓을 하고 있다"고 경고했다. 그는 대만이 공격을 받으면 군사적으로 개입하겠다고 다짐했다. 같은 달, 대만 동해안에서 규모 6.1의 지진이 발생했다. 마치 자연이 어두운 상황의 배경음을 제공하는 듯했다.

■ 중국의 계속되는 노력

거의 3년간의 외교적 갈등 끝에 화웨이의 최고재무책임자 멍완저우 부회장이 캐나다를 떠날 수 있게 되었다. 2021년 9월 25일 브리티시컬럼비아 대법원 밖에서 흰 물방울무늬의 검은색 드레스 차림의 멍 부회장이 마스크를 벗고 준비한 영어 메모를 기자들 앞에서 멈칫거리며 읽었다. "지난 3년 동안 제 삶은 완전히 뒤집혔습니다." "엄마로서, 아내로서, 회사 임원으로서 혼란스러운 시간이었지만 모든 구름에는 밝은 가장자리가 있다고 믿습니다. 제 인생에서 정말 소중한 경험이었습니다."[8]

교착 상태를 타개하기 위한 타협이 이루어졌다. 멍 부회장은 사기 혐의는 인정하지 않았지만 화웨이가 미국의 제재를 피하려고 회사 관련 허위 정보를 제공했다는 점은 시인했다. 미국 법무부는 송환 요구를 철회했다.

그는 중국 남부 선전의 바오안 국제공항에 도착해 영웅처럼 환영받았다. 화웨이 창업자 런정페이 회장의 딸에게는 기쁜 귀향이었지만, 화웨이는 여전히 기업비밀을 부정하게 취득하거나 훔치려고 모의했다는 혐의로 미국에서 기소된 상태였다. 미국과 중국이 반도체 패권을 놓고 벌이는 치열한 경쟁의 한복판에서 비즈니스를 하는 데 따른 비용이 분명해지고 있었다.

놀라운 성공도 있었다. 화웨이는 2020년 중반에 분기 기준 세계 최대 스마트폰 업체가 되었다. 삼성전자나 애플이 아닌 다른 회사가 세계시장에서 1등을 한 것은 9년 만에 처음이었다. 정상 참작 사유는 있었다. 중국이 전 세계에서 먼저 코로나19 봉쇄를 풀었다는 사실이었다. 그때까지의 선두 업체였던 삼성전자는 여러 주요 시장에서 판매가 급감해 타격을 입었다. 반면 화웨이는 홈 어드밴티지의 이점을 강화하며 스마트폰의 70% 이상을 중국에서 판매한 것으로 추정되었다.[9]

하지만 미국의 '거래제한 기업 명단'에 올라간 화웨이의 전반적인 업황은 좋지 않았다. 화웨이의 2021년 매출은 전년보다 29% 감소한 6,370억 위안(1,000억 달러)으로 집계되었다. 매출이 감소하기는 사상 처음이었는데, 미국의 대중 반도체 수출 금지 등의 조치가 타격을 줬다.[10] 화웨이의 순환회장 궈핑Guo Ping은 직원들에게 보낸 신년사에서 2022년은 "상당한 도전과 함께 올 것"이라면서도 지금까지의 실적에 만족한다고 말했다(순환회장은 화웨이 특유의 인사 제도다. 부회장 세 명이 6개월씩 돌아가면서 순환회장을 맡아 런 회장과 공동으로 회사를 경영한다—옮긴이). "예측할 수 없는 비즈니스 환경과 기술의 정치화, 점점 더 번지는 탈세계화 움직임은 모두 심각한 도전 과제입니다"라고 그는 썼다.[11]

화웨이는 점차 해체되는 것처럼 보였다. 구글이 안드로이드 운영체제에 대한 라이선스를 철회하게 된 뒤 화웨이는 청소년용 휴대폰 브랜드 '아너Honor'를 중국 대리점 및 딜러와 선전 정부 등으로 구성된 컨소시엄에 매각했다. 인텔로부터 x86 칩을 구매할 수 없게 되면서 컴퓨터 서버 사업도 매각했다.

그러나 화웨이가 끝났다는 판단은 시기상조였다. 미국 상무부 자료에 따르면 트럼프 행정부 기간에 비록 블랙리스트에 올랐어도 화웨이에 대한 라이선스 승인이 870억 달러 규모로 이루어졌다. 물론 1,190억 달러 상당액의 거래는 거부되었다.[12] 예를 들어 화웨이의 기린 칩셋 비축량이 부족해지자 퀄컴은 위협이 되지 않는다고 여겨진 구형 4G 칩은 화웨이에 판매해도 된다는 허가를 받았다.

화웨이는 회복 탄력성을 보여주었다. 매출은 감소했지만 이익은 76% 증가해 1,140억 위안(178억 달러)을 기록했다. 소비자 및 5G 장비에서 줄어든 매출을 에너지와 광산, 자동차 등 분야를 서둘러 파고들어 벌충했다. 에너지 분야에서 화웨이의 키트는 태양광 패널로부터 전력을 변환해냈다. 이들 분야는 최첨단 칩을 필요로 하지 않았기 때문에 화웨이는 해외 생산에 의존하지 않고 28나노미터 이상의 공정을 활용할 수 있었다.

화웨이는 더 이상 구매할 수 없는 것들은 직접 만들기 위해 전력을 다했다. 안드로이드 운영체제에서 차단된 뒤 자체 모바일 운영체제로 '하모니OS'를 개발해 남은 핸드셋에 탑재했다.

화웨이는 벤처캐피털 자회사 허블 테크놀로지 인베스트먼트를 통해 2021년에 45개 중국 회사에 투자하거나 지분을 늘렸다. 전년 대비 두 배 이상의 규모였다. 투자한 회사들은 마이크로칩 공급망 중 다양한 단계에서 사업했다.[13] 블룸버그의 2022년 7월 기사에 따르면 칩 설계 계열사 하이실리콘은 엔지니어 수십 명을 고용해 자체 반도체 설계 소프트웨어를 개발하고 있다. 이 분야는 미국의 두 업체 케이던스 디자인시스템Cadence과 시놉시스Synopsis가 장악한 틈새다.[14]

칩 생산을 TSMC에 위탁하지 못하게 된 화웨이의 가장 큰 도전은 자체 프로세서 생산라인을 만드는 것이었다. 화웨이는 이를 주저하지 않았다. 보도에 따르면 화웨이는 푸젠진화와 협력해 남부 항구 도시인 취안저우泉州의 공장을 되살리기로 했다. 이 공장은 푸젠진화가 미국 기업비밀을 훔친 혐의로 기소된 이후 몇 년 동안 가동되지 않고 있었다. 2022년 12월, 화웨이의 당시 순환회장 에릭 쉬Eric Xu는 신년사에서 그해 매출을 전년 수준으로 집계하면서 "미국의 제재는 우리에게 뉴노멀이 되었고, 우리는 평소와 같이 비즈니스로 복귀한다"고 말했다. 대외적으로 화웨이의 자신감을 드러내기 위한 발언이었다.

———

중국 반도체산업은 전반적으로 비슷한 상황에 처했다. 미국의 규제는 중국을 후퇴하게 하는 대신 자급자족을 위한 새로운 노력에 박차를 가하게 했다.

여기에는 큰 아이러니가 있었다. 중국 고객사들은 칩을 수입하기를 선호했지만, 결국 자국 내에서 구매할 수밖에 없었다. 미국은 중국이 자국의 첨단 칩 산업을 모방해내기 전에 고립시키기 위해 백방으로 뛰었지만, 미국의 조치가 중국의 내부 조달을 자극하는 셈이었다. 또 공급망의 모든 지점에서 차단된 중국 기업들은 대표적인 탄압 대상인 화웨이로부터 어떻게 하면 견딜 수 있는지를 배우고 있었다.

베를린 소재 메르카토르 중국연구소Merics는 2021년에 수출 통제가 중국의 선도적인 칩 설계 회사 하이실리콘에 타격을 주었을 수 있지만, "중국의 더 큰 칩 설계 생태계에는 관찰 가능한 부정적인 영향을 미치지 못했다"고 평가했다. 오히려 "하이실리콘이 이전에 축적했던 자본과 인적 자원을 분산하면서 중국 반도체산업이 가치사슬의 다른 곳에서 겪고 있는 역량 격차를 메우려는 자국 기업에 중국 대기업이 투자하도록 장려함으로써 이 생태계를 활성화할 수 있을 것"이라고 분석했다.[15]

한 시장조사업체는 중국이 2022년에 필요한 칩의 26%를 생산할 것으로 전망했다. 이는 2020년의 목표인 40%에도 훨씬 못 미치는 수치이다. 하지만 중국발 경쟁의 위협이 사라졌다고 생각하는 사람은 거의 없었다.

상하이 소재 투자분석업체의 애널리스트 댄 왕Dan Wang은 "서방은 이를 심각하게 받아들여야 한다"면서 "중국이 자신이 세운 목표들을 실제로 달성할 가망은 없지만, 이는 중국이 수입하던 기술들을 따라잡겠다는 의지의 표현"이라고 말했다.

중국이 큰 발전을 이루었음은 확실하다. 중국 반도체산업의

2020년 매출은 400억 달러로 5년 전 130억 달러에 비해 크게 신장하면서 대만을 추월했다.[16] 그리고 산업이 발전함에 따라 세계 최대 기업들이 탐을 내는 대규모 소비자 기반이 형성되고 있다. 동시에 중국은 언젠가는 그 시장에서 그들 없이 지내고자 할 것이다.

무선 칩 시장의 선두 주자 퀄컴은 매출의 3분의 2를 중국에 의존한다. 이 회사는 연례 사업보고서에서 "중국 정부의 압력이나 장려, 보조금, 정책 등을 포함한 다양한 수단에 따라 우리 회사 고객들 중 일부는 자체 집적회로를 개발했고 다른 고객들은 앞으로 개발해 우리 제품 대신 사용할 것"이라고 내다봤다.[17]

국제반도체장비재료협회는 중국이 2024년까지 주요 반도체 공장을 31개 건설할 것으로 예상했다. 이는 대만의 19개와 미국의 12개를 앞지르는 속도다.[18] 중국 반도체 공장 중 몇 개는 SMIC가 지을 것이다. 이 회사는 2022년 2월에 기업들은 각국 정부가 자국의 수요자를 우선시할 것을 우려해 현지에서 칩을 조달하기를 원한다고 전했다. 그런 미래를 대비해 이 회사는 공장에 미국산 칩 제조 장비가 전혀 없는 '비非-A 라인'을 설치했다.

제조 이외의 분야에서도 투자가 대규모로 이루어지고 있었다. 애플과 아마존, 메타가 자체 칩을 설계할 수 있을 정도로 자금력이 풍부한 것처럼, 중국 플랫폼 기업인 바이두와 알리바바, 텐센트도 여력이 충분했다. 이들 대기업 외에 중국은 수천 개의 강소기업을 지정했는데, 자국에 없는 핵심 기술을 개발할 잠재력이 있는 고도로 특화된 스타트업들이었다.

중국 지도부가 취하고 있는 '돈이 목적은 아니다'라는 접근의 증거는 주력 기업 중 한 곳에서 뚜렷하게 나타났다. 칭화유니그룹은 휴렛팩커드와 인텔이 지분을 일부 소유한 벤처기업들을 여럿 거느렸고 한때 미국 메모리칩 제조회사 마이크론 인수를 시도했다. 칭화유니그룹은 2021년 7월 부채 300억 달러를 떠안고 부도를 냈는데, 중국 정부는 이듬해 4월 94억 달러를 수혈해 이 회사를 회생시켰다.

중국이 첨단 칩 제조 공정에서 대만과 한국을 따라잡을 수 있을지는 여전히 의문이다. 다만 구형 기술은 아직 물량이 방대하고 전원 공급 장치를 관리하는 마이크로컨트롤러와 칩을 만드는 데 사용할 수 있다는 장점이 있다. 65나노미터 이상의 성숙한 노드는 2022년에도 전 세계 칩 생산량의 64%를 차지했다.[19] 인터내셔널 비즈니스 스트래터지는 28나노미터 칩에 대한 수요는 2030년까지 10년간 281억 달러로 3배 이상 증가하고, 2025년에는 이 공정 노드의 전 세계 생산능력 중 40%가 중국에 집중될 것으로 전망했다.[20]

미국은 특히 중국이 14나노미터 이하 기술에서 발전하는 것을 막으려고 한다. 이 기술은 최신 스마트폰뿐 아니라 인공지능을 가능하게 하는 고성능 컴퓨팅의 발전에도 핵심이라고 판단하기 때문이다. 중국은 계속 전진하려고 한다. 한 가지 주목할 소식이 2022년 7월에 나왔는데, 미국의 거래 제한 기업 명단에 올라 최첨단 노광 장비를 활용하지 못하는 SMIC가 7나노미터 칩을 개발하는 데 성공했다는 것이었다. 암호화폐 채굴에 사용하기 위해 만들어진 이 칩을 테크인사이트TechInsights의 미국 애널리스트들이 구했는데, 그들은 이 칩의 제조 공정이 TSMC의 '흡사한 복제판'이지만 SMIC가 자체 7나노미터 공정을 달성하는 데 디딤돌이 될 것이라고 평가했다. 이 칩을 설계한 미네르바 세미컨덕터는 자체 웹사이트를 통

해 2021년 7월에 대량 생산을 시작한다고 밝혔다.[21]

이 소식은 중국 제조업체가 해결 방법을 찾았음을 시사했다. 중국은 아직 대량으로 생산하지는 못하지만 미국과 유럽에서 사용하는 공정을 향해 다가서고 있는 듯했다.

업계 베테랑들은 중국이 시간이 지나면 지식재산권을 더 존중하리라고 기대했다. 2002년 TSMC 이사회에 합류한 TI, ICL, BT 출신의 피터 본필드 경은 "일본은 초기에는 남의 지식재산을 함부로 사용했지만, 스스로 개발하기 시작하자마자 성숙했고 모두를 위해 지식재산을 보호했다"고 말했다. "'중국도 마찬가지일 것이라고 생각한다. 그들은 아마도 여정의 초기에 있을 뿐이다."

그러나 미국은 의심을 거둘 준비가 되어 있지 않았다. 2022년 10월 7일, 미국은 중국 칩 개발의 모든 측면을 억제하기 위한 새로운 수출 금지 조치를 도입하면서 '칩 초크chip choke'를 강화했다. 이는 중국의 첨단 컴퓨터 칩 확보와 슈퍼컴퓨터 개발, 첨단 반도체 제조를 제한하기 위한 조치였다. 미국 산업보안국Bureau of Industry and Security은 그런 기술은 "대량 살상무기를 포함한 첨단 군사시스템을 생산하고 군대의 의사결정, 계획, 병참 및 자율 군사시스템의 속도와 정확성을 향상시키며, 인권 침해 등에 사용된다"고 주장했다.[22] 이 조치는 애플이 일부 아이폰에 중국 YMTC의 메모리 칩을 사용하려고 한 계획이 계기가 된 것으로 알려졌다. 이 계획은 곧 보류되었다.

이번 조치에는 개인들도 포함되었다. 미국 시민권자와 영주권자는 중국의 노력을 지원하지 못하게 되었다. 장비 제조업체는 중국 반도체 공장으로부터 지원 인력을 철수시켰다. 한 근로자는 제

2차 세계대전의 "덩케르크 철수작전 같았다"고 말했다.[23] 칩 산업에서의 주요 동맹국, 특히 한국과 네덜란드도 편을 선택하라는 압력을 받았다.

중국이 반도체 자급자족을 달성하면 이미 분열된 세계를 더 분열시킬 것이다. 서로 경쟁하는 두 컴퓨팅 생태계, 두 세트의 기기, 서로 대화하지 않는 세계의 두 반쪽을 상상해보라. 시간이 지나면 중국은 자체적으로 수출 금지 조치를 취할 수도 있다.

그리고 글로벌 공급망을 분리하는 조치는 그 순환적 특성을 이해하지 못하는 것이다. 미국은 첨단 기술에서 중국의 발전을 막을 수 있을지 모르지만, 중국이 구식 기술로 생산하는 공장을 유지하지 못한다면 고객들도 피해를 입을 수 있다. 큰 고객이 미국의 회사들인데, 미국은 자체 생산으로 대체하거나 다른 곳에서 조달하기 어려운 정도로 많은 물량의 저렴한 칩을 매년 소비한다.

이러한 대립은 오해와 갈등으로 이어진다. 중국의 노력을 비난만 하기는 어렵다. 중국 지도자들은 기술력의 차이로 인한 지정학적 힘을 외면할 수 없다. 그러나 중국의 방법은 도움이 되지 않는 듯하다. 미국의 보복도 마찬가지다.

아마도 가장 논쟁의 여지가 적은 부분은 비용이다. 컴퓨터산업이 지난 50년 동안 이룬 생산성 향상은 협업에서 비롯되었다. 협업하지 않으면 발전이 지역이나 산업 내 진영별로 여러 차례 이루어져야 하지만, 협업하면 한 차례만 필요하다. 지역 소프트웨어는 탈세계화를 단적으로 보여주는 사례다. 반도체산업협회와 보스턴컨설팅그룹이 작성한 보고서에 따르면 지역 공급망을 완전히 자급자족하려면 선행 투자로 최소 1조 달러가 필요하고 이로 인해 반도체

가격이 35~65% 상승해 궁극적으로 소비자가 구매하는 기기의 가격이 올라가게 된다.[24]

■ 강력한 파트너십

한 기술 분석가에 따르면, "스티브 잡스가 애플로 복귀한 이래 탕자의 복귀 중 가장 큰 사건"이었다.[25] 실리콘밸리를 지켜보는 사람들 사이에서는 이목을 끌기 위한 과장이 흔한 일이다. 그러나 2021년 1월 13일, 팻 겔싱어Pat Gelsinger가 인텔의 차기 리더가 된다는 발표는 모든 사람의 흥분을 불러일으킬 만했다.

12년 전에 이 유명한 칩 회사를 떠난 이래 겔싱어는 종종 '물 건너의 왕자'라고 불렸다. 인텔의 산타클라라 본사의 직원들은 인텔의 지난 10년간 잘못을 바로잡을 리더로 그를 꼽았다.

2021년까지 인텔의 실적은 좋지 않았다. 차세대 칩 출시가 계속 지연되면서 경쟁자에게 선두 자리를 빼앗겼다. 그렇지 않아도 공격적인 기업 문화는 더욱 날카로워졌다. 한 행동주의 투자펀드는 변화를 촉구했다. 그리고 인텔이 소중히 여겼고 그때까지도 거의 고유하게 보유한 사업 모델인 칩의 직접 설계와 생산에서조차 긴장의 조짐이 나타나고 있었다.

리더십도 흔들렸다. 2013년 예상치 못하게 CEO가 된 브라이언 크르자니크Brian Krzanich는 생산 이슈가 불거진 데다 다른 직원과의 부적절한 관계가 드러나면서 2018년 불명예 퇴진했다. 당시 CFO 밥 스완Bob Swan이 그를 대신했으나 임시방편일 뿐이었다.

이와는 대조적으로 겔싱어는 30년 경력의 베테랑이었다. 시골 출신이라는 배경은 로버트 노이스와 비슷했다. 펜실베이니아주 아미시 지역의 농장에서 자란 겔싱어는 기술 경시대회에서 우수한 성적을 거두어 인텔 채용 담당자의 눈에 띄었다. 그는 18세의 나이에 실리콘밸리에서 품질관리 기술자로 일하기 위해 처음으로 비행기를 탔다.

그는 인텔에서 중요한 의미를 지닌 486 마이크로프로세서의 수석 아키텍트가 되었고, (32살에 인텔의 최연소 임원이 되었으며—옮긴이) 인텔의 초대 최고기술책임자CTO가 되었다. 그러나 그는 늘 더 많은 것을 원했다. 31살이던 때 겔싱어는 언젠가 인텔의 CEO가 되겠다는 목표를 적어놓기도 했었다. 그러나 폴 오텔리니에게 밀린 뒤, 2009년 컴퓨터 스토리지 대기업인 EMC로 떠났다.

———

개선장군처럼 환영받은 그의 복귀로 인텔 주가는 당일 8% 가까이 상승했다. 겔싱어는 임직원에게 보낸 편지에서 과거 노이스와 그로브, 무어의 삼위일체를 상기시켰다.

그는 "인텔에서의 경험은 제 커리어 전체에 영향을 미쳤고, 저는 이 회사에 영원히 감사하고 있습니다"고 썼다. "혁신을 해야 할 중요한 시기에 CEO의 역할로 '고향' 인텔로 돌아온다는 것은 … 제 커리어에서 가장 큰 영광이 될 것입니다."[26]

겔싱어의 트위터 피드는 그의 포근한 감성을 드러냈는데, 인텔의 발표와 그의 어머니와 손주들의 사진, 성경 구절이 섞여 있었다. 겔싱어는 인텔을 새로운 방향으로 이끌겠다는 발표를 하기 이틀 전, 성경 시편 33편 11절을 트윗했다. '그러나 여호와의 계획은 변

함이 없고 그의 목적은 어느 세대에나 한결같다.'

취임한 지 36일 만인 2021년 3월 23일, 겔싱어는 '인텔 언리쉬드Unleashed'라는 제목의 비디오 프레젠테이션을 진행했다. 그는 손을 열정적으로 휘저으면서 세 가지 주요 뉴스를 발표했다. 우선 7나노미터 공정에서 발생한 생산 문제가 해결되었다고 주장했다. 이어 경쟁을 따라잡기 위해 신규 공장 건설에 수십억 달러를 투자하겠다고 밝혔다.

가장 큰 소식은 마지막에 남겨두었다. 어두운 재킷과 밝은 파란색 셔츠를 입은 겔싱어는 인텔이 고객이 제공한 설계 사양에 따라 칩을 만들기 시작할 것이라고 밝혔다. 34년 전에 TSMC가 개척한 '파운드리' 모델을 채택하기로 한 것이었다. "모든 산업의 디지털화는 전 세계적으로 반도체 수요를 가속화하고 있지만, 핵심 과제는 생산 능력에 대한 접근성입니다."[27]

어떤 의미에서 인텔은 뿌리로 돌아간 셈이었다. 인텔의 4004 칩은 일본 비지콤이 발주한 계산기 칩 생산 계약에서 탄생했다. 하지만 오랜 시일이 흘렀고 수십 년 동안 업계의 표준을 정해온 인텔이 종속적인 공급업체가 될 수 있을지를 놓고는 의문이 즉각 제기되었다. 인텔을 자신감으로 가득 채운 한 가지는 다시 위대해지는 데 필요한 도구를 확보했다는 것이었다. 즉, 인텔은 업계 최초로 ASML로부터 새로운 장비를 납품받기로 했다. 가장 작고 가장 강력한 칩을 만들겠다는 야망을 품은 회사한테는 ASML의 장비가 여전히 필수 불가결했다.

———

코로나19로 인한 봉쇄 조치로 고생한 2년 동안, 네덜란드의 크레인은 전부 벨트호벤의 ASML 본사 공사 현장에 동원되었다. ASML 캠퍼스는 벨트호벤 남쪽에 자리잡았다. 동쪽 아인트호벤에는 최초로 노광 장비의 개념을 개발한 필립스의 연구 기지가 있다. 2021년 말, 확장된 ASML 캠퍼스는 사무실 공간 18만 7,000제곱미터와 제조와 R&D에 사용되는 클린룸 5만 8,000제곱미터, 창고 5만 3,000제곱미터로 이루어져 있다.[28]

직원 수는 5년 만에 거의 두 배인 3만 2,000명이 되었다. 그중 절반 이상이 벨트호벤에서 근무했다. ASML은 아인트호벤을 중심으로 형성된 브레인포트 아인트호벤 지역의 한가운데 자리 잡고 있다. 브레인포트 지역은 첨단 제조업과 스타트업, 대학 연구소 등이 입주해 있고, 네덜란드 전체 R&D의 거의 4분의 1을 차지한다. 대표적인 기업은 ASML 외에 칩 체조업체 NXP와 LED 조명 전문업체 시그니파이Signify, 반도체 하청업체 VDL 등이 있다.

체험 센터 외부, 통풍이 잘되는 구내식당 바로 옆 벽에는 ASML이 보유한 1만 5,000개의 특허를 자랑스럽게 전시하고 있다. 그중에는 진공에서 사용하는 로봇과 마스터 오실레이터, 정전기 클램프 등이 있다.

2017년 극자외선EUV 기술을 대량 생산에 적용한 이후 ASML은 경쟁사보다 앞서 나갔다. 이 기술을 보유한 경쟁사는 한 곳도 없었다. EUV는 특히 칩 가공에 필요한 단계 수를 30% 줄였다. 설치된 ASML의 EUV 장비들은 2021년 말까지 실리콘 웨이퍼를 5,900만 장 이상 가공했다. ASML은 팬데믹으로 인한 어려움에도 불구하고 2021년 41대의 EUV 시스템을 판매했고, 2022년 생산 규모는 55대로 예상했다. 매출의 약 90%가 아시아에서 발생했다.

ASML은 2012년 R&D 자금을 조달하기 위해 증자했는데, 이때 참여한 투자자들이 주식을 계속 보유했다면 가격이 10배 이상으로 뛰었다. ASML은 크리스찬 디올, 펜디, 불가리 등 유명 브랜드를 보유한 명품 기업 LVMH에 이어 유럽에서 둘째로 기업 가치가 높은 상장사가 되었다.

ASML의 최고경영자 피터 베닝크Peter Wennink는 2025년에 이르면 시스템 매출의 3분의 2가 EUV에서 나오고 나머지는 기존 심자외선DUV 기술과 측정, 검사에서 발생하리라고 예상했다. 여기서 EUV의 비중은 그가 앞서 2018년에 내놓은 예측보다는 줄었지만, 그것은 다른 사업 부문이 예상보다 빠르게 성장하고 있었기 때문이었다. 첨단 칩 전체에 EUV가 필요하지는 않았다. 많은 레이어는 DUV를 사용해 에칭할 수 있었다.

하지만 인텔의 겔싱어가 열광한 ASML의 혁신은 노광의 경계를 더욱 넓힐 수 있다고 약속했다. 2022년 초에 제작되어 2025년이나 2026년에 대량 생산에 들어갈 예정인 ASML의 최신 제품은 고개구수numerical aperture EUV 장비였다. 더 큰 거울과 얇은 물 막을 추가하고 빛의 입사 각도를 조정하면 빛의 파장을 기존 13.5나노미터에서 8나노미터로 단축할 수 있다. 더 큰 광학 장치를 사용하면 더 작은 회로를 더 높은 밀도로 인쇄해 패터닝 비용을 더 절감할 수 있다. 이로써 최초 EUV 장비의 거의 두 배라고 알려진 고가 가격에 치르는 비용을 상쇄할 수 있다.

베닝크는 2022년 9월 아인트호벤 공과대학의 새 학기 개강식에서 한 연설에서 분열 위험에 처한 반도체산업을 하나로 모으기 위해 노력했다. 그는 "칩 산업의 혁신은 지식과 역량이 시스템적으로 통합된 결과입니다"라고 말했다. "그 네트워크는 소수 기업만 마스터한 기술적 극단에 기반을 두고 있으며 기술 주권을 위해 우리는 강력한 지역적 관련성을 기반으로 상호 의존하는 글로벌 네트워크를 구축해야 합니다." 그는 이어 "강력한 파트너십은 힘이 아니라 능력과 믿음, 투명성, 신뢰성, 위험과 보상의 공정한 공유를 바탕으로 합니다"라고 말했다.[29]

ASML은 여전히 최고의 장비를 중국에 판매할 수 없었고, 그래서 중국의 복제 시도가 끊이지 않았다. 2022년 2월, ASML은 연례 사업보고서에서 중국의 둥팡징위안東方晶源 일렉트론이 자신의 지식재산을 침해할 수 있는 제품을 판매하고 있다고 주장했다. ASML은 2019년 미국 법원에서 XTAL이라는 회사가 ASML의 기업비밀을 도용한 데 대해 8억 4,500만 달러의 손해배상을 하라는 판결이 있었는데, 이 XTAL이 둥팡과 연관되어 있다고 주장했다(XTAL은 파산을 신청했고, ASML은 배상금을 받지 못했다. 이후 합의에 따라 ASML은 XTAL의 지식재산권 대부분을 넘겨받았다—옮긴이). 둥팡은 중국 정부가 세계 최고 기업들과 경쟁할 스타트업으로 선정한 강소기업이었다.

■ 무어의 법칙은 끝났나 Moore No More

마이크로칩 산업에는 지정학적 불안 외에 기술적인 문제가 드리워졌다. 공정 발전은 그 전에도 쉬운 적이 없었지만, 이제 부품이 불과 원자 몇 개의 폭으로 줄어들면서 거의 불가능의 영역에 근접했다.

첫째, 구리선이 트랜지스터에서 다음 트랜지스터로 전기 신호를 전달하는데, 전류를 흘려보내기 어려울 정도로 너무 가늘어졌다. 배선 구리의 저항으로 발생한 시간 지연은 클록 속도를 낮추고 그 결과 마이크로프로세서가 명령을 수행하는 속도를 떨어뜨린다.

또 더 작은 공간에 디바이스를 더 많이 밀집시키면 열이 더 많이 발생한다. 이는 트랜지스터의 크기를 줄여서 밀도를 높여도 소비 전력은 같은 수준으로 유지된다는 '데나드 스케일링Dennard scaling'이 붕괴되고 있다는 신호였다. 이 관계는 IBM 연구원 로버트 데나드Robert Dennard가 1974년에 쓴 논문에서 처음 제시되었다. 데나드 스케일링이 통하지 않게 되자 설계자들의 과제는 과열을 방지하기 위해 사용하지 않을 때 해당 부품의 전원을 차단하는 칩의 개발이 되었다.

또 다른 문제는 전류 누출이다. 전압 감소에 따라 누출이 증가하면 배터리가 빠르게 소모된다. 결국 무어의 법칙이 주장한 전력과 성능의 이점이 예전만큼 명확하지 않게 되었다.

그럼에도 불구하고 TSMC는 2나노 공정기술을 사용한 칩 세트를 2025년 후반에 생산하고 2026년 초에 첫째 배치를 납품한다는 계획을 세웠다. 삼성전자는 2022년 6월 3나노미터 공정의 초기 생산을 시작했고, 2025년 2나노미터 양산에 대해 이야기한다. 인텔은 2024년 말에 비슷한 제품을 생산할 수 있으리라고 예상했다. 만약 인텔이 성공한다면 팻 겔싱어 CEO가 내건 사명처럼 두 경쟁업체를 앞지를 수 있다.

업체 모두가 처한 도전은 단순한 생산이 아니라 안정적인 생산이다. 즉, 수율을 향상시키고 가격을 낮추며 공급 안정성을 확보하는 것이다. 무언의 위협 하나는 기존 생산업체가 앞으로 나아가지 못하면 중국이 더 나은 기회를 잡을 수 있다는 것이다.

인텔은 2030년까지 1조 개의 트랜지스터를 하나의 패키지에 결합하겠다는 원대한 목표를 잡았다. 이를 준비하기 위해 인텔은 자사 제품을 앙스트롬angstroms 단위로 측정하기 시작했다. 앙스트롬은 0.1나노미터, 달리 말하면 1억 분의 1센치미터이다.

이 회사는 자신들의 '게이트 올 어라운드GAA' 트랜지스터는 게이트가 전체 채널을 감싸고 있기 때문에 전류 누출을 방지할 수 있다고 생각한다. 단일 원자만큼 얇은 '나노 시트'를 수평으로 쌓아 채널을 모든 방향으로 둘러싸도록 한다고 구상했다.

전문가들은 이러한 유형의 혁신은 칩의 트랜지스터 수를 몇 년 동안 늘리는 데에는 기여하리라고 믿는다. 그러나 이와 관련된 연산 능력이 향상될지는 명확하지 않다.

그럼에도 인공지능과 기후 연구, 공기역학, 컴퓨터 의학 등의 발전을 촉진하는 데 필요한 더 큰 연산 능력에 대한 요구, 아니 기대에 부응하기 위해서는 어떤 가능성도 배제되지 않는다. 전 세계 데이터는 2025년에는 연간 175제타바이트에 달할 것으로 예상되며, 이를 저장한 DVD들을 길게 늘어놓으면 지구의 222바퀴를 돌릴 수 있다.[30]

60년 동안 충실한 서비스를 제공한 실리콘은 안티몬화 인듐과 갈륨비소, 다양한 형태의 탄소 같은 대체 물질이 더 낮은 전력에서 더 빠른 스위칭 속도를 제공하는 것으로 밝혀지면 퇴출될 수 있다. 잭 킬비가 선택한 반도체 소재인 게르마늄도 수십 년이 지난 지금

재조명되고 있다. 실리콘을 대체하는 물질은 더 값비쌀 수는 있다.

오래 전에 은퇴해 하와이 빅아일랜드에서 지내는 고든 무어는 자신의 '거친 추정'이 영원히 지속되리라고 믿지 않았다. 그는 2015년 자신의 예측 50주년을 기념하는 인터뷰에서 빛의 유한한 속도와 물질의 원자적 특성을 들어 무어의 법칙은 10년 정도 지나면 사라질 것이라고 예측했다(고든 무어는 2023년 3월 세상을 떠났다—옮긴이). 막대한 비용도 또 다른 부정적인 요소였다. 하지만 70억 개의 트랜지스터를 하나의 집적회로에 넣게 된 성취를 고려할 때, 앞으로도 개선할 여지가 여전히 있다고 기대할 수 있다. 무어는 "창의성을 발휘할 수 있는 여지는 경이롭다"고 말했다.[31]

동일한 면적을 차지하는 반도체의 성능을 향상시키는 방법은 위로 쌓아올리는 적층이고, 그 수는 단이라고 불린다. 적층한 한 덩어리는 스택이라고 한다. 반도체에서 마천루 경쟁은 100단을 돌파했고, 이 책이 인쇄되는 시점에 스택은 4개까지로 늘었다. 앞으로는 8개가 계획되고 있다. 한 경영자는 "이전 건물의 꼭대기 층 위에 새로운 1층을 시작한다"고 설명했다.

스택 쌓기뿐 아니라 생산의 가장 기본적인 공정이던 패키징에서도 많은 혁신이 이루어졌다. 패키징에서는 중국이 앞서나갔다. '플립 칩flip chip' 기술은 칩에 작은 납땜 방울을 적용한 뒤 뒤집어서 외부 회로에 장착함으로써 더 큰 모듈을 만드는 데 활용되었다. 이 기술은 1960년대에 시작되었다. 또 다른 방법은 '칩렛chiplet'으로, 반도체 다이를 작은 조각들로 잘게 쪼갠 뒤 패키징 단계에서 재조립하는 것이다. 이 기술은 생산 시간을 단축하고 수율을 향상시키며 비용을 절감해준다고 여겨진다.

발전의 북소리를 더 크게 울릴 중요한 미래 희망은 광자 프로세싱이다. 전기 트랜지스터를 광 펄스로 대체하는 이 기술은 계산 속도를 가속화하고 전력 수요를 낮출 수 있는 가능성을 제공한다. 바이오 컴퓨팅은 단백질이나 DNA 같은 작은 유기 분자를 활용해 복잡한 계산을 수행한다. 또 양자컴퓨터는 정보의 기본 단위를 0과 1로 나타내는 기존이 비트 대신 양자중첩 현상을 활용해 0과 1을 동시에 처리하는 큐비트qubit를 활용한다. 양자컴퓨팅은 무어의 법칙을 뛰어넘는 기하급수적 성장을 제공하지만, 절대온도에 가까울수록 잘 작동한다.

■ 감속으로 가속

낸시 펠로시가 타이베이의 송산 공항에 도착해 글로벌 금융시장을 뒤흔들고 중국의 리더십에 손상을 입힌 지 정확히 1주일 후인 2022년 8월 9일. 이날 오전 백악관 남쪽 잔디밭에 미국 마이크로칩 업계에서 내로라하는 CEO들이 모였다. IBM의 아빈드 크리슈나 Arvind Krishna와 인텔의 팻 겔싱어, AMD의 리사 수Lisa Su, 글로벌파운드리의 톰 콜필드Tom Caulfield는 미국 정부가 수십 년 중 최대 규모로 내놓은 반도체산업 지원정책을 반기기 위해 참석했다.

〈칩스CHIPS 및 과학법〉은 전년도 공급망 위기를 바로잡기 위한 바이든 대통령의 행정명령에서 직접 비롯되었다. 칩스는 '반도체 생산에 도움이 되는 인센티브Creating Helpful Incentives to Produce Semiconductors'의 약어다. 이 법에 따라 반도체 분야 연구와 개발, 제조, 훈련에 약 530억 달러가 지원된다. 또 공장·설비 투자에 대해 25% 세액공제가 제공된다.

바이든 대통령은 "미국은 반도체를 발명했다"고 말했다. 파란색 양복과 선글라스 차림의 그는 "그리고 이 법은 반도체를 모국으로 되찾아온다"며 "이렇게 하는 것이 우리의 경제적 이익에 부합하고 국가 안보에도 도움이 된다"고 말했다.

그는 그해 초 방산업체 록히드마틴의 앨라배마 공장을 방문한 일을 회상했다. 어깨에 걸어 발사하는 대전차 미사일 재블린Javelin을 제조하는 현장이었다. 이 무기에서 발사한 미사일은 자동으로 목표물을 찾아가도록 유도되기 때문에 미사일을 쏜 사람이 엄폐할 시간을 벌 수 있다. 이 무기 각각에는 200개의 칩이 탑재되었다.

바이든 대통령은 법에 서명할 준비를 하면서 미국은 이러한 미사일용으로 칩이 필요할 뿐 아니라 "미래의 무기 시스템은 첨단 칩에 훨씬 더 의존하게 될 것"이라고 말했다. "불행하게도 우리는 이러한 첨단 칩의 0%를 생산합니다. 그리고 중국은 정교한 칩을 만드는 데에서 우리보다 훨씬 앞서려고 하고 있습니다."[32]

정부 지원에 반대한 미국 공화당 의원들은 이 법이 기업들에게 '백지 수표'를 제공한다고 말했다. 하지만 조건이 붙었는데, 지원을 받는 미국 기업은 향후 10년 동안 중국에서 칩 생산을 확장할 수 없다는 내용이었다.

다른 지원책인 '미국 프론티어 펀드AFF'는 미국의 경쟁력을 보장하는 핵심 기술에 투자하는 공공 및 민간 자금으로 2022년 6월에 출범했다. 무엇보다 CIA의 벤처캐피털 부서를 설립한 업적으로 잘 알려진 길만 루이Gilman Louie가 이 펀드를 이끌었다. 그는 미 상원 재무위원회 증언에서 다른 핵심적인 칩 공급업체인 삼성전자가 한국에서 공장을 가동하는데, "북한의 대포와 미사일의 사거리 안에 있다"고 경고했다.[33]

AFF는 정치적 분열을 넘어서 에릭 슈미트 전 구글 CEO와 피터 틸Peter Thiel을 한데 모았다. 슈미트는 민주당의 주요 정치자금 후원자이고, 페이팔을 공동 창업한 뒤 빅데이터 회사 팔란티어 테크놀로지를 설립한 틸은 트럼프를 지지한다.

성사 여부가 미지수인 또 다른 계획도 있었다. 미국 정부가 반도체 공급망을 확보하기 위해 일본, 한국, 대만과 결성한 칩 4 동맹은 실패했다. 참가국들이 기업비밀 공유를 원하지 않았고 중국의 대응을 걱정했기 때문이다.

대안이 있다는 소문이 돌았다. 미국 수출규제에 대한 25%의 가치 기준이 충분히 엄격하지 않다면, 이를 네덜란드와 한국, 일본, 영국을 포함한 동맹국 전체에 확대하는 방안이었다. 또는 선진 7개국G7이나 NATO로 확대할 수도 있다.

한 경영자는 "미국은 다른 나라들이 이 법안에 동의하도록 하기 위해 엄청난 로비를 해야 할 것"이라고 말했다. "그러나 이들 국가가 그렇게 하고자 한다면, 중국을 에워싸는 벽을 쌓을 수 있다."

인텔은 반도체 법에 앞서 움직였다. 인텔은 2022년 1월 오하이오주 콜럼버스 외곽의 404만 제곱미터 부지에 바이든 대통령이 '꿈의 들판'이라고 묘사한 공장을 짓기로 약속했다. 비용을 200억 달러 넘게 투자해 두 개의 신규 칩 공장을 건설해 2025년부터 가동한다는 계획이었다. 이 부지에는 추가로 6개의 공장을 추가할 수 있다. 이는 인텔이 전년도에 발표한 애리조나에 대한 비슷한 규모의 투자에 이어 뜨거운 반응을 불러일으켰다. 보도에 따르면 인텔은 40년 만에 처음으로 오하이오에 새로운 공장을 설립할 경우 20억 달러의 인센티브를 받게 된다.

―――――

기술 주권을 구축하기 위해 막대한 비용을 지출한 국가는 미국만이 아니었다. 우르줄라 폰데어라이엔 유럽연합 집행위원장은 2021년 9월 15일 유럽 반도체법을 도입하겠다는 계획을 발표했다. 역내의 연구와 설계, 테스트를 연결하는 이 법은 공급 안정성을 보장하면서 새로운 시장을 형성할 것이라고 설명했다.

그는 스트라스부르의 유럽의회에서 행한 연설에서 "네, 이것은 어려운 일입니다"라면서 "그리고 실행되지 못할 것이라고 주장하는 사람들이 일부 있습니다"라고 말했다. "하지만 그들은 20년 전 갈릴레오 위성항법 시스템에 대해서도 똑같이 말했습니다. 무슨 일이 일어났습니까. 우리는 함께 행동했습니다. 오늘날 유럽 위성은 전 세계 20억 대 이상의 스마트폰에 내비게이션 시스템을 제공합니다. 우리는 세계를 선도합니다. 그러니 이번에는 반도체로 다시 대담하게 도전해 봅시다."[34]

EU 집행위원회는 디지털 기술에 매년 추가로 투자할 금액을 1,250억 유로로 추정하고, 이 중 170억 유로가 반도체에 투입되어야 한다고 판단했다. 목표는 최첨단 및 지속 가능한 반도체의 시장 점유율(금액 기준)을 기존 10분의 1에서 2030년까지 5분의 1로 키우는 것으로 잡았다.

인텔은 이에 호응했다. 인텔의 2022년 3월 15일 발표는 폰데어라이엔 위원장의 귀를 즐겁게 했다. 독일 마그데부르크에 두 개의 반도체 팹을 2023년 상반기에 착공해 2027년부터 생산한다는 내용이었다. 초기 투자로 170억 유로를 집행해 3,000개의 첨단 기술 분야 정규직 일자리를 창출하고, 공급업체와 협력업체에서는 수십만 개의 추가 일자리를 창출할 것으로 예상했다.[35]

'실리콘 연결점Silicon Junction'(여러 국가 및 지역의 혁신·제조센터를 연결하여 광범한 생태계 개발을 촉진하겠다는 의미—옮긴이)으로 불린 이 계획을 통해 인텔은 약 68억 유로를 지원받게 된다고 알려졌다. 칩질라는 여기에 멈추지 않고 아일랜드와 이탈리아, 프랑스, 폴란드에 걸쳐, R&D에서 패키징에 이르는 반도체 가치사슬 전반에 투자를 늘리겠다고 약속했다.

반도체 공장 건설의 열기는 여기서 멈추지 않았다. 삼성전자는 2021년 11월 텍사스주 오스틴 외곽에 170억 달러를 투자해 팹을 건설하기로 약속했다. 그리고 삼성전자의 미국 최대 규모 투자인 이 공장을 2024년 하반기부터 가동할 계획이라고 밝혔다.[36] TSMC는 같은 해 애리조나주 피닉스에 120억 달러를 들여 지은 공장의 가동을 시작할 것으로 예상했다. 미국 정부의 요청에 따라 신설되는 이 공장은 5나노미터 공정으로 생산할 수 있다. TSMC의 투자 규모는 2022년 12월 이 회사가 2026년까지 3나노미터 공정으로 운영되는 두 번째 팹을 추가할 계획이라고 발표하면서 400억 달러로 급증했다. 슈퍼컴퓨터와 로봇공학 분야에서 시장을 선도하지만, 1980년대 이후 반도체 분야에서 밀려났던 일본도 다시 이 분야를 식품 및 에너지와 동등한 우선순위에 올려놓았다.

한국의 10년간에 걸친 4,510억 달러 규모 투자 프로그램은 더욱 인상적이었다. 이는 삼성전자와 이 회사의 가장 가까운 국내 경쟁사 SK하이닉스가 주도했다. 한국 정부는 풍부한 인센티브를 내걸고 서부 지역에 'K-반도체 벨트'를 조성해 반도체 제조와 소재, 부품, 장비 관련 기업을 집적하려고 한다. 문재인 대통령은 "외부 충격에 흔들리지 않는 선제적 투자"를 통해 한국이 글로벌 공급망을 선도할 수 있게 하겠다고 말했다.[37]

'락의 법칙Rock's Law'이 대체로 통했다. 이는 반도체 공장 건설 비용이 4년마다 두 배로 증가한다는 추세를 나타낸다. 앞서 언급했던 것처럼, 락은 반도체산업의 전설적인 초기 금융가로서 인텔 회장과 애플 이사로 활동했다. 그리고 차세대 트랜지스터(집적회로의 구성 요소)를 설계하는 비용이 너무 커져서 대규모로 제조되는 칩만 상업성이 있다고 여겨지게 되었다. 한 애널리스트는 5나노미터 칩의 설계비용은 4억 1,600만 달러인 데 비해 주류 3나노미터 칩의 설계비용은 5억 9,000만 달러에 달한다고 추정했다.[38]

전 세계적으로 반도체산업의 2022년 투자는 순조롭게 진행된다면 전년도 집행된 1,500억 달러의 거의 두 배에 달할 것으로 예상되었다. 인센티브도 더 제시되었다. 중국과 미국, 중국, EU, 일본, 인도 등 5개 주요 지역에서 모두 1,900억 달러의 보조금이 약속되었다.[39] 이런 지원 정책들이 발표되기 전에는 전 세계 반도체 생산능력은 2020년부터 2030년까지 56% 확대되리라고 예측되었다.[40]

TSMC의 모리스 창은 이러한 모든 정책들이 원하는 효과를 낼 수 있을지 의구심을 가졌다. 그는 자국 내 칩 생산을 늘리려는 미국의 시도를 "낭비적이고 값비싼 쓸데없는 노력"이라고 평가했다. 그 이유로 미국의 전문가 부족을 들었다. 반도체산업 전체로도 고도로 숙련된 인력이 달렸다. 창의 주장에 따르면 미국에서의 칩 제조비용은 대만보다 50% 더 높고, 이에 영향 받을 제품 생산단가를 고려할 때, 경쟁력이 의심스러웠다.[41]

그러는 동안 마이크로칩 시장 전망은 어두워지고 있었다. 낙관적인 반도체 경영진은 향후 10년간 산업 성장률이 이전 10년간의 5%보다 높아지리라고 기대했다. 그 근거는 칩이 소비자 수요에서 분리되어 더 많은 산업 애플리케이션에 내장되고 기기당 칩이 더 많이 소요된다는 것이었다. 그렇다면 경기침체기의 투자는 결국 보상을 받게 된다. 그러나 비관론자들은 업계 호황이 끝나고 다시 한 번 불황이 찾아와 칩 가격이 폭락할 것이라는 느낌을 떨쳐버릴 수 없었다. 새로운 팹을 건설하고 설치하는 3년 동안 많은 것이 바뀔 수 있었다.

겔싱어의 리더십은 확실히 빛을 잃었다. 그가 취임한 지 18개월이 지나자 인텔의 주가는 거의 3분의 1로 폭락했고, 시가총액은 오랜 숙적 AMD의 규모를 처음으로 밑돌았다. 인텔은 2022년 7월 28일 월스트리트의 기대치를 훨씬 밑도는 실적을 발표했다. 판매량이 둔화되었고, 놀랍게도 데이터센터 맞춤화 고객들의 수요도 줄었다. 겔싱어는 "이번 분기의 실적은 회사와 우리가 설정한 기준보다 낮았다"고 말했다. "우리는 더 잘해야 하고 더 잘할 것입니다."[42]

세계반도체시장통계WSTS는 2022년 8월 성장률을 기존 16.3%에서 13.9%로 낮췄다. 전년도 성장률 26.2%에 비해 크게 떨어진 수치였다. 이 기관은 2023년 성장률은 4.6%에 불과하리라고 내다봤는데, 이는 2019년 미-중 무역전쟁 이후 가장 낮은 수치였다. 2022년 11월에는 성장률 전망치를 또 하향했는데, 2022년은 대폭 깎은 4.4%를, 2023년은 4.1%를 제시했다.[43] 삼성전자는 전년도 4분기 영업이익이 8년 중 최소였다고 발표하면서, 2023년을 약하게 출발했다. 세계경제 둔화로 인해 칩과 전자 제품 수요가 감소했다. TSMC는 자본지출을 줄였다.

한 가지 확실한 것은 수요는 약화될 수 있지만 공급의 엄청난 확대에 따라 전 세계에 마이크로칩이 다시는 부족하지 않으리라는 전망이었다. 분명하지 않은 것은 공급의 안정성과 가격이었다.

4부

ARM
(2022년~)

16장

언제나
접속한

■ 다시 고향으로

ARM의 새로운 케임브리지 본사에서 열린 리셉션에 예술적으로 장식된 황금색 사면체 구조물들은 전체 장식의 맛보기일 뿐이다. 결정질 실리콘의 날카로운 각에서 영감을 받은 삼각형 패턴은 바람이 잘 통하는 아트리움의 벽면과 천장, 사무공간을 나누는 파티션과 반투명 유리, 외부 공간에 세워진 안전판, 심지어 문 손잡이에까지 사용되었다.

2022년 7월의 어느 날, 반바지에 수염을 기른 직원들이 삼삼오오 모여 커피를 마시며 스마트폰을 들여다보면서 수다를 떨고 있다. 처음에 ARM 임직원 1,700명을 수용하기 위해 피터하우스 테크놀로지 파크에 지어진 이 사옥은 업무 공간의 미래 비전을 제공했을 수 있지만, 과거로부터의 메아리에서 벗어날 수는 없었다.

ARM은 여전히 체리힌튼의 풀번로드에 있다. 1994년 전원 마을 스와프햄 불벡의 하비스반에서 여기로 와서 이전 모회사 에이콘의 자리를 넘겨받은 이래 줄곧 이곳을 지켰다. 그해는 ARM 설계가 텍사스인스트루먼트에 제공되어 노키아 휴대전화에 탑재된 때였다. 그러면서 ARM은 성장 궤도에 올라탔고 기술 업계에서 알아주는 회사가 되었다. 주목할 만하게도, 거의 30년이 지난 지금도 ARM은 새 시장에 맞춰 전력 효율이 좋고 성능이 뛰어난 설계를 제공하면서 인정받고 있다.

에이콘이 자신감과 현금으로 넘칠 때 지은 실버빌딩은 철거되었고 그 자리에 주차장이 마련되었다. 주차장을 둘러친 안전판에서는 더 많은 삼각형을 볼 수 있다. 방문객들은 린덴나무가 늘어선 길을 지나 새 사옥으로 들어선다. 새 사옥 뒤에는 농지가 전보다 더 넓게 펼쳐져 있다.

바로 옆에 있는 건물은 2000년에 준공되었고, 스티븐 바이어스 Stephen Byers 통상산업부 장관이 준공 행사에 참석했다. 2016년 7월에는 함박웃음을 짓는 손정의 회장과 ARM 임직원들이 소프트뱅크와의 거래를 축하하러 이곳에 모였다. 이 건물은 계속 사용되지만, 경영자들은 떠난 지 오래 되었다. 발코니에 면한 사이먼 시거스의 집무실은 이제 휴식 공간이 되었다. ARM의 최초 12인 중 한 명인 마이크 뮬러의 집무실 자리에는 파란색 명판이 붙어 있다. 뮬러는 2019년 은퇴할 때까지 중요한 고객사 애플을 상대하는 핵심 역할을 담당했다.

미국의 거대 기술기업들이 지은 미래 지향적인 캠퍼스들과 비교하면 ARM의 본사는 여전히 소박했다. 길 건너편에는 햇볕을 가리는 커튼이 쳐진 연립주택 두 채가 단지를 이루고 있다. 코로나19 봉쇄 조치의 막바지에 재택근무가 아직도 시행되고 있어서 사무실 자리는 다 채워지지 않았다.

지식재산이 버튼 하나로 전 세계를 이동하고 경영자들이 비즈니스 클래스로 빠르게 날아다니는 현대의 글로벌 기업들은 장소에 얽매이지 않으려고 한다. 그러나 2004년 아티잔 인수 이후 ARM의 무게중심이 미국으로 이동하고 있음은 무시하지 못할 사실이었다. 이제 ARM을 이끄는 경영진의 대부분은 캘리포니아 산호세의 로즈 오차드웨이 사옥에서 근무한다. 그중에는 제이슨 차일드Jason Child CFO도 있다. 그는 그루폰과 스플렁크의 CFO를 거쳐 2022년에 입사했다.

그래도 직원들은 ARM의 역사적인 순간에는 케임브리지 아트리움에 모인다. 예컨대 2022년 2월 시거스에서 르네 하스로 리더가 바뀔 때에도 그랬다.

———

시거스가 줄곧 ARM에 몸담은 것에 비해 하스는 그 자리에 오르기까지 멀리 돌아왔다. 하스는 온타리오 호수를 끼고 있는 도시 로체스터에서 자랐다. 이곳은 이스트만 코닥Eastman Kodak과 제록스의 본거지로 유명한 뉴욕주의 오래된 산업도시였다. 교사인 어머니와 물리학자인 아버지는 11살 난 하스를 위해 TI의 사일런트700 컴퓨터 단말기를 집에 들여놓았다. 이 단말기에는 모뎀이 내장되어 있어 전화를 걸면 로컬 제록스 메인프레임에 연결될 수 있었다. 하스는 "그 단말기를 메인프레임에 연결했는데, 어느새 나는 타이핑을 하고 있었고 기계는 내게 타이핑으로 답하고 있었다"고 들려주었다. 그는 "컴퓨터에 정신이 팔리고 말았다"고 말했다.

1984년 포츠담의 클락슨 대학교에서 전기·컴퓨터공학 학사 학위를 받았고 제록스와 TI에서 엔지니어링 경력을 쌓은 후 NEC에서 10년간 근무했다. 현장 애플리케이션 엔지니어로 시작한 NEC에서의 경력은 MIPS 기반 프로세서 및 기타 칩을 사용하는 고객을 지원하는 업무로 이어졌다. 이후 영업 이사로 승진해 HP와 컴팩, 인텔, 시스코 등 주요 고객을 상대했다.

이 시기에는 여러 컴퓨터 아키텍처가 주도권을 놓고 경쟁하고 있었다. MIPS는 상대적으로 덜 성숙한 ARM보다 가능성이 있어보였다. 하스가 1999년 애플리케이션별 프로세서 코어에 대한 기술을 보유한 2년 된 회사인 텐실리카Tensilica의 지역 영업 책임자가 되었을 때, ARM은 앞서나가는 조짐을 보이기 시작했다.

여기에는 아이러니가 있었다. ARM의 초기 엔지니어들은 초창기에는 MIPS를 부러워했는데, MIPS는 컴퓨터 공급업체를 지향하다 길을 잃고 말았다. 텐실리카는 MIPS의 공동 창업가 중 한 명인 크리스 로웬Chris Rowen이 만들었고, 그는 MIPS에서 함께 일하던 직원 중 몇몇을 고용하기도 했다. 그러나 텐실리카는 오히려 "ARM을 표준으로 삼았는데 기업을 공개했기 때문"이라고 하스는 전했다. "우리가 비교 대상으로 삼은 회사는 ARM이었어요."

하스는 2013년 10월 ARM에 전략적 제휴 담당 임원으로 합류했고, 곧 영업 및 마케팅을 총괄하는 자리로 승진해 경영위원회의 일원이 되었다. 한동안 상하이에서 근무하던 그는 2017년 1월

ARM의 IP 제품 그룹을 맡으며 제품 포트폴리오를 다각화해 주요 시장을 공략하고 투자를 늘리는 데 주력했다.

ARM은 2018년 3월 엔비디아와 '딥러닝 추론', 즉 컴퓨터가 인간의 두뇌처럼 사고할 수 있게 만들고자 하는 분야에서 손을 잡았다. 하스는 이 제휴를 추진한 핵심 인물이었다. ARM의 2018년 테크콘 행사에서 그는 데이터센터용 '네오버스Neoverse 플랫폼'을 "클라우드에서 에지edge로의 인프라스트럭처"라며 내놓았다. 이른바 '분산 컴퓨팅'으로 더 많고 더 작은 데이터센터에 대한 수요가 있었고, 이는 ARM한테 희소식이었다. 분산 컴퓨팅이란 응답 시간을 개선하고 대역폭을 절약하기 위해 모든 것을 거대한 중앙 클라우드에 보관하는 대신 데이터를 고객이 로컬로 유지하는 방식을 일컬었다.

엔비디아의 ARM 인수가 발표된 다음 날, 하스는 주요 고객사에게 상황을 설명하고 안심시키는 역할을 맡으며 자신의 회사 내 입지를 드러낼 수 있었다. 그는 양쪽의 입장을 모두 경험한 인물이었다. 하지만 2022년 2월 취임한 그의 가장 큰 도전 과제는 엔비디아에 대한 600억 달러 규모의 매각이 무산된 후 회사를 안정시키는 것이었다. 시거스는 IPO가 단기적인 수익 및 매출 성장에 대한 압력을 가중시키고 "투자하고, 확장하고, 빠르게 움직이고, 혁신할 수 있는 우리의 능력을 질식시킬 것"이라고 경고했다.

———

반백에 오뚝한 코, 주름진 얼굴에 치아를 드러내며 웃는 하스는 전임 CEO 시거스의 메시지로부터 재빠르게 거리를 두었다. 하스는 취임 다음 날 언론 인터뷰에서 "ARM이 엔비디아와 함께 할 수 있는 일 중에 우리 혼자서 하지 못할 일은 없다"고 말했다.

하지만 손정의 회장의 플랜 B는 ARM 주식을 상장하는 것이었기 때문에, 하스는 재무 상태를 더 개선해야 했다. 한 달 후 ARM은 전체 중 최대 15%, 1,000명에 육박하는 인력을 주로 영국과 미국에서 감축할 계획이라고 밝혔다.

소프트뱅크가 인수 후 약속을 이행했다고 밝힌 지 불과 6개월 만이었다. 이 일본 투자자는 ARM을 인수한 후 글로벌 본사를 케임브리지에 유지했고, 5년 동안 영국 임직원을 두 배 이상 많은 3,560명으로 늘렸으며, 이들 중 대다수는 기술직이었다. 소프트뱅크는 이제 지나치게 서둘러 그 추세를 되돌리고 있었다.

감원의 칼날은 예상보다 더 깊게 들어갔다. ARM은 직원들의 사기에 대한 우려가 제기되는 가운데서도 전 세계적으로 약 1,250개의 일자리를 없앴다. 이는 전체의 18%에 달했다. 감원 중 절반 정도는 사물인터넷 소프트웨어 플랫폼인 펠리언 및 관련 부서에 이루어졌는데, ARM에서 분리되어 소프트뱅크로 넘겨지는 중이었다. 나머지는 대부분 행정 및 지원 인력이었다.

하스는 새로운 분야로 사업을 확장하기 위해 신규 채용도 했다. 그는 "우리에게는 선도 기업으로서 고민해야 할 점이 있는데, 거의 모든 시장에서 경쟁할 수 있다는 것입니다"라고 말했다. "따라서 우리가 하는 투자가 최고의 수익을 가져다줄 수 있도록 정말 현명한 선택을 해야 합니다." 최고경영자 하스는 이미 그 일을 해왔고, 이제 ARM도 같은 일을 할 때였다.

■ 승강이

소프트뱅크에 인수되면서 2016년에 주식시장에서 빠르고 다소 차분하게 떠난 것에 비해 ARM이 주식시장에 복귀하는 과정은 길고 시끄러웠다. 영국은 브렉시트 이후 유럽의 금융 중심지인 런던이 뉴욕과 상하이, 심지어 가까운 이웃인 파리에 비해서도 우위를 상실했다는 비판에 시달렸다. 이에 대응해 영국의 장관들은 자국의 대표적 기술기업을 다시 유치하기 위해 공을 들였다.

ARM은 런던의 경쟁력을 보여줄 수 있는 '필수품'이었다. 전세계로 뻗어 있고 수십 년에 걸쳐 실적으로 입증했으며 최첨단 컴퓨팅 분야에서 활동하는 데다 고객 기반이 탄탄하고 본사가 불과 100킬로미터 거리에 있다. 소프트뱅크의 ARM 인수로 글로벌 투자자들이 여전히 영국에 투자하길 원한다는 신호가 나타난 지 6년 후, 이제 영국의 정치인과 금융가들은 정확히 같은 이유에서 ARM을 다시 환영할 의향이 있었다.

쉽지 않은 숙제였다. 손 회장은 이미 런던보다 소프트뱅크 계열사 중 대부분이 높은 가치를 좇아 주식을 상장한 뉴욕을 선호한다고 선언했다. 그는 "글로벌 하이테크의 중심에 있는 미국의 나스닥 증권거래소가 가장 적합하다고 생각한다"고 말했다고 2022년 2월 〈가디언〉이 보도했다.[1]

영국 정부에서는 우락부락한 인상의 제럴드 그림스톤James Grimstone 국제통상부 부장관이 나섰다. 작위를 받아 보스코벨의 그림스톤 경Lord Grimstone of Boscobel이라고도 불리는 그는 과거 마거릿 대처 정부에서 재무부 장관으로서 여러 건의 민영화를 지휘했고 투자은행 슈로더의 부회장을 지낸 바 있다. 2022년 6월 일본을 방문한 그는 손 회장에게 영국의 입장을 설명했다.

영국이 특히 기술기업을 유치하기 위해 주식시장 규정을 완화한 가운데, 그림스톤 부장관은 소프트뱅크에 매우 이례적인 제안을 했다. 바로 두 증권거래소에 동시에 주식을 공개하는 방안이었다 (ARM은 최초로 상장한 1998년에도 뉴욕 나스닥과 영국 런던에 동시에 상장했다. 나스닥에는 전체의 4분의 1에 해당하는 지분을 미국예탁증권ADR 형태로 상장했다 ─옮긴이). 이를 통해 ARM은 뉴욕과 런던의 유동성 풀에 온전히 접근할 수 있고 나스닥종합지수와 FTSE 100에 동시에 편입될 수 있다. 전자는 2,500개 이상의 기술주로 구성되고, 후자는 자격을 갖춘 100대 상장사로 이루어진 런던증권거래소의 대표 지수다.

보리스 존슨 영국 총리는 소프트뱅크 경영진에게 편지를 보내 영국 수도의 미덕을 찬양했다. 영국 정보기관 MI6의 전 국장 알렉스 영거 경Sir Alex Younger은 "영국 정부는 ARM을 영국에 유지하기 위해 모든 힘을 다해야 한다"면서 영국의 "미래 안보는 우리가 강력한 과학 및 기술 기반을 유지하고 성장시키는 능력에 달려 있다. 여기에는 직접적인 안보 및 군사적 측면이 있다. 하지만 더 중요한 것은 그것이 창출하는 경제적 힘이다"라고 덧붙였다.[2]

이 모든 것은 그림스톤과의 면담 3주 후 도쿄 포트시티 타워에서 열린 연례 주주총회에서 손정의 회장이 "나스닥이 더 낫다"고 발언하면서 물거품이 되는가 싶었다. 그는 "ARM의 고객은 대부분 실리콘밸리에 기반을 두고 있으며 미국 주식시장은 ARM 유치를 원한다"고 말했다. 그는 다만 런던에서 '강력한 러브콜'을 보내왔고 상장 자문사들은 여전히 규제가 가장 적합한 곳을 평가하고 있다고

덧붙였다.[3]

영국의 유치 캠페인에 더 걸림돌이 된 것은 정치적 혼란이었다. 잇따른 추문으로 보수당에 대한 신뢰가 추락했고 이에 따라 존슨 총리가 2022년 7월 7일 사퇴했다. 그림스톤과 동료 장관들 역시 물러났고, ARM과의 대화는 한동안 중단되었다. 존슨 내각 이후 단명한 엘리자베스 트러스 내각과 리시 수낵 내각에서도 ARM을 런던 증시로 유치하려는 노력은 계속되었다. 수낵 총리는 2022년 크리스마스 전에 하스를 다우닝가의 총리 관저로 초대했다.

쉽지 않은 결정이었다. 이중 상장은 의심할 여지없이 추가 비용과 복잡성을 수반하며, 서로 다른 회계기준을 충족해야 하고, ARM의 이사회 운영 방식을 규정하는 두 개의 거버넌스 기준을 준수해야 한다. 영상통화를 통해 손 회장의 지원을 받는 가운데 하스는 수낵 총리를 설득하기 위해 노력했다. 그는 영국에 정말 중요한 것은 ARM이 임직원 대다수가 근무하고 있는 곳에서 확장하고 고용하려 하는 지속적인 노력이라고 강조했다. 그런 노력은 유럽 전역에서 엔지니어를 데려올 수 있도록 영국 정부가 비자 규정을 간소화하면 더 쉽게 실행될 수 있다고 말했다.

———

그 사이 ARM의 실적은 개선되었다. 2022년 2분기에 매출은 7억 1,900만 달러로 전년 동기 대비 6% 증가했고 이익은 4억 1,400만 달러로 31% 증가했다. 이 이익 규모는 비용 절감에 따른 이익이 반영되기 전에 집계된 것이었다. 일부 라이선스 대가의 지급이 지연되는 바람에 3분기 매출과 이익은 감소했지만, 4분기 매출과 이익은 각각 7억 4,600만 달러와 4억 5,000만 달러로 증가했다.[4]

로열티 급증이 눈에 띄었다. 빠르게 변하는 반도체산업에서 ARM의 비즈니스 모델은 느리게 변화했다. 새로운 지식재산을 개발하는 데 18개월이 걸리고, 고객이 이를 바탕으로 칩을 설계하는 데 또 18개월이 소요될 수 있다. 결국 제품이 판매되어 로열티가 들어오기까지 4~5년이 걸릴 수도 있다.

실적이 좋아진 한 가지 요인은 ARM이 10년 넘는 노력 끝에 마침내 데이터센터 시장에서 주목받게 되었다는 데 있었다. 시장조사회사 옴디아Omdia는 데이터센터 시장에서 ARM의 점유율이 2022년 2분기에 7.1%로 확대되며 사상 최고 수준을 기록했다고 발표했다.[5] ARM 기반 칩은 더 뛰어난 컴퓨팅 성능을 제공하지만 에너지를 덜 소비하는 데다 맞춤형 개발이 쉽다. 그래서 소규모 데이터센터, 이른바 클라우드의 '에지edge'에 이상적이다. 시장조사회사 카날리스Canalys의 한 보고서는 ARM이 2026년에 이르면 클라우드 컴퓨팅 시장의 50%를 점유할 수 있다고 예상했다.[6]

데이터센터 매출의 상당 부분은 아마존 웹서비스와 이 회사의 그래비턴 칩에 힘입었다. 그러나 화웨이를 비롯한 다른 기업들이 ARM으로 전환한 데도 도움을 받았다. 마이크로소프트와 구글은 성장 중인 암페어 컴퓨팅Ampere Computing에서 만든 ARM 기반 칩을 사용하기 시작했다. 암페어 컴퓨팅은 앞서 오라클과 데이터센터 전문 에퀴닉스에 칩을 공급했다. 엔비디아가 그레이스 프로세서로 그 뒤를 이었다. 이처럼 활발한 공급 실적은 이상적인 타이밍에 이루어졌다. 스마트폰 판매량이 감소세로 접어들 때였다. 초창기로 거슬러 올라가면, 배터리 기반 핸드셋을 설계하면서 쌓은 전문성은 새로운 시장에서도 여전히 유효했다. 다른 점이라면 칩이 스마트폰에서 가장 비싼 부품인데, 서버 프로세서는 훨씬 더 고가라는 것이었다. ARM이 거둬들일 수 있는 로열티 금액도 크게 높았다.

카날리스는 또 인텔의 x86 프로세서가 아직도 장악하고 있는 PC 시장에서 ARM이 점유율을 2026년까지 30%로 높일 것으로 내다봤다. 그리고 자동차도 있었다. ARM은 차량용 엔터테인먼트 시스템과 '첨단 운전자 보조 시스템ADAS'의 성장세가 스마트폰과 데이터센터 모두를 앞질렀다고 밝혔다. 이들 차량용 시스템이 속한 시장은 향후 5년 동안 두 배로 성장할 것으로 전망된다.

하스는 임직원에게 보낸 이메일에서 "이제 우리의 시대"라고 말하며, ARM은 성장하는 시장에서 인텔의 x86과 덜 입증된 RISC-V에 비해 유리한 위치에 자리 잡았다는 확신을 드러냈다. 전기자동차에는 가솔린 자동차보다 두 배로 많은 칩이 포함되어 있다. 또 전기자동차의 반도체는 부품 비용에서 배터리에 이어 둘째 자리를 차지했다. 일부 자동차 제조업체는 여전히 공급 부족으로 어려움을 겪고 있었다.[7]

또한 소프트뱅크가 인수한 후 ARM은 스마트폰과 데이터센터에 사용되는 범용 CPU 설계에서 맞춤형 제품으로 이동했다. 후자는 특정 범주에서 타협할 필요가 없다는 장점이 있다. 5년 전에 내린 이러한 결정은 손정의 회장이 투자금을 회수할 때 괜찮은 가격을 받는 데 도움이 될 수도 있었다.

―――――

ARM은 또한 중국에서의 당혹스러운 상황도 통제하는 것처럼 보였다. 중국 선전 당국은 2022년 4월 마침내 ARM 차이나의 불량 최고경영자 앨런 우의 해임을 승인했다. 회사 공식 자료에서 그의 이름을 지우고 공식 문서에 찍을 새로운 '찹(직인)'을 새겼다.

중국의 법률 시스템은 우를 내보내는 데 아무런 소용이 없었다. 중국 정부가 2년간의 교착 상태를 끝내고자 행동에 나선 것은 ARM이 소프트뱅크에 지분을 넘기고 철수하겠다고 으름장을 놓았기 때문이었다. 중국 경찰이 선전에 있는 ARM 사무실의 24층으로 출동해 우의 경호원 두 명을 연행했다.[8]

우는 포기하지 않았다. 직원들에게 추후 공지가 있을 때까지 재택근무하라고 권고했다. 충성파는 ARM을 지지하는 주주들이 ARM 차이나 직원 800명에게 보낸 메시지를 차단했다. 이런 소동 끝에 ARM은 결국 IT 시스템과 소셜미디어 계정, 은행 계좌 등에 대한 통제권을 되찾았다. ARM은 두 명의 공동 CEO를 임명했다. 그중 한 명으로 중국 정부 고문이자 타협주의자인 렌첸 류는 회사의 법적 대표 겸 총괄 매니저로 임명되었다.

소프트뱅크는 성명을 내고 "ARM은 중국 시장에 전념하고 있으며, 중국인 투자자가 대주주인 ARM 차이나와 ARM의 중국 생태계 파트너들의 성공에도 전념하고 있다"고 밝혔다.[9] 합작사를 통한 중국으로의 설계 판매는 정상화되었지만 합작사에서 중국 전용 설계를 개발하려는 노력은 인기가 덜했다.

불확실성은 미국의 수출 규제에서 비롯되었다. 최첨단 장비와 설계 도구의 중국 수출 차단에 맞추어졌던 미국 규제의 초점이, 덜 두드러지지만 아직 중요한 컴퓨터 아키텍처까지로 넓혀진 지 오래되었다. 인공지능을 구현하는 모든 기술을 포괄하는 새로운 규제 기준은 특히 엔비디아에 타격을 주었는데, 인텔도 영향을 받았다. ARM의 빌딩 블록은 그 자체로는 대상이 되지 않았지만 새로운 규칙은 너무 모호하기 때문에 다른 기술과의 조합을 고려할 경우 제한될 수도 있었다.

──────

다른 모든 것이 장밋빛인 것도 아니었다. ARM은 2022년 8월 대형 고객사 퀄컴을 라이선스 계약 및 상표권 침해로 고소했다. ARM은 퀄컴이 1년 전 인수한 스타트업 누비아Nuvia로부터 이전받은 일부 디자인을 폐기하라고 요구했다. ARM은 그 이전에는 자신들의 동의가 필요하다고 주장했다.

이는 반도체산업 내의 전형적인 분쟁이었다. 비슷한 사례로 상호 의존적인 두 대기업 애플과 삼성전자가 수년 동안 법정 다툼을 벌이다 2018년에야 해결한 건이 있다. 그렇지만 ARM이 이렇게 큰 이해관계가 얽힌 사건에 휘말린 것은 드문 일이었다.

누비아는 애플 칩 설계자 출신들이 컴퓨터 서버용 프로세서를 만들기 위해 설립한 회사였다. 퀄컴은 누비아 인수를 통해 자신들의 랩톱용 프로세서 코어를 강화하고자 했다. 한편 퀄컴과 애플 사이도 좋지 않았다. 애플은 스마트폰 부품에서 퀄컴에 의존하는 정도를 낮추기 위해 자체 설계에 속도를 냈다.

흥미롭게도 누비아의 리더 제라드 윌리엄스Gerad Williams는 ARM 출신이다. 그는 텍사스 오스틴에 위치한 ARM의 디자인센터에서 12년간 근무한 후 인하우스 설계 역량을 확장하던 애플로 옮겼다. 애플은 A7 칩을 자체 개발하고 2013년 아이폰에 탑재함으로써 경쟁자들과의 격차를 벌렸는데, A7 칩에 64비트 코어 아키텍처를 구현하는 데 막대하게 기여한 인물이 윌리엄스였다.

이 사건은 위대한 기술은 결국 위대한 사람들에게서 나온다는 사실을 상기시켜주었다. 발명가도 위대하지만 발명을 실행에 옮기는 사람들도 위대하다. 비록 ARM이 때때로 그런 것처럼 최고의 인재를 잃었더라도, 그들은 그들의 ARM 전문성을 다른 곳에 가져갔고, 그 결과 생태계가 계속 성장했다. 1,300만 명에 달하는 개발자 집단 중 윌리엄스는 가장 가치 있는 옹호자 중 한 명이었다.

개시 시점이 2024년 9월로 잡힌 이 소송은 위험한 전략이었다. 퀄컴은 업계 리더였고, 이 회사의 역할에 따라 PC와 자동차 분야에서 ARM의 시장점유율이 높아지리라고 기대되었다. 애널리스트들은 ARM이 내심 원한 것은 더 높은 로열티 비율을 위한 협상이지 누비아 설계 폐기는 아닐 것이라고 추측했다. 어느 쪽이든 이 소송으로 인해 ARM의 대안으로 로열티를 받지 않는 RISC-V가 어부지리를 얻을 수도 있었다. 또 ARM이 새로운 투자자를 찾으려는 상황에서 불확실성을 야기할 수도 있었다.

————

2020년 9월 ARM을 엔비디아에 매각하기로 합의한 이후에도 소프트뱅크의 재정난은 완화되지 않았다. 2022년 8월, 소프트뱅크는 전 세계적인 기술주 매도세로 포트폴리오 가치가 하락하면서 190억 파운드의 분기 손실을 기록했다. 소프트뱅크는 차량 호출 앱인 우버의 마지막 지분을 매각했고, 알리바바의 주식을 더 많이 처분했으며, 비용 절감을 결정했다. 손 회장은 "과거에 큰 수익에 도취된 제 자신이 부끄럽습니다"라고 말했다.[10]

상장은 여전히 나스닥에 할 것처럼 보였다. ARM은 2022년 가을 월스트리트를 염두에 두고 이사회를 재구성하고, AOL과 인텔, 퀄컴의 전직 임원들을 영입했다. 이 인사에서 가장 눈길을 끈 인물은 토니 파델이었다. 그는 2001년 아이팟을 시작으로 애플의 디바이스 제품군으로 ARM을 끌어올려 제2의 성공을 거두게 하였고, 스티브 잡스가 아이패드를 준비하며 인텔에 눈독을 들일 때 ARM을 계속 유지하도록 만든 사람이었다. 파델은 ARM은 "실리콘의 링구아 프랑카(국제어)"라면서 "미래의 빌더가 모두 이 필수적인 회사를 이용하도록 돕겠다"고 말했다.

그러나 주식시장의 약세는 나아질 기미를 보이지 않았다. 미국 연방준비제도가 급등하는 물가를 잡기 위해 계속해서 금리를 올렸고 글로벌 경기 침체 우려가 고조되었다. 기술주 주가가 크게 떨어졌다. 2023년 3월까지 ARM을 상장하겠다는 계획은 '2023년 언젠가'로 미뤄졌다. 하지만 ARM은 상장을 계속 추진 중이라고 주장했다. 손 회장은 ARM이 "내 에너지의 원천이자 행복의 원천, 흥분의 원천"이라면서 이 회사에 전적으로 집중하겠다고 선언했다.

앞서 엔비디아의 인수를 논의하는 과정에서 어느 쪽이든 분명히 고려했던 대안은 ARM이 고객 중 한 곳이 아니라 다수의 고객사가 참여하는 컨소시엄이 인수해 소유하는 방안이었다. 그렇게 하면 ARM의 중립성을 더 지킬 수 있고, ARM의 미래 번영에 대해 업계가 더 폭넓고 큰 관심을 가질 수 있다. 인텔의 팻 겔싱어는 그런 계획이 나온다면 "우리는 아마도 어떤 식으로든 참여할 듯하다"고 말했다. 퀄컴의 크리스티아노 아몬Christiano Amon은 "우리는 투자에 관심이 있다"고 말했다.[11] 한국의 칩 제조업체인 SK하이닉스도 ARM과 관련이 있었다.[12]

2022년 9월, 손정의 회장이 한국으로 향하고 있으며 삼성전자와 ARM 간의 제휴를 논의하기 위해서라는 기사가 나왔다. ARM

매각에 대한 추측이 돌았다. 또는 2023년 상장을 앞두고 할인된 가격으로 지분을 매각함으로써 ARM에 새로운 초석 투자자를 영입할 것이라는 예상도 나왔다.

삼성전자의 사실상 리더인 이재용 부회장은 2주간의 유럽 순방을 마치고 한국 김포공항에 도착했을 때 "손 회장이 다음 달 서울에 오면 ARM에 대한 일종의 제안을 할 것 같다'"고 기자들에게 말했다.[13] 이 부회장은 이병철 삼성그룹 창업자의 손자이다. 이병철은 거의 40년 전 한국인의 "강인한 정신과 창조성을 바탕으로 반도체산업에 진출하겠다"고 선언한 바 있다.

삼성전자가 ARM을 인수하면 엔비디아가 직면했을 것과 동일한 문제가 발생한다. 그러나 메모리 칩 공급을 선도하는 삼성전자에 ARM 인수는 마이크로프로세서 분야에서 입지를 바꿀 수 있는 유일한 기회였다.

ARM의 가치는 지속될 것이 분명했다. 문제는 모두 이 칩을 소유하기를 원하지만 그 누구도 그 방법에 동의하지 않는 데 있었다 (ARM은 결국 2023년 9월 나스닥에 역대 17번째 큰 규모로 상장했다 —옮긴이).

■ 이정표

중요한 현안들이 너무 많아, ARM은 2021년 또 하나의 중요한 이정표를 놓치고 지나쳤다. 전 세계에 걸쳐 약 2,000억 개(2024년 1월 기준 2,700억 개가 되었다—옮긴이)의 ARM 기반 칩이 판매되어 스마트폰과 노트북, 산업용 센서, 자동차, 데이터센터 등을 연결했다. 장착

을 기준으로 매초 900개의 칩이 추가된다.[14]

　　이들 숫자가 상기시키는 사실이 있다. 소유권 다툼과 경쟁 위협, 끊임없는 기술 변화, 새로운 시장 개척을 위한 막대한 투자 등 온갖 어려움에도 불구하고 ARM은 어디에나 존재했으며, 점점 더 많은 곳에 사용되고 있다는 것이었다. ARM은 1,000개 이상의 파트너사와 협력해 기반 기술을 놀라운 범위로, 초소형 센서부터 거대한 슈퍼컴퓨터에 이르기까지 확산하는 성과를 달성했다. 영국은 왕실, 제임스 본드, BBC, 해리 포터, 프리미어 리그 축구로 유명하다. 랜드로버, 버버리 레인코트, 조니워커 위스키 같은 브랜드는 전 세계의 많은 사람들이 찾고 많이 팔리며 품질과 전통의 상징이다. 여기에 전 세계에서 수십억 번 이상 데이터로 고동치는, 하지만 업계 외부에는 별로 알려지지 않은 존재가 있었다.

　　ARM은 미래와 새로운 애플리케이션을 주시하고 있었지만, 여전히 과거로부터 두둑하게 돈을 벌고 있다. 1997년 노키아 및 TI와 함께 개발한 ARM7TDMI 프로세서는 공장 설비와 세탁기, 자동차 와이퍼 등에 탑재되었다. 예상 수명을 훌쩍 뛰어넘었고, 2020년에도 2억 개가 출하되었다.

　　또한 현재까지 만들어진 칩의 거의 절반, 그리고 연간 300억 개 중 약 4분의 3은 저비용이고 에너지 효율이 뛰어난 ARM코텍스-M 32비트 마이크로컨트롤러이다. 2004년에 출시된 이 프로세서 제품군은 IoT 기기와 자동차, 전력 시스템 관리, 터치스크린, 배터리에 들어갔다.

　　창립 20주년을 맞이한 2010년 사업보고서에서 당시 최고경영자 워런 이스트는 그때까지 250억 개의 칩을 출하했다면서 "이제 우리는 또 다른 1,000억 개의 ARM 프로세서 기반 칩이 향후 10년 간 출하되는 미래를 기대하고 있다"고 썼다. 결과는 그보다 더욱 많았다.[15]

수치에 의미를 두지 않는 원로도 있었다. 칩 개발자 소피 윌슨은 "100억 개 판매에 더 이상 충격을 받지 않았다"고 한 인터뷰에서 들려주었다.[16] 인공지능과 슈퍼컴퓨터, 로봇공학, IoT 등 분야에서 모두 더 많은 칩을 간절히 요구하고 있기 때문에 2023년에는 누적 2,500억 개를 쉽게 넘어설 것으로 보였다. 실제로 1조 개 돌파가 그리 멀지 않았다.

ARM이 2021년 아홉째 버전의 아키텍처로 ARMv9을 소개할 때, 3대 최고경영자 사이먼 시거스는 이 버전이 향후 3,000억 개의 ARM 칩 출시를 선도할 것이라고 선언했다. 이 회사는 머지않아 세계의 모든 데이터는, 말단에서 기기와 센서를 통해 관찰되거나 수집되거나 컴퓨팅 클라우드에 저장되거나 연결된 데이터 네트워크를 통하거나 관계없이 ARM을 통해 처리될 것이라고 예상했다.[17]

실제로 연간 300억 개라는 보급 속도는 ARM 기반 하드웨어가 작동되도록 하기 위해 매년 추가되는 수십억 줄의 소프트웨어 코드에 비하면 덜 중요하다. 코드가 방대하게 제공되기 때문에 하드웨어 개발자는 처음부터 시작하지 않아도 되고, 다른 곳을 찾을 필요도 없다.

———

이 모든 것이 왜 중요한지 생각해 볼 필요가 있다. 경쟁보다 협업을 우선시하는 ARM의 메시지는 더 단순한 시절부터 시작된 듯하다. 모두와 협력함으로써 ARM은 광범위한 기술 개발을 촉진하고 모든 사람에게 보급된 기기의 성능을 향상시켰다. 새로운 라이선스 사용자와 협력하면서 아키텍처는 더욱 튼실하고 다재다능해졌다. 소프트웨어 부피는 커졌다.

그리고 거대 디지털 기업들이 자신들의 제품에 들어가는 실리콘에 대한 통제를 강화함에 따라 ARM은 유용성과 경제성을 모두 갖춘 효과적인 파트너의 자리를 지켰다. 모리스 창이 TSMC에 대해 한 말을 다시 되새기자면, 출시 첫날에는 무시하거나 취약한 경쟁자로 여기던 시장의 기대는 결국 ARM이 강력한 공급업체가 될 수 있다는 사실에 대한 인식으로 바뀌었다.

이 모델이 새로운 것은 아니었다. 기술 라이선싱의 역사는 무려 70년 전, 벨 연구소가 트랜지스터 제조 기술을 '마더 벨의 요리책'이라는 제목으로 내놓으면서였다. 당시 미국 정부는 트랜지스터 개발을 가속화하고자 열을 올렸다. 그 트랜지스터가 전 세계에 넘쳐나면서 경쟁이 치열해지는 동안 ARM은 어떻게든 국가와 국가 사이에 계속 서 있었고, 지금도 그렇다.

ARM은 태생적 제약을 장점으로 전환하는 데 능숙했다. 돈이 넘쳐났다면 ARM의 설계 지침서가 그렇게 훌륭하지 않았을 것이다. 그런 제약 조건이 있었기 때문에 초기 경영자들은 ARM이 하지 못할 일을 모두 파악해 걸러냈다. 즉, 칩 전체는 설계하지 않았고, 생산하지 않았으며, 자신들의 설계를 탑재한 제품을 만들지 않았다.

이런 소거 과정을 통해 ARM은 성공의 열쇠가 어디에 있는지 찾았다. 메시지를 발굴하고, 다양한 분야의 고객을 발굴하며, 업계가 함께 사용할 수 있는 표준을 만드는 것이었다. 우수한 기술이 저절로 빛을 발하리라는 생각은 순진했다. 소니의 베타맥스 같은 독점 포맷은 빠르게 성장하는 시장에서 누가 임계점을 넘느냐에 따라 얼마나 쉽게 시장에서 밀려날 수 있는지를 보여주었다. 그래서 초대 경영자 로빈 삭스비가 가장 먼저 한 일은 아시아 비즈니스를 위해 비행기에 몸을 싣는 것이었다.

ARM이 노키아 및 TI와 함께 거둔 기념비적인 성공을 단순히 적시에 적절한 장소에 자리 잡은 덕분이라고 깎아내리기 쉽다. 하지만 소문을 퍼뜨리고, 사용자들이 라이선스를 받아 실험하도록 장려하고 확장 프로그램Thumb을 도입하며 적응하려고 하지 않았다면 가능하지 않았을 것이다.

비즈니스에는 직선이 없다. 애플의 1986년 ARM 칩 조우는 곧바로 투자로 이어지지 않았다(여기서 ARM칩은 ARM이 1990년에 설립되기 전 에이콘이 개발한 PC용 칩을 가리킨다. 92쪽 참조―옮긴이). 애플이 ARM에 보유한 지분은 애플이 2001년 아이팟용 프로세서를 찾았을 때에도 영향을 미치지 않았다. 하지만 애플이 2008년 ARM에 아키텍처 라이선스를 요청한 것은 그전 7년간 이 회사를 지켜보며 내린 판단에서 나왔다. 물론 여기에 ARM의 설계를 바탕으로 활동해온 스타 설계자 댄 도버펄의 경험과 의견이 힘을 실어주었음도 분명하다.

독점 기술이 지배적이던 세상에서 ARM은 자신들의 아키텍처가 회사 밖에서도 생명력을 가질 수 있도록 충분히 느슨하게 풀어놓았다. 그럼으로써 개발자들이 옹호자 집단이 되었다. 그 결과 수십 년 동안의 혁신을 통해 휴대전화에서 스마트폰, IoT로 전진해왔고, 이제 두 가지 유망한 분야인 데이터센터와 자동차에 진출했다.

이 책은 이러한 혁신이 결코 쉽지 않았음을 보여준다. ARM은 장기적인 관점을 채택해야 했고, 잘못된 출발에 대처해야 했으며,

모바일 수요가 약해지기 전에 새로운 시장을 개척할 수 있기를 희망했다. 종종 스스로 행운을 만들어내기도 했는데, 특히 15년간의 오디세이였던 데이터센터 분야에서 그렇게 했다. ARM은 컴퓨터 서버용 고성능 칩을 설계하는 유망한 스타트업에 투자해 수요를 촉진하려고 노력했다. 그중 한 곳은 2015년 거대 기업 아마존에 인수되었고 요즘도 모멘텀을 제공하고 있다.

브렉시트 이후 영국은 자국이 무엇을 대표해야 할지 암중모색하고 있다. 이와 관련해 ARM은 글로벌 산업 리더십에는 수십억 파운드의 공장이 필요하지 않고, 전 세계의 주요 국가의 정부가 제공하는 수십억 파운드의 지원금도 필요하지 않음을 보여주었다. 수십 년 동안 이렇다 할 반도체 전략 없이 지낸 영국의 요리법은 딱 알맞은 현금과 수십 년의 경험, 젊은이들의 넘치는 에너지를 적절하게 배합하는 것이다.

ARM은 인재를 끌어당기는 자석과도 같았다. 처음에 에이콘은 영국 지식경제의 중심에 있는 교육기관 중 하나인 케임브리지 대학교에서 인재를 채용했다. 이후 BBC마이크로의 성공이 채용 수단으로서 역할을 톡톡히 했다. 얼마 지나지 않아 소문이 퍼졌다.

다른 ARM을 만들려는 시도는 제2의 구글을 만들려고 하는 시도만큼이나 어리석은 일이다. 이는 영국의 스타트업이 경쟁에서 이겨 세계적인 거대 기업으로 성장하기를 바라는 외침에 대한 내 생각이다. 장관들은 교육과 기술을 통해 기초를 다지고 뛰어난 과학을 널리 적용하는 길을 잘 닦아주는 역할을 할 수 있다. 그들은 다음과 같은 문화를 장려할 수 있다. 대담성을 키우고, 미국의 아이디어를 채택해 상업화하며, 미국과 전 세계에 다시 판매하는 문화이다.

그리고 영국의 기업 소유가 중요하다면서 이해심이 많은 투자자들을 육성할 수 있다. 그들은 소규모 기업이 규모를 확장하고 새로운 고객을 찾고 개발할 수 있도록 자금을 투자할 것이다. 성공적인 스타트업은 초기부터 국제적이어야 한다. 이를 위해서는 공항이 잘 연결되어야 하고 세금과 규제가 안정적이어야 하며 세계 어디에서나 인재를 채용할 수 있게 해주어야 한다.

현재로서는 ARM이 필수 불가결해 보인다. 컴퓨팅의 놀라운 성장에 힘을 실어주고 규모와 수명, 지속적인 혁신, 아마도 외교까지의 중요성에 대한 교훈을 제공한다. 하지만 새로운 기술은 기회만큼이나 위협도 가한다. 이 산업에는 더 나은 대안이 나오면서 시장과 표준, 시스템을 찾지 못한 채 버려지는 시스템과 장치로 가득하다.

다음 스타트업에 필요한 전부는 단순한 아이디어다. 자신감을 가지고 팔 수 있는 아이디어, 운을 시험해볼 수 있는 아이디어, 생존을 위해 변용할 수 있는 아이디어, 예측 가능성을 발전시키며 광범위한 공동 작업의 허브가 되는 아이디어다. 그게 바로 ARM이 성공한 방식이다.

감사의 글

이 책을 위해 시간을 내 나와 대화하거나 섹션을 검토하거나 피드백해준 모든 분께 감사드린다. 그러면서 떠오른 말이 '당신은 자신이 무엇을 모르는지를 모른다'는 것이었다.

집필에 착수할 때, 마이크로칩에 대한 내 이해가 흘끗 본 정도임을 알고 있었다. 이제 도와준 몇몇 분들의 지식이 얼마나 광대한가 하는 경외 속에서 탈고하면서, 그 지식의 일부 부스러기라도 떨어져 이 책의 지면들에 붙었기를 희망한다.

반복해서 발견한 것은 기여자들이 자신들의 성취와 공동의 노력에 대해 지니는 자부심이었다. 그들은 그럴 자격이 있다. ARM은 고유한 기업으로서 세상을 진정으로 변화시킨 산업의 일부를 구성했다.

다음 분들께 감사한다. 나이젤과 수잔 앨렌 부부, 커스티 아사노비치, 존 베릴슨, 존 빅스, 말콤 버드, 스탠 볼랜드, 피터 본필드 경, 조너선 브룩스, 튜더 브라운, 그레이엄 버드, 스튜어트 체임버스, 기처드 콘웨이, 케이트 코니시-보우든, 필 데이비드, 조 드 보엑, 질 델파시, 사이먼 듀크, 더그 던, 워런 이스트, 스티브 퍼버, 폴 가바리니, 보스코벨의 그림스턴 경, 리처드 그리센스웨이트, 르네 하스, 알렉스 해로드, 허먼 하우저, 필 휴즈, 데이브 재거, 데이비드 커쇼, 아나타샤 라우터바흐, 마크 리우, 크레이그 리빙스턴, 데이비드 로우델, 피트 매거완, 크리스 말라코프스키, 티모 무카리, 티모 무카리, 말콤 펜, 톰 피타드, 수드하카 램, 벤 레이너, 칼리스타 레드먼드, 월리 라인스, 딕 생퀴니, 로빈 삭스비 경, 존 스카리스브릭, 사이먼 시거스, 이언 스미스, 크리스 토머스, 이언 손튼, 데이비드 터프맨, 토미 우하리, 제이미 어카트, 프리츠 판 하우트, 엘리자 윌시, 댄 왕, 마들렌 라이트.

출판사 호더&스토튼의 휴 암스트롱과 그의 동료들은 처음부터 내 비전을 공유했고 내가 이 책을 항상 바라던 대로 만들 수 있도록 도와주었다. 내 에이전트인 이비터스 크리에이티브 매니지먼트의 토비 먼디는 이 책이 나오기까지 연결 역할을 수행했고 큰 도움을 주었다.

사돈 앤더스와 키치 알버스탠드 부부에게 특별한 고마움을 표하고 싶다. 두 분은 한 무더운 여름 동안 글쓰기에 더할 나위 없이 좋은 휴양지인 '훤슈셋hönshuset'을 활용하도록 해주었다. 물론 비베카와 앨리스에게도, 또 다른 주말이 사라졌어도 끝없는 사랑과 이해로 받아들여준 데 대해 감사한다. 그리고 항상 우리와 함께하는 오스카도.

용어

비트 크기bit size

칩이 처리할 수 있는 정보의 양. 비트는 컴퓨팅에서 가장 작은 정보 단위로, '이진binary'와 '수digit'가 혼합된 단어이며, 1 또는 0으로 표시된다. 8비트 칩은 0에서 255개의 데이터를 처리할 수 있으며, 10진수 255를 2진수로 환산하면 11111111이다. 2^n인 용량은 n이 커짐에 따라 기하급수적으로 증가한다. 16비트 칩은 65,536개(2^{16}), 32비트 칩은 4,294,967,296개(2^{32}), 64비트는 18,446,744,073,709,551,616개(2^{64})의 데이터를 처리할 수 있다. 비트 8개가 합쳐져 바이트byte를 만든다.

중앙처리장치CPU

로직 칩의 한 유형으로, 소프트웨어 프로그램에 의해 지시된 응용프로그램 요청 및 높은 수준의 컴퓨터 기능을 처리하는 컴퓨터의 두뇌.

클록 주기

칩의 심장 박동에 해당하며 하나의 동작이 수행되는 데 걸리는 시간을 측정한다. 1메가헤르츠는 초당 100만 사이클 또는 명령어를, 1기가헤르츠는 초당 10억 사이클을 나타낸다.

컴퓨터 코어

CPU의 핵심에 있는 단일 프로세서. 최신 CPU는 멀티코어 프로세서라고 하는 수천 개의 프로세서가 함께 작동하여 작업을 처리할 수 있다.

다이 Die

마이크로칩이 제조되는 작은 반도체 블록. 실리콘 웨이퍼에서 잘라낸다.

디지털 신호 프로세서 DSP

아날로그 신호를 압축하는 전문 마이크로프로세서로 통신, 디지털 이미징 및 음성 인식에 널리 사용된다.

캡슐화 encapsulation

마이크로칩을 외부로부터 보호하기 위해 특정 물질로 감싸주는 공정.

그래픽 처리 장치 GPU

그래픽 작업 수행에 특화된 프로세서로, 많은 데이터를 동시에 처리할 수 있어 머신러닝 및 게임 애플리케이션에 많이 사용됨.

입력/출력 I/O

프로세서를 외부 세계(사용자 또는 다른 장치)와 연결하는 통신 기능.

명령어 세트Instruction set

CPU에서 사용되는 기계어로 쓰여진 명령어들.

집적회로IC

일반적으로 실리콘과 같은 단일 반도체 소재에 전자 회로를 집적한 것으로, 칩 또는 마이크로칩이라고도 함.

로직 칩

CPU, GPU 및 NPU(신경 처리 장치, 머신 러닝 애플리케이션용으로 설계됨)를 포함하는 전자기기의 두뇌.

메모리 칩

로직 칩과 함께 작동하는 정보 저장 장치로 CPU가 다른 작업을 수행할 수 있는 여유를 준다. 동적 랜덤 액세스DRAM는 최초의 메모리 유형으로, 소량의 데이터를 임시로 저장하여 장치를 켰을 때 빠르게 액세스할 수 있도록 했다. 이후 느리게 움직이는 낸드 플래시가 등장했는데, 이는 NOT-AND 로직 게이트와 유사하고 메모리 셀의 일부를 '즉시in a flash' 빠르게 지울 수 있기 때문이다. 플래시는 스마트폰에 저장된 사진과 같이 일반적으로 기기가 꺼진 상태에서도 영구적으로 더 많은 양의 데이터를 저장할 수 있다.

마이크로칩

보통 실리콘과 같은 반도체 소재에 올려진 전자 회로의 세트로, 집적회로라고도 한다.

마이크로컨트롤러

통합 메모리와 주변 장치를 갖추고 코어에 의존하지 않고도 작업을 수행할 수 있는 더 간단한 버전의 마이크로프로세서. 의료기기, 리모컨, 전기 제품 등의 임베디드 애플리케이션에 사용됨.

마이크로프로세서

단일 집적회로에 컴퓨터의 중앙처리장치 기능을 수행하는 데 필요한 데이터 처리 로직과 제어 기능을 갖춘 프로세서.

주변 장치

컴퓨터에 연결하여 정보를 입/출력할 수 있는 외부 장치. 마우스, 키보드, 웹캠, 스피커, 프린터, 스토리지 등이 포함됨.

프로세스 노드

마이크로칩에 패킹된 트랜지스터 사이의 거리를 나타내는 나노미터 단위로 측정되는 반도체 제조 단계. 숫자가 작을수록 칩이 더 빠르고 전력 효율이 높다.

SOC 또는 시스템온칩 System-on-a-chip

컴퓨터 구성 요소의 전부 또는 대부분을 단일 칩에 탑재한 집적회로.

트랜지스터

회로의 논리 게이트를 통해 전기 신호를 전환하거나 증폭하는 전자 장치의 빌딩 블록.

주

1장

1   https://www.wsj.com/articles/pelosi-vows-ironclad-defense-of-taiwans-democracy-as-china-plans-live-firedrills-11659511188

2   https://www.semiconductors.org/study-identifies-benefitsand-vulnerabilities-of-global-semiconductor-supply-chainrecommends-government-actions-to-strengthen-it/

3   https://edition.cnn.com/videos/tv/2022/07/31/exp-gps-0731-mark-liu-taiwan-semiconductors.cnn

4   https://www.futurehorizons.com/assets/fh—research—bulletin—2021-04—the—china—c.pdf

5   https://www.youtube.com/watch?v=FKO5AXIB—Ac

6   https://www.wsj.com/articles/global-chip-shortage-is-farfrom-over-as-wait-times-get-longer-11635413402

7   https://news.sky.com/story/ps5-becomes-fastest-sony-console-to-achieve-sales-of-10-million-12366564

8   https://www.reuters.com/business/autos-transportation/boosted-by-premium-car-demand-volkswagen-raises-margin-target-2021-05-06/

9   https://www.alixpartners.com/media-center/press-releases/press-release-shortages-related-to-semiconductors-to-costthe-auto-industry-210-billion-in-revenues-this-year-saysnew-alixpartners-forecast/

10   https://www2.deloitte.com/content/dam/Deloitte/tw/Documents/technology-media-telecommunications/tw-semiconductor-report-EN.pdf

11   https://www.philips.com/a-w/about/news/archive/standard/news/articles/2022/20220608-chips-for-lives-global-chipshortages-put-production-of-life-saving-medical-devicesand-systems-at-risk.html

12   https://www.nscai.gov/wp-content/uploads/2021/03/Full-Report-Digital-1.pdf

13   https://www2.deloitte.com/content/dam/Deloitte/us/Documents/technology-media-telecommunications/us-tmt-2022-semiconductor-outlook.pdf

14   https://www.bcg.com/publications/2020/incentives-and-competitiveness-in-semiconductor-manufacturing

15   https://www.whitehouse.gov/briefing-room/speeches-remarks/2021/02/24/remarks-by-president-biden-at-signingof-an-executive-order-on-supply-chains/

16   https://www.nytimes.com/1989/06/14/world/reagan-gets-ared-carpet-from-british.html

17   https://www.semiconductors.org/global-semiconductorsales-units-shipped-reach-all-time-highs-in-2021-as-industry-ramps-up-production-amid-shortage/

18   https://docs.cdn.yougov.com/w2zmwpzsq0/econTabReport.pdf

19   https://arxiv.org/pdf/2011.02839.pdf

20   https://www.youtube.com/watch?v=3jU—YhZ1NQA-&t=7207s

21   FutureHorizons, Research Brief 09/2021, 'Back to a Vertical Business Model'.

2장

1   https://worldradiohistory.com/Archive-Electronics/60s/61/Electronics-1961-03-10.pdf

2   https://worldradiohistory.com/hd2/IDX-Site-Technical/Engineering-General/Archive-Electronics-IDX/IDX/60s/60/Electronics-1960-12-02-OCR-Page-0004.pdf

3   T.R. Reid, *The Chip*, Simon & Schuster, 1985, p. 18.

4   https://everything2.com/title/The%2520Tyranny%2520of-%2520Numbers

5   https://davidlaws.medium.com/the-computer-chip-is-sixty-36cff1d837a1

6   https://www.nobelprize.org/prizes/physics/2000/kilby/biographical/

7   https://www.lindahall.org/about/news/scientist-of-the-day/geoffrey-dummer

8   T.R. Reid, *The Chip*, p. 87.

9   https://digitalassets.lib.berkeley.edu/roho/ucb/text/rock—arthur.pdf

10   Leslie Berlin, *The Man Behind the Microchip*, OUP, 2005, p. 61.

11   Michael Malone, *The Intel Trinity*, Harper Collins, 2014, p.15.

12   https://digitalassets.lib.berkeley.edu/roho/ucb/text/rock—arthur.pdf

13   T.R. Reid, *The Chip*, p. 147.

14   https://newsroom.intel.com/wp-content/uploads/sites/11/2018/05/moores-law-electronics.pdf

15   https://www.youtube.com/watch?v=EzyJxAP6AQo

16   https://edtechmagazine.com/k12/article/2012/11/calculating-firsts-visual-history-calculators

17   https://www.intel.com/content/www/us/en/history/virtualvault/articles/intels-founding.html

18   https://digitalassets.lib.berkeley.edu/roho/ucb/text/rock—arthur.pdf

19   https://www.intel.sg/content/www/xa/en/history/museum-story-of-intel-4004.html

3장

1   'Their bits are worse than their bytes', *United Press International*, 24 December 1984.

2   https://www.youtube.com/watch?v=jtMWEiCdsfc

3   http://34.242.82.140/media/BBC-Microelectronic-government-submission.pdf

4   http://nottspolitics.org/wp-content/uploads/2013/06/Labours-Plan-for-science.pdf

5   https://clp.bbcrewind.co.uk/media/BBC-Microelectronic-government-submission.pdf

6   https://www.bbc.co.uk/news/technology-15969065

7   https://www.youtube.com/watch?v=KrTmvqwpZF8

8   Brian Merchant, *The One Device*, Little Brown, 2017, p. 155.

9   https://archive.computerhistory.org/resources/access/text/2012/06/102746190-05-01-acc.pdf

10   https://media.nesta.org.uk/documents/the—legacy—of—bbc—micro.pdf

11   https://www.nytimes.com/1962/11/03/archives/pocket-computer-may-replace-shopping-list-inventor-says-device.html

12   https://archive.computerhistory.org/resources/access/
      text/2014/08/102739939-05-01-acc.pdf

13   https://archive.computerhistory.org/resources/access/
      text/2014/08/102739939-05-01-acc.pdf

14   https://web.archive.org/web/20120721114927/http://www.variantpress.com/
      view.php?content=ch001

15   같은 자료.

16   https://datassette.nyc3.cdn.digitaloceanspaces.com/livros/iwoz.pdf

17   Walter Isaacson, *Steve Jobs*, Simon & Schuster, 2011, p. 58.

18   https://en.wikipedia.org/wiki/Apple—II#/media/File:Apple—II—
      advertisement—Dec—1977—page—2.jpg

19   Berlin, *The Man Behind the Microchip*, p. 251.

20   Isaacson, *Steve Jobs*, p. 84.

21   https://archive.computerhistory.org/resources/access/
      text/2014/08/102746675-05-01-acc.pdf

22   https://media.nesta.org.uk/documents/the—legacy—of—bbc—micro.pdf

23   http://www.naec.org.uk/organisations/bbc-computer-literacyproject/towards-
      computer-literacy-the-bbc-computer-literacyproject-1979-1983

24   https://www.margaretthatcher.org/document/104609

25   https://www.theregister.com/2011/11/30/bbc—micro—model—b—30th—
      anniversary/?page=5

26   https://www.youtube.com/watch?v=T2VfgtTt5So

27   LIANE, News UK cuttings.

28   https://www.express.co.uk/expressyourself/113527/Battle-ofthe-Boffins

29   존 빅스의 자료.

30   https://archive.computerhistory.org/resources/access/
      text/2016/07/102737949-05-01-acc.pdf

31   https://inst.eecs.berkeley.edu/~n252/paper/RISC-patterson.pdf

32   https://archive.computerhistory.org/resources/access/
      text/2016/07/102737949-05-01-acc.pdf

33   https://www.commodore.ca/commodore-history/the-rise-ofmos-technology-
      the-6502/

34   https://archive.computerhistory.org/resources/access/
      text/2012/06/102746190-05-01-acc.pdf

35 https://archive.org/details/AcornUser039-Oct85/page/n8/mode/1up

36 Isaacson, *Steve Jobs*, p. 144.

37 https://www.mprove.de/visionreality/media/Kay72a.pdf

38 John Sculley, *Odyssey*, Harper Collins, 1987, p. 403-4.

39 https://archive.computerhistory.org/resources/access/text/2014/08/102746675-05-01-acc.pdf

40 https://www.nomodes.com/LinzmayerBook.html

41 같은 자료.

42 Sculley, *Odyssey*, p. 342.

4장

1 https://www.sbsummertheatre.com/history

2 https://docplayer.net/103199502-All-contributions-for-nextmonth-s-issue-are-required-by-19th-of-each-month-pleasesend-to-the-edito-r.html

3 https://www.youtube.com/watch?v=ljbdhICqETE

4 'INMOS becomes member of SGS-THOMSON Group', *Business Wire*, 6 April 1989.

5 https://www.youtube.com/watch?v=ljbdhICqETE

6 https://archive.computerhistory.org/resources/access/text/2020/02/102706882-05-01-acc.pdf.

7 같은 자료.

8 http://www.nomodes.com/LinzmayerBook.html

9 https://archive.computerhistory.org/resources/access/text/2013/04/102746578-05-01-acc.pdf

10 https://archive.computerhistory.org/resources/access/text/2020/02/102706882-05-01-acc.pdf

11 'Arming the World', *Electronic Business*, 1999.

12 존 빅스의 자료 중 회사 브로슈어.

13 https://www.managementtoday.co.uk/andrew-davidsoninterview-robin-saxby-chairman-arm-soaring-microchipdesign-company-says-just-following-hobby-success-partgadget-obsessed-mr-fixit/article/412279

5장

1   https://www.nokia.com/blog/thirty-years-on-from-the-callthat-transformed-how-we-communicate/#:~:text=The%20first%20official%20GSM%20call,nights%20to%20make%20it%20happen

2   https://web.archive.org/web/20070213045903/http://telemuseum.no/mambo/content/view/29/1/

3   https://money.cnn.com/magazines/fortune/fortune—archive/2000/05/01/278948/index.htm

4   https://money.cnn.com/1999/02/08/europe/nokia/#:~:-text=Nokia%20overtakes%20Motorola%20%2D%20Feb.,8%2C%201999&text=LONDON%20(CNNfn)%20%2D%20Worldwide%20sales,according%20to%20a%20report%20Monday

6장

1   https://www.youtube.com/watch?v=QhhFQ-3w5tE

2   https://www.annualreports.com/HostedData/AnnualReportArchive/a/NASDAQ_AAPL_1996.pdf

3   Isaacson, *Steve Jobs*, p. 276.

4   https://www.youtube.com/watch?v=IOs6hnTI4lw

5   같은 자료.

6   https://www.youtube.com/watch?v=qccG0bEBjYM&list=WL&index=12

7   Isaacson, *Steve Jobs*, p. 283.

8   https://www.zdnet.com/article/newton-inc-apple-spins-offthe-messagepad/

9   https://www.cultofmac.com/469567/today-in-apple-historyapple-bids-farewell-to-the-newton/

10 https://www.4corn.co.uk/articles/websites/www95/acorn/library/pr/1995/07_Jul/NewMD.html

11 https://www.wired.com/2009/12/fail-oracle/

12 https://techmonitor.ai/technology/arm_wins_billion_dollar_valuation_in_ipo

13 존 빅스의 자료 중 회사 브로셔.

14 https://www.youtube.com/watch?v=i5f8bqYYwps&list=WL

15   https://thenextweb.com/news/ex-apple-ceo-john-sculleytells-story-arm-newton-start-apple-mobile-giant

16   https://www.nomodes.com/LinzmayerBook.html

17   https://archive.computerhistory.org/resources/access/text/2020/02/102706882-05-01-acc.pdf

18   Acorn Group PLC, 17 March 1998 stock-market statement.

19   https://www.investegate.co.uk/arm-holdings-plc/rns/4th-quarter---final-results-to-31-december-1999/200001310701286413E/

20   https://www.sec.gov/Archives/edgar /data/1057997/000095010303001446/jun2303_20f.htm

21   https://www.theguardian.com/technology/2000/jul/18/efinance.business1

7장

1   https://www.history.com/this-day-in-history/earthquake-kills-thousands-in-taiwan#:~:text=An%20earthquake%20in%20Taiwan%20on,tremor%20that%20killed%203%2C200%20people

2   https://www.nytimes.com/2000/02/01/business/the-silicongodfather-the-man-behind-taiwan-s-rise-in-the-chip-industry.html

3   https://pr.tsmc.com/english/news/2191

4   https://pr.tsmc.com/english/news/2213

5   https://archive.computerhistory.org/resources/access/text/2017/03/102740002-05-01-acc.pdf

6   같은 자료.

7   https://www.nber.org/system/files/working_papers/w0118/w0118.pdf, p. 60.

8   https://www.semi.org/en/Oral-History-Interview-Ed-Pausa

9   https://archive.computerhistory.org/resources/access/text/2012/04/102658284-05-01-acc.pdf

10   Berlin, *The Man Behind the Microchip*, p. 132.

11   https://www.nber.org/system/files/working_papers/w0118/w0118.pdf

12   https://www.alamy.com/stock-photo-1960s-advertisement-advertising-portable-transistor-radios-by-sony-147924076.html

13   https://documents1.worldbank.org/curat ed/en/975081468244550798/pdf/

multi-page.pdf

14 Geoffrey Cain, *Samsung Rising*, Virgin Books, 2020, p. 53.

15 https://documents1.worldbank.org/curated/en/975081468244550798/pdf/multi-page.pdf

16 https://www.hpmemoryproject.org/timeline/art_fong/chuck_house_thoughts.htm

17 https://www.nytimes.com/1982/02/28/business/japan-s-biglead-in-memory-chips.html

18 Andy Grove, *Only the Paranoid Survive*, Harper Collins Business, 1996, p. 89.

19 https://archive.computerhistory.org/resources/access/text/2017/03/102740002-05-01-acc.pdf

20 Malone, *The Intel Trinity*, p. 409.

21 https://link.springer.com/chapter/10.1007/4-431-28916-X_3

22 https://www.semi.org/en/Oral-History-Interview-Morris-Chang

23 https://spectrum.ieee.org/morris-chang-foundry-father

24 https://taiwantoday.tw/news.php?unit=6,23,45,6,6&post=8429

25 https://citeseerx.ist.psu.edu/viewdoc/download?-doi=10.1.1.548.6098&rep=rep1&type=pdf

26 https://mediakron.bc.edu/edges/case-studies-in-the-taiwanmiracle/hsinchu-science-park-a-case-study-in-taiwansshift-to-tech/from-industry-to-innovation-hsinchu-sciencepark-tsmc-and-the-development-of-taiwans-tech-sector/opening-hsinchu-science-park

27 https://www.semi.org/en/Oral-History-Interview-Morris-Chang

28 같은 자료.

29 https://www.youtube.com/watch?v=wEh3ZgbvBrE&t=8s

30 https://www.brookings.edu/wp-content/uploads/2022/04/Vying-for-Talent-Morris-Chang-20220414.pdf

31 https://www.youtube.com/watch?v=wEh3ZgbvBrE&t=8s

32 Saxenian and Hsu, 'The Silicon Valley-Hsinchu Connection: Technical Communities and Industrial Upgrading'.

8장

1   Shareholders' Meeting - Final, FD (Fair Disclosure) Wire, May 18, 2005 Wednesday transcript.

2   같은 자료.

3   같은 자료.

4   https://www.intel.com/content/www/us/en/history/history-2004-annual-report.htm

5   file:///C:/Users/james/Downloads/history-2004-annual-report.pdf

6   Malone, *The Intel Trinity*, p. 364.

7   https://www.latimes.com/archives/la-xpm-1991-08-30-fi-1556-story.html

8   Jeff Ferry, 'The best chip shop in the world', *Director*, March1994.

9   https://www.intel.com/pressroom/kits/events/idffall_2005/20050823Otellini.pdf

10   같은 자료.

11   https://www. forbes.com/g lobal /2007/0604/062.html?sh=6a85ceffd4f2

12   Malone, *The Intel Trinity*, p. 211.

13   https://arstechnica.com/gadgets/2017/06/ibm-pc-historypart-1/

14   https://www.ibm.com/ibm/history/exhibits/pc25/pc25_intro.html

15   https://spectrum.ieee.org/how-the-ibm-pc-won-then-lostthe-personal-computer-market

16   https://www.ibm.com/ibm/history/ibm100/us/en/icons/personalcomputer/

17   Malone, *The Intel Trinity*, p. 393.

18   https://www.informationweek.com/it-life/ibm-s-elephantthat-couldn-t-tap-dance-with-the-pc

19   'Microsoft Trial - Gates' Spat With Intel Is Revealed By E-Mail', *Seattle Times*, 23 June 1999.

20   https://rarehistoricalphotos.com/windows-95-launchday-1995/

21   https://www.intel.com/content/www/us/en/history/virtual-vault/articles/end-user-marketing-intel-inside.html

22   'In the Spotlight; The Intel Hustle', *Los Angeles Times*, 7 September 1997.

23   https://books.google.co.uk/books?id=MTd-CDwAAQBAJ&pg=PA1411&lpg=PA1411&dq=intel+pc+market+share+56+1989&source=bl&ots=Yg-CRw-J9gn&sig=ACfU3U32KeS_uKlRZrnpNzFkgeyqJMK8Yw&hl=en&sa=X&ved=2ahUKEwiVxoaypb74AhVJXsAKHQgxBYcQ6AF6BAgyEAM#v=onepage&q=intel%20pc%20market%20share%2056%201989&f=false

24   https://queue.acm.org/detail.cfm?id=957732

25   'ARM Ltd Partners with Digital – Acorn joint venture company continues run of success', M2 PRESSWIRE, 21 February 1995.

26   https://archive.computerhistory.org/resources/access/text/2014/01/102746627-05-01-acc.pdf

9장

1   https://www.ingenia.org.uk/ingenia/issue-69/profile

2   http://media.corporate-ir.net/me dia_files/irol/19/197211/626-1_ARM_AR_040311.pdf

3   https://www.quora.com/What-was-it-like-working-on-theoriginal-iPhone-project-codenamed-Project-Purple

4   Merchant, *The One Device*, p. 224.

5   https://www.youtube.com/watch?v=cp49Tmmtmf8

6   Merchant, *The One Device*, p. 150.

7   Cain, *Samsung Rising*, p. 60.

8   https://techcrunch.com/2008/02/27/over-a-billion-mobilephones-sold-in-2007/

9   Cain, *Samsung Rising*, p. 152.

10   https://www.youtube.com/watch?v=MnrJzXM7a6o

11   https://www.globenewswire.com/en/news-release/2004/10/19/317281/2693/en/ARM-Introduces-The-Cortex-M3-Processor-To-Deliver-High-Performance-In-Low-Cost-Applications.html

12   'Chip Off Silicon Valley's Block', *The Business*, 29 August 2004.

13   https://www.telegraph.co.uk/finance/2893316/Arm-sharesfall-18pc-after-US-acquisition.html

14   https://www.intel.com/pressroom/archive/releases/2006/20060627corp.htm

15   https://www.theguardian.com/technology/2009/jun/11/intelculv-sean-maloney

16   Grove, *Only the Paranoid Survive*, p. 105.

17   https://appleinsider.com/articles/07/12/21/exclusive_apple_to_adopt_intels_ultra_mobile_pc_platform.html

18   Isaacson, *Steve Jobs*, p. 454.

19   같은 책, p. 454-455.

20   2007년 4분기 ARM Holdings plc 실적 발표 - Final, FD (Fair Disclosure) Wire, 5 February 2008 (nexis.com).

21   https://fortune.com/2009/07/16/the-chip-company-thatdares-to-battle-intel/

22   https://www.annualreports.com/HostedData/AnnualReportArchive/i/NASDAQ_INTC_2012.pdf

23   https://www.annualreports.com/HostedData/AnnualReportArchive/a/NASDAQ_AAPL_2012.pdf

24   https://www.theatlantic.com/technology/archive/2013/05/paul-otellinis-intel-can-the-company-that-built-the-futuresurvive-it/275825/

25   https://www.arm.com/company/news/2013/02/arm-holdings-reports-results-for-fourth-quarter-and-full-year-2012

26   https://www.theatlantic.com/technology/archive/2013/05/paul-otellinis-intel-can-the-company-that-built-the-futuresurvive-it/275825/

27   https://newsroom.intel.com/editorials/brian-krzanich-ourstrategy-and-the-future-of-intel/#gs.lecequ

28   https://www.apple.com/uk/newsroom/2020/06/apple-announces-mac-transition-to-apple-silicon/

10장

1   Duncan Clark, *Alibaba: The House that Jack Ma Built*, Ecco, 2016.

2   https://www.reuters.com/article/alibaba-ipo-board-idINL-4N0QK3Q120140827

3   Atsuo Inoue, *Aiming High: Masayoshi Son, Softbank, and Disrupting Silicon Valley*, Hodder & Stoughton, 2021.

4   https://www.independent.co.uk/news/people/profiles/simonsegars-interview-looking-forward-future-and-internetthings-9789959.html

5   같은 자료.

6   https://www.investegate.co.uk/arm-holdings-plc--arm-/rns/analyst-and-investor-day-2015/201509150700080227Z/

7   https://www.mckinsey.com/business-functions/mckinseydigital/our-insights/the-internet-of-things-the-value-of-digitizing-the-physical-world

8   https://asia.nikkei.com/Business/Companies/Masayoshi-Son-talks-about-how-Steve-Jobs-inspired-SoftBank-s-ARMdeal

9   Inoue, *Aiming High*, p. 270.

10   https://www.businesswire.com/news/home/20160621005758/en/SoftBank-to-Sell-Supercell-Stake-at-USD-10.2-Billion-Valuation

11   https://group.softbank/en/news/press/20150511_4

12   '소프트뱅크 CEO 손, 아로라 사임으로 5년 더 일할 계획', *Japan Economic Newswire*, 22 June 2016.

13   https://www.livemint.com/Companies/uzZ0D4e4DyjvqIUqETMbYP/The-trigger-for-Nikesh-Aroras-SoftBank-resignation.html

14   https://www.deepchip.com/items/0562-04.html

15   https://www.theresa2016.co.uk/we_can_make_britain_a_country_that_works_for_everyone

16   https://www.youtube.com/watch?v=ZzhYOPIelb4

17   https://www.enterprise.cam.ac.uk/a-call-to-arms/

18   https://www.youtube.com/watch?v=d1S7Zk3eHdo

19   https://www.techinasia.com/masayoshi-son-softbank-40-year-dream-arm-acquisition

20   https://asia.nikkei.com/Business/Companies/Masayoshi-Son-talks-about-how-Steve-Jobs-inspired-SoftBank-s-ARM-deal

21   같은 자료.

22   기사의 작성자 제임스 앤더슨에 따르면, 영국 펀드 매너저들은 위험을 너무 기피해서 엘론 머스크와 같은 선구자를 지지하지 않는 경향이 있다고 한다. *The Daily Telegraph* (London) April 15, 2017.

23   https://www.youtube.com/watch?v=ZzhYOPIelb4

11장

1   https://www.youtube.com/watch?v=1Z—ZcMdYRrA

2   같은 자료.

3   https://investors.broadcom.com/news-releases/news-releasedetails/broadcom-proposes-acquire-qualcomm-7000-sharecash-and-stock-0

4   https://www.sec.gov/Archives/edgar/data/804328/000110465918015036/

a18-7296—7ex99d1.htm

5   같은 자료.

6   https://www.everycrsreport.com/reports/RL33388.html

7   https://www.nytimes.com/1987/03/17/business/japanesepurchase-of-chip-maker-canceled-after-objections-in-us.html

8   https://www.bbc.com/news/business-43380893

9   https://trumpwhitehouse.archives.gov/wp-content/uploads/2017/12/NSS-Final-12-18-2017-0905.pdf

10   https://obamawhitehouse.archives.gov/blog/2017/01/09/ensuring-us-leadership-and-innovation-semiconductors

11   https://www.reuters.com/article/nxp-semicondtrs-ma-qualcomm-mollenkopf-idUSL1N1UN01L

12   https://www.reuters.com/article/nxp-semicondtrs-ma-qualcomm-idUSFWN1Y704B

13   https://www.nanya.com/en/About/27/Corporate%20Milestone

14   https://www.youtube.com/watch?v=mKzMYgOE6sw

15   같은 자료.

16   https://www.mckinsey.com/industries/semiconductors/our-insights/semiconductors-in-china-brave-new-world-orsame-old-story

17   China Manufacturing Commission.

18   https://www.mckinsey.com/featured-insights/asia-pacific/a-new-world-under-construction-china-and-semiconductors

19   https://www.patentlyapple.com/patently-apple/2017/10/apples-coo-jeff-williams-recounts-how-business-with-tsmcbegan-with-a-dinner-at-the-founders-home.html

20   https://phys.org/news/2009-11-china-chip-maker-mln-tsmc.html

21   https://www.pwc.com/gx/en/technology/pdf/china-semicon-2015-report-1-5.pdf

22   https://asia.nikkei.com/Business/China-tech/Taiwan-loses-3-000-chip-engineers-to-Made-in-China-2025

23   https://www.ft.com/content/8e6271aa-a1d1-4ddc-8b94-8480c9cb3ce0

24   https://www.independent.co.uk/news/business/analysis-andfeatures/huawei-founder-brushes-off-accusations-that-itacts-as-an-arm-of-the-chinese-state-9319244.html

25   https://www.fiercewireless.com/wireless/huawei-equipmentcurrently-

deployed-by-25-u-s-rural-wireless-carriers-rwa-says

26   https://www.gsmarena.com/huaweis_2018_revenue_surpasses_100_million_
      for_the_first_time__-news-36279.php

27   https://chinacopyrightandmedia.wordpress.com/2016/04/19/speech-at-the-
      work-conference-for-cybersecurity-and-informatization/

28   https://www.politico.com/story/2016/06/full-transcripttrump-job-plan-
      speech-224891

29   https://www.politifact.com/article/2016/jul/01/donaldtrump-cites-ronald-
      reagan-protectionist-her/

30   https://www.handelsblatt.com/technik/it-internet/interviewhuawei-founder-
      ren-zhengfei-5g-is-like-a-nuclear-bomb-forthe-us/24240894.html

31   https://www.bbc.co.uk/news/technology-48363772

32   https://www.reuters.com/article/us-asml-holding-usa-china-insight-
      idUSKBN1Z50HN

33   https://2017-2021.commerce.gov/news/press-releases/2020/12/commerce-
      adds-chinas-smic-entity-list-restricting-access-key-enabling.html

34   https://www.semi.org/en/news-media-press/semi-press-releases/semi-export-
      control

35   https://www.reuters.com/article/us-southkorea-japan-laborers-analysis-
      idUSKCN1U31GS

12장

1   https://www.theguardian.com/environment/2020/jan/06/why-irish-data-
     centre-boom-complicating-climate-efforts

2   https://www.cso.ie/en/releasesandpublications/ep/p-dcmec/datacentresmeter
     edelectricityconsumption2020/keyfindings/

3   https://www.datacenterdynamics.com/en/news/apple-declines-to-commit-to-
     galway-data-center-irish-govtpromises-to-do-anything/

4   https://www.eirgridgroup.com/newsroom/all-islandgcs-2019/

5   https://www.telegraph.co.uk/luxury/technology/techinsiders-really-think-
     andy-jassy-soon-to-be-ceo-amazon/

6   https://ir.aboutamazon.com/news-release/news-release-details/2020/
     Amazoncom-Announces-Fourth-Quarter-Sales-up-21-to-874-Billion/default.

aspx

7   https://www.gartner.com/en/newsroom/press-releases/2021-06-28-gartner-says-worldwide-iaas-public-cloud-servicesmarket-grew-40-7-percent-in-2020

8   https://www.youtube.com/watch?v=7-31KgImGgU

9   같은 자료.

10   ARM Strategic Report 2015.

11   https://aws.amazon.com/blogs/compute/15-years-of-silicon-innovation-with-amazon-ec2/

12   https://www.forbes.com/consent/?toURL=https://www.forbes.com/2008/04/23/apple-buys-pasemi-tech-ebiz-cz_eb_0422apple.html

13   2008년 ARM Holdings plc 실적 발표 컨퍼런스콜 요약 자료 – Final FD (Fair Disclosure) Wire 29 April 2008.

14   Sculley, *Odyssey*, p. 163.

15   https://www.cultofmac.com/484394/apple-intel-over-powerpc/

16   https://www.bloomberg.com/features/2016-johny-srouji-apple-chief-chipmaker/

17   https://www.apple.com/uk/newsroom/2010/01/27Apple-Launches-iPad/#:~:text=SAN%20FRANCISCO%20%E2%80%94%20January%20 27th%2C%202010,e%2Dbooks%20and%20much%20more

18   https://www.youtube.com/watch?v=zZtWlSDvb_k

19   Isaacson, Steve Jobs, p. 472.

20   https://www.mckinsey.com/industries/semiconductors/our-insights/whats-next-for-semiconductor-profits-and-value-creation

21   https://www.bloomberg.com/news/articles/2020-12-10/apple-starts-work-on-its-own-cellular-modem-chip-chiefsays#xj4y7vzkg

22   https://blog.google/products/pixel/introducing-google-tensor/

23   https://techcrunch.com/2019/04/22/tesla-vaunts-creation-of-the-best-chip-in-the-world-for-self-driving/?guccounter=1&guce_referrer=aHR0cHM6Ly93d-3cuZ29vZ2xlLmNvbS8&guce_referrer_sig=AQAAADm-6BrFV203VRHRLQndFf8gJBYJK7pz_ovVs—TO52FsyxbN G3rCKZ4rZMLRVd7raYmcX

24   https://www.counterpointresearch.com/semiconductor-revenue-ranking-2021/

13장

1   https://group.softbank/en/news/webcast/20190919_01_en

2   https://group.softbank/en/news/press/20161014

3   https://www.wework.com/newsroom/wecompany

4   https://www.reuters.com/article/us-softbank-group-resultsidUSKBN1XG0Q9

5   https://group.softbank/system/files/pdf/ir/financials/annual_reports/annual-report_fy2020_01_en.pdf

6   같은 자료.

7   https://group.softbank/en/news/webcast/20190919_02_en

8   같은 자료.

9   https://www.gartner.com/en/newsroom/press-releases/2014-11-11-gartner-says-nearly-5-billion-connected-things-willbe-in-use-in-2015

10   https://www.gartner.com/en/newsroom/press-releases/2016-01-14-gartner-says-by-2020-more-than-half-of-major-newbusiness-processes-and-systems-will-incorporate-some-element-of-the-internet-of-things

11   https://www.gartner.com/en/newsroom/press-releases/2017-02-07-gartner-says-8-billion-connected-things-will-be-inuse-in-2017-up-31-percent-from-2016

12   https://group.softbank/system/files/pdf/ir/financials/annual_reports/annual-report_fy2020_01_en.pdf

13   https://www.electronicsweekly.com/blogs/mannerisms/dilemmas/arm-ipo-2023-2019-10/

14   https://group.softbank/system/files/pdf/ir/financials/annual_reports/annual-report_fy2017_01_en.pdf

15   'Accomplished team of graphics and multimedia experts', Business Wire, 25 July 1994.

16   https://pressreleases.responsesource.com/news/3992/nvidia-launches-the-world-s-first-graphics-processing-unit-geforce-256/

17   http://www.machinelearning.org/archive/icml2009/papers/218.pdf

18   https://www.telegraph.co.uk/technology/2020/09/19/nvidiaboss-vows-protect-arm-generation-company/

19   https://group.softbank/en/news/press/20200914_0

20   https://blogs.nvidia.com/blog/2020/09/13/jensen-employee-letter-arm/

21   https://asia.nikkei.com/Business/SoftBank2/SoftBank-s-Son-entrusts-Arm-to-Nvidia-s-leather-jacket-clad-chief

22   Inoue, *Aiming High*, p. 271.

23   https://www.telegraph.co.uk/technology/2020/09/19/nvidiaboss-vows-protect-arm-generation-company/

24   https://group.softbank/en/news/press/20180605

25   https://asia.nikkei.com/Business/Companies/Arm-s-Chinajoint-venture-ensures-access-to-vital-technology

26   https://asia.nikkei.com/Business/China-tech/How-SoftBank-s-sale-of-Arm-China-sowed-the-seeds-of-discord

27   https://www.bloomberg.com/news/articles/2021-02-12/google-microsoft-qualcomm-protest-nvidia-s-arm-acquisition

28   https://www.savearm.co.uk/

29   https://www.theresa2016.co.uk/we_can_make_britain_a_country_that_works_for_everyone

30   https://www.bbc.co.uk/news/business-52275201

31   https://www.arm.com/company/news/2021/03/arms-answer-to-the-future-of-ai-armv9-architecture#:~:text=Cambridge%2C%20UK%2C%20March%2030%2C,and%20artificial%20intelligence%20(AI)

32   https://www.ftc.gov/news-events/news/press-releases/2021/12/ftc-sues-block-40-billion-semiconductor-chip-merger

33   https://assets.publishing.service.gov.uk/media/61d81a458fa8f505953f4ed7/NVIDIA-Arm_-_CMA_Initial_Submission_-_NCV_for_publication__Revised_23_December_2021_.pdf

34   https://www.theatlantic.com/technology/archive/2013/05/paul-otellinis-intel-can-the-company-that-built-the-futuresurvive-it/275825/

35   https://assets.publishing.service.gov.uk/media/61d81a458fa8f505953f4ed7/NVIDIA-Arm_-_CMA_Initial_Submission_-_NCV_for_publication__Revised_23_December_2021_.pdf

36   https://group.softbank/en/news/press/20220208

37   https://www.arm.com/company/news/2022/02/arm-appoints-rene-haas-as-ceo

14장

1   https://assets.publishing.service.gov.uk/media/61d81a458fa8f505953f4ed7/NVIDIA-Arm_-_CMA_Initial_Submission_-_NCV_for_publication__Revised_23_December_2021_.pdf

2   https://riscv.org/risc-v-10th/.

3   https://www2.eecs.berkeley.edu/Pubs/TechRpts/2014/EECS-2014-146.pdf

4   https://assets.publishing.service.gov.uk/media/61d81a458fa8f505953f4ed7/NVIDIA-Arm_-_CMA_Initial_Submission_-_NCV_for_publication__Revised_23_December_2021_.pdf

5   https://archive.computerhistory.org/resources/access/text/2016/07/102737949-05-01-acc.pdf

6   https://github.com/arm-facts/arm-basics.com/blob/master/index.md

7   https://www.reuters.com/article/us-usa-china-semiconductors-insight-idUSKBN1XZ16L

8   https://riscv.org/about/history/

9   https://www.reuters.com/article/us-usa-china-semiconductors-insight-idUSKBN1XZ16L

10   https://venturebeat.com/2020/09/17/sifive-hires-qualcommexec-as-ceo-for-risc-v-alternatives-to-nvidia-arm/

11   https://www.sifive.com/blog/sifive-arrives-on-the-pitch-in-cambridge

12   https://riscv.org/blog/2022/02/semico-researchs-new-reportpredicts-there-will-be-25-billion-risc-v-based-ai-socsby-2027/

13   '15m' https://riscv.org/risc-v-10th/

15장

1   https://www.taiwannews.com.tw/en/news/4360807

2   https://investor.tsmc.com/static/annualReports/2021/english/index.html(이 출처에 시장점유율은 나오지 않는다. 2021년 파운드리 시장에서의 점유율은 IDC의 데이터를 참조했다—옮긴이).

3   https://www.electronicsweekly.com/news/business/771343-2021-04/

4   https://www.scmp.com/tech/big-tech/article/3130628/tsmcfounder-morris-chang-says-chinas-semiconductor-industrystill

5   https://www.theregister.com/2022/03/14/taiwan_china_tech_worker_raids/

6   https://www.reuters.com/technology/us-considers-crackdown-memory-chip-makers-china-2022-08-01/

7   https://press.armywarcollege.edu/cgi/viewcontent.cgi?article=3089&context=parameters

8   https://www.youtube.com/watch?v=BtYYGcoyWX4

9   https://www.canalys.com/newsroom/Canalys-huawei-samsung-worldwide-smartphone-market-q2-2020?ctid=1556-1195484408fbbb34e0298b96eddb178f

10   https://www.huawei.com/en/news/2022/3/huawei-annualreport-2021

11   https://www.reuters.com/article/huawei-chairman-idCNL1N2TG03F

12   https://www.reuters.com/business/autos-transportation/biden-admin-defends-approving-licenses-auto-chips-huawei-2021-08-27/

13   https://asia.nikkei.com/Spotlight/Huawei-crackdown/Huaweibets-big-on-chip-packaging-to-counter-U.S.-clampdown

14   https://www.bloomberg.com/news/articles/2022-07-15/huawei-s-secretive-chip-arm-seeks-phds-to-get-past-ussanctions

15   https://merics.org/en/report/chinas-rise-semiconductors-and-europe-recommendations-policy-makers

16   https://www.semiconductors.org/chinas-share-of-globalchip-sales-now-surpasses-taiwan-closing-in-on-europe-andjapan/

17   https://investor.qualcomm.com/financial-information/sec-filings/content/0001728949-21-000076/0001728949-21-000076.pdf

18   https://www.wsj.com/articles/china-bets-big-on-basic-chipsin-self-sufficiency-push-11658660402

19   https://www2.deloitte.com/content/dam/Deloitte/us/Documents/technology-media-telecommunications/us-tmt-2022-semiconductor-outlook.pdf

20   https://www.wsj.com/articles/china-bets-big-on-basic-chipsin-self-sufficiency-push-11658660402

21   https://www.techinsights.com/blog/disruptive-technology-7nm-smic-minerva-bitcoin-miner

22   https://www.bis.doc.gov/index.php/documents/aboutbis/newsroom/press-releases/3158-2022-10-07-bispress-release-advanced-computing-and-semiconductormanufacturing-controls-final/file

23   https://asia.nikkei.com/Spotlight/The-Big-Story/China-schip-industry-fights-to-survive-U.S.-tech-crackdown

24   https://www.semiconductors.org/strengthening-the-globalsemiconductor-supply-chain-in-an-uncertain-era/

25 https://www.marketwatch.com/story/pat-gelsinger-seeks-torescue-intel-in-biggest-return-of-a-prodigal-son-since-stevejobs-went-back-to-apple-11610570841

26 https://www.intel.com/content/www/us/en/newsroom/news/note-from-pat-gelsinger.html#gs.burq6s

27 https://www.youtube.com/watch?v=gAuh7igXX-s

28 https://www.asml.com/en/investors/annual-report/2021

29 https://www.asml.com/en/news/stories/2022/technological-sovereignty-in-the-chip-industry

30 https://www.seagate.com/files/www-content/our-story/trends/files/idc-seagate-dataage-whitepaper.pdf

31 https://spectrum.ieee.org/gordon-moore-the-man-whosename-means-progress

32 https://www.whitehouse.gov/briefing-room/speeches-remarks/2022/08/09/remarks-by-president-biden-at-signingof-h-r-4346-the-chips-and-science-act-of-2022/

33 https://www.finance.senate.gov/imo/media/doc/Louie%20Subcommittee%20Hearing%20on%20International%20Trade%20Customs%20and%20Global%20Competitiveness%20Hearing%205-25-22%20(For%20submission).pdf

34 https://ec.europa.eu/commission/presscorner/detail/en/SPEECH_21_4701

35 https://www.intel.com/content/www/us/en/newsroom/news/eu-news-2022-release.html

36 https://www.theguardian.com/technology/2021/nov/24/samsung-to-build-a-17bn-semiconductor-factory-in-texas-uschip-shortage

37 https://www.nst.com.my/world/region/2021/05/690183/south-korea-set-worlds-largest-semiconductor-supply-chai

38 https://www.neologicvlsi.com/blog

39 같은 자료.

40 https://www.semiconductors.org/wp-content/uploads/2020/09/Government-Incentives-and-US-Competitiveness-in-Semiconductor-Manufacturing-Sep-2020.pdf

41 https://www.theregister.com/2022/04/20/us_chips_tsmc/

42 https://www.intc.com/news-events/press-releases/detail/1563/intel-reports-second-quarter-2022-financial-results

43 https://www.wsts.org/76/103/The-World-Semiconductor-Trade-Statistics-WSTS-has-released-its-new-semiconductor-market-forecast-generated-in-

August-2022

16장

1   https://www.theguardian.com/business/2022/feb/11/softbank-arm-flotation-legal-fight-china-london-stock-exchangenasdaq

2   https://www.ft.com/content/43d11498-fd49-4df2-b8efaa4a5bbe8852

3   https://www.thisismoney.co.uk/money/markets/article-10950551/SoftBank-boss-dampens-Arm-London-hopes.html

4   https://www.arm.com/company/news/2023/02/arm-announces-q3-fy22-results

5   https://www.datacenterknowledge.com/arm/arm-chips-gaining-data-centers-still-single-digits

6   https://www.tomshardware.com/news/arm-socs-to-grab-30-percent-of-pc-market-by-2026-analyst

7   https://www.ft.com/content/a09c4500-27ae-42d7-8b3f-e6d-13f1b3f3b

8   https://www.ft.com/content/48baeb67-2d3c-41c3-8645-e89ac69a985a

9   https://group.softbank/en/news/press/20220430

10   https://www.theguardian.com/business/2022/aug/08/softbank-vision-funds-cuts-loss-arm?ref=todayheadlines.live

11   https://www.electronicsweekly.com/news/business/intel-interested-consortium-buy-arm-2022-02/

12   https://www.ft.com/content/eab1d19d-ab4c-45b7-88b4-f1f5e115d16e

13   https://www.kedglobal.com/mergers-acquisitions/newsView/ked202209220006

14   https://www.arm.com/blogs/blueprint/200bn-arm-chips

15   http://media.corporate-ir.net/media_files/irol/19/197211/626-1_ARM_AR_040311.pdf

16   Merchant, *The One Device*, p. 161.

17   https://www.arm.com/company/news/2021/03/arms-answerto-the-future-of-ai-armv9-architectur

ARM, 모든 것의 마이크로칩

휴대전화의 두뇌에서 AI의 두뇌로

1판 1쇄 펴냄   2024년 2월 9일
1판 2쇄 펴냄   2024년 2월 29일

지은이   제임스 애슈턴
옮긴이   백우진
감수   이진원
발행인   김병준
발행처   생각의힘

등록   2011. 10. 27. 제406-2011-000127호
주소   서울시 마포구 독막로6길 11, 우대빌딩 2, 3층
전화   02-6925-4183(편집), 02-6925-4188(영업)
팩스   02-6925-4182
전자우편   tpbook1@tpbook.co.kr
홈페이지   www.tpbook.co.kr

ISBN   979-11-93166-42-0 (03320)